W0472027

Ekkehart Krippendorff ist Professor für Internationale Politik am John F. Kennedy-Institut der FU Berlin. Zuletzt erschien von ihm *Staat und Krieg. Die historische Logik politischer Unvernunft* (Frankfurt/M. 1985).

Campus Studium
Band 568

Ekkehart Krippendorff

Internationale Politik
Geschichte und Theorie

Campus Verlag
Frankfurt/New York

CIP-Kurztitelaufnahme der Deutschen Bibliothek

Krippendorff, Ekkehart:
Internationale Politik: Geschichte u. Theorie /
Ekkehart Krippendorff. — Frankfurt/Main; New York:
Campus-Verlag, 1986.
(Campus: Studium; Bd. 568)
ISBN 3-593-32568-3

NE: Campus/Studium

Umschlaggestaltung: Atelier Warminski, Büdingen
Satz: Klaus Prechtl, Passau
Druck und Bindung: Fuldaer Verlagsanstalt, Fulda
Printed in Germany

Inhalt

Vorwort

Vor ziemlich genau zehn Jahren, 1975 und 1977, erschienen meine beiden als 'Einführung in die internationalen Beziehungen' gekennzeichneten Bücher *Internationales System als Geschichte* und *Internationale Beziehungen als Wissenschaft*. Sie haben sich bis heute als Texte im Universitätsbetrieb, als Orientierungsleitfaden in der politischen Bildungsarbeit wie in Gymnasien, aber auch bei einer nicht-akademischen Öffentlichkeit gehalten, und sie sind in die wissenschaftliche Diskussion eingegangen. Wenn Bücher derart ihren Gebrauchswert beweisen, kann den Autor das nur freuen.

Weder die Weltpolitik noch das systematische Nachdenken über sie durch die Wissenschaft sind seitdem stehengeblieben — wie könnten sie! Und auch das kann für einen Autor nützlich und wichtig sein, sich nämlich den eigenen Texten, den eigenen Analysen und Aussagen in zeitlichem Abstand wieder zu stellen. Diese Notwendigkeit ergab sich aus der verlegerischen Frage nach

— entweder einer weiteren Neuauflage der beiden benannten Arbeiten
— oder ihrer Überarbeitung und Neufassung
— oder aber der 'Historisierung' durch den schlichten Schlußstrich: «Vergriffen».

Das Ergebnis der Reflexion über diese drei Möglichkeiten, die Antwort auf diese Fragen ist das vorliegende Buch: sie heißt 'revidierte Wiederauflage', aber in neuer Gestalt. Das bedarf einiger kurzer Erläuterungen.

Ich habe meine zehn Jahre alten Texte mit großer Aufmerksamkeit wiedergelesen. Obwohl ich an einem wichtigen Punkt, der noch zu bezeichnen sein wird, eine Art 'analytische Kehre' vollzogen habe, scheinen sie mir durch die Zeit, d.h. durch die realen Entwicklungen der internationalen Politik in den zentralen Aussagen ganz und gar bestätigt worden zu sein: mit Ausnahme sehr weniger, eher marginaler Urteile lesen sich die Analysen mit meinen kritischen Augen von heute so, als seien sie in der Tat heute geschrieben. Ich gestehe, daß mir das eine große Befriedigung bereitet hat, weshalb ich die in der Substanz unveränderten Kapitel guten Gewissens in ein neues Gewand gekleidet nun erneut präsentiere. Die wichtigste Veränderung zu den schon damals komplementär konzipierten Einführungen besteht darin, daß die eher theoretischen Teile («Wissenschaft») mit den vorwiegend historischen Analysen («Geschichte») miteinander integriert wurden und nunmehr eine organische Einheit bilden. Sie wurden gewissermaßen ineinandergeschoben. Nur an wenigen Stellen habe ich gekürzt, nur geringfügig mußte ich ergänzen und nur gelegentlich habe ich frühere Urteile korrigiert. In dieser Neufassung stehen die grundlegenden Erörterungen, die wissenschaftstheoretischen und anthropologischen Prämissen am Anfang. Das ist nicht unproblematisch: unter Umständen erschwert das etwas den Einstieg und den Zugang zu den späteren Kapiteln. Aber ich meine, diese Anstrengungen meinen gutwilligen Lesern deshalb zumuten zu dürfen, weil es sich, jedenfalls hoffe ich das, letztlich auszahlt durch den Gewinn eines sichereren Bodens unter den Füßen. Ohne die Offenlegungen der Voraussetzungen, der Fundamente, auf denen dieser Grundriß von Theorie und Geschichte der Internationalen Politik beruht, blieben die zentralen Aussagen und Urteile im buchstäblichen Sinne unbegründet bzw. blieben sie auf der Ebene subjektiver Meinungen, die man dann teilen kann oder auch nicht. Wissenschaft kann oder sollte es sich so einfach nicht machen. Der 'Anstrengung des Begriffs' können wir uns nicht entziehen, sofern wir aus dem bloßen Meinen über dies und das und die Weltpolitik herauskommen wollen.

Der aufmerksame Leser wird bemerken, daß die Literaturverweise — und in einigen eher 'aktuellen' Kapiteln auch die statistischen Daten — alle vor 1975 liegen, dem Zeitpunkt, da die beiden Einführungen abgeschlossen wurden. Hätte ich dieses Projekt 'auf den neuesten Stand' bringen wollen, hätte das fast ein neues, ein anderes Buch ergeben — aber kaum, so schien es mir bei der Wiederbegegnung, ein besseres. Die hier also erneut vorgelegten Kapitel, der Versuch, historisch und systematisch begründete Theorie und Perspektive in der internationalen Politik zu gewinnen, hat, so meine ich, in der Zeit seine Gültigkeit, Brauchbarkeit und Aktualität dadurch bewiesen, daß die Aussagen in keinem einzelnen wesentlichen Punkt revidiert oder korrigiert werden mußten. Daß in vielen Einzelfragen, vor allem solchen der Geschichte, inzwischen neuere Arbeiten vorliegen, macht die von mir vorgetragenen Interpretationen nicht ungültig, würde sie lediglich in einigen wichtigen Punkten (ich denke da etwa an Zieburas wichtige weltpolitische Strukturanalyse der Zwischenkriegszeit[1] oder an Senghaas' Arbeiten über das 'Entwicklungsmodell Europa'[2]) ergänzen und vertiefen oder zu fruchtbarer Auseinandersetzung einladen.

Überhaupt hat, so darf ich ohne falsche Bescheidenheit feststellen, vor allem der Entwurf von *Internationales System als Geschichte* auf seine Weise Geschichte gemacht: zu Beginn der 70er Jahre, als ich meine Thesen über ein historisches Verständnis der internationalen Politik vor Kollegen erst mündlich, dann in Form von Auf-

1 Gilbert Ziebura: *Weltwirtschaft und Weltpolitik 1922/24-1931*, Frankfurt/M. 1984.
2 Dieter Senghaas: *Von Europa Lernen*, Frankfurt/M. 1972

sätzen und Textsammlungen schriftlich vortrug, bewegte ich mich innerhalb der Disziplin der Internationalen Beziehungen noch ganz allein auf völligem Neuland, war politisch motiviertes historisches Denken nicht gefragt. So hatten etwa die Arbeiten von Immanuel Wallerstein und seiner Mitarbeiter, woraus inzwischen eine veritable Schule geworden ist, noch nicht das wissenschaftliche Interesse geweckt. Übrigens, in meinem Verständnis, kein produktives: den historisch-kapitalistischen 'Welt-Systemikern' fehlt genau der von mir, wie ich hoffe begründet, ins Zentrum von Wissenschaft gestellte Praxis-Bezug, die Orientierung an und auf ein handelndes gesellschaftliches Subjekt, das für die von der Theorie gemachten Aussagen — die Erwartungen so gut wie die Befürchtungen — einstehen bzw. zur eingreifenden Praxis an- und aufgerufen werden kann. Ohne einen solchen Bezug degeneriert auch die dem Anschein, vielleicht auch dem Anspruch nach progressive, kritische Kapitalismusanalyse zum Glasperlenspiel für Ex-Linke, wie es für jene einflußreiche, bei westeuropäischen Linken lebhaft rezipierte Schule[3] der Fall zu sein scheint. Mein — wenn man es so nennen darf — 'Theorie-Projekt' setzt sich, trotz aller scheinbarer Parallelen, davon deutlich ab. Es will den fast schon altmodischen, jedenfalls sehr traditionalen Bezug zum (undogmatischen) Marxismus und seinem intellektuellen so gut wie praktisch-politischen Erbe nicht aufgeben, im Gegenteil. Aber es will gleichwohl gewissermaßen von innen, von der Sache her überzeugen und keine politisch-ideologischen Vorentscheidungen des Lesers, des kritischen Benutzers von Argumenten, voraussetzen.

So gesehen ist da in den letzten zehn Jahren qualitativ nicht viel Neues hinzugekommen. Gewiß, quantitativ hat die Wissenschaft von den Internationalen Beziehungen kaum erstaunliche Zuwachsraten ihrer Produktion zu verzeichnen — kaum erstaunlich, weil die internationalen Konflikte und Konfliktpotentiale überall in der Welt zugenommen haben und immer näher an die Zentren, die in den ersten Nachkriegsjahrzehnten sich eines scheinbar dauerhaften, wenn auch hochgerüsteten Friedens erfreuten, gerückt sind. 1986 landeten die ersten Raketengeschosse eines kleinen Dritte-Welt-Landes (Libyen) bereits an der Peripherie eines der Metropolen-Länder (Italien). Bizarrer Zwischenfall oder Andeutung zukünftiger Möglichkeiten des Endes des europäischen Friedens? Wer will, und die Zeit hat, sich über diese Konflikte und ihre aktuellen Hintergründe detailliert zu informieren, findet heute ein breites Angebot an oft fundierten Regionalstudien, wenn auch in der Regel für den Nicht-Fachmann schwer zugänglich in Form von Aufsätzen in Fachzeitschriften, Dissertationen oder fremdsprachlichen Publikationen. Aber auch die internationale Berichterstattung in den Medien, in Zeitungen und einem breiten Angebot von allgemeinen

3 Vgl. z.B. Jochen Blaschke (Hg.): *Perspektiven des Weltsystems. Materialien zu Immanuel Wallerstein, 'Das moderne Weltsystem'*. Frankfurt/M. 1983.

Zeitschriften, ist entschieden besser geworden. Vor allem eine in den 60er und 70er Jahren eher als Spezialisierungsbereich behandelte Thematik aber hat inzwischen die gesamte Diskussion der internationalen Politik gewissermaßen überwuchert und ist zu deren Hauptproblem, nicht zuletzt in der breiteren an internationalen Fragen interessierten und zunehmend engagierten Öffentlichkeit geworden: das der «Sicherheit», also des Wettrüstens und der immer akuteren atomaren Kriegsgefahr. Das ist ebenso verständlich wie legitim — aber es hat doch zugleich die Bemühungen um ein Verständnis von Strukturen, Konfliktursachen und langfristigen Entwicklungsmöglichkeiten eher verstellt als befördert, so wie auch die eindrucksvolle Zunahme an spezialisiertem Detailwissen zwar viele «Bäume» in unser Blickfeld rückt, aber darüber doch der «Wald» verloren zu gehen droht. Hier ist das Feld von Theorie und Geschichte, die uns Abstand und damit Perspektive eröffnen können und sollen. Und auf eben dieser Ebene hat es nur geringfügige neue Anstrengungen gegeben. Die international (im «Westen», aber auch tendenziell im in dieser Hinsicht lernbereiten «Osten») noch immer relativ dominierende amerikanische Theorie der «international relations» ist gerade wieder einmal dabei, eine überwiegend negative Bilanz ihrer «approaches», «frameworks» und «paradigms» zu ziehen:[4] sie hat, sieht man einmal von der nach wie vor eindrucksvollen Empirie meist quantitativ verarbeiteter Daten und den zahlreichen standardisierten «textbooks» ab, in der Tat erstaunlich wenig erbracht, ist ein autistischer Proteus in der Produktion von szientifistischen, formalisierten und in ihren Aussagen oftmals leeren Modellen, Korrelationen und mathematisierten Formeln. Im (west-)deutschen Wissenschaftsbetrieb gab und gibt es eine entsprechende «Theoriediskussion» praktisch nicht. Hier ist eher die Tendenz zur regionalen oder funktionalen Spezialisierung mit soziologischer und polit-ökonomischer Methode vorherrschend. Es hat in den vergangenen Jahren nur wenige und eher bescheiden ausfallende Versuche gegeben, daraus zugunsten breiterer und zugleich urteilender, wertender Darstellungen der Weltpolitik in ihrem Gesamtzusammenhang herauszubrechen, wie die von Czempiel[5], Wassmund[6], Röhrich[7] und jüngst von Albrecht[8], der seine Einführung unter die Leitthese stellt, «daß das internationale System vor allem ein Herrschaftssystem ist, in dem es Herren und Knechte miteinander zu tun haben.» In diesen Kontext gehört auch diese «Theorie und Geschichte der Internationalen Politik.»

4 Roslyn L. Simowitz & Barry L. Price: *Progress in the Study of International Conflict: A Methodological Critique*; in: Journal of Peace Research 1/1986, pp. 29-40.
5 Ernst-Otto Czempiel: *Internationale Politik. Ein Konfliktmodell*. Paderborn 1981.
6 Hans Wassmund: *Grundzüge der Weltpolitik*. München 1982.
7 Wilfried Röhrich: *Politik und Ökonomie der Weltgesellschaft. Das internationale System*. Opladen 1983.
8 Ulrich Albrecht: *Internationale Politik. Einführung in das System internationaler Herrschaft*. München/Wien 1986.

Ich habe eingangs von einer 'analytischen Kehre' gesprochen, die bei aller zustimmenden Sympathie heute zur eigenen Lagebestimmung von 1975/77 meine inzwischen weiterentwickelten Überlegungen zur Disziplin der Internationalen Beziehungen andeutet. In *Staat und Krieg. Die historische Logik politischer Unvernunft* (Frankfurt/M. 1985) habe ich gewissermaßen die politik-ökonomische Begründung und Erklärung der internationalen Politik aufgegeben — 'überwunden' — zugunsten einer auf der Kategorie der Macht, der gewaltgegründeten Macht von Menschen über Menschen basierenden Kritik der Politik. Während ich früher ausging von der *Reproduktion* als der zentralen Erkenntnis-Kategorie (vgl. hier Kap. 3) auch und gerade zur Erklärung der großen wie der kleineren weltpolitischen Konflikte — von der europäischen Eroberung bis zum Ost-West-Konfolit —, habe ich nunmehr die im Militär verdinglichte staatliche *Herrschaft* als primäre Konfliktursache festzumachen versucht. Aus einer solchen Optik verliert dann die für dieses Buch noch grundlegende Bedeutung der kapitalistisch-industriellen Revolution (Kap. 5) und auch die Gestalt des Modernen Staates als ihres 'Agenten' (vgl. Kap. 16) an Gewicht zugunsten einer historisch weiter ausholenden Kategorie von staatlich-militärischer Herrschaftsformation, die selbst die Antike mit hineinholt in die Kritik der Gegenwart. Auf den ersten Blick besteht da also ein Widerspruch zwischen meiner älteren Argumentation und der von heute. Jedoch einerseits: warum sollte man frühere Erkenntnisse nicht kritisch überwinden zugunsten neuerer, besserer Einsichten? Man muß es nur offen aussprechen und kenntlich machen. Andererseits wurde mir bei der Wiederbegegnung mit den Texten aus den 70er Jahren klar, daß die in *Staat und Krieg* entwickelte Position durchaus vereinbar ist mit dem im hier neu vorgelegten Buch entwickelten Argument, ja in vielen Punkten geradezu organisch aus der historischen und systematischen Analyse hervorgeht. Der Unterschied besteht nämlich vor allem in einer radikalisierten Perspektive und einer veränderten Optik. Beide Perspektiven jedoch — die der eher traditionalen Politischen Ökonomie so gut wie die der Politik-Kritik mit ihren herrschaftskritischen Implikationen — haben ihre Legitimität, sind intellektuell und wissenschaftlich vertretbar und brauchen sich ihrer Moral nicht zu schämen. Denn daß wissenschaftliche Analyse ihren Fragestellungen nach moralischen Kriterien unterworfen werden darf und muß, das scheint mir ein unverzichtbares Gebot zu sein. Das Erkenntnisinteresse im Bereich der internationalen Politik kann nur das an der Überwindung sowohl des stummen, täglich tötenden gesellschaftlich-ökonomischen Elends von Unterentwicklung, Unterernährung, Unterbeschäftigung und Unterdrückung sein, als auch nach Auswegen zu suchen aus der Gefahr gegenseitiger Totalvernichtung, wie sie sich aus der «historischen Logik der Unvernunft» des Wettrüstens und der herrschaftlichen Politik-Projekte ergibt.

In diesem Sinne möchte dieses Buch den Gebrauchswert seiner Vorgänger behalten: leider wird es noch eine Weile dauern, ehe es in seinen Fragestellungen überholt sein wird, obwohl ein solches Überholtsein niemandem größere Befriedigung bereiten würde als dem Verfasser selbst.

Rom, Ostern 1986 — Ekkehart Krippendorff

1. Über Wissenschaft im Allgemeinen und Sozialwissenschaften im Besonderen

Wissenschaft wird noch nicht dadurch zur Wissenschaft, daß sie an Universitäten betrieben wird. Diese anscheinende Selbstverständlichkeit ist so selbstverständlich jedoch nicht: vielmehr können wir davon ausgehen, daß in der Öffentlichkeit in der Regel bereits das mit dem Etikett von Wissenschaft honoriert wird, was von Universitätsangehörigen produziert bzw. publiziert wird. Und Wissenschaft tritt mit dem Anspruch der Wahrheit auf: was wissenschaftlich bewiesen ist, gilt als wahr. Wissenschaft und Wahrheit sind im allgemeinen Bewußtsein austauschbare, identische Begriffe. Was Wunder also, daß die Universitätsangehörigen sich als Wissenschaftler, die Studenten sich als angehende Wissenschaftler bezeichnen, partizipieren sie doch dergestalt an dem Prestige, dessen sich Wissenschaft als Wahrheitsfindung erfreut und das sie damit vor allen anderen Tätigkeiten oder Berufen auszeichnet.

Auf die Frage jedoch, was denn eigentlich Wissenschaft oder gar was Wahrheit sei, wird dem so naiv Fragenden vom durchschnittlichen Wissenschaftler kaum eine befriedigende Antwort zuteil werden: das ist zu kompliziert, zu komplex, ein Problem für Philosophen, vielleicht sogar überhaupt nicht zu beantworten. Tatsächlich hat die Philosophie auf diese Fragen Antworten gegeben, tatsächlich ist die Diskussion um Wissenschaft, Wahrheit, menschliches Erkenntnisvermögen, die Beziehung zwischen »Erkenntnis und Interesse«, um Wissenschaft und Gesellschaft gerade in den letzten Jahren wieder sehr intensiv geführt worden und hat ein hohes intellektuelles Niveau erreicht, das der zuzugebenden Schwierigkeit des Problems angemessen ist. Aber es ist eine Diskussion, die zugleich an den meisten akademischen Disziplinen vorbeigeführt wurde, außerhalb nicht nur von Chemie, Physik, Biologie, sondern auch außerhalb von Jurisprudenz, Philologie, Politikwissenschaft und auch außerhalb der »Wissenschaft von den internationalen Beziehungen«. Den durchschnittlichen Politologen oder Experten der internationalen Politik nach seinem Wissenschafts- oder gar nach seinem Wahrheitsbegriff zu fragen, gilt gegenüber Examenskandidaten als unfair und wird von etablierten Wissenschaftlern als Luxus oder als im Bereich persönlicher

Überzeugungen liegend abgewiesen. Für die eigene Arbeit scheinen Materialfülle, der Reichtum an Fußnoten und ein umfangreiches Literaturverzeichnis bereits zureichende Qualitätsmerkmale von Wissenschaftlichkeit zu sein. Der in der Universität als Wissenschaftler Arbeitende ist in der Regel nicht willens und/oder nicht in der Lage, einigermaßen kohärente Auskünfte über die elementaren Voraussetzungen seiner Tätigkeit zu geben: darüber, was Wissenschaft sei und was etwa die Publikation eines akademischen Politologen substantiell von der eines politischen Journalisten unterscheidet; mit äußerlichen Merkmalen wie Fußnotenapparat oder Terminologie können wir uns offensichtlich nicht zufrieden geben. Und doch haben wir gerade angesichts des Prestiges und des dieses begründenden Wahrheitsanspruchs die Pflicht, über eben diese elementaren Voraussetzungen Auskunft zu geben: gegenüber den Studenten, die wir, selbst mitlernend, lehren, und gegenüber jener Öffentlichkeit, in der wir und auf die wir durch unsere publizierten Arbeiten wirken oder wirken wollen. Eine derartige Selbstverständigung über Prämissen und Grundbegriffe ist alles andere als ein Luxus.

Wissenschaft also wird im allgemeinen Bewußtsein mit Wahrheit gleichgesetzt und Wahrheit wiederum mit Wissen. *Wissenschaft*, auf eine knappe, sehr äußerliche Formel gebracht, *ist die systematische Erarbeitung oder Gewinnung von Wissen.* Damit ist allerdings zunächst noch nichts geklärt, vielmehr hat die Formel eher tautologischen Charakter, wenngleich die Qualifizierung »systematische Erarbeitung oder Gewinnung« bereits Weiterführendes andeutet: wissenschaftliche Erkenntnisse sind nicht zufälliger Natur, entspringen nicht wahllos aus einmalig günstigen Konstellationen, sondern sie »fallen« nur dem »zu«, der systematisch auf sie hinarbeitet. Wir werden darauf zurückkommen müssen. Aber zur genaueren Bestimmung von Wissen müssen wir einen etwas weiteren Anlauf nehmen. Gehen wir aus von jener für das allgemeine Bewußtsein behaupteten Gleichsetzung von Wissen und Wahrheit, Wissenschaft als »Suche« oder »Streben« nach Wahrheit. Aber was ist »Wahrheit«? Offensichtlich entzieht sich diese Frage jedem Versuch einer formelhaften Definition — und doch können wir ihr nicht einfach ausweichen. Die Bedingung der Möglichkeit von Wahrheit ist die Möglichkeit ihres Gegenteils, nämlich Unwahrheit. Nur wenn wir von der Annahme der Möglichkeit von Unwahrheit — von Unwissen oder Nichtwissen — ausgehen, hat die Möglichkeit, die Anstrengung zum Finden der Wahrheit — von Wissen — einen Sinn. Die Möglichkeit von Unwahrheit ist die Bedingung der Möglichkeit von Wahrheit.

Auch wenn das wiederum sehr abstrakt, formelhaft und leer zu klingen scheint, sind wir damit bereits unversehens einen wichtigen Schritt weiter gekommen, denn in dieser Annahme der gegenseitigen Bedingtheit von Wahrheit und Unwahrheit steckt die zentral wichtige Implikation eines Subjektes, das sich auf der Suche nach etwas befindet — das sich etwas zu erarbeiten trachtet — was ihm mit seiner Existenz nicht selbstverständlich, von Natur aus gegeben ist. Dieses Subjekt ist der Mensch. *Wir leben nicht im Zustand von Wahrheit*, sie ist uns nicht naturwüchsig mitgegeben, *sie muß erarbeitet, durch Anstrengung gewonnen werden.* Anders beim Tier: Tiere sind nicht auf der Suche nach »Wahrheit«, kennen nicht die Möglichkeit von »Unwahrheit« oder »Nichtwissen«, ihnen ist nichts fragwürdig. Das Tier bewegt sich in einer »wahren« Welt, insofern als diese fixiert und vorgegeben ist und es mit ihr als seiner eigenen Natur identisch ist; das Lebewesen Tier ist nicht nur Teil der es umgebenden Natur selbst, sondern findet in ihr auch seine Identität. Anders der Mensch, der — wie uns die Anthropologie lehrt — gerade durch seine Nicht-Identität mit Natur und Umwelt ausgezeichnet ist. »Das Tier lebt psychisch *in* den Dingen, etwa so, wie wir es beim Menschen als momentane 'Ekstase' bezeichnen würden,« heißt es bei Max Scheler. »Ein Affe, der herumspringt, bald durch diesen, bald durch jenen Gegenstand triebhaft angezogen, lebt gewissermaßen in lauter punktuellen Ekstasen. Erst der Mensch stellt *sich* und sein 'Selbstbewußtsein' der Welt *gegenüber*; in ihm erst scheiden sich gegenständliche Umwelt und das Ich-Selbst-Erlebnis.« (»Die Formen des Wissens und die Bildung«: *Philosophische Weltanschauung*, München 1954, 29). Dieses Sich-der-Welt-Gegenüberstellen ist aber nicht, wie die Formulierung andeuten könnte, eine vom Menschen beliebig zu treffende Entscheidung, ein kollektiv-historischer Willensakt sozusagen, sondern was damit umschrieben wird, ist vielmehr eine Grundbefindlichkeit menschlicher Existenz überhaupt, die diese von anderen Lebewesen unterscheidet: der Mensch als Mängelwesen, als eines, das biologisch schwerwiegende Defizienzen hat, das von der Natur »ausgestoßen« wurde, das ihr biologisch angehört und doch zugleich außerhalb ihrer steht. Der Mensch ist nicht mit solchen natürlichen Eigenschaften ausgestattet, die ihm das Überleben *in* der Natur und als Teil der Natur gestatten — er bedarf der zubereiteten Nahrung, der wärmenden Kleidung und der schützenden Wohnung. Er ist — extrem formuliert — eine »Fehlgeburt«, eine »Abart«, und er kann, um dennoch zu überleben, gar nicht anders, als zu versuchen, diese biologischen Mängel, diese »Lebensuntüchtigkeit« zu kompensieren durch die Entwicklung qualitativ neuer, seine Distanz zur tierischen Welt mehr und mehr befestigenden und vergrößernden Fähigkeiten. Der Mensch, dessen Identität durch seine Nicht-Identität mit der ihn umgebenden Natur gekennzeichnet ist, ist gezwungen, sich diese ihm feindliche Umwelt zu unterwerfen, sie unter seine Kontrolle zu bringen. Da natürlich-biologisches Lebewesen zu sein bzw. wieder zu werden ihm unmöglich ist, muß er die Natur zu vermenschlichen trachten. »Der Mensch ist recht eigentlich der *Dilettant* des Lebens«, heißt es in einer Fußnote der zitierten Abhandlung von Scheler. »Seine Nichtanpassung ist auch Bedingung dafür, daß er sich die Natur anzupassen sucht, anstatt sich ihr anzupassen« (ebd., 120). Er ist das »unbehauste Wesen« auf der Suche nach einem Zuhause, was sich in den immer weiter vorangetriebenen Anstrengungen manifestiert, aus der ihm feindseligen eine ihm dienende Um-Welt zu machen.

Die anthropologische Geschichte des Menschen läßt sich darum auf die kurze Formel der Entwicklung und Entfaltung von Überlebenskapazitäten, von seine Schwächen kompensierenden Fähigkeiten bringen: Intelligenz für fehlende Instinkte,

Werkzeuge für körperliche Schwäche, Gesellschaft und »Kultur« für bloßes Nebeneinander der Artangehörigen.

»Die Beziehungen der Tiere zu ihresgleichen sind im Prinzip nicht anders als ihre Beziehungen zu anderen Objekten der Außenwelt; sie gehören ausnahmslos zum Bereich ihrer biologischen Beziehungen . . . (so) . . . daß es bei den Tieren keine Gesellschaft gibt. Mehrere oder sogar viele Tiere können durchaus gemeinsam tätig sein, es handelt sich dabei jedoch nicht um Zusammenarbeit im menschlichen Sinne. Das zeigen Beobachtungen an Ameisen . . . von denen — wenn sie gemeinsam einen größeren Gegenstand tragen — jede so handelt, als hätte sie die Last allein zu tragen. Etwas ähnliches ist sogar bei den höchstentwickelten Tieren, den Menschenaffen, zu beobachten . . . In Wirklichkeit gibt es . . . in allen diesen Fällen keine echte Arbeitsteilung, ebenso wie es sich nicht um Arbeit handelt, die ihrem Wesen nach ja ein gesellschaftlicher Prozeß ist.« (Alexejew N. Leontjew: Probleme der Entwicklung des Psychischen; Frankfurt/M. 1973).

»Kultur» erscheint dabei als übergreifender Begriff, der, seiner oft verschwommenen und mystifizierenden Vieldimensionalität entkleidet, nicht mehr meint als »die Summe der Formen menschlichen Zusammenlebens, von Generation zu Generation durch Lernen weitervermittelt . . . Kultur ist die Gesamtheit dessen, was Menschen aufgrund ihrer Erziehung wie tun« (Coon 1967, 27) — von Arbeitsmethoden/Produktionsweisen bis hin zu Sprache, Kunst, Symbolik, usw. Kultur steht synonym für Gesellschaft als Bedingung der Möglichkeit menschlicher Existenz insofern, als sie alle jene Kompensationen umfaßt, die den Menschen nicht nur vom Tier unterscheiden, sondern die seine Lebensfähigkeit überhaupt ausmachen — das vielzitierte »zoon politikon«, des Wesens, das »Gemeinschaft hat«. Und diese Gemeinschaft, dieses Kollektiv, das nicht nur lernfähig ist, sondern das Gelernte — vermittelt über Sprache, Symbole und Schrift — auch zu bewahren, zu tradieren und akkumulierend zu erweitern in der Lage ist, hat seine allgemeinste Zweckbestimmung — sein Telos — in der Kontrolle von Umwelt.

Wissenschaft, so hatten wir gesagt, hat es mit Wahrheit zu tun, und als Bedingung der Möglichkeit von Wahrheit hatten wir die Möglichkeit, ja, zugespitzt, die existentielle Gegebenheit von Unwahrheit vorausgesetzt — Unwahrheit hier verstanden, als das Ausgestoßensein, als die Unbehaustheit der Spezies Mensch, die ihre Wahrheit, ihr Zuhause, ihre Identität nur durch die Unterwerfung der ihr feindlichen Umwelt, durch die »Vermenschlichung der Natur« (Marx) gewinnt. »Wissen ist Macht«, wie eine vielzitierte Formel sagt, und entsprechend ist Unwissen Ohnmacht. Ohnmacht, Nicht-Wissen ist nur ein anderer Ausdruck für das, was Hegel und später in konkreterer Bestimmung auch Engels das »Reich der Notwendigkeit« nennen: das Unterworfensein unter (Natur-) Gesetzlichkeiten, die als solche Gesetzlichkeiten nicht erkannt und folglich nicht den eigenen — menschlichen — Zwecken dienstbar gemacht werden. Während das Tier in diesem »Reich der Notwendigkeit« ganz und gar aufgeht, sich an die langfristigen, naturwüchsigen Veränderungsprozesse seiner physischen Umwelt nur sehr begrenzt anzupassen vermag (siehe das Aussterben von Arten), ist durch die »anthropologische Differenz« (s. Kamper 1973, 19ff.) mit dem Menschen die sukzessive Überwindung, die schrittweise Zurückdrängung dieses Reiches der Notwendigkeit angelegt. Das Wissen vom gesetzmäßigen Ablauf von Jahreszeiten, der Ursachen von Unwettern, von Sonnen- oder Mondfinsternissen nimmt diesen ihren Drohcharakter, macht den Menschen der Natur gegenüber frei — oder doch zumindest ein Stück freier — verdrängt Dämonen und Götter zugunsten von Einsichten in Ursache und Wirkung. Wissenschaft ließe sich — unzureichend, aber doch nicht falsch — dann als die systematische Suche nach Zusammenhängen zwischen Ursachen und Wirkungen, zwischen Wesen und Schein umschreiben. *Das Auseinanderklaffen, die Nicht-Identität von Schein und Wesen ist, sozusagen, die Bedingung der Möglichkeit von Wissenschaft, und den empirischen Schein nicht für das Wesen zu halten, darin besteht die eigentliche Aufgabe von Wissenschaft bzw. von wissenschaftlicher Wahrheit.* »Wissenschaftliche Wahrheit ist immer paradox vom Standpunkt der alltäglichen Erfahrung, die nur den täuschenden Schein der Dinge wahrnimmt«, heißt es bei Marx (*Lohn, Preis und Profit,* MEW 16, 129). Daß wissenschaftlich erarbeitete Wahrheit dem empirischen Schein, der sich dem nicht-geschulten Auge des Laien darbietet, geradezu konträr widersprechen kann, demonstriert wohl am dramatischsten die Entdeckung, daß sich nicht die Sonne um die Erde, sondern vielmehr die Erde um die Sonne dreht — weshalb die Galileische Revolution zu Recht als Ausgangspunkt eines neuen, des bisweilen so genannten »wissenschaftlichen« Zeitalters angesetzt wird, als der Beginn eines neuen Kapitels der menschlichen Evolution.

Wenn wir aber dergestalt Wahrheit als etwas zu Erarbeitendes ansetzen, als das Gegenteil von unmittelbar-natürlicher Evidenz, so ist damit eine weitere wichtige Implikation verbunden, nämlich der historische Prozeßcharakter von Wahrheit. Erkennen von Wirklichkeit bedeutet nicht ihre Abbildung, sondern heißt auf sie einzuwirken und durch solche Einwirkung Erfahrungen — Kenntnisse, Wissen — von den Gegenständen, der Umwelt zu sammeln, zu ordnen, zu kodifizieren und diese zugleich immer wieder an der Wirklichkeit auf ihre Adäquanz, d.h. aber auf ihre Nützlichkeit zu überprüfen.

> Menschliches Erkennen, so heißt es bei Piaget, ist »wesentlich aktiv«; ein Objekt zu erkennen bedeutet, »auf es einzuwirken. Es bedeutet, Transformationssysteme zu konstruieren, die sich an oder mit diesem Objekt ausführen lassen. Oder: Realität erkennen heißt, Transformationssysteme zu konstruieren, die der Realität — mehr oder weniger adäquat — entsprechen, die Transformationen der Realität, mehr oder weniger isomorph, sind. Die Transformationsstrukturen, aus denen Erkenntnis besteht, sind nicht Abbilder der Transformationen in der Realität, sondern nur mögliche isomorphe Modelle, unter denen zu wählen die Erfahrung befähigen kann. Erkenntnis ist also ein System von Transformationen, die allmählich immer adäquater werden«. (*Einführung in die genetische Erkenntnistheorie,* Frankfurt/M. 1973, 22f.)

Ob aber Wissen adäquat ist, läßt sich nicht abstrakt-allgemein, sondern nur konkret-historisch bestimmen, d.h. nach Maßgabe der je zur Lösung oder Bewältigung anstehenden Aufgaben und Probleme bzw. nach Maßgabe von Art und Weise des Einwirkens auf die Wirklichkeit. Die sich stellenden Aufgaben im größeren Kontext von Überlebenssicherung sind je andere in Gesellschaften, die von Jagd und Fischfang leben — Sammler und Jäger — oder in Ackerbaugesellschaften oder schließlich in industriell ihre Lebens-Mittel — die Mittel zum Überleben — produzierenden Gesellschaften. Im Verlaufe der »vergleichsweise kurzen Evolutionsgeschichte, wie sie durch fossile Reste dokumentiert ist, hat der Mensch seine ererbten Fähigkeiten nicht durch am Skelett ablesbare körperliche Veränderungen verbessert« (Childe 1951, 27), sondern ausschließlich durch Veränderungen, bzw. durch sich den wechselnden äußeren — klimatischen — Bedingungen anpassende Verbesserungen seiner Kultur: seiner Werkzeuge, seiner sozialen Organisation. Adäquates Wissen, und das heißt *Wahrheit, ist darum eine Funktion der jeweiligen historischen Umstände zur Lösung anstehender Aufgaben der Arterhaltung.* Mit anderen Worten: die Naturbeobachtungen unserer prähistorischen Vorfahren, die astronomischen Berechnungen im Alten Ägypten, die Physik im Klassischen Griechenland stellen je spezifische Formen von Wahrheitsfindung unter den Bedingungen dar, auf die hin sie entwickelt wurden. Systematische Wahrheitsgewinnung, als welche wir Wissenschaft umschrieben, steht immer im weiteren Horizont von menschlicher Arbeit,

»worin der Mensch seinen Stoffwechsel mit der Natur . . . regelt und kontrolliert. Er tritt dem Naturstoff selbst als Naturmacht gegenüber. Die seiner Leiblichkeit angehörenden Naturkräfte, Arme und Beine, Kopf und Hand, setzt er in Bewegung, um sich den Naturstoff in einer für sein eigenes Leben brauchbaren Form anzueignen. Indem er durch diese Bewegung auf die Natur außer ihm wirkt und sie verändert, verändert er zugleich seine eigene Natur. Er entwickelt die in ihr schlummernden Potenzen und unterwirft das Spiel ihrer Kräfte seiner eigenen Botmäßigkeit.« (Marx, *Das Kapital*, MEW 23, 192)

Arbeit und Wissenschaft sind darum zwei aufs engste miteinander verknüpfte Tätigkeiten: die ständig sich verbessernde und erweiternde Aneignung der Natur durch die Arbeit wird als solcher Prozeß recht eigentlich erst ermöglicht durch Wissenschaft, die durch Aufdeckung von Ursache-Wirkungs-Zusammenhängen biologisch-physische Schwächen des Menschen kompensiert und in einen gegenüber dem Tier qualitativen Vorsprung verwandelt; Wissenschaft verändert ständig — und revolutioniert in der uns bekannten Geschichte einigemale tiefgreifend — das Verhältnis zwischen Arbeitsaufwand und dem Produkt von Arbeit. Das Erzielen besserer Resultate mit geringeren, d.h. ökonomischer eingesetzten Mitteln setzt Energien frei, die ihrerseits zur Entwicklung oder Erweiterung von in Kultur sich umsetzenden Fähigkeiten führen. Ein Anthropologe sieht beispielsweise in der Zähmung des Feuers den eigentlichen Beginn menschlicher Existenz, denn »indem der Mensch begann, seine Nahrung zu kochen, konnte er seine Essenszeit auf zwei Stunden täglich reduzieren« und hatte plötzlich Zeit gewonnen für die Jagd, den Bau von Geräten und Waffen, die Unterrichtung seiner Kinder, usw. »Die Einführung des Kochens kann durchaus der entscheidende Faktor gewesen sein, der den Menschen aus einer primär tierähnlichen materiellen Existenz in eine mehr voll-menschliche Existenz führte.«

(Coon 1967, 84) Und ohne Wissenschaft, d.h. ohne die Entdeckung vom unbewaffneten Auge nicht ohne systematisch erarbeitete Erfahrung und ohne systematisches Einwirken auf die Wirklichkeit erkennbarer Zusammenhänge — hier die zwischen Reibung und Wärme — wäre die Entdeckung des Feuers nicht möglich gewesen. Bei Lukács findet sich die gesprächsweise formulierte Behauptung desselben Zusammenhangs zwischen Arbeit und Wissenschaft:

»Woraus ist das Faktum Wissenschaft entstanden? Bei jeder teleologischen Setzung, wie die Arbeit eine ist, gibt es ein Moment, wo der denkende Mensch — und sei es ein Mensch der Steinzeit — sich überlegt, ob dieses Instrument für die Absicht, die er hat, geeignet ist oder nicht. Wenn ich in die Zeit vor der Produktion von Arbeitsinstrumenten zurückgehe und an die Zeit denke, wo der Urmensch nur Steine aufgelesen hat, um bestimmte Funktionen zu erfüllen, so kann ich mir vorstellen, wie er zwei Steine untersucht und sagt — ob er das so formuliert hat, wie ich es jetzt formuliere, ist ganz gleichgültig —, dieser Stein ist geeignet, um einen Ast abzuschneiden, dieser Stein ist nicht geeignet. Mit dieser Wahl des Ursteins fängt die Wissenschaft an.« (H.H. Holz/K. Kofler/W. Abendroth, *Gespräche mit Georg Lukács,* Reinbek 1967, 11)

Zum Zwecke nun dieser Entdeckung von Gesetzmäßigkeiten, von Ursache-Wirkung-Relationen, die die durch Arbeit gekennzeichnete menschliche Existenz erleichtern, deren Kenntnis es ermöglicht, maximale Ergebnisse mit minimalem Aufwand zu erzielen, entwickelte sich — oder wurde hervorgebracht — eine spezialisierte Gruppe oder »Klasse« von Experten, die diese Funktion übernahmen: der Stand des Priesters hatte die Aufgabe, die rechte Zeit für Jagd, Aussaat und Ernte zu bestimmen, was ihm möglich war aufgrund systematischer Naturbeobachtungen und der Kodifizierung, Tradierung und ständigen Erweiterung erarbeiteter Erkenntnisse mittels der Schrift und der Organisation der Gesellschaft um den Tempel als Mittelpunkt. Der Tempel spielte in den alten Kulturen darum eine zentrale Rolle nicht als lediglich religiös-geistiger Knotenpunkt, sondern vielmehr funktional als Katalysator gesellschaftlicher Reproduktion: die Wissenschaft, die von den Priestern betrieben wurde, war eminent praktische Wissenschaft, die verkündeten Wahrheiten praktische Wahrheiten.

»Ägyptische und babylonische Mathematik, Medizin und Astrologie strebten erklärtermaßen danach, spezifische Bedürfnise der ägyptischen und babylonischen Gesellschaft zu befriedigen. Sie waren darauf angelegt, konkrete Probleme, die sich im Verlaufe von Wirtschaft und Städtebau, bei der Heilung von Krankheiten und der Bestimmung der Jahreszeiten für die Landwirtschaft ergaben, zu lösen und die Zukunft vorherzusagen. Die Mathematik ist ebenso eindeutig das Ergebnis wirtschaftlicher Notwendigkeiten wie die Schrift. Die ökonomischen Transaktionen von Tempelgemeinschaften und die Eintreibung von Steuern mittels einer Verwaltung bedürfen der standardisierten Gewichte und Maße, eines Zahlensystems und der Regeln des Zählens, ebenso wie der Schrift.« (Childe 1951, 153) »Somit waren die Tempel . . . zum Zentrum für die Akkumulation des gesellschaftlichen Überschusses geworden . . ., faktisch der Anlaß für den kulturellen Fortschritt . . . Zugleich ermöglichte der Tempel Fortschritte auf anderen Gebieten; denn der konzentrierte Überschuß wurde nicht bloß für den Lebensunterhalt der Priester verwendet, von denen einige die Zeit hatten, das Schreiben zu entwickeln und damit die Wissenschaft der Arithmetik und Astronomie zu entfalten, sondern ebenso für den der verschiedenen

Handwerker und Künstler, z.B. der Spinner und Weber, deren Erzeugnisse zum Teil exportiert wurden, damit dafür Metall und andere wichtige Rohstoffe ins Land kamen.« (Childe 1968, 163f.)

Teilweise bis dicht an die Schwelle unserer historischen Gegenwart hat der Priesterstand diese Funktion der systematischen Erarbeitung, Kodifizierung und Tradierung von der Praxis dienendem Wissen — von Wahrheit — in sich wandelnden Formen und unter veränderten geschichtlichen Bedingungen beibehalten.

Das Insistieren auf der Praxis-Orientierung von Wissenschaft jedoch, auf ihrer historischen Wesensbestimmung als Arbeitserleichterung bzw. Erleichterung, wenn nicht gar überhaupt als Möglichkeit von Umweltbewältigung macht *Wissenschaft* fest als *emanzipatorische Tätigkeit.* Sie »bildet« den Menschen als Gattungswesen, dessen Bildungsfähigkeit die anthropologische Voraussetzung für sein Überleben im Vergleich mit physisch-biologisch besser ausgerüsteten, aber weniger anpassungsfähigen, weniger flexiblen, weniger bildungsfähigen anderen Arten ist. »Die Kategorie 'Emanzipation' akzentuiert genau jene Bildungsfähigkeit des Menschen, welche die Bedingung seiner 'Selbstherstellung' ist .. . . (sie) bedeutet die Nicht-Identität des Menschen. Sie ist ein Ausdruck für das, was . . . 'anthropologische Differenz' heißt.« (Kamper 1973, 108) In eben dieser anthropologischen Differenz ist Wissenschaft als systematisierte Wahrheitssuche mit dem Zweck der Eindämmung des »Reiches der Notwendigkeit« angesiedelt. Die Betonung liegt dabei auf systematisch: denn die Erkenntnis und Formulierung von Gesetzmäßigkeiten ist nicht eine Frage von plötzlichen Einsichten, Erleuchtungen, von mystischer »Wesensschau« oder von Einbildungs- bzw. Vorstellungskraft, sondern von Arbeit am zu erkennenden, zu analysierenden Gegenstand.

Wissenschaftliche Wahrheit ist darum auch *nur eine von zahlreichen Möglichkeiten von Wahrheit:* die Wahrheit des Künstlers bzw. die im Kunstwerk realisierte Wahrheit = Identität stellt eine andere Form von Umwelt-Bewältigung dar, ebenso wie der Gläubige Wahrheit in der Offenbarung oder durch Meditation sucht bzw. für sich auch zu finden vermag. Darüber hinaus sind wissenschaftliche, an Naturbeherrschung orientierte Methoden der Wahrheitsfindung nicht unbedingt zur Gewinnung von Wahrheit auf anderen Gebieten gleichermaßen geeignet:

»Der Westen, obzwar Meister der Maschinen, hat doch nur sehr elementare Kenntnisse von der Verwendung und den Kraftquellen jener am höchsten entwickelten Maschine, die der menschliche Körper darstellt. Auf diesem und auf dem angrenzenden Gebiet des Verhältnisses zwischen Körper und Psyche ist der Osten und der ferne Osten dem Westen um mehrere Jahrtausende voraus; sie haben jene umfassenden theoretischen und praktischen Summae des indischen Joga, der chinesischen Atemtechniken und der Organgymnastik der alten Maoris hervorgebracht.« (Lévi-Strauss 1972, 43)

Und es ist auch zu bedenken, daß wissenschaftliche, systematisch Ursache und Wirkung bestimmende, methodisch vorgehende Wahrheitsfindung im engsten Sinne des Wortgebrauches eine historisch sehr junge Erscheinung ist.

* wiss. Wahrheit = Gestaltungsfähigkeit
andere Wahrheit = ??

»Im Lauf der Jahrhunderte brauchte jede Generation, um Fortschritte zu machen, dem von früheren Generationen vererbten Kapital nur eine ständige Anlage hinzuzufügen. Jenen früheren Generationen schulden wir neun Zehntel unseres Reichtums und sogar noch mehr, wenn man einmal spaßeshalber das Datum des Auftretens der wichtigsten Entdeckungen auf das annähernde Datum des Zeitbeginns der Zivilisation bezieht. Man wird dann feststellen, daß die Landwirtschaft im Laufe einer jüngeren Phase entstanden ist, die 2% dieser Dauer entspräche; das Auftreten der Metallurgie entspräche 0,7%, des Alphabets 0,35%, der Galileischen Physik 0,035% und des Darwinismus 0,009%. Die ganze wissenschaftliche und industrielle Revolution des Westens entspricht etwa einem halben Tausendstel des Gesamtlebens der Menschheit.« (Leslie A. White, *The Science of Culture*, New York 1949, 59)

Kein Zweifel, daß das, was wir heute unter Wissenschaft und wissenschaftlicher Forschung verstehen — institutionalisiert vor allem in den Universitäten — eine neuzeitliche Erscheinung darstellt, entstanden im Zusammenhang mit den gesellschaftlichen Veränderungen in Westeuropa im 16. und 17. Jahrhundert, die aus dem »naturwüchsigen«, praxis-orientierten Wahrheitsfindungsprozeß in dem von Lukács oder auch Childe angedeuteten Sinne nunmehr eine methodisch vorgehende, bewußt gesellschafts-relevante Tätigkeit machte. Aber der qualitative »Sprung«, den das bisweilen so genannte wissenschaftliche Zeitalter in der Tat darstellt, soll doch an dieser Stelle nicht den allgemeineren anthropologischen Kontext aus dem Auge verlieren, in dem Wissenschaft als historisch notwendige Arbeit an der Emanzipation steht.

Zwar ist die Wahrheit des Künstlers, des Gläubigen, des Herrschers verschieden von der des Wissenschaftlers; gemeinsam ist ihren Wahrheiten jedoch der Versuch, Ordnung zu stiften, Sinnzusammenhänge herzustellen, Orientierungshilfen der Umweltbewältigung zu geben. Es läßt sich kaum bestreiten, daß frühere Kulturen auf zahlreichen Gebieten über Wissen verfügten, das in späteren Kulturen verlorenging bzw. das sich der — wieder im engen Wortgebrauch — wissenschaftlichen Erkenntnis entzieht und von an wissenschaftlicher Wahrheitsfindung orientierten Gesellschaften wie der in den sogenannten »entwickelten Industrienationen« kategorial nicht erfaßbar ist. Aber es ist ebenso richtig, auf dem Problemlösungscharakter von Wissen zu insistieren: Wissen — Wahrheit — kann auch, da historisch-gesellschaftlich bedingt, irrelevant werden für die Bewältigung je neu sich stellender konkreter Aufgaben. Die hohe Kunst der Körperbeherrschung in asiatischen Kulturen, auf die Lévi-Strauss hinweist, ist tatsächlich irrelevant angesichts etwa von Massenarmut und Bevölkerungswachstum; die zur Entwicklung eines noch immer nicht enträtselten Kalenders fähige Priesterkaste der Mayas, der einen unvergleichlich hohen Grad von Wissen über kosmische Zusammenhänge andeutet, hat gleichwohl den Untergang der eigenen Kultur offensichtlich nicht zu verhindern gewußt. Ein vor der Lösung von Überlebensproblemen der Gesellschaft versagendes, sich ihnen entziehendes Wissen — eine nicht emanzipatorisch angelegte Systematisierung von Wissen — wird nicht nur irrelevant gegenüber konkreten Aufgaben, sondern bereitet auch den Untergang der eigenen Gesellschaftsformation vor, die dergestalt blind und hilflos an ihren jeweiligen Problemen zugrundegeht.

Im Horizont dieses Verständnisses von Wissenschaft verliert die weithin gebräuchliche, dem populären Verständnis einleuchtend erscheinende Dichotomie zwischen Natur- und Sozialwissenschaft ihre Trennschärfe. Der Gegenstand naturwissenschaftlicher Wahrheitssuche ist die uns umgebende und durch Aufdeckung der in ihr wirkenden Gesetzmäßigkeiten zu unterwerfende Natur, die wir ihrerseits zwar »erkenntnistheoretisch als Ansichseiendes voraussetzen müssen«, zu der wir jedoch Zugang »nur innerhalb der durch Arbeitsprozesse eröffneten geschichtlichen Dimension« haben; »wir begegnen der Natur immer nur im Horizont des weltgeschichtlichen Bildungsprozesses der Gattung« (Habermas 1968, 47), d.h. als Arbeitende. Und eben dieser Arbeitsprozeß der Gattung Mensch — die je spezifische Art und Weise gesellschaftlicher Organisation von Arbeit — ist der Erkenntnisgegenstand sozialwissenschaftlicher Wahrheitssuche, die ihrerseits ihre anthropologische Legitimation erhält durch die Orientierung an der Frage nach der Maximierung der Resultate mit minimalem Einsatz der Mittel — kurz: durch die Orientierung an Emanzipation. Spätestens seit Heisenbergs berühmter »Unbestimmtheits-Relation« ist von seiten der Naturwissenschaften selbst die strenge »Objektivität« der »reinen Wissenschaft« zumindest problematisch geworden (vgl. dazu B. v. Greiff 1976, Kap. 4 und 6). Die von der Physik anerkannte Subjektivität des Erkenntnisprozesses galt jedoch — und gilt im populären Verständnis noch immer — als spezifisches Charakteristikum der Sozialwissenschaften, in denen der Mensch explizit Erkennender und Gegenstand des Erkennens zugleich ist. Um diesem — wie nunmehr die Naturwissenschaft selbst bestätigt — Schein-Dilemma zu entgehen, ohne Sozialwissenschaft als Wissenschaft aufzugeben (was gewissermaßen gesellschaftlicher Selbstmord wäre und damit auszuschließen ist), messen sich viele ihrer Vertreter an einem sowohl unhistorischen als auch überholten positivistischen Wissenschaftsideal und verbannen die Subjektivität sozialwissenschaftlicher Erkenntnisse in den Bereich der sogenannten »Werturteile«, die dann als Privatsache jedes Wissenschaftlers gelten und idealiter weder die wissenschaftliche Arbeit beeinflussen noch Gegenstand von wissenschaftlicher Reflexion sein sollen.

Dies jedenfalls charakterisiert — in fast unzulässiger Abkürzung — die spätbürgerliche Wissenschaft, welche, mit der beispiellosen Entfaltung der menschlichen Produktivkräfte im Rücken, die Legitimation der bestehenden kapitalistischen Verhältnisse betreibt und darum die Frage nach der eigenen Historizität, d.h. Vergänglichkeit, und nach den im Arbeitsprozeß, d.h. in den Produktionsverhältnissen verankerten Voraussetzungen nicht mehr zulassen kann. Als aktives Mitglied des damals revolutionären Bürgertums konnte der Mediziner Rudolf Virchow im Frühjahr 1848 schreiben: »Als Naturforscher kann ich nur Republikaner sein, denn die Verwirklichung der Forderungen, welche die Naturgesetze bedingen, welche aus der Natur hervorgehen, ist nur in der republikanischen Staatsform wirklich ausführbar.« (Zit. in Weingart, *Wissenschaftssoziologie* II, Frankfurt/M. 1974, 24) Virchow steht damit in einer Tradition, die mit Galilei in Westeuropa ihren Anfang nahm und für die *Natur- und Sozial-*

wissenschaft explizit zwei einander komplementär ergänzende Dimensionen des gleichen emanzipatorischen Auftrags der Wissenschaft im Allgemeinen und der modernen Wissenschaft im Besonderen waren. Galilei hatte, ohne deswegen selbst »Sozialwissenschaftler« zu werden, die gesellschaftliche Relevanz naturwissenschaftlicher Erkenntnisse gewissermaßen buchstäblich am eigenen Leibe erfahren, d.h. er hatte mehr oder minder deutlich erkannt, daß der Durchsetzung der Erkenntnis eines rationalen Gesetzen folgenden Kosmos gesellschaftliche Veränderungen entsprechen müssen bzw. daß das Korrelat der Entdeckung der Naturgesetze in der vernünftigen Gestaltung der gesellschaftlichen Verhältnisse liegen würde. Auch ein Wilhelm von Humboldt etwa hielt an dem inneren Zusammenhang fest, der zwischen Natur- und Sozialwissenschaften gemäß deren Bildungsauftrag besteht. Die Humboldt'sche Universitätsreform, in deren Tradition wir noch immer stehen, ist ohne deren humanwissenschaftlichen Auftrag zur Erkenntnis des gesellschaftlich-geschichtlichen Lebens der bürgerlichen Gesellschaft gar nicht vorstellbar.

Aber die bürgerliche Revolution ist seitdem vollendet worden und die Wissenschaft des Bürgertums hat ihren revolutionären, emanzipatorischen Anspruch folgerichtig aufgegeben bzw. reduziert auf den Ausbau und die Vervollkommnung und/oder Rechtfertigung des Erreichten. Dem entspricht u.a. die Unterwerfung der Sozialwissenschaften unter die angeblich exakten Naturwissenschaften in dem Sinne, daß die Fragen nach menschlicher Selbstverwirklichung, danach, ob die gesellschaftlichen Verhältnisse Vernunftkriterien standhalten, abgedrängt werden auf das »außerwissenschaftliche« Gebiet der »Werturteile«. So haben wir die »Tatsache, daß die Naturwissenschaften ihre Unabhängigkeit von den politischen Ideologien weitgehend durchsetzen konnten, da an dieser Unabhängigkeit ein noch gewaltigeres soziales Interesse besteht als an ihrer Bevormundung: das Interesse am Fortschritt der Technik, den nur eine freie Forschung gewährleisten kann. Dagegen führt von der sozialen Theorie kein so direkter, unmittelbarer Weg zu einem unbestreitbare und lebenswichtige Vorteile gewährenden Fortschritt einer sozialen Technik.« Im Gegenteil: »Während die naturwissenschaftlichen Theorien das von ihnen dargestellte Geschehen unbeeinflußt lassen, können Annahmen über gesellschaftliche Sachverhalte oft erhebliche Rückwirkungen auf eben diese Sachverhalte ausüben.« (Topitsch 1970, 66) Das aber ist immer dann der Fall, wenn solche »Annahmen über gesellschaftliche Sachverhalte«, sprich: wenn Sozialwissenschaft aus der ihr immanenten »anthropologischen Logik« heraus den empirischen Schein nicht für das Wesen nimmt, wenn sie ihre historische Wahrheit in der antizipierenden Subversion scheinbar natürlicher gesellschaftlicher Restriktionen systematisch erarbeitet. Wissenschaft im Allgemeinen bzw. Sozialwissenschaft im Besonderen wird damit zum Störenfried, zum Gegner etablierter Ordnungen, die das jeweilige Reich der Notwendigkeit darstellen. Und so stellt sich für sie

»das Problem, welche Gruppen ... eine vom Stand der Naturbeherrschung, d.h. von der Entwicklung der Produktivkräfte her mögliche Emanzipation *aller* Menschen verhindern und damit zugleich (und nötigerweise) ein anderes: den Träger einer emanzipatorischen Veränderung der Gesellschaft, d.h. der Einlösung des Geschichtsangemessenen, zu bestimmen, da die Sozialwissenschaften selbst dieser »Träger« nicht allein sein können.« Und insofern die Wissenschaft ihre Funktion, ihren Sinn als praktische Tätigkeit bezieht aus Problemlösungen, die die Grenzen des Reiches der Notwendigkeit — politisch-soziologisch ebenso wie materiell-ökonomisch — zurückzudrängen vermögen, insofern gründen insbesondere »alle Sozialwissenschaften ... ihre Erkenntnis daher letztlich auf die *Kritik der politischen Ökonomie.* Sie werden *Partei.*« (Brückner/Krovoza 1972, 39)

2. Internationale Beziehungen als Sozialwissenschaft

Unter Wissenschaft, so haben wir festgestellt, ist zu verstehen die systematische Verknüpfung von empirisch erfahrbaren Sachverhalten, deren Zusammenhang selbst jedoch dem ungeübten Auge nicht unmittelbar ersichtlich ist. Wissenschaft enthüllt den Scheincharakter der Erscheinungen und versucht, deren Wesen, d.h. die Bedingungen ihrer Möglichkeit aufzudecken. Die praktische Absicht, in der Wissenschaft — so wie im vorangehenden Kapitel anthropologisch abgeleitet — entwickelt wurde und betrieben wird, impliziert jedoch, *daß der jeweilige Gegenstand von Wissenschaft, das Objekt der Erkenntnis, ein historisch und gesellschaftlich vermittelter ist:* erst das kann zum Gegenstand systematischer Erkenntnisarbeit werden, an dem ein konkretes, praktisches Interesse besteht; ein solches praktisches Erkenntnisinteresse wiederum setzt voraus, daß ein Problem vorliegt und daß an dessen Lösung ein signifikantes gesellschaftliches Interesse-Bedürfnis besteht. Wie am Beispiel der »Wissenschaft von den Internationalen Beziehungen« zu demonstrieren sein wird, ist dies alles andere als ein Gemeinplatz, sondern verweist auf den grundsätzlich historisch-relativen Charakter von Wissenschaft und damit von Wahrheit im früher umschriebenen Sinne. Für »Probleme« können wir hier zur Verdeutlichung den Begriff »Konflikte« setzen und dann formulieren: jede Gesellschaft und jede historische Epoche hat ihre spezifischen Konflikte, die sie zunächst nur empirisch wahrnimmt, die aber dann wissenschaftlich auf ihren Begriff zu bringen — deren Ursache zu enthüllen — die Bedingung der Möglichkeit von Konfliktlösungen darstellt. Für unsere engere Fragestellung heißt das: es kann eine Wissenschaft von den Internationalen Beziehungen erst geben, wenn es solche internationalen Beziehungen selbst gibt, und außerdem muß ein von empirisch erfahrenen Konflikten produziertes Problembewußtsein dieser internationalen Beziehungen gegeben sein, ehe diese zum Gegenstand systematischer Erkenntnisanstrengung werden können. Aus leicht einsichtigen Gründen erscheint Problembewußtsein in der Regel mit beträchtlicher Verzögerung nach der Erscheinung des Problems selbst — nämlich dann, wenn bis dahin gültige, in der Praxis bewährte, historisch legitimierte Interpretationschemata und Kategorien sich zur Bewältigung konkreter Konflikte als unfähig und inadäquat herausstellen. Was für die Naturwissenschaft gilt: »daß Wirklichkeit und Lüge sich gegenseitig ausschließen. Die Informationen, die uns die Wirklichkeit gibt, müssen also wahr sein. Sie können jedoch mißverstanden werden. Da aber im Kosmos nichts für sich existiert und alles auf anderes bezogen ist, werden Mißverständnisse an einer Stelle zu Widersprüchen an anderer Stelle führen, so daß sie berichtigt werden können« (G. Schramm, *Belebte Materie*, Pfullingen 1965, 10), — das gilt für die Sozialwissenschaften in historischer Relativierung prinzipiell gleichermaßen: das Mißverstehen der Ursachen gesellschaftlicher Konflikte aufgrund ihrer Interpretation mittels überholter, d.h. unter anderen historischen und/oder sozialen Bedingungen gewonnener Kategorien und Begriffe führt zu neuen Widersprüchen, auch u.U. zu einer Verschärfung der sich somit der Lösung entziehenden Probleme — bis mit der Entwicklung eines adäquaten Problembewußtseins die Bedingungen der Möglichkeit der Konfliktüberwindung geschaffen sind.

Seit wann gibt es also internationale Beziehungen? Zwei Antworten sind möglich: die erste würde implizit die Frage selbst als illegitim zurückweisen mit der These, daß es sie gibt, solange Gesellschaft überhaupt existiert: prähistorische Stämme mit Nachbarschaftsverhältnissen, frühhistorische Großreiche mit Beziehungen zu angrenzenden Völkern, griechische Stadtstaaten untereinander — sie alle hatten »internationale Beziehungen« im Sinne der Abgrenzung von Gesellschaften nach »innen« und nach »außen«, wo je unterschiedliche Beziehungsmuster und Spielregeln galten. In einer weitverbreiteten amerikanischen Einführung heißt es beispielsweise, daß internationale Beziehungen vorliegen, wann immer »eine Mehrzahl unabhängiger politischer Einheiten — Stämme, Stadtstaaten, Nationen oder Imperien — mit beträchtlicher Frequenz und in geregelten Formen miteinander umgehen.« (Holsti 1967, 27)

Ein solcher Ansatz kann jedoch nur durchgehalten werden mit einer wichtigen Unterstellung, daß nämlich die Beziehungen zwischen solchen, wie es hier hieß »unabhängigen politischen Einheiten«, sich unabhängig entwickeln und gestalten von den jeweiligen Gesellschaftsstrukturen, unabhängig vom Niveau der Entfaltung der Produktivkräfte und von technologischen, nicht zuletzt auch von militärtechnologischen Bedingungen, unabhängig also von sozio-ökonomischen Reproduktionsverhältnissen. Diese können zwar, so werden die Vertreter dieser Schule ohne weiteres einräumen, eine bedeutende Rolle im konkreten zu untersuchenden Fall spielen, aber sie bleiben zufällig und äußerlich. Prinzipiell lasse sich etwa das Verhalten von nomadisierenden Stämmen zueinander, bzw. die Außenpolitik von Stammesführern vergleichen mit dem Verhalten von heutigen Nationalstaaten zueinander bzw. mit dem außenpolitischen Kalkül heutiger Staatschefs. Folglich lassen sich universal-historische, bzw. geschichtsunabhängige Gesetzmäßigkeiten, Regeln zwischengesellschaftlichen Verhaltens mit quasi-naturwissenschaftlicher Exaktheit herausarbeiten. An welcher konkreten historischen Epoche man ansetzt, welche spezifische Konstellation zwischengesellschaftlicher Beziehungen oder Konflikte man als Erkenntnisobjekt wählt, ist dann mehr oder minder willkürlich, bestimmt sich minimal nach den verfügbaren Daten, maximal nach einem aktuellen, vom empirischen Schein diktierten Erkenntnisinteresse: ein vertieftes Verständnis etwa der imperialen Rivalität zwischen den USA und der Sowjetunion kann demnach gewonnen werden durch das Studium des Konfliktes zwischen Großreichen im klassischen Altertum; welche gesetzmäßigen Prozesse und möglichen Konstellationen sich unter den Bedingungen einer Mehrzahl gleichstarker Einheiten ergeben, läßt sich demzufolge exemplarisch am 19. Jahrhundert in Europa, an den chinesischen Fürstentümern des 4. Jahrhunderts oder auch an den klassischen griechischen Stadtstaaten analysieren; ob militärische Abschreckung, das Wettrüsten, seinen Zweck — die Kriegsverhütung — erfüllt, läßt sich durch Datenverarbeitung aus 2500 Jahren Geschichte ermitteln usw.[1] Die Wahrheit der Wissenschaft von den Internationalen Beziehungen wäre demzufolge zeitlos, sie wäre jung allenfalls als akademische Disziplin, nicht aber als Sozialwissenschaft; zu ihren Ahnen gehörten dann bereits der Inder Kautilya aus dem 4. vorchristlichen Jahrhundert und der Grieche Thukydides, dessen Darstellung des Peloponnesischen Krieges ewige, d.h. auch für unsere Probleme, für die Konflikte der aktuellen internationalen Politik, gültige wissenschaftliche Wahrheiten enthält.

Akzeptiert man jedoch die Legitimität der gestellten Frage, »seit wann gibt es internationale Beziehungen?« — ausgehend von dem eingangs entwickelten Gedankengang, Wissenschaft setze Problembewußtsein und Problembewußtsein setze das Problem/die Konflikte selbst voraus und diese seien folglich nur als historischer Prozeß zu begreifen — dann kommt man zu grundsätzlich anderen Schlußfolgerungen für diese Wissenschaft. Internationale Beziehungen als Faktum hat es dann nicht immer und unter allen sozio-historischen Bedingungen gegeben — jedenfalls nicht in dem Sinne von weltweiter Interdependenz und der Globalisierung von Konflikten, von woher die danach benannte Disziplin ihren Ausgang nahm und ihre raison d'être bezieht, ihre Notwendigkeit so gut wie ihr Erkenntnisobjekt. Es ist dabei zu insistieren auf dem Aspekt der »Globalität«, dem tendenziell und in zunehmendem Umfange aktuell universalen Charakter zwischengesellschaftlicher Konflikte, der internationale Beziehungen unterscheidet von der Außenpolitik z.B. vor-kolumbianischer Indianerreiche oder griechischer Polis-Demokratien — ohne daß letzteren damit ein hochentwickeltes taktisches Kalkül und politische Raffinesse abgesprochen werden kann. So hat es, von der Forschung erst kürzlich entdeckt, völkerrechtliche Regionalordnungen in der vor-kolumbianischen außereuropäischen Welt (in Mexiko, Schwarzafrika und in China, nicht jedoch in Südamerika, auf dem indischen Subkontinent und in der polynesischen Inselwelt) gegeben (Preiser 1976). Aber als tendenziell universale Interdependenz gibt es, auf eine vereinfachende Formel gebracht, internationale Beziehungen erst, seit es Weltkriege gibt, die wir als die Erscheinungsform der Universalisierung zwischengesellschaftlicher Konflikte interpretieren können. Aber von hier bis zum Problembewußtsein ist es noch immer ein langer Weg: streng genommen fast dreihundert Jahre. Wir bezeichnen bekanntlich als »Ersten Weltkrieg« den Zusammenbruch des internationalen Systems 1914-1918; aber ein vom Problembewußtsein dieser in der Tat entscheidenden kollektiven Erfahrung geprägter Historiker stellte kürzlich richtig, es sei der in vier Kontinenten und auf sieben Meeren ausgetragene Konflikt um die holländische Unabhängigkeit vom spanischen Weltreich — jenem Reich, in dem »die Sonne nicht unterging« — »der es verdient, der Erste Weltkrieg genannt zu werden, und nicht der Massenmord von 1914-1918, dem gewöhnlich diese zweifelhafte Ehre zuerkannt wird.« (Boxer 1972, 108)

Internationale Beziehungen als empirische Realität, als auf den Begriff zu bringendes Problem haben einen angebbaren historischen Ursprung, eine *Geburtsphase,* die äußerlich-chronologisch als *das »Zeitalter der Entdeckungen«* bestimmbar ist. Das Internationale System, das heute zum Erkenntnisgegenstand einer weitgehend anerkannten wissenschaftlichen Disziplin geworden ist, ist das Produkt von rund fünf Jahrhunderten europäischer Expansion und nur aus dieser seiner Historizität zu begreifen, nämlich dem mit der kapitalistischen Revolution eingetretenen Bruch in der menschlichen Geschichte.

Die zweite zu klärende Frage nach den Voraussetzungen der Entwicklung von Internationalen Beziehungen als Wissenschaft war die nach dem Problembewußtsein. Das ist offensichtlich ein wesentlich schwierigerer und weniger genau bestimmbarer Komplex. Einerseits ist es nachweisbar (vgl. Gollwitzer 1969), daß die Zeitgenossen der europäischen Welteroberung und Kolonisation sich sehr bald über die äußerlichen, d.h. die quantitativ-geographischen Veränderungen ihres Weltbildes Rechenschaft ablegten. Begriffe wie Weltreich, Weltherrschaft, Weltregierung, Weltgeschichte, Weltbürger sind schon im 17. Jahrhundert im Umlauf und gebräuchlich, was aber noch keineswegs gleichbedeutend ist mit Problembewußtsein. Zwar meint Abendroth (1973, 14),

> »daß wissenschaftlich-empirische ... Reflexion über die Staatsgrenzen überschneidende internationale ... soziale Gesetzlichkeiten, die auch das rechtliche Verhalten der Staaten ... bestimmen, in der europäischen Geschichte spätestens mit der spanischen Spätscholastik ..., dann aber rasch verstärkt und intensiviert mit der beginnenden rationalen Naturrechtswissenschaft seit dem Ende der mittelalterlichen Denkformen ... und der nicht mehr kirchlich gefesselten Philosophie ... eine erhebliche Bedeutung gewonnen hat.«

Aber was hier als Problem gesehen wird, ist doch weniger der neuartige Konfliktcharakter des entstehenden internationalen Systems, als vielmehr die Zügelung und Kodifizierung des Verhaltens der europäischen Mächte untereinander durch Rechtsordnungen im Kriege und für die Weltmeere. Während wir heute in der Lage sind, die zwischengesellschaftlichen Konflikte seit dem 16. Jahrhundert als sich periodisch zu Weltkriegen potenzierende Krisen zu interpretieren, die in je spezifischer Form sich ableiten lassen aus der konkurrierenden Expansion der kapitalistisch strukturierten europäischen Gesellschaften, so erschien jenen Zeitgenossen die geeinte Welt eher als Appendix des westeuropäischen Mikrokosmos. Ihre politischen Probleme schienen jeweils lösbar zu sein mit den — verbesserungsfähigen — Mitteln erprobter außenpolitischer Praktiken: Diplomatie, Militärstrategie, dynastische Legitimität. Erst in dem Maße, in dem diese Techniken sich als unzureichend für die dauerhafte Lösung internationaler Konflikte erwiesen und die Außenpolitik schließlich empirisch als weltweite Politik erfahren wird, stellt sich ein Konfliktbewußtsein ein, dessen terminologische Vorboten Begriffsschöpfungen wie Weltkrise, Weltrevolution, Totalrevolution sind, die nicht zufällig aus der Zeit der Französischen Revolution stammen (Gollwitzer 1969, 328). Konkrete Erfahrungen in der zweiten Hälfte des 18. Jahrhunderts und im 19. Jahrhundert sind dabei ausschlaggebend — die Erfahrungen vor allem der Abhängigkeit der »Macht« der Staaten von ihrem Anteil am Welthandel. Adam Smith war wohl der Erste, der in den Welt-Handelsinteressen den Schlüssel zur Erfassung des internationalen Systems sah, obwohl er sie, wenn »vernünftig« wahrgenommen, als harmonische bzw. harmonisierbare Interessen bestimmte. Daß diese keineswegs — oder doch bestenfalls nur langfristig und sofern man den außenpolitischen Konflikt zur Wahrnehmung »nationaler Interessen« nicht scheute — harmonisch sich gestalteten, erkannte später erst jemand wie Friedrich List, der vermutlich als Erster systematisch den Begriff *Weltpolitik* verwandte.

Gleichwohl handelt es sich hierbei nur um Vorläufer, um Vorformen der Bildung eines Problem- bzw. Konfliktbewußtseins von internationalen Beziehungen, die selbst noch nicht genügten, um die wissenschaftliche Erforschung von Zusammenhängen zur zwingenden Notwendigkeit zu machen. Denn denen, die im 19. Jahrhundert die öffentliche Meinung bestimmten und machten — den Zeitungsschreibern so gut wie den Intellektuellen, den Politikern so gut wie den Professoren — erschien ihre Epoche alles in allem eine Optimismus und Fortschrittsglauben rechtfertigende Ära zu sein, eine sich auf immer mehr Zivilisation und auf langfristige Stabilisierung hinbewegende Zeit. Jene »gute alte Zeit« war kaum dazu angetan, ein Krisenbewußtsein in breitem Umfange zu produzieren; rückblickend erscheint auch den Historikern die Zeit vom Wiener Kongreß 1815 bis zum Ausbruch des Ersten Weltkrieges als »Hundertjähriger Frieden«. (Polanyi 1973, 38-55) Selbst unter den sozialistischen Theoretikern, die — worauf noch ausführlicher einzugehen sein wird — als einzige den Krisen- und Konfliktcharakter der internationalen Gesellschaft erkannten, wurden einzelne von dieser Euphorie angesteckt: Karl Kautsky projizierte noch am Vorabend jenes Weltkrieges die Möglichkeit eines »Ultraimperialismus . . ., dessen Gefahren . . . in anderer Richtung lägen, nicht in der des Wettrüstens und der Gefährdung des Weltfriedens.«[2]

Im engeren Sinne war es die das europäische Bürgertum aus seinen Fortschrittsillusionen reißende Erfahrung des Weltkrieges, der sich unerwarteterweise nicht nur in quantitativer Ausdehnung, sondern auch qualitativ von früheren Kriegen unterschied, die den entscheidenden Durchbruch zu einem Welt-Krisenbewußtsein schuf und nunmehr die Wissenschaft zu Hilfe rief. Ansätze dazu hat es im unmittelbaren Vorfeld des Krieges gegeben. Das spektakuläre Wettrüsten hatte immerhin einzelne Warner auf den Plan und eine idealistische Weltfriedensbewegung ins Leben gerufen, die die Unvernunft der Rüstungsausgaben anzuprangern versuchten und mit den

Haager Friedenskonferenzen sogar eine gewisse Publizität erreichten. In den USA wurde schon 1910 die *Carnegie Endowment for International Peace* und die *World-Peace Foundation* gegründet. Aber es bedurfte der Kriegskatastrophe selbst, um ein gesamtgesellschaftliches, dringendes Interesse an wissenschaftlichen Antworten auf die Frage, wie derartige »Unfälle« in Zukunft zu vermeiden seien, zu formulieren. E.O. Czempiel (1965, 270-290; bes. 275) erklärte nicht ohne Berechtigung den 30. Mai 1919 zum »Geburtstag« der Wissenschaft von den Internationalen Beziehungen — den Tag, an dem die britische und die amerikanische Delegation an der Pariser Friedenskonferenz übereinkamen, in ihren Ländern wissenschaftliche Institutionen zu Erforschung der internationalen Beziehungen zu gründen; die 1920 errichteten Institute — das britische *Royal Institute of International Affairs* und der amerikanische *Council of Foreign Relations* — bestehen heute noch. In Berlin wurde im selben Jahr die *Deutsche Hochschule für Politik* ins Leben gerufen, in Genf entstand 1927 das *Institut Universitaire des Hautes Etudes Internationales.* Was im 1. Kapitel grundsätzlich über den Praxisbezug, die Überlebensorientierung von Wissenschaft aufzuzeigen versucht wurde, das galt für diese neue Wissenschaft nun ganz unvermittelt: »Die Absicht . . ., der Politik bei der Realisierung des Friedens zu helfen, machte geradezu das Lebenselixier dieser Disziplin aus.« (Ebd., 277) Problembewußtsein und damit ein hervorragendes gesamtgesellschaftliches Interesse an gesicherten Einsichten in Konfliktursachen, also die generellen Voraussetzungen von Wissenschaft überhaupt, waren damit gegeben.

Aber wissenschaftliches Fragen und Forschen ist nicht vorausetzungslos; und zu den Voraussetzungen, mit denen die universitär verfaßte oder über Institute gesellschaftlich legitimierte Wissenschaft an die ihr gestellten neuen Probleme heranging, gehörte auch die — schließlich empirisch kaum widerlegbare — historisch beispiellose Befreiung der Produktivkräfte, die jedoch interpretiert wurde als Beweis dafür, daß die Industriegesellschaft prinzipiell die Verwirklichung aller menschlichen Möglichkeiten verkörpere. Durchaus im Gegensatz zumindest zu einigen anderen Einsichten in die Wahrheit der tatsächlichen Lage der Menschheit — künstlerischen Wahrheiten insbesondere[3] — ging die systematische Erforschung der Ursachen für den als Trauma erfahrenen Weltkrieg generell davon aus, daß es sich hier um einen, wenn auch sehr ernsten, Betriebsunfall gehandelt habe, den zu analysieren und in Zukunft zu verhüten Völkerrechtswissenschaft, Staatswissenschaft und Politikwissenschaft prinzipiell in der Lage seien. Die Wissenschaft in ihrer Gesamtheit und in der systematischen Ausrichtung ihrer Erkenntnisse auf die Produktion (Kuznets 1966, 10) hatte bisher Unvergleichliches geleistet in der Revolutionierung der Produktivkräfte, und auch die Sozialwissenschaften stimmten »alle darin überein, daß der Kapitalismus die beste gesellschaftliche Basis darstellt und daß dieser entweder ewig oder doch für eine lange Zeit noch bestehen bleiben wird.« (Bernal 1969, 1072) Kriegsverhinderung als Aufgabe einer Wissenschaft von den Internationalen Beziehungen hieß darum die Kodifizierung bzw. Parlamentarisierung grundsätzlich harmonisierbarer Interessen in der Weltgesellschaft, die als die natürliche Erweiterung der natürlichen, weil durch ihre materiellen Erfolge als Industrie- bzw. Wohlstandsgesellschaft legitimierten nationalstaatlichen Gesellschaft erschien. Völkerbund und Internationaler Gerichtshof als Konfliktlösungs-Institutionen waren ihre konstruktiven Antworten auf die von der Gesellschaft an sie gestellten neuen Fragen.

Eine weitere Voraussetzung der Sozialwissenschaften bestand — und besteht (vgl. Kap. 16) — im Axiom vom modernen Nationalstaat als höchster Form und natürlicher Vollendung politischer Organisation überhaupt. Für diesen, sei es grundsätzlich als Ordnungsprinzip, sei es durch historisch-konkrete Identifikation (man erinnere sich nur an das chauvinistische Engagement der größten deutschen Gelehrten beim Kriegsausbruch 1914 und auch noch danach) Partei zu ergreifen, gehört immer schon zu den Internationalen Beziehungen als bewußt praktisch-politischer Wissenschaft. Zusammengenommen bedeutete dies zunächst eine Konfliktanalyse, die im Fehlen von erzwingbaren Verkehrsregeln zwischen den Staaten, im Macht-Ungleichgewicht zwischen den Großen, Mittleren und Kleinen die Weltkriegsursachen ansiedelte.

Es soll an dieser Stelle nicht erörtert werden, warum zwischen dem Auftauchen des Problems von internationalen Beziehungen und dem Problembewußtsein — der systematischen, lösungsorientierten Ursachenforschung — rund dreihundert Jahre vergingen, wieso es der Katastrophe des Ersten Weltkrieges bedurfte, um die Bedrohung wahrzunehmen, die den kapitalistischen Industriegesellschaften aus ihren zwischenstaatlichen Beziehungen erwuchs. Die Konsequenz jedoch bestand (zur Verdeutlichung hier bis an die Grenze des Zulässigen vereinfacht) in der Problemerfassung durch den kategorialen Apparat von Staatswissenschaften und Völkerrecht, der im Zusammenhang mit dem neuzeitlichen Territorialstaat entstanden war. Und eben dieser kategoriale Apparat erwies sich — wie die Erfahrung des gescheiterten Völkerbundes und des Zweiten Weltkrieges zeigen sollte — als inadäquat gegenüber der mit der Industriellen Revolution freigesetzten sozio-ökonomischen Dynamik. Innergesellschaftliche Spannungen — die Klassenkämpfe — wurden von ihm ebensowenig erfaßt, bzw. als nicht zum Problem gehörend ausgeschieden, wie zwischengesellschaftliche, »nur« ökonomische Konflikte bis hin zu Kolonialismus und den heute unter dem Stichwort der »Unterentwicklung«, der ungleichen Entwicklung gefaßten Komplexen.

Diese aufgegriffen und thematisiert zu haben, ist das unzweifelhafte Verdienst der sozialistischen Bewegung seit der zweiten Hälfte des 19. Jahrhunderts, die mit ihrer eigenen Gesellschaftstheorie — dem Marxismus vor allem — die herrschende Wissenschaft herausforderte und sie als Wissenschaft des Bürgertums, als bürgerliche Wissenschaft zu denunzieren begann. Ihr lag, aufgrund der konkreten Erfahrung der sozialen Konflikte im entwickelten Kapitalismus, nicht mehr der Glaube an eine langfristige Harmonie der Interessen — der gesellschaftlichen so gut wie der staatlichen — zugrunde, sondern deren Unvereinbarkeit, weshalb sie den Ersten Weltkrieg nicht als »Betriebsunfall«, sondern als Erscheinungsform des antagonistischen Charakters der kapitalistischen Produktionsweise zu begreifen versuchte. In der aus dem Klassencharakter dieser historisch gewordenen und darum alles andere als natürlichen Gesellschaftsordnung abgeleiteten *Imperialismustheorie* verfügte die sozialistische Bewegung über den, rückblickend gesehen, *wissenschaftlich ersten Versuch, die internationalen Beziehungen als System zu begreifen und auf einen konkreten Begriff zu bringen.* Es kann hier darauf verzichtet werden, die verschiedenen Imperialismustheorien zu referieren; das ist in jüngster Zeit häufig genug unternommen worden.[4] Für unseren Argumentationszusammenhang ist allein die Tatsache relevant, daß zum Zeitpunkt der »Geburt« der Wissenschaft von den Internationalen Beziehungen im Umkreis des Marxismus nicht nur das Problembewußtsein von den Konfliktpotentialen der internationalen Politik, sondern auch eine systematisch ausgearbeitete, mehr oder minder kohärente Theorie vom strukturellen Zusammenhang jener Konflikte vorhanden war, die sich dem zeitgenössischen bürgerlichen Bewußtsein als unzusammenhängend und bestenfalls aus dem traditionellen Machtstreben von Staaten entspringend darstellten. Diesen Zusammenhang hatte Karl Marx bereits 1848 im *Kommunistischen Manifest* mit den bekannten Sätzen angedeutet:

»Das Bedürfnis nach einem stets ausgedehnteren Absatz für ihre Produkte jagt die Bourgeoisie über die ganze Erdkugel. Überall muß sie sich einnisten, überall anbauen, überall Verbindungen herstellen . . . An die Stelle der alten lokalen und nationalen Selbstgenügsamkeit und Abgeschlossenheit tritt ein allseitiger Verkehr, eine allseitige Abhängigkeit der Nationen voneinander.« (*MEW* 4, 465f.)

Die eigentlich systematische Ausarbeitung der auf kriegerische Entladungen hintreibenden weltweiten Abhängigkeitsverhältnisse bedurfte zwar auch noch der empirischen Erfahrung der den Vorweltkrieg u.a. auszeichnenden fieberhaften Restaufteilung der Welt unter die führenden kapitalistischen Industrienationen, aber mit Rudolf Hilferdings *Das Finanzkapital* (1910) und Rosa Luxemburgs *Die Akkumulation des Kapitals* (1913) verfügte die sozialistische Bewegung bereits relativ früh über zwei noch immer exemplarische wissenschaftliche Leistungen der Analyse internationaler Beziehungen. Für die Vertreter der Imperialismustheorie kam der Weltkrieg nicht als ein das überkommene Weltbild erschütternder Schock, eher als deren Bestätigung. Lenin gab ihr eine auf die konkrete historische Lage in besonderem Maße zugespitzte agitatorische Fassung, die, aus hier nicht zu erörternden Gründen, die spätere Diskussion im Positiven wie im Negativen stärker geprägt hat, als es die auf eine konkrete historische Situation hin formulierten Aussagen eigentlich rechtfertigen. Aber gleichwohl ist eine unbestreitbare Tatsache, daß die sozialistische Bewegung in ihrer Gesamtheit weit hinter diesem von einzelnen artikulierten Bewußtseinsstand zurückblieb, daß etwa die deutsche Sozialdemokratie — in den Worten von N. Rjasanoff (1909) — »wie die bürgerliche Demokratie auf dem Gebiet der auswärtigen Politik mit den überlieferten Begriffen von revolutionären und reaktionären Rassen und Staaten operierte, ohne den historischen Prozeß zu analysieren, der den sozialen Charakter der gegebenen Regierung und die Klassenzusammensetzung des Volkes veränderte, das diese Regierung 'verdiente'.«[5] Für unseren Zusammenhang, den der Disziplingeschichte, ist diese Tatsache jedoch zunächst unerheblich. Wir können vielmehr festhalten, daß es *vor* der Schock-Gründung einer Wissenschaft von den Internationalen Beziehungen bereits einen ausgearbeiteten, wissenschaftlich begründeten Begriff vom internationalen System gab, der auch inhaltlich im Rahmen des Möglichen empirisch gefüllt war.

Aber mit wiederum einer wichtigen Qualifikation: jener Begriff vom internationalen System fand nicht die Anerkennung der etablierten, der bürgerlichen Wissenschaft; Imperialismus galt — und gilt bisweilen heute noch (s.z.B. das Sprichwort »Imperialism« in der *International Encyclopedia of the Social Sciences;* New York 1968) — als polemischer, partei-demagogischer, politischer, kurz: als unwissenschaftlicher Begriff (Krippendorff 1972, 177-203). Aus Gründen, die noch kurz auszuführen sein werden, weigerte sich die universitär institutionalisierte Wissenschaft, die Arbeiten der Hilferding und Luxemburg, sowie später die der Bucharin, Lenin, Sternberg etc. ernsthaft als wissenschaftliche Analysen des internationalen Systems zur Kenntnis zu nehmen. Und sie weigerte sich auch, Marxisten in ihre Reihen aufzunehmen: praktisch ist keine der heute zumindest formal als wissenschaftliche Leistungen anerkannten großen Imperialismus-Arbeiten jener Zeit im Rahmen der Universität entstanden. Diese blieb eine enge und ideologisch sich durch sorgfältige Rekrutierungsmechanismen absichernde Korporation. Dort, wo in scheinbarer Liberalität dem marxistischen Außenseiter dennoch der Einbruch gelang, wurde er dann isoliert, ignoriert und marginalisiert.[6] Mehr noch: die Imperialismus-Analyse wurde als »Irrlehre« aktiv bekämpft, und zwar nun *expressis verbis* von der neuen Disziplin der Internationalen Beziehungen.

Der Grund dafür ist nicht schwer zu finden. Das internationale System als imperialistisches System — vom Imperialismus wenn auch nicht geschaffen, so doch in seiner zeitgenössischen Form vollendet — zu begreifen, hieß auch, kurz gesagt, das kapitalistische System für den Weltkrieg verantwortlich zu machen . Das aber hieße die Axt an die Wurzeln der eigenen Gesellschaftsordnung zu legen, die Bedingungen zu untergraben, unter denen universitäre Wissenschaft und die Politik bürgerlicher so gut wie reformistisch-sozialdemokratischer Regierungen möglich waren. Wenn die wissenschaftliche Analyse der internationalen Beziehungen — zunächst, wie erwähnt, orientiert an der Frage »wie konnte es zum Krieg kommen« — die Antwort gäbe, daß der Krieg das Produkt der Rivalität kapitalistisch produzierender Gesellschaften gewesen sei und nur durch Überwindung dieser historisch gewachsenen Produktionsweise spätere Weltkriege zu verhindern seien, dann widerspräche sie jenem eigentlichen Auftrag, unter dem sie als Universitätsdisziplin ins Leben gerufen wurde. Da solches jedoch — in hier extrem verkürzter Form — die Konklusion der Imperialismus-Analyse war, da sie nicht nur den Weltkrieg selbst aus dem Kapitalismus ableitete, sondern auch weitere Weltkriege als wahrscheinlich prognostizierte, sofern die kapitalistische Produktionsweise in den alten Zentren nicht revolutionär überwunden würde, mußte diese Irrlehre im Interesse der Systemstabilisierung der bürgerlichen Gesellschaft widerlegt werden. Dies war eine objektive Notwendigkeit, wenngleich die Wissenschaftler, die sich dieser Aufgabe annahmen, subjektiv nicht verdächtigt werden können, um politischer Ziele willen die Wahrheit unterdrückt zu haben: sie handelten/dachten vielmehr in einem gesellschaftlichen Kontext, der bürgerlichen Universität, der strukturell derartige revolutionäre Einsichten verhinderte. (An der akademischen Biographie des Historikers Eckart Kehr etwa ließe sich demonstrieren, wie jemand, der innerhalb der Zunft einen stillschweigenden Konsensus des nationalen und sozialen Selbstverständnisses durchbrach, von dieser verfemt und in seiner wissenschaftlichen Karriere behindert wurde.) So *wurde die wissenschaftliche Widerlegung der Imperialismus-Kapitalismus-Interpretation des Weltkrieges zu einem der zentralen Themen der neuen Disziplin.*[7]

Diese Widerlegung gelang ihr auch vermittels eines »Tricks«, d.h. durch eine den polit-ökonomischen Ansatz der Imperialismusanalyse mißverstehende Verengung der Fragestellung auf die Verantwortlichkeit der Klasse der Industrie- und Finanzkapitalisten für den Krieg. Und diese Fragestellung zeitigte — methodisch und empirisch dann den Regeln wissenschaftlicher Analyse voll Rechnung tragend — das durchaus einleuchtende Ergebnis, daß jene Klasse in der Regel alles andere als kriegstreibend gewesen war, daß sie die Aggressivität von politischer Führung und Militär oftmals zu bremsen versucht hatte, daß sie vom Frieden (wohlgemerkt: von einer progredierenden Rüstung auch im Frieden) mehr profitierte als vom Krieg selbst — woraus dann der überzeugende Schluß gezogen werden konnte, daß nicht die Kapitalisten, sondern die politische Verfassung bzw. daß Diplomatie und politisch-militärische Führungen für die Kriegskatastrophe verantwortlich zu machen waren. Nicht »weniger« bzw. gar kein Kapitalismus erschien als Bedingung der Möglichkeit einer friedlichen internationalen Gesellschaft, sondern mehr Kapitalismus bzw. idealiter gar keine Politik. Letztere Position wurde bereits in der Zwischenkriegszeit artikuliert z.B. in den USA von A.A. Berle, der in der ständigen Einmischung der Politiker in die Wirtschaft die Wurzeln allen Übels sah[8] — eine Position, die bis heute von Ideologen der multinationalen Konzerne vertreten wird, indem sie die ökonomisch gesehen antiquierte, Konflikte produzierende kleinstaatliche Fragmentierung des internationalen Systems zum Gegenstand ihrer Kritik machen. In Deutschland wurde die Widerlegung des Imperialismus-Kapitalismus-Krieg-Zusammenhangs entscheidend geprägt von Joseph Schumpeter, der im Imperialismus einen dem Kapitalismus fremden »Atavismus« sah, während der Kapitalismus selbst nicht nur friedlich, sondern geradezu antikriegerisch sei.[9]

Dieser negativen Stoßrichtung der neuen Wissenschaftsdisziplin korrespondierte positiv die Orientierung auf den Nationalstaat als Akteur, als zentraler Handlungseinheit der internationalen Politik. Der empirische Augenschein und die erklärte Intention, eine praxisorientierte Politik-Wissenschaft der kriegsverhindernden Regierungshilfe zu werden, sprachen für diese »Wahl«: wer anders als die Staatsmänner hatte den Krieg ausgelöst und wer anders als besser aufgeklärte politische Führungen innerhalb eines nun durch völkerrechtliche Bindungen und die Verpflichtung zu Abrüstungsverhandlungen definierten und gegen Alleingänge einzelner Staaten absichernden Rahmens konnte zukünftige Kriege verhüten. Neben dem empirischen Augenschein, dem sich der Staat in seinem Verhalten, in seinen Beziehungen zu anderen Staaten als Gegenstand der Wissenschaft von den Internationalen Beziehungen aufdrängte, konditionierte zumindest noch ein weiteres Element diese Einengung der Fragestellung: die Geschichtswissenschaft hatte in der Evolution des Nationalstaates die Selbstverwirklichung der europäischen Gesellschaften, gewissermaßen deren höchste und reifste Kulturgestalt aufgezeigt und ihr auch eine höchste politische Vernunft unterstellt: *die Staatsraison.* Die Machtpolitik der Staaten war zügelbar durch (wissenschaftlich assistierte) Einsicht in die jeweiligen nationalen Interessen. Nationales Interesse, recht verstanden, ist gezügeltes Interesse, impliziert u.a. die Interessenwahrnehmung mit friedlichen Mitteln, um nicht durch die eigenen Waffen umzukommen.

Im Begriff des nationalen Interesses (Frankel 1972) finden wir gewissermaßen die Übertragung des Kantschen Kategorischen Imperativs[10] auf die Ebene der internationalen Politik — den verletzt zu haben der eigentliche Fehler der irrationalen Politiker der Vorkriegszeit gewesen sei. Daß es sich bei den internationalen Konflikten um Machtfragen handelte, folglich um politische Vorgänge und einer Politikwissenschaft analytisch zugänglich, schien so selbst-evident, daß die Ableitung des Machtbegriffs selbst nicht geleistet wurde. Mit einer wichtigen Ausnahme: Hans Morgenthau (1949), der die sich unsicher und tastend entwickelnde Disziplin schließlich zu ihrem eigenen Selbstverständnis brachte und in den fünfziger Jahren, die Ansätze der Zwischenkriegszeit in noch immer mit Gewinn lesbarer Synthese bündelnd, sein Lehrbuch »Politics Among Nations« schrieb, hat zumindest den Versuch gemacht, den Schlüsselbegriff der »Macht« abzuleiten. Aber bezeichnenderweise erscheint sie bei ihm als zeitlos-anthropologische Konstante zwischenmenschlichen Verhaltens,[11] womit die Einsicht in die Historizität und in die Spezifik des internationalen Systems grundsätzlich verstellt wird.

Diese sich immerhin durch innere Kohärenz auszeichnende Klarheit der Gegenstandsbestimmung der bürgerlichen Wissenschaftsdisziplin von den Internationalen Beziehungen ist ihr seitdem aus Gründen, denen hier nicht explizit nachgegangen werden soll, wieder abhanden gekommen. Der Zweite Weltkrieg hatte die junge Disziplin so gut wie völlig unvorbereitet getroffen, weshalb die »realistische Schule« Morgenthaus u.a. hier in ein Neuland stieß. Aber das Unbehagen an der relativen Schlichtheit ihrer Kategorien, ihr konzeptuelles Unvermögen, das Internationale System in seinen Konflikten als System zu begreifen, äußerte sich in einer zunehmenden Beliebigkeit der Bestimmung des Untersuchungsgegenstandes. Die Verwässerung, die inhaltliche Entleerung der Kategorien und Begriffe der Wissenschaft, sich manifestierend in einer modisch-vergänglichen Vielfalt von immer neuen »approaches« und »frameworks«, die so schnell abgestreift und durch Moderneres ersetzt werden wie Kleidungsstücke, ist konkreter ideologischer Ausdruck für die Inadäquanz jener Kategorien und Begriffe und dafür, daß sie nicht wissenschaftlich abgeleitet sind und folglich die Sache selbst unbegriffen bleibt. Eine kürzlich gezogene »Zwischenbilanz« der — amerikanischen — »International Relations« (Gantzel 1974, 284) spricht von dem »nach wie vor herrschenden Chaos in der Disziplin«, davon, daß

»ungeachtet zahlreicher Fortschritte im einzelnen, die Frage gestellt werden muß, ob die angestrebte Homogenität von einem wildwüchsigen, weil nicht an substantiellen gesellschaftspolitischen Problemen festgemachten Methodenpluralismus her erreicht werden kann und ob nicht just solch ein Formalpluralismus die herrschenden realen Verhältnisse stabilisieren hilft, statt sie zum Besseren hin zu verändern.«

Die letztere Aufgabe war früher als die eigentliche *raison d'être* von Wissenschaft als Krisenbewältigungsmethode festgemacht worden. Was als Wissenschaft erscheint, dadurch, daß es im Gewande scientistischer Darstellungsweisen auftritt, kategorisiert doch vielmehr »die Hilf- und Ratlosigkeit gegenüber Kriegs-, Krisen- und Revolutionssituationen« (ebd., 288), also gegenüber dem, was den Internationalen Beziehungen zu klären aufgegeben war und ist. »Ein (!) internationales System«, so lesen wir bei einem der gegenwärtig renommiertesten Vertreter des Fachs, Stanley Hoffmann,

»ist ein Beziehungsmuster zwischen den Grundeinheiten (?) der Weltpolitik, das charakterisiert ist durch die Art (!) der von diesen Einheiten verfolgten Ziele *(welche?)* und von den von ihnen erfüllten Aufgaben (?), sowie von den Mitteln *(welche?)*, die sie einsetzen zur Durchsetzung dieser Ziele und zur Erfüllung dieser Aufgaben. Dieses Muster (!) wird weitgehend *(wie weitgehend?)* determiniert von der Struktur der Welt (!), der Beschaffenheit der Kräfte (?), welche zwischen den oder innerhalb der wichtigsten Einheiten *(warum nur dieser?)* wirken, sowie von den Kapazitäten (?), den Machtverhältnisen und der politischen Kultur (!) dieser Einheiten.« (Hoffmann 1961, 207)

Mit solchen Leerdefinitionen ist nun in der Tat alles und nichts mehr gesagt, sofern man nicht die Tatsache als positiv vermerken will, daß wenigstens das internationale System als ein solches System thematisiert wird und insofern damit dem zentralen Mangel der am nationalen Interesse orientierten Schule 'abgeholfen' worden ist.[12] Es sei an dieser Stelle offengelassen, ob man dem Verdammungsurteil eines so kompetenten Kenners der amerikanischen Materie wie Kenneth Boulding beipflichten will, der von der »International Relations Theory« meint, sie sei »nicht nur inadäquat, sondern korrupt, nicht nur Null, sondern ein Minus. Ein gewaltiger Apparat zur Produktion von Fehlinterpretation und zur Verhinderung von Rückkoppelungen falscher Weltbilder«[13] — oder ob man Bernals eher großzügige Geringschätzung idealistisch-unhistorischer Gesellschaftstheorien teilt: »Diese Theorien sind weit davon entfernt, wissenschaftlich zu sein, und jedenfalls finden sie kaum Verwendung bei der Leitung der Angelegenheiten der kapitalistischen Welt.« (Bernal 1969, 1072, Anm. 15) Von einem übergeordneten Standpunkt aus gesehen jedoch signalisiert die Fehlanzeige der wissenschaftlichen Ergebnisse der Disziplin angesichts der sich unter unseren Augen akkumulierenden Konfliktpotentiale im internationalen System ein Versagen mit möglicherweise fatalen Konsequenzen. Ein Eingeständnis dieses Versagens ist zu erblicken im Auftreten und der raschen Ausbreitung der — wiederum nicht zufällig staatlich geförderten und um greifbare Ergebnisse gebetenen — Friedensforschung seit dem Ende der sechziger Jahre.

Wenn dergestalt die akademisch etablierte Disziplin der Wissenschaft von den Internationalen Beziehungen in ihrer derzeit international gesehen dominierenden amerikanischen Form der »International Relations« inadäquat zu nennen ist, so ist damit doch nicht die Legitimität, ja die Überlebens-Notwendigkeit solcher Wissenschaft in Frage gestellt worden. Im Gegenteil. Nur *bedarf es zur Konstruktion solcher Wissenschaft als Sozialwissenschaft eines ausgewiesenen bzw. auszuweisenden Begriffes von Gesellschaft*, der nicht zu gewinnen ist, ohne den Rekurs auf anthropologische Voraussetzungen einerseits, und ohne die — zumindest rudimentäre — Bestandsaufnahme historisch identifizierbarer Formen gesellschaftlicher Reproduktion, an denen wir die Bedingung der Möglichkeit von Sozialwissenschaft aufzeigen können. Von daher läßt es sich dann begründen, warum Internationale Beziehungen als Sozialwissenschaft nur vorstellbar sind als historisch-politökonomische Sozialwissenschaft.

3. Über Reproduktion

Die im vorangegangenen Kapitel komprimiert vorgetragene Kritik der bürgerlich-wissenschaftlichen Disziplin 'Internationale Beziehungen' und der Hinweis auf die Alternative »Imperialismus-Theorien« als, wie unterstellt wurde, »der Wahrheit näherkommend«, kann aus vielen Gründen weder befriedigen noch überzeugen. Warum sollte, wenn die in Kapitel 1 entwickelten Prämissen über den Problemlösungs-Charakter von Wissenschaft gemachten Aussagen grundsätzlich stimmen, die von der Erfahrung des Ersten Weltkrieges ins Leben gerufene wissenschaftliche Disziplin auf einmal in besonderem Maße »falsches Bewußtsein« manifestieren, warum sollte die von ihr als das Wesen hinter den Erscheinungsformen von Krieg und Imperialismus herausgearbeitete Kategorie der Macht nicht historisch auf der Höhe der Zeit, also adäquate Wahrheit sein? Woraus leitet sich die Behauptung ab, daß sich im Umkreis der Imperialismus-Theorien ein angemesseneres Verständnis für den Konfliktcharakter des internationalen Systems herausgebildet habe? Die Antwort darauf kann zweifellos nicht lediglich in dem abstrakt-allgemeinen Hinweis auf den bürgerlichen Charakter der Disziplin bestehen und der weitergehenden Behauptung, daß diese bürgerliche Wissenschaft sich aus einem revolutionären, d.h. emanzipatorisch-veränderungsorientierten Erkenntnisinstrument in ein kodifiziertes Kategoriensystem zur Verteidigung des historisch Erreichten, des Bestehenden verwandelt habe. Entscheidend ist für den hier entwickelten Gedankengang vielmehr das gegen Ende des letzten Kapitels angedeutete Versagen der Disziplin vor den konkreten Aufgaben und Problemstellungen der Gegenwart. Ich möchte das kurz anhand der amerikanischen *International Relations* in ihrem Verhältnis zum Vietnam-Krieg illustrieren, der wie kein anderes Ereignis Gesellschaft und politisches System der USA in den '60er und '70er Jahren bis in die Wurzeln erschüttert hat. Die zwölf führenden politikwissenschaftlichen Zeitschriften der USA widmeten von 1961 bis 1972 im Durchschnitt nur 2,6 Aufsätze, d.h. 0,6 Prozent aller Beiträge dem Vietnamproblem; die *American Political Science Review* kommt ebenso wie das renommierte *Journal of Conflict Resolution* auf nicht mehr als drei Aufsätze während des gesamten Zeitraums, was für diese

Zeitschrift 34 von insgesamt 6 300 Aufsatzseiten bedeutet . . .[14] Auch stellten die *International-Relations*-Experten unter den Unterzeichnern von Anti-Kriegs-Appellen eine verschwindende Minderheit dar. Damit wäre die Möglichkeit einer empirisch-quantitativen Beweisführung zur Untermauerung der Behauptung angedeutet, die gegenwärtig als akademische Disziplin etablierte Wissenschaft von den Internationalen Beziehungen werde ihren Aufgaben nicht gerecht. Sie könnte jedoch durch Gegenbeispiele aus anderen Ländern etwa oder durch neuere Entwicklungen in der Disziplin entkräftet werden und steht erst dann auf sichereren Füßen, wenn ihr zentrales Axiom — das der vernunftgezügelten National-Staats-Interessen — sich als nicht tragfähig erweist und wenn damit der Staat selbst als das Fundament und der feste Bezugspunkt für die große Mehrzahl der »Theorien der Internationalen Beziehungen«[15] seine Bedeutung, seinen Rang als unabhängige Variable verliert. Zu diesem Zwecke muß wiederum weiter ausgeholt und in gewissem Sinne wieder von vorne angefangen werden.

Ich war davon ausgegangen, daß Gegenstand der Sozialwissenschaften der Mensch als Gattungswesen, als gesellschaftliches Wesen ist, der aufgrund seiner spezifischen Mängel und Schwächen der Gruppe, des Kollektivs, der Gemeinschaft bedarf, um in der ihm feindlichen Umwelt zu überleben. Offen blieb jedoch, nach welchen Kriterien der Sozialwissenschaftler seine Wahl trifft, welche der verschiedenen Gruppen, in denen sich Menschen je gleichzeitig vorfinden, von ihm zum Gegenstand der Untersuchung gemacht werden; bzw.: welche der vielfältigen kollektiven Zugehörigkeiten vom beobachtenden und problem-lösenden Wissenschaftler für mehr und welche für weniger relevant gehalten werden — und warum. Ist es nur eine Frage persönlicher Perspektive, willkürlicher Entscheidung oder eines angebbaren Erkenntnisinteresses, ob etwa die als Nation erscheinende Gruppe oder die Familie, oder z.B. die Gruppe der Autofahrer zum Ausgangspunkt gemacht wird? Ist menschliches Verhalten in jeder dieser hier willkürlich herausgegriffenen Einheiten ein je anderes und ohne wechselseitige Beziehung oder lassen sich da abhängige und unabhängige Variablen unterscheiden? Der Gedankengang ist so abwegig nicht, wie er vielleicht erscheinen mag: folgt aus nationalen Charakteristika ein spezifisches Verhalten als Autofahrer (die Fahrereigenschaften der Deutschen, der Italiener, der Belgier etc. sind bekanntlich ein beliebtes Konversationsthema auch bei ernsthaften Leuten) oder auch eine spezifische Familienstruktur? Oder umgekehrt: produziert die autoritär-patriarchalische Familie sowohl den rücksichtslosen Autofahrer als auch den nach innen autoritären und nach außen aggressiven Staat und wäre demnach diese als die unabhängige Variable anzusetzen? Diese und andere Wege sind in den Sozialwissenschaften bekanntlich gegangen worden.[16] Um möglichst viele solcher empirisch auffindbarer Variablen miteinander kombinieren zu können, wurde z.B. der Begriff der »politischen Kultur« in die Politikwissenschaft eingeführt (vgl. Almond/Verba 1963) und nicht zuletzt zur Erklärung auch des Verhaltens von Nationen auf der Bühne der internationalen Politik verwandt. Die Versuche der Übertragung individualpsychologischer Kategorien auf das kollektive Verhalten von Staaten sind geradezu Legion (vgl. Zawodny, o.J.). Wissenschaftliche Analyse jedoch kann sich mit den vielen dieser »Ansätze« zugrundeliegenden willkürlichen, in der Regel vom unmittelbaren Augenschein oder vom 'gesunden Menschenverstand' diktierten Entscheidungen zugunsten dieser oder jener Beobachtungseinheit — Staat, Nation, Humanverhalten etc. — nicht zufriedengeben. Sie muß begründen können und von auszuweisenden Prämissen ableiten. Darum der hier vor allem in Kapitel 1 eingeschlagene »Umweg« über die Anthropologie.

Dort war davon ausgegangen worden, daß der Mensch, um als Individuum überleben zu können, kollektiv auf die Natur einwirkt, sie sich dienstbar macht und aneignet. Überleben heißt auch: Selbsterhaltung bzw. — und darum die Kapitelüberschrift — Reproduktion. Alle organischen Systeme unterliegen einem permanenten Abnutzungs- oder Verbrauchsprozeß und müssen sich darum ebenso permanent erneuern, re-produzieren. Das gilt für pflanzliche so gut wie für biologische Systeme, für das Tier so gut wie für den Menschen: Atmung, Schlaf und Nahrungsaufnahme sind Erscheinungsformen dieses Erneuerungsvorganges. Für unsere Zwecke können wir davon ausgehen, daß die anorganische Natur nicht diesem ständigen Zerfalls- bzw. Abnutzungseffekt unterworfen ist und folglich sich nicht reproduzieren muß. (»Für unsere Zwecke« impliziert die qualifizierende Anerkennung der Tatsache des Zerfalls bzw. der Veränderung auch der anorganischen Natur seit der Entstehung der Erde, die folglich auch ihre Geschichte hat; jedoch haben wir es hier offensichtlich mit Zeiträumen zu tun, die es als legitim erscheinen lassen, von der relativen Unveränderlichkeit der anorganischen Natur auszugehen.)

Der essentielle Unterschied jedoch zwischen der menschlichen und der animalischen Reproduktion ist der, daß der Mensch im Prozeß der Transformation der Natur sich zugleich die Bedingungen seiner eigenen Reproduktion schaffen muß: er findet diese — im Unterschied zum Tier — nicht natürlich vor, sondern er muß sie sich durch Arbeit selbst schaffen — die Nahrung muß er sich aus Naturstoffen zubereiten, durch Kleidung muß er sich schützen, seine Wohnung muß er sich bauen. Menschliche Reproduktion vollzieht sich im Prozeß der Arbeit, die ihrerseits ein gesellschaftlicher, ein kollektiver Prozeß ist. Und menschliche Reproduktion ist eine aus dem Befund der »anthropologischen Differenz« ableitbare zielgerichtete, teleologische Tätigkeit, die sich qualitativ von nicht-menschlicher Reproduktion unterscheidet, welche sich in der optimalen Anpassung an die natürlichen Schranken erfüllt: menschliche Reproduktion transzendiert immer zugleich die Naturgegebenheiten auf ein vom Menschen selbst gesetztes Telos, einen menschlichen Zweck hin, auf seine Selbstverwirklichung. Die Arbeit als die menschliche Reproduktionsweise ist »das Vehikel für das Sichselbstschaffen des Menschen als Menschen.« (Lukács 1973, 60)

Im Begriff der Arbeit ist aber das Moment zweckgerichteter Bewußtheit nicht nur abstrakt, sondern konkret-verdinglicht enthalten: sie, die Arbeit, ist immer zugleich organisierte Arbeit, geregelt im Rahmen von Institutionen, die ein optimales Zusammenwirken des Kollektivs ermöglichen, unabhängig vom jeweiligen Stand der Produktivkräfte. Die Entwicklung geregelter Arbeitsabläufe, die Entwicklung von Sprache, in der sich Erfahrungen speichern und an spätere Generationen weitergeben lassen, ohne daß diese jede früher gemachte Erfahrung selbst wiederholen müssen — Sprache = Kultur als Voraussetzung von Lernen und von Fortschritt zur Lösung neuer Aufgaben —, die Herausbildung von Institutionen, (s. allgemein Gehlen 1956, Teil I): all das bringt Regelmäßigkeit, Überschaubarkeit, Gesetzmäßigkeit in den Reproduktionsprozeß.

»Jeder gesellschaftliche Prozeß beruht auf der sich ständig in einer bestimmten Art wiederholenden menschlichen Tätigkeit. Gesellschaftliche Verhältnisse sind bestimmte Arten der sich beständig wiederholenden Einwirkungen der Menschen aufeinander. Im Ergebnis dieser sich beständig wiederholenden Einwirkungen entstehen in den Köpfen der Menschen gesellschaftliche Ideen und sozialpsychologische Verhaltensweisen. Die beständige Wiederholbarkeit dieser Tätigkeiten ist die Grundlage für die Gesetzmäßigkeiten, die im gesellschaftlichen Leben der Menschen auftreten, und gleichzeitig damit *die Grundlage für die Möglichkeit ihrer wissenschaftlichen Analyse.*« (Lange 1963, 63; Hervorh. v. mir)

Der letzte, hier hervorgehobene Satz verdient besonders beachtet zu werden: *in der Regelhaftigkeit menschlicher Reproduktion ist zugleich die Bedingung der Möglichkeit von Sozialwissenschaft enthalten.* Da wir empirisch davon ausgehen können, daß die überwältigende Mehrzahl aller Menschen in allen Kontinenten und aller sozialer Schichten tagtäglich mehr oder minder regelmäßig die ihnen durch äußeren oder zur Verhaltensweise verinnerlichten Zwang auferlegten Tätigkeiten wiederholen — der Bauer, der Arbeiter, der Student, die Verkäuferin, der Politiker, die Hausfrau, usw. — und da wir, darüber hinaus, diesen empirischen Befund (er wird uns u.a. ständig demonstriert von den Meinungsforschungsinstituten, die oft bis aufs Komma exakt die Einstellungen von Millionen durch Befragung der ausgewählten typischen Wenigen zu x-beliebigen Problemen ermitteln) ableiten können aus der Tatsache, daß der Mensch historisch nur als gesellschaftliches Wesen vorkommt, können wir festhalten: *eine jegliche Sozialwissenschaft wird dadurch zur Wissenschaft von den Gesetzen menschlichen Zusammenlebens, daß sie ausgeht von den jeweiligen Formen gesellschaftlicher Reproduktion, die ihrerseits notwendig durch eine gewisse Regelmäßigkeit gekennzeichnet ist.* (Alternativ: gäbe es diese Regelhaftigkeit, die relative Voraussehbarkeit menschlicher Tätigkeit nicht — wäre die Regel also die Regellosigkeit, daß jeder heute Student, morgen Maler, übermorgen Tischler sein könnte — dann wären sozialwissenschaftliche Aussagen unmöglich.)

Wenn wir dergestalt vom Menschen als gesellschaftlichem Produzenten bzw. Reproduzenten seiner Existenz ausgehen, was im Begriff der Arbeit zusammengefaßt wird, dann heißt die weitergehende sozialwissenschaftliche Frage: wie reproduzieren sich je konkrete Gesellschaften in welchen sozialen Strukturen, mittels welcher sozialer Beziehungen? Was können wir aussagen über zwischenmenschliche Beziehungen als Funktion der Art und Weise wie Gesellschaften arbeiten bzw. den Arbeitsprozeß regeln? Daraus folgt: *Gesellschaften unterscheiden sich voneinander durch die Art und Weise, wie sie arbeiten, wie sie sich reproduzieren, wie sie sich erhalten, wie sie ihr Überleben sichern.* Gesellschaftliche Entwicklung beinhaltet dann die Entwicklung der innergesellschaftlichen und der Gesellschaft-Natur-Beziehungen — ihre Kapazität zur Bewahrung und zur Weitergabe von Wissen, die Ausbildung von Institutionen, auch die Entwicklung von »Wissenschaft« orientiert an Praxis, d.h. an der Verbesserung und Erleichterung der Reproduktionsbedingungen[17] und Gesellschaften unterscheiden sich voneinander darin, ob sie kollektive Lernfähigkeit fördern oder restringieren, ob sie ihre Produktivkräfte, den »Komplex sämtlicher Faktoren, die die Produktivität der gesellschaftlichen Arbeit auf einer gegebenen historischen Entwicklungsstufe der Gesellschaft«, ihr »Produktionspotential« (Lange 1963, 39f.) entfalten oder auf einem je erreichten Niveau zu stabilisieren trachten. Es folgt daraus, daß jeder Versuch, das »Wesen«, die Gesetzmäßigkeiten gesellschaftlicher Entwicklung, die Bedingungen ihrer Reproduktion zu bestimmen, auszugehen hat von Art und Umfang der Entfaltung der Produktivkräfte.

Um zu wiederholen: wenn es richtig ist, daß die Wissenschaft(en) von der Gesellschaft auf die Entdeckung jener Gesetzmäßigkeiten aus sind, die die Mensch-Mensch-Natur-Beziehungen charakterisieren, und wenn es weiter richtig ist, daß die Bedingung der Möglichkeit derartiger Gesetze in der als anthropologisch notwendig anzusetzenden relativen Regelmäßigkeit gesellschaftlichen Einwirkens auf die Natur zur Sicherung menschlicher Existenz begründet ist — Nahrung, Kleidung, Wohnung — dann ist die jeweilige Art und Weise kollektiver Selbsterhaltung, d.h. *Reproduktion, der Schlüsselbegriff aller Sozialwissenschaften.* Sind diese prinzipiellen Voraussetzungen geklärt, so ist es dann legitim, die Mensch-Mensch-Natur-Beziehungen mit der von Politikwissenschaft und Internationalen Beziehungen gleichermaßen zentral angesetzten Kategorie der Macht zu erfassen: Das Gattungswesen Mensch unterwirft sich die Natur (»Mache Dir die Welt untertan«, wie es in der Bibel heißt), er übt über sie Macht aus, und zwar anthropologisch notwendig, erstens; aber zweitens erscheint diese Macht-Beziehung immer schon in gesellschaftlich vermittelten Formen, d.h. nicht ein abstraktes Gattungswesen transformiert die Natur zu seinen Zwecken, sondern es ist das nach Funktionen differenzierte Kollektiv, das seinen individuellen Mitgliedern, den Gruppen, später den »Klassen«, abgesichert durch Institutionen deren jeweilige Aufgaben bei der Reproduktion = Erhaltung der Gesellschaft als ganzer überträgt. Innerhalb von Gesellschaften üben diejenigen »Macht« aus, die den Reproduktionsprozeß durch spezifische Kenntnisse, z.B. durch Wissen, besser als andere verstehen und darum Funktionen zuerteilen können — strukturell durchsichtiger am Beispiel prähistorischer Gesellschaften:

»Die Aneignung von technischem Wissen verleiht ihrem Besitzer eine reale Autorität über den Laien, da von diesem Wissen das Überleben der Gruppe abhängt. Mehr oder weniger dauerhafte Führungsrollen kommen dem zu, der seine Überlegenheit in dieser oder jener Technik aufweist. (Heute würden wir dafür einsetzen können das Fachwissen des Finanzexperten, des

Industriemanagers, des Militärs, des Spitzenbürokraten, etc.; E.K.) Alle Beobachter haben die große soziale Bedeutung feststellen können, die in diesen Gesellschaften dem zukommt, 'der weiß.' Die Aneignung des Wissens erfolgt im Laufe der Jahre und fällt zusammen mit dem physiologischen Alter, wenn nicht absolut, so doch in einem Maße, das signifikant genug ist, um das fundamentale Verhältnis zwischen Alten und Jungen zu stützen. Folglich festigen Aneignung und Besitz des Wissens die Autorität der Älteren über die Jüngeren ... Um ihre Autorität zu erhalten, werden die Alten ihr Wissen über das Maß der lebenswichtigen Kenntnisse erweitern, auf neue Gebiete (soziales Wissen, Kenntnis sozialer Normenwerte, der Bräuche, der Stammfolgen, der Geschichte, der Heiratsregeln) und auf künstliche Gebiete übergehen (Magie, Wahrsagung, Kulte und Riten usw.). Sie werden versuchen, eine Exklusivität über dieses Wissen zu gewinnen, indem sie den Weg zur Bildung mit Schranken versehen, die die Vermittlung dieses Wissens regeln.« (Meillasoux 1973, 42f.) *(Wir würden heute für »Alter« die ungemein schwieriger durchschaubaren Formen der Elitebildung bzw. sozialer Diskriminierung etwa im Bildungswesen einzusetzen haben.)*

Zum dritten haben wir es sodann auch zwischengesellschaftlich mit Machtbeziehungen zu tun: die Art und Weise der gesellschaftlichen Organisation der Produktivkräfte, die je unterschiedliche Entwicklung des kollektiven Potentials bei der Transformation der Natur bestimmt die in den einzelnen Gesellschaften akkumulierte und zur Herrschaft über andere Gesellschaften einsetzbare Macht. Denn *Gesellschaften können auch als Machtaggregate beschrieben werden:* von der Produktion besserer Werkzeuge, der Entwicklung neuartiger Ackerbau- und Handwerkstechniken, bis hin zu Waffentechnologien und militärischen Organisationsformen, die denen angrenzender Gesellschaften überlegen sein können. Derartige Überlegenheiten schaffen die Voraussetzungen zur Aneignung fremdgesellschaftlicher Ressourcen: Jagdgebiete bei Jägervölkern, fruchtbares Ackerland nach der neolithischen Revolution, später produktive Bevölkerungen. Die Geschichte von Eroberungen und Unterwerfungen ist darum auch eine Geschichte der Appropriation von Ressourcen — von Produktivkräften — seitens besser organisierter Gesellschaften unter dem »Zwang der externen Natur in Gestalt des ökonomischen Mangels«, der solange fortbesteht, »bis der materialistische Bann, der auf der Reproduktion des gesellschaftlichen Lebens liegt, der biblische Fluch der notwendigen Arbeit, technologisch gebrochen ist.« (Habermas 1968, 80)

Mit der Industriellen Revolution jedoch, die mit ihrer beispiellosen Entfesselung der Produktivkräfte (»Sie hat ganz andere Wunderwerke vollbracht als ägyptische Pyramiden, römische Wasserleitungen und gotische Kathedralen, sie hat ganz andere Züge ausgeführt, als Völkerwanderungen und Kreuzzüge.« »Welches frühere Jahrhundert ahnte, daß solche Produktivkräfte im Schoße der gesellschaftlichen Arbeit schlummerten.« Karl Marx, *Kommunistisches Manifest*) tendenziell jenen »materialistischen Bann« des ökonomischen Mangels brach, und die darum in der Tat eine früheren und konkurrierenden Produktionsweisen überlegene Gesellschaftsformation schuf, verliert die Kategorie der »Macht« ihren heuristischen Wert. Aufgrund der Errungenschaften dieser revolutionären Produktionsweise ist es heute potentiell möglich, die materiellen Bedürfnisse der gesamten Menschheit — Wohnung, Nahrung, Kleidung — auf einem Niveau zu befriedigen, wie es in vor-kapitalistischen Epochen nur für die privilegierten Klassen möglich war. *Das Problem der materiellen Reproduktion gesellschaftlichen Lebens kann seitdem als prinzipiell gelöst gelten*, Macht ist nicht mehr eine Funktion der Kontrolle über prinzipiell knappe Ressourcen, sondern: die historische Konsequenz aus der Lösung der materiallen Reproduktionsprobleme stellt sich als Distributionsproblem dar und Machtverhältnisse bestehen im internationalen System fort als dysfunktionale, vereinfacht ausgedrückt als »künstliche« Aufrechterhaltung von Mangel.

Der quantitative Wahrheitsbeweis für diese Behauptung ist nicht schwer zu führen und ist auch bereits zur Genüge angetreten worden. Daß es in den sogenannten »entwickelten Industriegesellschaften« ökonomisch möglich wäre, etwa Grundnahrungsmittel, öffentliche Verkehrsmittel, Gesundheitsfürsorge und Bildungsinstitutionen gratis zur Verfügung zu stellen (man denke nur an die durchschnittlich zehn Prozent des Bruttosozialprodukts, die in »sinnloser« Rüstung verschwendet werden), ist ebenso bekannt wie die Tatsache, daß dem Kalorien- und Proteinmangel von mindestens 500 Millionen Menschen der sogenannten Dritten Welt eine Überproduktion von Nahrungsmitteln — bis hin zu Prämien für Produktionsvernichtung — gegenübersteht. Aber derartige Argumente zielen zu leicht ins Leere bzw. lösen sich in abstrakter Moralität auf. Denn Produktion und Distribution stehen in einem ursächlichen Zusammenhang: die spezifische Art, wie gesellschaftlicher Reichtum — nämlich als Ware — unter kapitalistischen Verhältnissen produziert wird, bestimmt auch dessen Distribution; die ungleiche Distribution — im nationalen ebenso wie im internationalen Kontext des kapitalistisch strukturierten »Weltmarkts« (s. Kap. 17) — ist eine direkte Funktion der arbeitsteiligen, den Gesetzmäßigkeiten der Kapitalakkumulation unterworfenen Produktionsweise und nicht von ihr zu trennen. Die scheinbare Unvernunft von ungleicher Distribution, von Mangel inmitten von Überfluß, hat ihre eigene Logik. Machtbeziehungen, auch zwischenstaatliche, sind ihr zwar dysfunktionaler, aber gleichzeitig systemlogischer Ausdruck.

Einerseits war im vorigen Kapitel, zumindest affirmativ, die Notwendigkeit einer eigenständigen Wissenschaft von den Internationalen Beziehungen betont worden, gehen doch aus dem Zerstörungspotential, das in den zwischenstaatlichen Beziehungen angehäuft ist, die größten unmittelbaren Gefahren für die Menschheit hervor; andererseits soll und kann der Anspruch einer einheitlichen Sozialwissenschaft, die sich auf einen einheitlichen Erkenntnisgegenstand bezieht — die Gesellschaft und wie sie sich reproduziert —, nicht aufgegeben werden. Die Wissenschaft von den Internationalen Beziehungen kann nur im Rahmen dieses größeren Allgemeinen, der Reproduktionsproblematik, angesiedelt werden. In mehr als einer Hinsicht ist das internationale System in seiner Gesamtheit ein besonders geeigneter Erkenntnisgegenstand zur Illustration der kapitalistischen Reproduktionsgesetze, zur Erhellung des Widerspruchs zwischen Produktion und Distribution, der durch Machtbeziehungen aufrechterhalten wird. Die heute jedermann geläufige, dramatische Diskrepanz zwischen armen und reichen Gesellschaften ist recht eigentlich erst das Produkt der Herstellung der Welt-Einheit im Zuge der »Europäisierung«, sprich: der Durchsetzung des Kapitalismus zum Globalsystem, und die Vertiefung der Kluft in den letzten Jahrzehnten (trotz Entwicklungshilfen, Entkolonisierung und vorsichtigen Differenzierungen in »Schwellenländer« und »Vierte Welt«) demonstriert diese Logik nur allzu sinnfällig. Es ist die Logik der Reproduktion kapitalistischer Verhältnisse in der Weltgesellschaft. Ihr Vehikel ist die staatlich organisierte Macht.

Die polit-ökonomische Begriffsbildung »Imperialismus« versucht eben diese Tatsache der tendenziellen Herstellung weltweiter und integrierter Produktivkraftentfaltung zu fassen. Imperialismus umfaßt das Ensemble aller politischen und ökonomischen Beziehungen im Weltmaßstab, welche Reproduktion als kapitalistische ermöglichen. Zu dieser Reproduktion gehört auch die Erhaltung, die ständige Erneuerung von gesellschaftlichen Verhältnissen, die Kapitalakkumulation ermöglichen, gehört die Reproduktion staatlicher Institutionen. Und zwar national-gesellschaftlich so gut wie zwischen-gesellschaftlich: in der staatlichen Organisation des internationalen Systems — beherrscht vom Potential einiger weniger »Großmächte« — manifestiert sich makropolitisch die Dysfunktionalität von Macht, deren wesentliche Funktion die Erhaltung von extremen Ungleichheiten ist, die ihrerseits — darauf wurde bereits hingewiesen — angesichts der erreichten Produktionskapazitäten »objektiv« nicht mehr gerechtfertigt ist. So gesehen ist der Erkenntnisgegenstand der Disziplin Internationale Beziehungen eine systemlogische Dysfunktionalität, ein makro-pathologisches Reproduktionssystem. Ihr Kernstück, ihr Bezugspunkt ist Imperialismusanalyse im hier differenzierten Sinne von Imperialismus als kapitalistischer Reproduktion im Weltmarkt-Maßstab.

Dergestalt orientiert an der Leitfrage von Reproduktion, impliziert die Analyse politischer Konflikte im internationalen System jeweils die vorgängige Klärung gesellschafts-struktureller Voraussetzungen und Dynamiken, die sich nur dem Scheine nach auf einen vergleichbaren Nenner von zwischenstaatlichen, d.h. zeitlos gültigen Machtbeziehungen bringen lassen. Das gilt insbesondere etwa für die außenpolitischen Beziehungen von Gesellschaften, die, wie die Sowjetunion und China, den Versuch unternahmen oder auch noch unternehmen, die imperialistische Reproduktion revolutionär zu durchbrechen und damit dem historischen Anspruch nach qualitativ neuartige zwischengesellschaftliche Beziehungen zu entwickeln. Zwar ist es in beiden Fällen nicht gelungen, das imperialistische System selbst aus den Angeln zu heben; aber beide haben gleichwohl — wie ansatzweise die Französische Revolution zuvor — demonstriert, daß sich zwischengesellschaftliche Verhältnisse weder theoretisch noch praktisch weiterhin als nur zwischen-staatliche begreifen und praktizieren lassen. Die Einkreisung der revolutionären Sowjetunion nach 1917, des sozialistischen China nach 1949 (von Kuba, Vietnam oder Nikaragua) ganz zu schweigen, haben deutlich gemacht, daß zwischengesellschaftliche Konflikte nicht mehr verständlich sind, wenn man außer acht läßt, daß das kapitalistisch-imperialistische System ein internationales System von Klassenbeziehungen ist (Krippendorff 1972, 9-33). Und zwar notwendigerweise so, resultiert doch die eigentliche Dynamik der kapitalistischen revolutionären Produktionsweise aus der Auflösung aller prä-industriellen, auf landwirtschaftlicher Reproduktion beruhenden Gesellschaften in Klassengesellschaften. Die damit initiierten sozialen Transformationsprozesse haben gesellschaftliche Mobilität ebenso wie die Politisierung der bisher außerhalb — bzw. unterhalb — der Großen Politik stehenden »breiten Massen« verursacht, die nur mühsam durch nationalstaatliche (nationalistische) Identifizierungen einerseits, durch materiellen Wohlstand (für eine weltgesellschaftliche Minorität) andererseits aufgefangen werden kann. Mit der sich überall rapide ausbreitenden Verunsicherung jener »breiten Massen« — sie mag sich als Unzufriedenheit mit den materiellen Lebensbedingungen oder in der Form rassischer, ethnischer und religiöser Konflikte äußern — steht nicht nur eine abstrakte politische Stabilität auf dem Spiel, sondern *es wird überall tendenziell die kapitalistische Produktionsweise selbst als Ursache jener Erscheinungsformen infrage gestellt.* Das geschah mit Erfolg in der Russischen Revolution und in China und ist angelegt in nationalen Befreiungsbewegungen, es kann sich in diese Richtung aus ursprünglich liberal-sozialdemokratischen Reformbewegungen entwickeln, wofür Kuba positiv steht und Chile unter Allende exemplarisch ist. Die gewalt- und katastrophenträchtigen Konflikte im internationalen System — vom Mittleren Osten bis Zentral- und Südafrika — sind heute kaum einmal mehr dem Schein nach zwischen-staatliche, sondern explizit Klassenkonflikte.

4. Geschichte und Fortschritt

Wer über Gesellschaft nachdenkt, muß geschichtlich denken. Das ist kein akademisches Hobby und es geht auch nicht — im engeren Sinne der hier thematisierten internationalen Beziehungen — um die Erweiterung des Studiums um eine sogenannte historische Dimension. Die Geschichte ist für den Sozialwissenschaftler ebensowenig Luxus und schmückendes Beiwerk wie für den Psychiater, der die konkreten Probleme von Menschen erkunden und heilen möchte, die Kenntnis und Bewußtmachung der Kindheits- und Jugenderlebnisse seiner Patienten. *So wie wir alle unsere eigene Lebensgeschichte mit uns herumtragen, die letztlich weit über unsere individuelle Geschichte hinausreicht und z.B. auch mit der unserer ethnischen Gruppe und sozialen Klasse verknüpft ist, so ist auch die Gesellschaft zu jeder Zeit Produkt ihrer Geschichte.*

Zur Begründung dieser These müssen wir auf die in Kapitel 1 entwickelte »Anthropologische Differenz« zurückkommen, auf den Riß, der beim Menschen als einzigem Lebewesen zwischen sich und seiner Umwelt besteht, das Unbehaustsein als Grundtatsache humaner Existenz. Die sich daraus ergebende Notwendigkeit der Daseinsvorsorge, der Reproduktion der Bedingungen der Möglichkeit menschlicher Existenz bzw. menschlichen Überlebens ist nur eine der Formen, in denen sich dieses Ausgesetztsein in feindlicher Umgebung konkret darstellt. Darin angelegt ist aber auch »Bewußtsein«, Subjektivität, die Kontra-Position von Ich und Umwelt, die sich historisch und anthropologisch zuerst und vor allem manifestiert als Bewußtsein von der eigenen Endlichkeit, der Finalität der empirischen Existenz und damit als Todes-Bewußtsein. Die ältesten Zeugnisse menschlicher Kultur — rund 35 Jahrtausende alt — dokumentieren Todeskulte und Bestattungsriten, von denen für den hier entwickelten Gedankengang lediglich die eine fundamentale Tatsache bedeutsam ist, *daß der Mensch sich durch Todes-Bewußtsein qualitativ vom Tier unterscheidet.* Wie nicht zuletzt experimentelle Untersuchungen ergeben haben, lebt das Tier in permanenter Gegenwart; es fehlt ihm mit dem antizipierenden Wissen vom Tod auch die Dimension von Vergangenheit und Zukunft und damit die Kategorie der Zeit. Der Mensch ist das einzige Lebewesen, das Zeit »hat«, und eben dieses Haben, dieses Bewußtsein von Zeit zeichnet uns vor allen anderen Lebewesen aus. »Die Zeit«, heißt es bei Kant, »ist also lediglich eine subjektive Bedingung unserer (menschlichen) Anschauung ... und an sich, außer dem Subjecte, nichts.« (Kant, *Kritik der reinen Vernunft* I, 1. T., Abs. 2, § 6c) Man kann sich auch auf Heidegger berufen (ohne damit in unsere Argumentation sprengende Probleme einzudringen), wo es heißt: »Der ursprüngliche ontologische Grund der Existenzialität des Daseins aber ist die *Zeitlichkeit*.« (Heidegger 1953, 234) Der Verweis auf einige von der Philosophie gestellte und von ihr auch beantwortete Fragen ist nicht zuletzt für den an aktuellen Fragen der internationalen Politik Interessierten schon deshalb kein schöngeistiger Luxus, weil mit der Historizität gesellschaftlicher Existenz die Frage nach dem Sinn der Geschichte — die Frage danach, ob und in welcher Richtung »Fortschritt« möglich, wenn nicht gar anthropologisch notwendig ist — aufs engste verknüpft ist. Mehr noch: *auch eine Wissenschaft von den internationalen Beziehungen kann sich, wenn ernsthaft betrieben, ontologischen, d.h. Seins-Fragen nicht entziehen*, und der jeweilige Wissenschaftler muß — wie unvollkommen auch immer — prinzipiell bereit sein, über diese seine Prämissen Auskunft zu geben.

Die Ontologie, die »Wissenschaft vom Sein«, hat es mit drei Erscheinungsformen von Sein zu tun: dem anorganischen Sein (d.h. der unbelebten Materie, der unbelebten Natur) dem organischen Sein (d.h. der belebten Natur, dem Leben) und dem sozialen Sein (d.h. der menschlichen Natur, dem menschlichen Leben). Zwischen diesen drei Seins-Formen bestehen qualitative Sprünge, die, kosmologisch gesprochen, als »Zufälle« gelten können: die Transformation anorganischer Materie in organisches Leben ist nicht zwingend angelegt in der Existenz der Materie selbst. Dieser Sprung, dieses Umschlagen ist vielmehr das — zufällige — Ergebnis der Kombination einer Reihe spezifisch günstiger Konstellationen (Weizsäcker [3]1956, 92f.). Gleichermaßen ist soziales Sein, d.h. die menschliche Existenz, nicht zwangsläufig in der organischen Natur, im organischen Sein angelegt, ist der Mensch nicht die berühmte 'Fortsetzung des Affen', sondern wiederum Produkt eines »Sprunges« im Sein, eines zwar offensichtlich biologisch möglichen, aber gleichwohl nicht mit statistischer Wahrscheinlichkeit notwendigen Zufalls aufgrund einer spezifischen Konstellation zahlreicher Faktoren. »Was bedeutet Fortschritt? Einfach die Tatsache, daß, sagen wir, auf zehntausend für die Entwicklung ungünstige Kombinationen (verschiedene Zusammenstellungen der Bedingungen) eine oder zwei günstige Kombinationen fallen.« (N. Bucharin) Soziales Sein als gegenüber organischem Sein höhere Form bedeutet, wie früher dargelegt, die Kompensation biologischer Schwächen durch die Entwicklung von Sozialstrukturen, von Gesellschaft, in denen und durch die der Mensch sich erhält und reproduziert. Das biologische Wesen Mensch ist nur als gesellschaftliches lebensfähig und »auch der Biologe ... muß die Bedeutung der besonderen Einmaligkeit der auf die Anlagen eines Menschenkeimes wirkenden Sozialstruktur hervorheben und in ihr einen wichtigen Aspekt der 'Geschichtlichkeit' unseres Daseins sehen.« (Portmann 1956, 110) Gesellschaftlichkeit und Geschichtlichkeit — soziales Sein im Horizont von Zeit erscheinend — gehören aufs engste zusammen. Warum?

Wir sind davon ausgegangen, daß gesellschaftliche Strukturen bzw. Institutionen die Funktion der Stabilisierung von zwischenmenschlichen Beziehungen zwecks kollektiver Reproduktion haben. Gesellschaft, ohne die bzw. außerhalb der menschliche Existenz unmöglich ist, kann darum in ihren jeweiligen konkreten Strukturen auch verstanden werden als Mittel zur Gewinnung von Kontrolle über die feindliche Außenwelt und als Mittel, um mit der durch das Todes-Bewußtsein gesetzten Endlichkeit der individuellen Existenz fertigzuwerden. Und dies auf zweierlei Weise. Alle uns bekannten Kulturen — und »Kultur im allgemeinsten Sinn dieses Wortes (ist) ein Teil der Verhaltensform jedes, auch des 'primitivsten' Menschen« (ibid., 65) — demonstrieren ein ausgeprägtes Interesse am Tod bzw. entwickeln Riten, Gebräuche, Religionen, Welt- und Schöpfungsvorstellungen, um die Endlichkeit der Existenz nicht akzeptieren zu müssen: Totenkulte, Hilfestellungen für die lange Reise des Verstorbenen, die Ewigen Jagdgründe, das Paradies, die Seelenwanderung usw., und es ist die Kaste der Priester, die über den Schlüssel zu diesem »eigentlichen« Leben verfügt und damit auch eine sozial und politisch zentrale Rolle in allen bekannten Gesellschaften innehat. Auch politische Verkehrsformen hochentwickelter Gesellschaften wie etwa der römischen lassen sich auf Todesfurcht und deren kultische Kompensation zurückführen (vgl. Auguet 1972), und auf der Furcht vor dem Tod gründet sich selbst noch die Macht von Diktaturen über ihre Untertanen. (Wo Todesfurcht schwindet und damit Rebellion möglich wird, muß der Machthaber zum Mittel der Tortur greifen.)

Zum zweiten sind Gesellschaft und Zeit, Gesellschaftlichkeit und Geschichtlichkeit insofern synonym, als die Institutionen auch Erfahrungs- und Wissensspeicher darstellen, die von einer Generation zur nächsten übernommen und erweitert werden. Während das Tier — von relativ minimalen Prozessen abgesehen — immer bei seiner Geburt wieder am Nullpunkt des Lernens einsetzt, beginnt das Kulturwesen Mensch immer mit dem Erbe gespeicherten Erfahrungswissens seiner Eltern und Vorfahren, das ihm mittels kodifizierter Informationen vermittelt wird: von den ungeschriebenen Verhaltensregeln seiner Kultur, über die Sprache (»die nachkonstruierende Übernahme einer vollen, bereits bestehenden Einrichtung der Gesellschaft«) (Portmann 1956, 74), bis hin zu Bild und Schrift. Insofern ist Gesellschaft immer zugleich geschichtlich und ist Zeit bzw. Zeit-Bewußtsein die Bedingung der Möglichkeit von Gesellschaft überhaupt. Jeder einzelne weiß nicht nur, daß er nur gesellschaftlich zu existieren vermag, sondern mehr noch: Gesellschaft transzendiert die Endlichkeit der Einzelexistenz auch noch dort, wo der Glaube an ein »Leben nach dem Tode« aufgegeben wurde, insofern als sie sich seiner historisch erinnert; vom gemeinen Bürger bis hin zum ehrgeizigen Politiker ist noch jeder an seinem guten Ruf und Namen — sei es bei den Verwandten oder sei es in den Geschichtsbüchern — interessiert.

In der Geschichtlichkeit verknüpfen sich dergestalt alle wesentlichen anthropologischen Grundtatsachen: die biologische Defizienz des sozialen Seins; der Riß, der zwischen menschlicher Existenz und natürlicher Natur besteht, die Subjekt-Objekt-Beziehung und damit die Fähigkeit, »Ich« bzw. »Wir« sagen zu können; das Bewußtsein von Zeit und Finalität; die Übersetzung dieses Bewußtseins in soziale Organisation, die die Endlichkeit ertragbar macht, sie kompensiert und ihr einen transzendierenden Sinn zu geben vermag (die Möglichkeit der Frage nach dem Sinn überhaupt ist Ausdruck dieser spezifischen menschlichen Bedingung: »Der Entwurf eines Sinnes von Sein kann sich [nur; E.K.] im Horizont der Zeit vollziehen« [Heidegger 1953, 235]); ebenso Gesellschaft, Kultur, Institutionen, fungierend als akkumulierende Erfahrungs- und Wissensspeicher für nachfolgende Generationen, innerhalb deren bzw. durch die kollektives Lernen und damit verbesserte Umweltbeherrschung und Umweltkontrolle, also erleichterte Reproduktion möglich ist.

Die sich daran schließende Frage danach, was denn von der Gesellschaft an Erfahrung und Wissen gespeichert, was nachfolgenden Generationen vermittelt wird, findet, so gestellt, eine auf den ersten Blick relativ einfache Antwort: sie liegt darin, wie praktische Probleme zu lösen sind, wie man überlebt, wie man sich erhält, wie die Bedingungen der eigenen Existenz reproduziert werden können — Nahrung, Kleidung, Wohnung — oder wie die Mensch-Natur-Beziehungen zu gestalten sind. Was kulturell vermittelt wird, sind damit aber nicht nur gewissermaßen »praktische Informationen«, sondern zugleich und wesentlicher die Strukturen und Institutionen innerhalb derer ein spezifisches Wissen, spezifische Erfahrungen, spezifische Lösungen der Mensch-Natur-Beziehung möglich waren und gewonnen wurden. Gesellschaft ist als Gesellschaft, als Form und Inhalt menschlicher Existenz zugleich, geschichtlich, und sie vermittelt nicht nur Wissen und Erfahrungen vergangener Generationen, sondern auch sich selbst, ihre Strukturen und Institutionen (und mit dem Untergang einer konkreten Gesellschaft geht in der Regel auch das in ihr verdinglichte »kulturelle Erbe« verloren, bis auf archäologische Fragmente als Zeugen einst verwirklichter Möglichkeiten).

Im Rückblick auf die Genesis jeweils aktueller Gesellschaftsformationen, wodurch die Schichten akkumulierter Erfahrungen, Strukturen, »Wertvorstellungen« sukzessive freigelegt und ihr Stellenwert im Kontext der Lösung der Reproduktionsprobleme deutlich werden kann, in diesem Rückgang in die Geschichte besteht der Fortschritt der Sozialwissenschaften auf ein besseres, konketeres Verständnis der Gegenwart hin. Mit dem internationalen System als Untersuchungsgegenstand brauchen wir diese analytische Arbeit nicht für je konkrete Gesellschaften zu leisten — oder doch nur andeutungsweise, soweit sie zum Verständnis konkreter Konflikte relevant sind (z.B. das je unterschiedliche historische Erbe des italienischen, des spanisch-portugiesischen, des französischen etc. Kapitalismus aus dem 16. - 18. Jahrhundert, das bis zur Gegenwart die Strukturen der Kolonialreiche mitprägte; das Erbe des französischen, englischen und deutschen Kapitalismus des 18. und 19. Jahrhunderts, aus dem sich die konkrete Konflikt-Konstellation des Ersten Weltkrieges ableitete). Für unsere Fragestellung ist die aus der kapitalistischen Revolution hervorgegangene bürgerliche Gesellschaft im Weltmaßstab der Ausgangspunkt,

»die entwickeltste und mannigfaltigste historische Organisation der Produktion. Die Kategorien, die ihre Verhältnisse ausdrücken, das Verständnis ihrer Gliederung, gewähren ... zugleich Einsicht in die Gliederung und die Produktionsverhältnisse aller der untergegangenen Gesellschaftsformen, mit deren Trümmern und Elementen sie sich aufbaut, *von denen teils noch unüberwundene Reste sich in ihr fortschleppen* ...« (Marx, *Grundrisse* 1953, 25f.; Hervorh. v. mir)

— was als in der Regel nicht weiter reflektierte, d.h. auf ihr Wesen zurückgeführte Kategorie »Nationalcharakter« oder »nationale Besonderheiten« in der Tat ein entscheidendes Moment internationaler Politik und internationaler Konflikte ausmacht. Darauf wird noch zurückzukommen sein. —

Aus dem bisher Gesagten folgt zwingend, *daß der Mensch notwendigerweise Geschichte hat* — nicht nur gewissermaßen »objektiv« für den Historiker der Gegenwart, sondern ebensosehr und wesentlicher »subjektiv« gleichermaßen. Unser Bewußtsein von Leben und Tod in der Zeit impliziert ein ständiges Selbstverständnis, daß wir Herkunft und Zukunft haben. Zwar haben Untersuchungen an Tieren ergeben, daß »die Antizipation zukünftiger Ereignisse und selbst die Planung zukünftiger Handlungen nicht völlig außerhalb des Bereichs animalischen Lebens ist. Aber im Menschen wird das Bewußtsein von Zukunft ... zum [Ideal]« (Cassirer 1970, 54), zum Sein-Sollenden, zur Hoffnung neuer, besserer Möglichkeiten (s.a. Bloch 1960). Das gilt für den sogenannten prähistorischen Menschen mit seinem Todeskult, seiner magischen Naturbeziehung, seinem Gefühl der Abhängigkeit von denen, die ihn erschufen und die ihn im Leben begleiten, ebenso wie für den historischen Menschen, von dem wir durch überlieferte Dokumente Kunde haben. In der Tat wird man die frühesten uns erhaltenen schriftlichen Dokumente als »Geschichtsschreibung« in dem hier intendierten weitesten Sinne des Wortes interpretieren können, als Texte, die die Frage stellen bzw. beantworten nach der Herkunft des Menschen, um von daher Aufschlüsse über sein Schicksal, seine ihm vorherbestimmte Zukunft zu erhalten. Die großen Götterepen und Sagen sind in diesem Sinne Interpretationen der Geschichtlichkeit und antworten auf eine anthropologische Notwendigkeit, sie erfüllen ein humanes Bedürfnis.

Ohne hier mit dem Anspruch differenzierter Sachkenntnis der Historiographie auftreten zu wollen, lassen sich, so scheint mir, *vier Typen historischen Verständnisses* unterscheiden, die sehr grob auch den Phasen sozialer Evolution entsprechen.

Erstens finden wir das, was man als »magische Geschichte« bezeichnen kann: Religion als Erklärungshorizont der Zeitlichkeit, des Woher und des Wohin unter den real-soziologischen Bedingungen eines hohen Maßes von Abhängigkeit und von relativer Ohnmacht gegenüber der Natur — der Mensch als Spielball willkürlicher Götter und ihrem Willen, ihren Gesetzen unterworfen. Der den Willen — die Verheißungen und Drohungen — der Götter interpretierende Priester ist »Historiker« im Sinne seiner Befähigung zur Sinngebung von Existenz.

Zweitens finden wir Geschichte als Legitimation von Herrschaft: die göttliche Herkunft von Dynastien ebenso wie die ideologische Untermauerung von Herrschaftsansprüchen erscheint im Gewande von geschriebener Geschichte — im klassischen Rom als Bestandteil der Ausbildung der herrschenden Klasse in »Rhetorik«, im Mittelalter finden wir die Hofchronisten (Smalley 1974).

Drittens dient Geschichte als säkularisierte Orientierungshilfe bzw. konkreter, als Lehre vom Fortschritt. In dieser Form erscheint sie — in Westeuropa zumindest — mit dem Ende des Mittelalters (die ersten Universitätslehrstühle für Geschichte werden im 17. Jahrhundert eingeführt) und zwar als Begleiterscheinung zur Auflösung der Feudalordnungen bzw. zu der vom Bürgertum getragenen kapitalistischen Revolution. Nicht nur setzte sich ein linearer — gegenüber einem zyklischen — Zeitbegriff durch,[18] sondern auch ein neues historisches Bewußtsein, das sich u.a. in der bis heute akzeptierten Periodisierung von Geschichte in Vorgeschichte, Altertum, Mittelalter und Neuzeit niederschlug: »bis heute akzeptiert« ist ein (scheinbar unbedeutendes) Indiz dafür, daß wir uns noch in dieser durch die kapitalistische Revolution ausgelösten Epoche befinden, die darum auch den eigentlichen Bezugsrahmen der Sozialwissenschaften im allgemeinen und der Internationalen Beziehungen als Disziplin im besonderen bildet. Geschichte wird nun als Wissenschaft möglich und zwar im Kontext des präzedenzlosen Aufschwungs der Wissenschaften überhaupt, »und die Historiker, auf der Suche nach festen Regelmäßigkeiten, die sie zu [Gesetzen] erheben könnten, stießen sehr bald auf etwas, das von den Naturwissenschaften selbst nahegelegt wurde: das Gesetz menschlichen Fortschritts.« (Pollard 1971, 21) Und das zu Recht: denn der nun auf den Plan der Geschichte tretenden Bourgeoisie erschien Fortschritt nicht nur als eingebildete Möglichkeit — sie sah schließlich ihre Überlegenheit sowohl über andere Gesellschaftsklassen als auch über andere (außereuropäische) Gesellschaftsformationen handgreiflich bestätigt. Ihre unsentimentale Naturbehandlung implizierte erstmals die in den Horizont der Machbarkeit rückende wirkliche Unterwerfung dieser Natur unter die menschlichen Zwecke und verwies frühere Reproduktionsweisen in den Bereich von Vorläufern, ließ jene als das Kindesalter der Menschheit erscheinen. Geschichte wird zum Vehikel bürgerlichen Selbstverständnisses, zur Legitimation ihres universalen Führungsanspruches. Es ist, schreibt Lukács, »kein Zufall, daß diese Erkenntnis der Geschichte erst im Zeitalter des Kapitalismus möglich wurde. Und zwar . . . deshalb, weil das ökonomische Klasseninteresse als Beweger der Geschichte erst im Kapitalismus in seiner nackten Reinheit hervorgetreten ist.« (Lukács 1923, 70)

Viertens schafft Geschichte sodann als Wissenschaft die Voraussetzungen für die Herausbildung einer Wissenschaft von der Gesellschaft (womit sie sich tendenziell in ihrer Eigenständigkeit aufhebt), indem sie auf dem »Umweg« über die Erkenntnis, daß menschliche Evolution — der »Fortschritt« — nicht von Göttern, sondern von

Menschen vollbracht wurde und wird und schließlich vorstößt zur Entdeckung der Gesetze sozialer Reproduktion. Der historische Prozeß des Aufstiegs und Untergangs von Kulturen, und der Konflikt zwischen diesen erscheint als Abfolge bzw. Konkurrenz unterschiedlicher Produktionsweisen, unterschiedlicher Formen, in denen Menschen sich reproduzieren. Nicht das — unbestreitbare — Mehr an akkumuliertem gesellschaftlichen Reichtum im historischen Vergleich der Epochen ist der Leitfaden sozialwissenschaftlichen Geschichtsverständnisses, nicht die Quantität menschlicher Errungenschaften ist ihr Thema, sondern die Qualität: *wie* etwas produziert und nicht *was* produziert wird, markiert den Unterschied zwischen Gesellschaftsformationen (und liefert den Schlüssel z.B. dafür, warum im 17. und 18. Jahrhundert die reichen Gesellschaften Asiens den ärmeren Konkurrenten Europas unterlagen).

Damit stellt sich jedoch unvermeidlich aufs Neue das bisher nur kurz angesprochene Fortschrittsproblem, gewissermaßen die Gretchenfrage der Geschichte. Zwar verbietet sich jede mechanistische Konstruktion einer logischen Sequenz je fortschrittlicherer Gesellschaftsformationen (Sklaverei — Feudalismus — Kapitalismus — Sozialismus) und zwar sowohl deshalb, worauf noch einzugehen sein wird, weil eine solche Sequenz als aufsteigende Linie sich empirisch nicht halten läßt, als auch, weil damit ein politischer Quietismus suggeriert wird, der aus dem Fortschritt eine vom menschlichen Handeln unabhängige naturgesetzliche Zwangsläufigkeit macht. Aber aus der Negation von progressiver Linearität folgt gleichwohl nicht die Negation von Fortschritt selbst. Vielmehr ist darauf zu insistieren, daß dieser in der Tat eine anthropologisch verwurzelte Grundtatsache des sozialen Seins ist, abzuleiten aus jener biologischen Defizienz, die den Menschen außerhalb der Natur bzw. neben die natürliche Natur stellt. In den emphatischen Worten des Vorgeschichtlers Gordon Childe:

»Der Mensch ist und war bereits bei seinem ersten Auftreten im Pleozän für alle denkbaren natürlichen Bedingungen inadäquat ausgerüstet. Seine körperlichen Eigenschaften, mittels derer er sich zu behaupten hat, sind denen der meisten Tiere unterlegen. Weder hat er noch hatte er jemals ein Fell wie das des Eisbären, das den Körper unter kalten Bedingungen warm hält. Sein Körper ist weder besonders geeignet zur Flucht, noch zur Selbstverteidigung, noch zur Jagd. Er ist beispielsweise kein besonders schneller Läufer, Hase und Strauß würden ihn im Wettlauf leicht schlagen. Er hat keine Schutzfarbe wie der Tiger oder der Schneeleopard, noch eine angeborene Rüstung wie die Schildkröte oder die Krabbe. Er hat keine Flügel zur Flucht oder zum Ausspähen von und Herabstoßen auf Beute. Es fehlen ihm der Schnabel und die Krallen, aber auch das scharfe Auge des Falken. Um seine Beute zu fangen und um sich zu verteidigen, sind seine Muskelstärke, seine Zähne und Nägel denen des Tigers auch nicht im geringsten vergleichbar. In der vergleichsweise kurzen Evolutionsgeschichte, die aus Fossilien überliefert ist, hat der Mensch seine Erbanlagen durch keinerlei am Skelett feststellbare Veränderungen verbessert. Und doch war er fähig, sich einer größeren Variationsbreite von natürlichen Umgebungen anzupassen, als nahezu jedes andere Lebewesen, und sich unvergleichleich schneller zu vermehren als jeder Artverwandte unter den höheren Säugetieren, und den Eisbär, den Hasen, den Tiger auf ihrem Feld zu schlagen. Durch seine Kontrolle über das Feuer und seine Fähigkeit, Kleidung und Behausung zu schaffen, vermag der Mensch von der Arktik bis zum Äquator zu leben. Mit den Zügen und Autos, die er sich baut, kann der Mensch den flinkesten Hasen und den schnellsten Strauß überholen. In Flugzeugen vermag er höher zu fliegen als der Adler und mit Fernrohren weiter zu sehen als der Falke. Mit seinen Feuerwaffen kann er Tiere erlegen, die der Tiger nicht anzugreifen wagt ... Die Entdeckungen und Erfindungen, die dem Archäologen als greifbare Belege des Fortschritts dienen, sind im Grunde nur konkrete Verkörperungen und Ausdrucksformen von Innovationen in gesellschaftlicher Tradition. Jede von ihnen wird ermöglicht durch akkumulierte Erfahrung, die dem Erfinder aus der Überlieferung zur Verfügung steht; jede von ihnen bedeutet einen Zuwachs zur Tradition von neuen Handlungsregeln und Verhaltensweisen. Der Erfinder des Telegraphs hat zu seiner Verfügung bereits eine Fülle traditionellen Wissens, akkumuliert seit prähistorischen Zeiten, über die Herstellung und Weiterleitung von Elektrizität. Ebenso hatte viel früher der Erfinder des Segelbootes bereits gelernt, das Einbaum-Kanu zu bauen und zu steuern, eine Matte herzustellen und Tuch zu weben. Gleichzeitig aber wollen die neuen Fähigkeiten, die zur Handhabung des Telegraphs ebenso wie des Segelbootes notwendig sind, gelehrt werden, sobald diese Instrumente eingeführt sind. die entsprechenden Regeln werden der gesellschaftlichen Tradition einverleibt, um von den kommenden Generationen gelernt zu werden ... In unserer Spezies haben Verbesserungen in der von Menschen selbst gemachten Ausrüstung — d.h. ihrer Kultur — die Stelle von körperlichen Veränderungen eingenommen ... Die frühesten Skelette unserer eigenen Rasse gehören den Schlußphasen der letzten Eiszeit an ... Sie sind bereits so sehr unseren eigenen Skeletten ähnlich, daß nur spezialisierte Anatomen die Unterschiede festzustellen in der Lage sind ... Seitdem vor etwa 25 000 Jahren die Skelette des *Homo Sapiens* erstmals in der Geologie auftauchen, ist die körperliche Evolution des Menschen zum Stillstand gekommen, sein kultureller Fortschritt aber setzte nun erst ein ... Fortschritt in der Kultur hat de facto die Rolle von organischer Weiterentwicklung der Menschenfamilie übernommen« (Childe 1951, 24-36)

Fortschritt ist, so können wir fortfahren und wiederholen, *eine anthropologische Gegebenheit, ohne die Menschsein nicht gedacht werden kann.* »Der Besitz an selbstbewußter Vernünftigkeit, welcher uns, der jetzigen Welt angehört, ist nicht unmittelbar entstanden und nur aus dem Boden der Gegenwart gewachsen, sondern ist dies wesentlich in ihm, eine Erbschaft und näher das Resultat der Arbeit, und zwar der Arbeit aller vorhergegangenen Generationen des Menschengeschlechts zu sein,« heißt es bei Hegel (Riedel 1973, 52). Aber im Begriff des Fortschritts ist nicht zugleich die konkrete zeitliche Bedingung gesetzt des Wann, Wie und Wo von Veränderungen, Durchbrüchen, Innovationen, Sprüngen in der Entwicklung von Gesellschaftsformationen. Das Wann und Wo des Hervorgehens des Eisen- aus dem Steinzeitalter ist mit dem letzteren nicht vorherbestimmt; kein Naturgesetz erzwingt zu einem angebbaren Zeitpunkt der »Reife« den Übergang vom Jäger zum Ackerbauer und Siedler, also die große Neolithische Revolution; gleiches gilt für den Zusammenbruch der antiken Gesellschaft und die Entstehung des Feudalismus, für das Hervorgehen der kapitalistischen Revolution aus den feudalen Verhältnissen nicht minder als für sozialistische Transformationen heute, die bekanntlich »erwartet« worden waren in Westeuropa, sich aber vollzogen in Rußland, China etc. »Die fortschreitende Menschheit ist kaum einem Wesen ähnlich, das eine Treppe hinaufsteigt, das heißt mit jeder seiner Bewegungen den bereits zurückgelegten Stufen neue hinzufügt«, formuliert der

Anthropologe Lévi-Strauss; »sie läßt eher an einen Spieler denken, dessen Glück von mehreren Würfeln abhängt und dem sich mit jedem Wurf immer neue Kombinationen bieten. Was er durch den einen gewinnt, kann er immer durch den anderen verlieren, und nur von Zeit zu Zeit ist die Geschichte kumulativ, das heißt lassen sich die Zahlen zu einer günstigen Kombination addieren.« (1972, 34) Ebenso wie wir — auf den ersten Blick vielleicht zu weit ausholend — auf den nicht mit zwingender Logik deduzierbaren sprunghaften bzw. »Zufalls-«Charakter des Übergangs von anorganischem zum organischen, und vom organischen zum sozialen Sein zurückgegriffen hatten, können und müssen wir mit der strukturell identischen *Hypothese akkumulierter Kombinationen günstiger Umstände zur Erklärung des Umschlages von einer Gesellschaftsformation in eine andere* operieren.

Mehr noch: der hier konzipierte Begriff von Fortschritt hat logisch und empirisch auch den *Rückschritt* zur Bedingung seiner Möglichkeit. Stagnation und/oder Zusammenbruch einer Gesellschaftsformation müssen nicht zwangsläufig zur Bildung einer besseren, d.h. mehr Möglichkeiten zur Entfaltung der Produktivkräfte freisetzenden Gesellschaftsordnung führen. Im Vergleich mit dem klassischen Rom — seinen Verkehrs-, Verwaltungs- und Rechtsformen, seinen Bürgerfreiheiten und seinen technologischen Errungenschaften — erscheint die europäische Feudalordnung, das Feudalsystem, eher als ein Rückschritt, eine Regression, als das nicht zu Unrecht so apostrophierte »finstere Mittelalter«; für eine in Zentraleuropa immerhin ein knappes Jahrtausend dauernde Zeitspanne wurden Rechtspositionen zurückentwickelt, verfielen fortschrittliche urbane Strukturen, Kommunikationssysteme, öffentliche Anlagen wie die komplizierten städtischen Wasserzufuhren ec. und verbreiteten sich Aberglaube, Hexenjagd und Repression. Die empirische Geschichte, das große Laboratorium der Sozialwissenschaften, liefert uns eine Fülle von Beispielen gesellschaftlicher Involutionen: die Zerstörung der komplexen Sozialstrukturen der beiden indianischen Großreiche der Azteken und der Inkas führte keineswegs zur Herausbildung fortschrittlicherer Gesellschaftsformationen; Indien hatte vor seiner Eroberung durch die Moguln im 16. Jahrhundert, die ihrerseits die Eroberung durch England im 18. Jahrhundert zumindest erleichterte, eine seitdem nicht wieder erreichte kulturelle Höhe erklommen (Nehru 1939, 301ff; Basham); Afrika stand im 16. Jahrhundert an der Schwelle zum Übergang aus einer spezifischen Feudalordnung in neue soziale Formationen und wurde durch die europäische Unterwerfung im allgemeinen und die Versklavung und Verschiffung von 10 Prozent seiner Bevölkerung im Besonderen auf den Weg in die bis heute fortdauernde sog. »Unterentwicklung« gezwungen (Rodney 1974; Davidson 1964). Wir können und müssen diese Möglichkeit des Rückschritts im evolutionären Fortschritt auch und gerade in der Gegenwart erkennen: nur eine mechanistische Geschichtsbetrachtung kann und konnte etwa im deutschen Faschismus das Vehikel des Fortschritts (zum Sozialismus als Erbe des zusammenbrechenden Kapitalismus) sehen und damit fast begrüßen; der blutige Staatsstreich der chilenischen Armee 1973 ist ein weiteres Beispiel involutionärer Möglichkeiten und nicht die vermeintliche »List der Vernunft« auf dem Wege zur »echten« sozialistischen Revolution.

Und trotzdem bleibt Fortschritt in der Geschichte ein anthropologisches Axiom, in letzter Instanz festgemacht an den Mensch-Mensch-Natur-Beziehungen und der ihnen innewohnenden Dynamik menschlicher Selbstverwirklichung. Das weitverbreitete Gerede des Fortschritts-Zweifels gehört demgegenüber in die Welt des Scheins und hält einer ernsthaften wissenschaftlichen Erörterung nicht stand.[19] Allerdings enthält es als unreflektierten wahren Kern jenen Unterschied zwischen quantitativen und qualitativen Veränderungen in der Evolution von Gesellschaft, auf den früher hingewiesen worden war: das bloße Mehr an Gütern, besonders in der Warenform, ist als solches noch kein Indiz fortschrittlicherer Gesellschaftsformationen, d.h. überlegener, der humanen Selbstverwirklichung näher kommender Lösungen des Reproduktionsproblems. Darin jedoch liegt der Schlüssel, liegen die Bewertungskriterien zur Beurteilung von je konkreten Gesellschaftsformationen als fortschrittlicher — sowohl in vertikaler Sequenz als auch im horizontalen Vergleich. Daß das Urteil ein Wert-Urteil und damit zugleich ein parteiliches ist, muß dabei offen ausgesprochen werden. Aber die Bedingung seiner Möglichkeit — der Möglichkeit der wertenden Beurteilung von Gesellschaftsformationen im historischen und horizontalen Vergleich — ist selbst ein historisches Produkt: das Produkt des »qualitativen Sprunges« inter-kultureller Kontakte vermittels der Entdeckungsreisen und der Kolonisation, die im 16. Jahrhundert die »erste Welteinheit« schufen (vgl. Kap. 7) und das Produkt einer sich selbst historisch erstmalig als fortschrittlich definierenden Klasse, des europäischen Bürgertums, im Kontext einer spezifischen Kombination günstiger Umstände, der kapitalistischen Revolution. Die mit der letzteren implizit angelegte Möglichkeit der umfassenden Bedürfnisbefriedigung, d.h. der Überwindung von Mangel an Basis-Gütern (Nahrung, Kleidung, Wohnung) aufgrund der technologischen Durchbrüche seit der Industriellen Revolution, machte wissenschaftliche Geschichte im früher definierten Sinne möglich als Frage nach den Reproduktionsstrukturen und damit als Frage nach den Emanzipationschancen nicht nur für die Wenigen, sondern für die Vielen, die zur historischen Subjektivität erwachenden Massen. Und da »das Interesse an den ökonomischen und sozialen Zwecken ein breiteres und fortgeschritteneres Stadium in der menschlichen Entwicklung darstellt als die Beschäftigung mit politischen und Verfassungsfragen, kann die wirtschaftliche und die gesellschaftliche Interpretation der Geschichte auch als Ausdruck einer höherentwickelten Phase der Evolution gelten, als es für die ausschließlich politische Interpretation der Fall ist.« (Carr 1964, 112) Noch weiter zugespitzt: *Wirtschafts- und Sozialgeschichte* als wertend-vergleichende Analyse von Gesellschaftsformationen sind — weit über die so benannten akademischen Disziplinen hinaus — *der eigentliche Rahmen wahrer, d.h. zeitgemäßer, unserer Epoche adäquater Sozialwissenschaft.*

Die »Einsicht, daß wir nur von der jeweiligen Gegenwart her Geschichte treiben können, daß jede Erkenntnis aus der Gegenwart geboren werden muß« (Wittram

1958, 8), erscheint z.B. bei Hegel — und hier nehme ich einige Aspekte aus dem ersten Kapitel über Wahrheit und Wissenschaft wieder auf — unter dem Begriff der *Parteilichkeit*, ohne die eben auch eine Wissenschaft von den Internationalen Beziehungen nicht betrieben werden kann. Bezogen auf die Geschichte der Philosophie heißt es dort:

Die »Forderung der Unparteilichkeit hat meistens keinen anderen Sinn, als daß der Lehrer der Geschichte der Philosophie sich wie tot verhalten soll bei der Darstellung der Philosophien, daß er diese als etwas von seinem Geiste Getrenntes, als etwas Äußerliches behandeln, daß er sich eigentlich gedankenlos damit beschäftigen soll . . . Jedoch muß man Partei nehmen für die Philosophie und sich nicht bloß mit der Kenntnis des Denkens Anderer beschränken und begnügen. Die Wahrheit wird nur erkannt, wenn man mit seinem Geiste dabei ist; die bloße Kenntnis zeigt nicht, daß man wirklich dabei ist . . . Bei einer geschichtlichen Biographie, Beschreibung, z.B. von Rom, Caesar, muß man allerdings Partei ergreifen; man hat hier einen bestimmten Gegenstand vor sich, man muß beurteilen, was richtig, wesentlich, seinem Ziele gemäß ist. Auch kommt noch das Urteil über Recht und Unrecht hinzu; man muß Partei ergreifen für das Rechte und Gute. Sonst zählt man Alles ohne Ordnung und ohne Zusammenhang auf. Ohne Urteil verliert die Geschichte an Interesse. So muß man auch in der Geschichte der Philosophie parteiisch sein, etwas vorauszusetzen, einen Zweck haben.« (Hegel, *Sämtliche Werke* XVa, 1940, 134f.)

Es ist das praktische, gegenwärtige, parteiische Interesse an einer Lösung der Probleme, die sich auf der Ebene der internationalen Politik stellen, die zur Reflexion über Geschichtlichkeit im allgemeinen und über die Geschichte der zu einem angebbaren Zeitpunkt entstandenen Weltgesellschaft im besonderen führen. Der »Zweck« — das Konzipieren neuer Strukturen von Selbstverwirklichung, von Reproduktion — ergibt sich aus den Problemen, die zu lösen sind, selbst: die unter unseren Augen derart bedrohlich akkumulierten Konfliktpotentiale lassen auch der Hysterie unverdächtige Beobachter die Möglichkeit, wenn nicht gar Wahrscheinlichkeit total zerstörerischer Katastrophen prognostizieren — von Welt-Hungerepidemien über Energiekrisen und Umweltzerstörung bis hin zum Dritten und dann wohl letzten Weltkrieg.

Ist die anthropologische Notwendigkeit der historischen Bestimmung gesellschaftlicher Existenz zumindest im Umriß derart begründet, wird Geschichte im engeren, im empirisch-konkreten Sinn zu thematisieren sein. Dabei haben wir es zu tun mit Welt-Geschichte als Gattungsgeschichte einerseits, und mit Welt-Geschichte als Geschichte einer spezifischen Interdependenz andererseits. In beiden Bedeutungen sind Begriff und Inhalt von Welt-Geschichte für das, was Internationale Beziehungen als Wissenschaft sein sollen, relevant. Im ersteren Sinne verstehen wir darunter die Entwicklung der menschlichen Gattung von ihren frühesten Erscheinungsformen bis zur Gegenwart; im zweiten Sinne verstehen wir darunter jene Phase — die letzten rund 500 Jahre, unsere historische Epoche — in der die Welt zum integrierten Sozialsystem wurde, in der die Menschheit sukzessive gemeinsam historische Erfahrungen zu machen begann.

Die Einheit von Weltgeschichte als Gattungsgeschichte liegt in der Unterscheidung der verschiedenen Gesellschaftsformationen, in denen sich je spezifische Lösungen des Mensch-Mensch-Natur-Verhältnisses manifestieren: welche Produktions-Mittel stehen zur Verfügung, wie werden sie eingesetzt, entwickelt oder durch institutionelle Verfestigung an der Entwicklung verhindert. Die Unterscheidung von Gesellschaftsformationen hilft uns bei der Lösung zweier Probleme bzw. sie ermöglicht Antworten auf zwei Fragen: einmal erlaubt sie uns ein Urteil über die Fortschrittsfähigkeit von konkreten Gesellschaften, und zwar Fortschritt im Sinne der verbessernden Veränderung des Mensch-Umwelt-Verhältnisses; zum zweiten lernen wir aus der Unterscheidung von Gesellschaftsformationen, daß unter je konkreten historischen Bedingungen immer eine gewisse Variationsbreite möglicher Problemlösungen gegeben ist, daß es nicht nur eine, sondern mehrere mögliche Antworten in Form gesellschaftlicher Organisation der Reproduktion gibt, d.h. daß Gesellschaftsformationen nicht etwas Logisch-Naturwüchsiges sind, sondern das Produkt konkreter Menschen, die unter konkreten Bedingungen handeln. Die Bedingung der Möglichkeit von Weltgeschichte, d.h. der wertende Vergleich von Gesellschaftsformationen in der Geschichte, liegt sowohl in der spezifisch-neuzeitlichen Verunsicherung über den Sinn sozialen Seins, als auch in der Herausbildung von Bewußtsein, daß Geschichte nicht Schicksal, sondern von Menschen machbar ist.[20]

An diesem Punkt wird Geschichte im früher umschriebenen Sinne zur Wissenschaft, d.h. zum Instrument der Lösung kollektiver Überlebensprobleme. Alle Periodisierungen von Weltgeschichte haben hier ihren Ursprung und ihre Rechtfertigung — aber auch ihre politisch-manipulative, ihre ideologische Versuchung: denn das »wie wir es so herrlich weit gebracht« lauert als Perversion immer im Hintergrund dieser Problemstellung — sei es in der bürgerlichen Version, die jenseits des liberal-demokratischen Verfassungsstaates kapitalistischen Inhaltes keine (wünschbare, bessere) Zukunft mehr für möglich hält, sei es in der stalinistischen Variante, in der die konkrete Sowjetunion als Abschluß und Erfüllung der Evolution der Spezies Mensch erscheint.

Lassen wir das für den Moment dahingestellt und orientieren wir uns an einer breiter ausholenden Periodisierung, derzufolge (Childe 1951) zunächst *zwei große revolutionäre Brüche* zu unterscheiden sind: *die neolithische Revolution* (die letzten 15 000 von 250 000 Jahren seit dem ersten Auftreten des *homo sapiens*), in der der Mensch sowohl seine Nahrungsmittel selbst anzubauen lernte, als er sich auch Haustiere züchtete, und *die urbane Revolution* (rund 4 000 Jahre v.d.Z.), die durch die Entwicklung der Metallurgie, der Schrift, künstlicher Bewässerung und damit sozialer Differenzierungen zur Städtebildung, zur Wissenschaft (Mathematik, Astronomie) und zum zwischengesellschaftlichen Güteraustausch führte. Es ist erst die letztere, die historische Kulturen[21] im Sinne differenzierter Gesellschaftsformationen hervorbrachte, die in immer enger werdende Konkurrenzverhältnisse eintreten, wobei letztlich die größere Lernfähigkeit, die bessere Entwicklung der Produktivkräfte, die flexibleren Institutionen über Überleben oder Untergang entscheiden.

»Zur Umwelt, an die eine Gemeinschaft sich anpassen muß, gehören auch andere Gesellschaften. Eine Erfindung oder Einrichtung, wie gut sie auch den Bedürfnissen einer bestimmten Gesellschaft und ihrer physischen Umwelt entspricht, ist für sie nur dann von ständigem Nutzen, wenn sie ihr dazu verhilft, sich an ihre Nachbarn anzupassen. Nun ist die soziale Umwelt veränderlicher als die materielle, da die Kultur sich viel schneller verändert als das Klima oder selbst die Vegetation ... So kann eine Gesellschaft ähnlich wie Tierarten so überspezialisiert, einer spezifischen Umwelt so glücklich angepaßt werden, daß sich ihre Kultur einer plötzlichen Veränderung ihrer Umwelt nicht mehr anzugleichen vermag und nicht einmal mehr fähig ist, nützliche Neuerungen zu assimilieren, die von der außergesellschaftlichen Umgebung an sie herangetragen werden ...; es hat sich in der Geschichte mehrmals wiederholt, wenn relativ wohlhabende Barbaren-Stämme und sogar zivilisierte Völker wie die Azteken und Inkas mit der europäischen Zivilisation konfrontiert wurden.« (Childe 1968, 182)

Die Geschichte der mit der urbanen Revolution eingeleiteten historischen Epoche ist also die Geschichte teils paralleler, teils konkurrierender und teils sich konfrontierender Evolution von verschiedenen Gesellschaftsformationen — eines Prozesses, der in einigen Regionen schneller, in anderen langsamer sich vollzog, der in einigen Regionen zu langfristig stabilen bzw. stagnierenden, in anderen zu ständig sich wandelnden Formationen führte, wo progressive von regressiven Perioden abgelöst wurden, die dann wiederum plötzlichen revolutionären Durchbrüchen den Weg bereiteten. Natürliche Umweltbedingungen wie Klima und Bodenqualität spielen dabei eine nicht unwesentliche Rolle im Sinne der mit weniger günstigen Voraussetzungen gegebenen größeren Herausforderung an gesellschaftliche Kreativität.[22] Die vieldiskutierte »asiatische Produktionsweise« hat hier ihre Bedeutung als Erklärung für gesellschaftliche Stagnation.[23]

Am europäischen Feudalismus, auch dieser eine regressiv-stationäre Formation, ist vor allem von Bedeutung, wie es zu seiner Auflösung kam und damit zum dritten großen weltgeschichtlichen Einschnitt, der kapitalistisch-industriellen Revolution (vgl. Kap. 6). Für unseren Zusammenhang ist an dieser vor allem die Tatsache wichtig,

»daß sie die Grundlage für eine zukünftige Menschheitszivilisation legte. Denn sie machte allen Völkern dieselbe Grundtechnologie zugänglich, integrierte sie in die gleichen Formen der gesellschaftlichen Organisation und gliederte sie einem einzigen Wertsystem ein. Obwohl diese universale Zivilisation im Laufe der Industriellen Revolution nicht erreicht wurde, verwandelte sie sich in die Hoffnung aller Völker.« (Ribeiro 1971, 143f.)

Zwar ist es, anthropologisch gesehen, prinzipiell kaum bestreitbar und ergibt sich aus dem Zwang zum Fortschritt selbst, wie Lévi-Strauss formuliert, »daß die industrielle Revolution, wenn sie nicht zuerst in West- und Nordeuropa aufgetreten wäre, sich eines Tages an einem anderen Punkt der Erde abgespielt hätte«, aber für die empirisch-konkrete Struktur des internationalen Systems, das, vermittelt über Kolonialismus und Imperialismus, als kapitalistisches internationales System entstand, liegt darin doch eben die entscheidende inhaltliche Bestimmung: die Verwirklichung von Fortschritt und Welteinheit in der Gestalt dieser einen dominierenden Gesellschaftsformation und das damit entschiedene Ausscheiden anderer Möglichkeiten der Verwirklichung desselben Zieles.

Damit aber beginnt nun Welt-Geschichte im zweiten, im engeren und zugleich konkreteren Sinne als gemeinsame Erfahrung einer »Weltgesellschaft«. Und zwar macht sie, die »Weltgesellschaft«, diese Erfahrung nicht als abstrakte »Interdependenz«, nicht als allmähliches Bewußtwerden der Gemeinsamkeiten der Spezies Mensch, sondern in der Form des »Entdecktwerdens« der einen durch die anderen, in der Form der Eroberung, Unterwerfung, des gewalttätigen Aufbrechens isolierter Kulturen durch die europäischen Gesellschaften und ihre Staaten. Was dabei den einen wie den anderen, den Eroberten wie den Eroberern, den Kolonisierten wie den Kolonisatoren bewußt wird, ist, daß es sich hier um eine Konfrontation von Gesellschaftsformationen handelt, von denen die eine, die in Europa geborene und ausgebildete kapitalistische, die überlegene ist und diese Überlegenheit in einer historisch beispiellos kurzen Zeitspanne im Weltmaßstab manifestiert.[24]

Es ist dabei zunächst unerheblich, ob sich dieser Prozeß im Bewußtsein der Zeitgenossen (bis heute) als kulturelle, rassisch-genetische, militärische, organisatorische oder ökonomische Überlegenheit — bzw. Unterlegenheit der Nicht-Europäer — niederschlägt: solches gehört in die Welt des Scheins, hinter dem die Wissenschaft die dieser Epoche adäquate Wahrheit des Konfliktes zwischen unterschiedlichen Reproduktionsstrukturen im allgemeinen bzw. der kapitalistischen Produktionsweise und nicht-kapitalistisch produzierenden Gesellschaften im besonderen erkennt. *Weltgeschichte heißt nun Geschichte der sukzessiven Durchsetzung des Kapitalismus im Weltmaßstab*, wofür die moderne Politologie den Begriff der Interdependenz verwendet, der allerdings das entscheidende Strukturmerkmal dieser »Weltgesellschaft« verschleiert: die Ungleichzeitigkeit des historischen Prozesses bzw. die fundamentale Asymmetrie der »gegenseitigen Abhängigkeit«.[25]

Die mit dem 15. Jahrhundert einsetzende offene Herausforderung durch die kapitalistisch produzierenden Gesellschaften an die nicht-kapitalistischen erscheint rückblickend eine für die letzteren von Anbeginn verlorene Schlacht; zumindest von dem Moment an, wo die kapitalistische die Form der industriellen Revolution angenommen hatte, bestand keine Chancengleichheit mehr. Die Integration der nichtkapitalistischen Gesellschaftsformationen in den kapitalistischen Weltmarkt, bzw. deren Unterwerfung unter die Reproduktionsstrukturen des atlantischen Kapitalismus war von da an nur noch eine Frage der Zeit. Daß jene dabei in fremdbestimmter Abhängigkeit weiterexistieren, d.h. daß die Herstellung von Weltmarkt und die Dominanz der kapitalistischen Produktionsweise nicht identisch ist mit globaler Nivellierung, mit tendenzieller Gleichzeitigkeit und Angleichung aller Gesellschaftsstrukturen aneinander, macht die Besonderheit der innerkapitalistischen Widersprüche im Globalsystem aus: denn einerseits werden die Konflikte und Widersprüche einer einzigen Gesellschaftsformation, des Kapitalismus, erstmals in der Menschheitsgeschichte zu prinzipiell von allen erfahrbaren Weltkonflikten, andererseits erscheinen sie in den Zonen des »peripheren Kapitalismus« (vgl. Senghaas 1974), d.h. dort, wo nichtkapitalistische Formationen mit ökonomischen und außerökonomischen Zwangsmitteln den Reproduktionsbedürfnissen und -interessen der »kapitalistischen Mutterländer« unterstellt wurden, in oftmals extrem verzerrten Formen (z.B. als Bevölkerungsexplosion, Tribalismus, »Natur-«Katastrophen nach der Zerstörung ökologischer Gleichgewichte, etc.). *Weltgeschichte als Kapitalismusgeschichte bedeutet, daß die in einer einzigen Reproduktionsweise angelegten Möglichkeiten sich, alle konkurrierenden Alternativen verdrängend, voll entfalten können* — ihr emanzipatorisches, die menschlichen Produktivkräfte präzedenzlos bis an deren äußerste Grenzen befreiendes Potential ebenso wie ihren Widerspruch: Zerstörungspotential und Massenelend. Ersteres hat als einer der ersten Karl Marx geradezu emphatisch im »Kommunistischen Manifest« betont — nicht zuletzt an die Adresse zeitgenössischer Kulturkritiker gerichtet; letzteres — von Marx eher verkürzt, vor allem an der Misere des europäischen Industrieproletariats festgemacht — wurde in Umrissen und als Problem des Globalsystems erst durch die Erfahrung zweier Weltkriege und die fortschreitende Rüstung zum vielfachen »overkill« einerseits, und durch das Lüften des Schleiers vor den realen Lebensbedingungen der »interdependenten« Völker der Dritten Welt andererseits[26] erhärtet und einer Weltöffentlichkeit bewußt. Weltgeschichte als Kapitalismusgeschichte bedeutet aber auch, daß eine neue, höhere Stufe gesellschaftlicher Organisation, daß der nächste Schritt der Emanzipation nur auf der Basis der vom Kapitalismus geschaffenen Voraussetzungen — wie unterschiedlich diese im einzelnen auch aussehen mögen — denkbar ist, daß der vor-kapitalistische Pluralismus konkurrierender und/oder isoliert voneinander sich entwickelnder Gesellschaftsformationen also aufgehoben ist.

Und *Weltgeschichte als Kapitalismusgeschichte bedeutet* darüber hinaus *die prinzipielle Einheitlichkeit oder* — hier mag der Begriff angebracht sein — *Interdependenz der auf die Überwindung und Aufhebung der kapitalistischen Widersprüche zielenden Bewegungen in allen Teilen des Weltsystems:* die revolutionäre Entwicklung nicht-kapitalistischer, sozialistischer Produktionsweisen in einem Teil des Weltsystems ist notwendig zugleich eine Herausforderung an das ganze System und muß mit dessen erbittertem Widerstand rechnen ebenso wie solche sozialistischen Systeme ihre qualitative Überlegenheit über den Kapitalismus unter Beweis stellen müssen. Wie schwer das ist, demonstrieren die Beispiele der Sowjetunion, Chinas, Kubas, Vietnams, der RGW-Staaten u.a.m. nur zu deutlich, tendieren doch die dort unternommenen Versuche zur Entwicklung qualitativ neuer Verkehrsformen dazu, unter der Last der quantitativen Überlegenheit der kapitalistischen Produktionsweise erdrückt oder doch zumindest deformiert zu werden. Auf eine kurze Formel zugespitzt: die europäische Bourgeoisie hatte eine mehrhundertjährige Inkubationszeit zu ihrer Verfügung und außer den Türken (die indirekt durch die Blockierung des östlichen Mittelmeeres immerhin Stagnation und Niedergang des italienischen Frühkapitalismus verursachten [vgl. Kap. 7]), keine ernstzunehmenden, lebensgefährlichen Gegner; die proletarischen und die Befreiungsbewegungen der Gegenwart sehen sich hingegen unvermittelt, ohne zeitlichen und räumlichen[27] Spielraum der massiven, organisierten Gegnerschaft des Weltkapitalismus gegenüber, weshalb so wenigen Erfolgen so viele Niederlagen gegenüberstehen.

5. Der historische Ausgangspunkt

Eine Epoche kann sich nur das zur theoretischen Aufgabe machen, was ihr bereits zur praktischen Herausforderung geworden ist. Das Studium der internationalen Beziehungen — des Internationalen Systems —, der Versuch also, die Beziehungen zwischen Staaten, Gesellschaften und Kulturen unterschiedlicher Herkunft und Tradition auf theoretische Begriffe zu bringen, hat seine eigene Geschichte; im Vergleich zu anderen wissenschaftlichen Disziplinen ist sie sehr jung, kaum älter als das 20. Jahrhundert. Werfen wir auch nur einen flüchtigen Blick in die Bibliograhien einschlägiger »Einführungen« oder auch in die »Reader« genannten Textzusammenstellungen, so möchte es sogar scheinen, als sei die Disziplin erst in den 50er und 60er Jahren entstanden und dann noch dazu weitgehend in den USA. Das ist kein Zufall, denn in der Tat ist die praktische Herausforderung — die Tatsache ebenso wie das Bewußtsein der Tatsache, in einer endlichen Welt von Völkern zu leben, die gezwungen sind, miteinander auszukommen oder miteinander unterzugehen — selbst relativ jungen Datums. Sie ist kaum älter als ein Jahrhundert. Das Studium der internationalen Beziehungen ist das Studium einer spezifischen historischen Epoche — eine Epoche, die gekennzeichnet ist durch die Globalisierung gesellschaftlicher Beziehungen: Weltpolitik, Weltwirtschaft, Weltverkehr. Dieses besondere Kennzeichen, durch das sie sich nicht nur von der vorhergehenden Epoche, sondern von der gesamten vorangegangenen Geschichte unterscheidet, muß unser Ausgangs- und ständiger Bezugspunkt sein. »Irgendwann« vor etwa zweihundert Jahren scheint »irgend etwas« einen fundamentalen Bruch, einen radikalen und irreversiblen Einschnitt in der Geschichte der Menschheit verursacht zu haben, der bestenfalls vergleichbar ist mit dem — ungleich langsameren — Übergang vom steinzeitlichen zum ackerbauenden Menschen, der zu seiner Selbsterhaltung die natürlichen Früchte nicht mehr als Jäger und Sammler gewann, sondern seine Nahrungsmittel als Bauer und Viehzüchter in festen Siedlungen selbst zu produzieren begann: Landwirtschaft war von da an die wichtigste Beschäftigung von mehr als neunzig Prozent der Erdbevölkerung für die folgenden Jahrtausende — bis vor etwa zweihundert Jahren!

Jenes »Irgend etwas«, das sich dann ereignete und das die historisch wohl tiefgreifendste Wende in der Menschheitsgeschichte darstellt, sei hier sehr vorläufig und ungenau mit dem Begriff der *Industriellen Revolution* bezeichnet. »Die Industrielle Revolution«, so lesen wir bei dem Historiker Hobsbawm, »markiert die fundamentalste Veränderung menschlichen Lebens in der Weltgeschichte, soweit sie uns in geschriebenen Dokumenten überliefert ist« (1968, 13). Und ein anderer Historiker, David Landes, stellt ebenso kategorisch wie emphatisch fest, daß die Industrielle Revolution in ihren Konsequenzen so einschneidend war »wie Evas Genuß vom Baum des Wissens. Die Welt ist seitdem nicht mehr dieselbe« (1969, 12). Es ist in der Tat kaum möglich, die Bedeutung der Industriellen Revolution als Bruch mit unserer gesamten Vorgeschichte und als Beginn einer neuen Epoche zu überschätzen — einer Epoche, die sich nicht stufenweise und organisch entwickelte, sondern die als Revolution begann. Von diesem Moment der Diskontinuität, von diesem *qualitativen Bruch in der Weltgeschichte* müssen wir ausgehen, um die internationalen Beziehungen in ihrer spezifischen Neuartigkeit begrifflich und anschaulich zu fassen. Für eine Theorie genügt nicht die bloße Extrapolation überlieferter politischer Philosophie, sie kann nicht einfach als ein weiterer Zweig der klassischen Politikwissenschaft hinzugefügt werden. Sie muß eine *neue* Theorie sein, weil ihr Gegenstand, die Welt als geschlossenes System, historisch ohne Beispiel ist und uns bis dahin unbekannte Probleme zur Lösung aufgibt.

Wie jedoch sind derartige Behauptungen konkret zu rechtfertigen und zu begründen? Um den radikalen Einschnitt in der Geschichte als Ausgangs- und Bezugspunkt für jede systematische Beschäftigung mit internationalen Beziehungen so gut wie möglich zu veranschaulichen, sollen einige Zahlen herangezogen werden. Obgleich diese Beispiele nur eine beschränkte, fast willkürliche Auswahl darstellen, wird implizit doch davon ausgegangen, daß so gut wie alle gesellschaftlich relevanten Entwicklungsprozesse, analog zu den hier präsentierten Daten, von ähnlich einschneidenden Veränderungen im selben Zeitraum gekennzeichnet sind — ob wir nun die Geschichte der Medizin, wissenschaftlicher Entdeckungen, der Architektur oder der Technik nehmen.

Beginnen wir mit dem am häufigsten genannten und gerade gegenwärtig in besonderem Maße aktuell gewordenen Aspekt des *wirtschaftlichen Wachstums.* Zwar wissen wir generell, daß die rasche Ausdehnung der »Wirtschaft« ein relativ modernes Phänomen darstellt (dies ist beispielsweise auch die These des »Club of Rome«, dessen Bestseller »Die Grenzen des Wachstums« entscheidend dazu beigetragen hat, das Problem, wenn schon nicht zu klären, so doch als Problem erstmals ernstzunehmen). Aber nur wenn wir modernes wirtschaftliches Wachstum mit vorindustriellen Epochen vergleichen, können wir dessen wahre Dimensionen erkennen. Nach Schätzung des englischen Ökonomen Maurice Dobb (1963, 9f.) ist die Weltindustrieproduktion pro Kopf in den letzten hundert Jahren um das fünfzehn- bis zwanzigfache gestiegen, d.h. um jährlich 2,6 Prozent gegenüber durchschnittlich 0,1 Prozent und weniger in allen vorangegangenen Jahrhunderten. Unter Berücksichtigung der Tatsache, daß sich die Weltbevölkerung im letzten Jahrhundert etwas mehr als verdoppelte, bedeutet das eine reale Zunahme der Weltproduktion von nicht-landwirtschaftlichen Gütern um das dreißig- bis vierzigfache, die damit um ein Mehrfaches größer ist als in der gesamten Menschheitsgeschichte vor der Industriellen Revolution. Um es bildlich und damit dramatischer auszudrücken: *die gesamte Güterproduktion aller Menschen aller Kulturen bis zum Anbruch des industriellen Zeitalters zusammengenommen ist geringer als die der letzten hundert Jahre.* Einer der bedeutendsten Historiker und Theoretiker unserer Epoche, Karl Marx, formulierte scharfsichtig bereits im *Kommunistischen Manifest* die beispiellose historische Größe der Industriellen Revolution bzw. die demiurgische Kraft, die der Bourgeoisie als der die Industrielle Revolution vorantreibenden sozialen Klasse innewohnte: »Sie hat ganz andere Wunderwerke vollbracht als ägyptische Pyramiden, römische Wasserleitungen und gotische Kathedralen, sie hat ganz andere Züge ausgeführt als Völkerwanderungen und Kreuzzüge« (MEW, 4, 465). Ganz allgemein ist darum die Feststellung gerechtfertigt, daß bis zur Explosion der »Industriellen Revolution« sich die Wirtschaft in einem mehr oder weniger statischen Prozeß einfacher Reproduktion ohne quantitativ signifikante Wachstumsraten (die genannten weniger als 0,1 Prozent) entwickelte. Rom war im Verhältnis kaum reicher als das alte Ägypten, das mittelalterliche Paris ökonomisch kaum wohlhabender und produktiver als das klassische Athen. Jedes einzelne von der Industriellen Revolution erfaßte Land des 19. Jahrhunderts jedoch war aufs Ganze gesehen wohlhabender und reicher als jene glänzenden Imperien. Darum kann der bereits zitierte Historiker Landes zu Recht behaupten, daß der enorme Zuwachs an produzierten Gütern, die Variationsbreite und Vielfalt dieser Güter und Dienstleistungen »das Leben des Menschen stärker verändert haben als irgend etwas anderes seit der Entdeckung des Feuers. Der Engländer des Jahres 1750 war in materiellen Dingen Cäsars Legionären verwandter als seinen eigenen Urenkeln« (1969, 5).

Nehmen wir als zweites und nicht minder dramatisches Beispiel den Bruch, der »irgendwann« seit der zweiten Hälfte des 17. Jahrhunderts auf dem Gebiet des *Verkehrs* eingetreten ist. Während der gesamten uns bekannten Geschichte vollzog sich die Bewegung von Menschen und Gütern mehr oder minder mit gleichbleibenden Techniken und mit unveränderten Geschwindigkeiten. So bewegten sich die Armeen Napoleons kaum schneller fort als diejenigen Cäsars oder Hannibals (dies ist übrigens einer der Gründe, warum es für Strategen und Militärakademien bis zur Mitte des 19. Jahrhunderts durchaus seine Berechtigung hatte, die Schlachtpläne der großen Feldherrn aus zweitausend Jahren Geschichte zu studieren — während ein General von heute, kaum 150 Jahre nach Napoleon, für das akkumulierte Militärwissen der Historie keinerlei Verwendung mehr hat). Die ersten ozeantüchtigen Karavellen kamen gegen Ende des 15. Jahrhunderts auf, und es dauerte weitere dreihundert Jahre bis zur Konstruktion der großen Clipper, die die Atlantiküberquerungen nicht nur sicherer machten, sondern auch zeitlich um ein Drittel verkürzten; bereits hundert Jahre spä-

Abb. 1

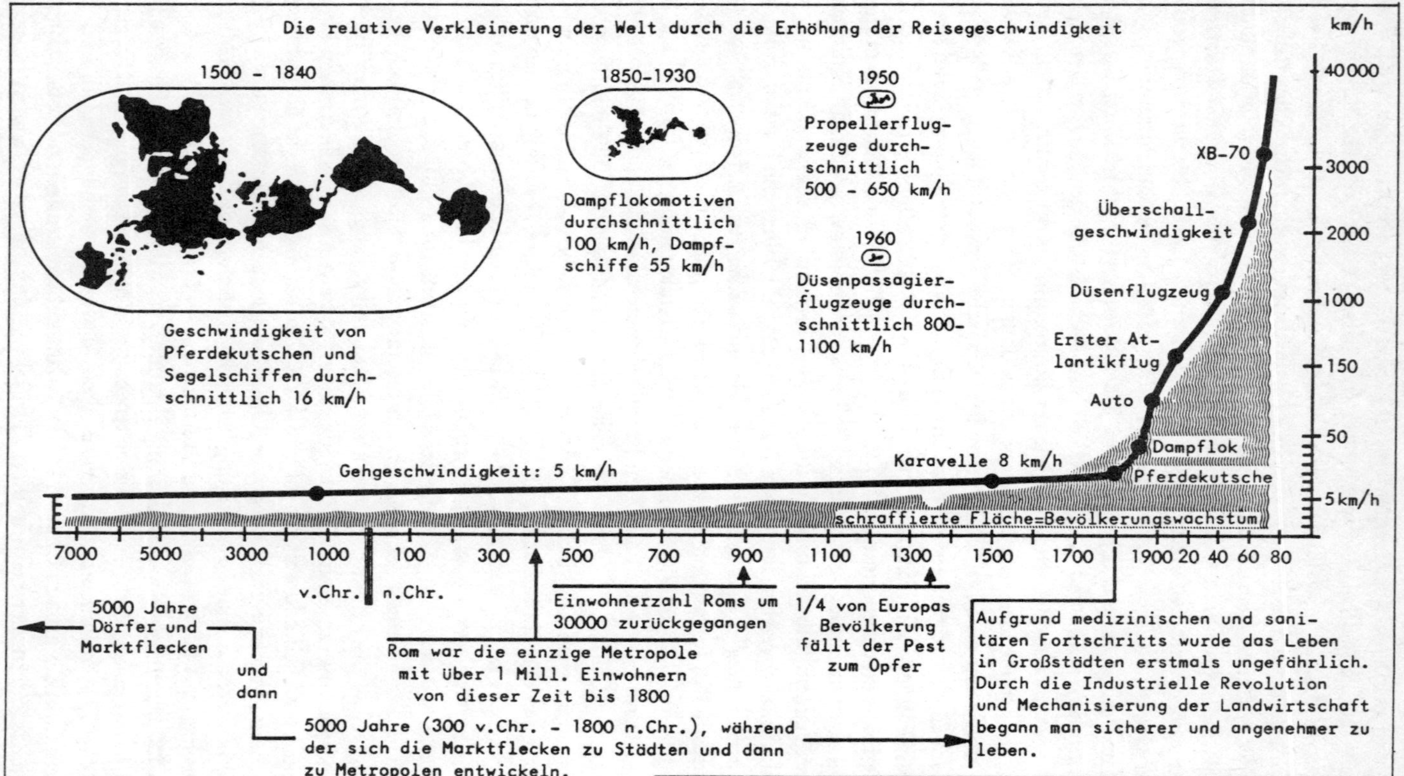

Quelle: World Facts and Trends, Center of Integrative Studies, State University of New York, Binghamton, N.Y. (o.J.), S. 30

ter gab es das schnell entwicklungsfähige Dampfschiff, dann — zu Lande — Eisenbahn und Automobil; hundert Jahre danach konnten die Ozeane bereits mit dem Flugzeug überquert werden und heute, nur fünfzig Jahre danach, sind technisch die physischen Grenzen denkbarer Transportgeschwindigkeiten von Menschen und Material erreicht. Eine Kurve dessen, was man etwas modisch als die »mobiletische Revolution« bezeichnet hat (Russett 1967, 23), würde, die letzten 2 000 Jahre umfassend, auf einer Buchseite nicht unterzubringen sein (Vgl. Abb. 1).

Dasselbe gilt in ebenso dramatischer Weise für die *vertikale Mobilität*, ein Traum so alt wie die Menschheit: vor einhundert Jahren die ersten bemannten Ballons und nunmehr die Ausflüge in das Weltall. Die praktischen Konsequenzen für die internationalen Beziehungen und das internationale System — Probleme des Anspruches einzelner Nationen auf Teile des derart eroberten Weltraumes, mögliche Auswertung von Mineralien auf dem Mond, militärisch-strategische Vorteile für einzelne Staaten — sind derzeit nur in Umrissen sichtbar, aber sie sind nichtsdestoweniger konkret und real.

Eine weiterer Index für die Explosion, von der der Beginn unserer Epoche geprägt ist, ist die *militärische Zerstörungskraft*. »Die Erweiterung des 'Zerstörungsradius' einer einzelnen Waffe begann mit den Artilleriegeschossen während des amerikanischen Bürgerkrieges und setzte sich fort mit den schweren Kanonen der Jahrhundertwende, den größten konventionellen Bomben des Zweiten Weltkriegs und den Thermonuklearwaffen der Gegenwart . . . Bis zum Zweiten Weltkrieg scheint der Zerstörungsradius alle vierzig Jahre etwa um das Zehnfache zugenommen zu haben . . . mit dem Abwurf der Atombombe auf Hiroshima jedoch wurden die menschlichen Zerstörungskapazitäten in absolut beispielloser Weise erweitert. Die schwerste Bombe des Zweiten Weltkrieges konnte Gebäude lediglich im Umkreis von 150 m zerstören, die Atombombe jedoch zerstörte nahezu alle Gebäude im Umkreis von 2,5 km. Die jüngsten wissenschaftlichen Entwicklungen (eine sowjetische 100-Megatonnen-Bombe) haben diesen Umkreis auf rd. 45 km erweitert — eine Zunahme um fast das Zwanzigfache — aber nun nicht in achtzig sondern in weniger als 20 Jahren . . . Es wäre bereits beängstigend genug, hätte die menschliche Zerstörungskapazität nur im ursprünglichen Umfange zugenommen, mit diesem Sprung jedoch sind die Konsequenzen noch weitreichender. Seit Ende der 60er Jahre lebt der Mensch in einer Welt von noch größerer Interdependenz als noch zwei Jahrzehnte zuvor« (Russett 1965, 12 f.). Dieses Phänomen der Zerstörungskapazität findet seine logische Entsprechung im raschen Anwachsen der Zahl von Kriegstoten. Nach Angaben des eben zitierten Autors kamen in den Kriegen zwischen 1820 und 1863 weniger als zwei Millionen Menschen um. Von 1865 bis 1907 gab es etwa 4,5 Millionen Kriegstote und mehr als 40 Millionen danach. Durchschnittlich bedeutet dies alle fünfzig Jahre eine Verzehnfachung, indessen ist der Anstieg während der letzten Jahre größer als in früheren. Interessanterweise jedoch entspricht diese Steigerung nicht einer Zunahme von Kriegen in dieser Zeit. Jede Periode umfaßt hundert Konflikte. Der Unterschied liegt im Aus-

PROFILE OF THE INDUSTRIAL REVOLUTION AS EXPOSED BY THE CHRONOLOGICAL RATE OF ACQUISITION OF THE BASIC INVENTORY OF COSMIC ABSOLUTES—THE 92 ELEMENTS

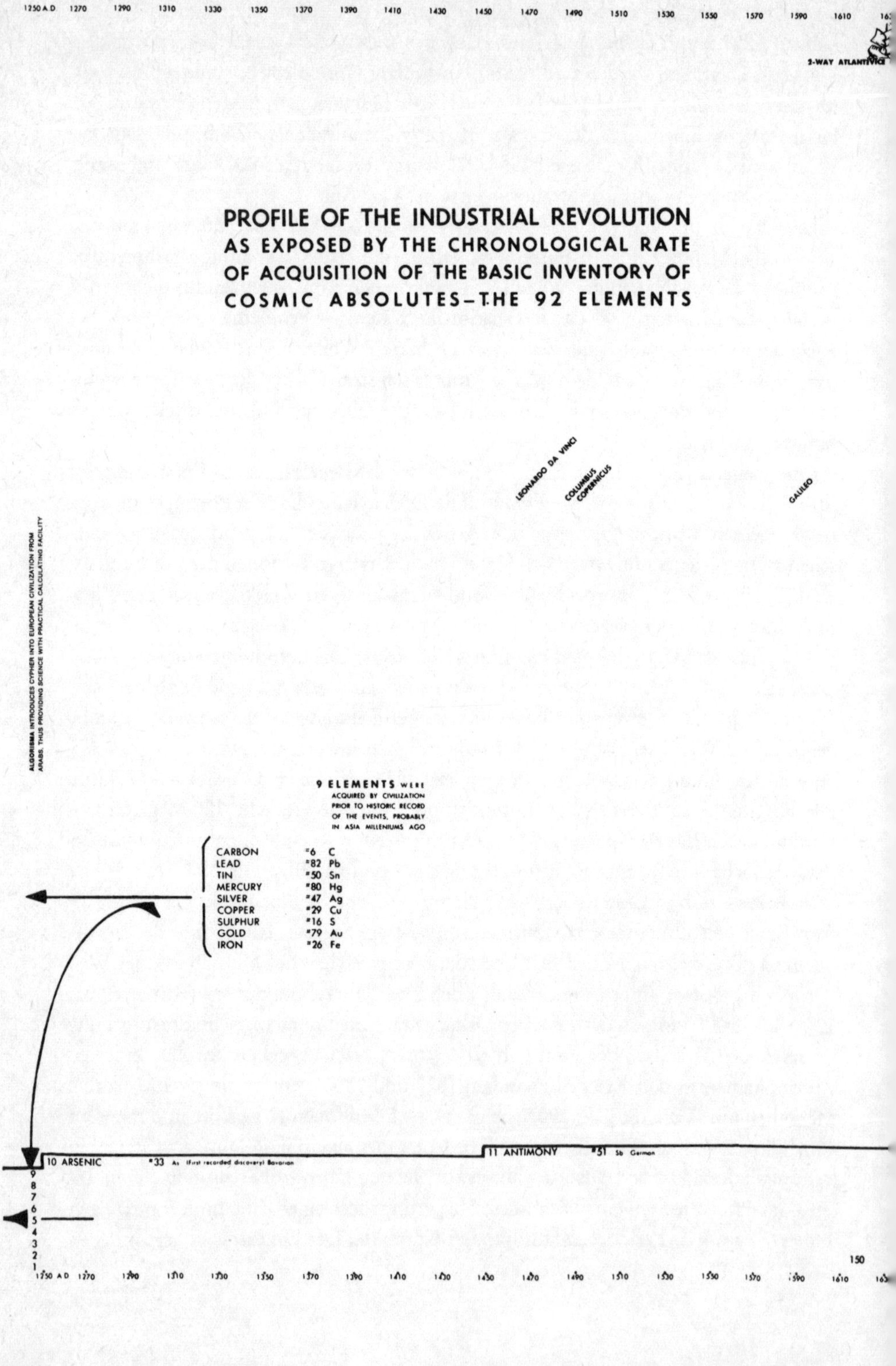

Abb. 2

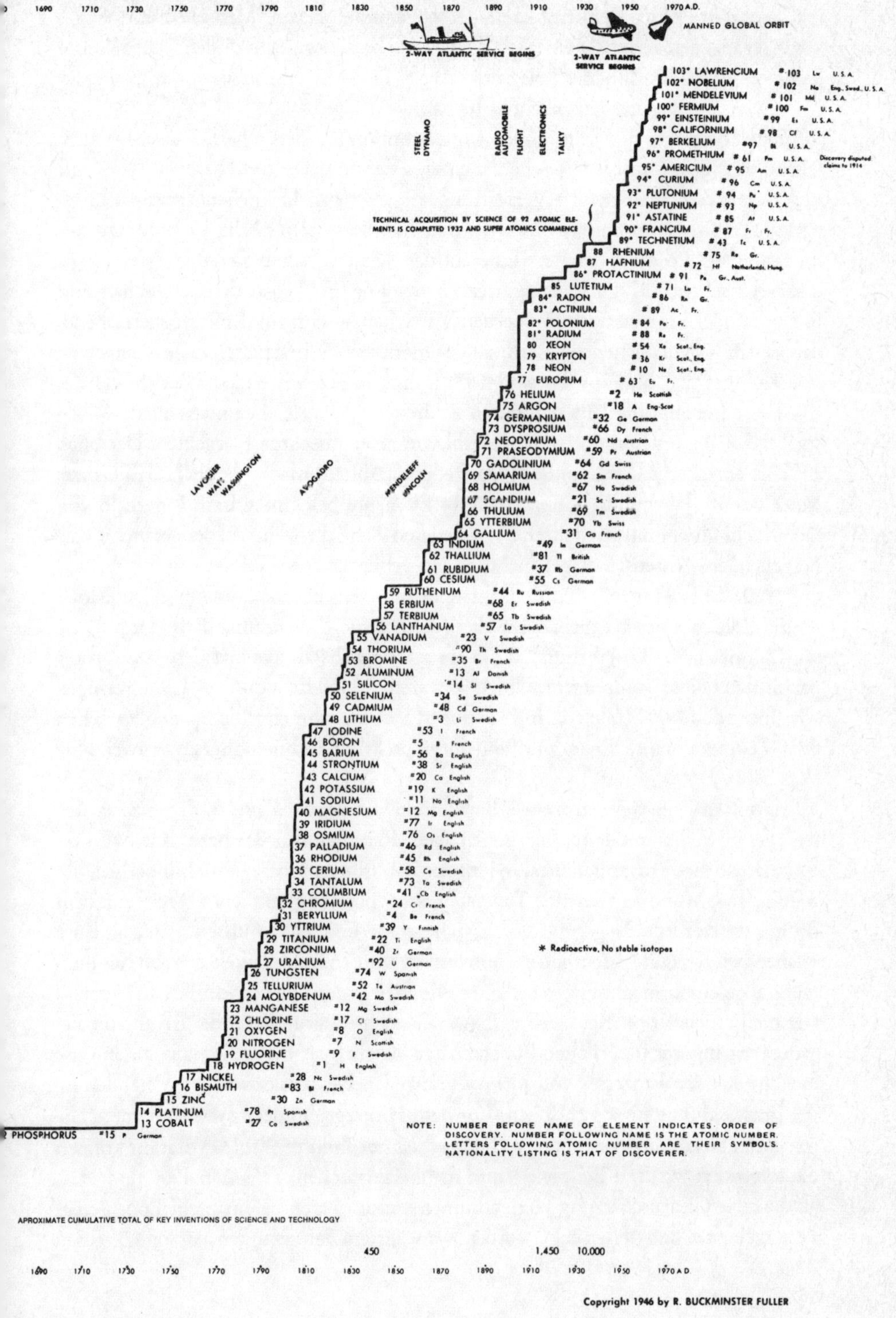

1690 1710 1730 1750 1770 1790 1810 1830 1850 1870 1890 1910 1930 1950 1970 A.D.
2-WAY ATLANTIC SERVICE BEGINS
2-WAY ATLANTIC SERVICE BEGINS
MANNED GLOBAL ORBIT
STEEL
DYNAMO
RADIO
AUTOMOBILE
FLIGHT
ELECTRONICS
TALKY
LAVOISIER
WATT
WASHINGTON
AVOGADRO
MENDELEEFF
LINCOLN
TECHNICAL ACQUISITION BY SCIENCE OF 92 ATOMIC ELEMENTS IS COMPLETED 1932 AND SUPER ATOMICS COMMENCE
103* LAWRENCIUM #103 Lw U.S.A.
102* NOBELIUM #102 No Eng., Swed., U.S.A.
101* MENDELEVIUM #101 Md U.S.A.
100* FERMIUM #100 Fm U.S.A.
99* EINSTEINIUM #99 Es U.S.A.
98* CALIFORNIUM #98 Cf U.S.A.
97* BERKELIUM #97 Bk U.S.A.
96* PROMETHIUM #61 Pm U.S.A. Discovery disputed claims to 1914
95* AMERICIUM #95 Am U.S.A.
94* CURIUM #96 Cm U.S.A.
93* PLUTONIUM #94 Pu U.S.A.
92* NEPTUNIUM #93 Np U.S.A.
91* ASTATINE #85 At U.S.A.
90* FRANCIUM #87 Fr Fr.
89* TECHNETIUM #43 Tc U.S.A.
88 RHENIUM #75 Re Gr.
87 HAFNIUM #72 Hf Netherlands, Hung.
86* PROTACTINIUM #91 Pa Gr., Aust.
85 LUTETIUM #71 Lu Fr.
84* RADON #86 Rn Gr.
83* ACTINIUM #89 Ac Fr.
82* POLONIUM #84 Po Fr.
81* RADIUM #88 Ra Fr.
80 XEON #54 Xe Scot., Eng.
79 KRYPTON #36 Kr Scot., Eng.
78 NEON #10 Ne Scot., Eng.
77 EUROPIUM #63 Eu Fr.
76 HELIUM #2 He Scottish
75 ARGON #18 A Eng-Scot
74 GERMANIUM #32 Ge German
73 DYSPROSIUM #66 Dy French
72 NEODYMIUM #60 Nd Austrian
71 PRASEODYMIUM #59 Pr Austrian
70 GADOLINIUM #64 Gd Swiss
69 SAMARIUM #62 Sm French
68 HOLMIUM #67 Ho Swedish
67 SCANDIUM #21 Sc Swedish
66 THULIUM #69 Tm Swedish
65 YTTERBIUM #70 Yb Swiss
64 GALLIUM #31 Ga French
63 INDIUM #49 In German
62 THALLIUM #81 Tl British
61 RUBIDIUM #37 Rb German
60 CESIUM #55 Cs German
59 RUTHENIUM #44 Ru Russian
58 ERBIUM #68 Er Swedish
57 TERBIUM #65 Tb Swedish
56 LANTHANUM #57 La Swedish
55 VANADIUM #23 V Swedish
54 THORIUM #90 Th Swedish
53 BROMINE #35 Br French
52 ALUMINUM #13 Al Danish
51 SILICON #14 Si Swedish
50 SELENIUM #34 Se Swedish
49 CADMIUM #48 Cd German
48 LITHIUM #3 Li Swedish
47 IODINE #53 I French
46 BORON #5 B French
45 BARIUM #56 Ba English
44 STRONTIUM #38 Sr English
43 CALCIUM #20 Ca English
42 POTASSIUM #19 K English
41 SODIUM #11 Na English
40 MAGNESIUM #12 Mg English
39 IRIDIUM #77 Ir English
38 OSMIUM #76 Os English
37 PALLADIUM #46 Pd English
36 RHODIUM #45 Rh English
35 CERIUM #58 Ce Swedish
34 TANTALUM #73 Ta Swedish
33 COLUMBIUM #41 Cb English
32 CHROMIUM #24 Cr French
31 BERYLLIUM #4 Be French
30 YTTRIUM #39 Y Finnish
29 TITANIUM #22 Ti English
28 ZIRCONIUM #40 Zr German
27 URANIUM #92 U German
26 TUNGSTEN #74 W Spanish
25 TELLURIUM #52 Te Austrian
24 MOLYBDENUM #42 Mo Swedish
23 MANGANESE #12 Mg Swedish
22 CHLORINE #17 Cl Swedish
21 OXYGEN #8 O English
20 NITROGEN #7 N Scottish
19 FLUORINE #9 F Swedish
18 HYDROGEN #1 H English
17 NICKEL #28 Ni Swedish
16 BISMUTH #83 Bi French
15 ZINC #30 Zn German
14 PLATINUM #78 Pt Spanish
13 COBALT #27 Co Swedish
PHOSPHORUS #15 P German
* Radioactive, No stable isotopes
NOTE: NUMBER BEFORE NAME OF ELEMENT INDICATES ORDER OF DISCOVERY. NUMBER FOLLOWING NAME IS THE ATOMIC NUMBER. LETTERS FOLLOWING ATOMIC NUMBER ARE THEIR SYMBOLS. NATIONALITY LISTING IS THAT OF DISCOVERER.
APROXIMATE CUMULATIVE TOTAL OF KEY INVENTIONS OF SCIENCE AND TECHNOLOGY
450
1,450 10,000
1690 1710 1730 1750 1770 1790 1810 1830 1850 1870 1890 1910 1930 1950 1970 A.D.

maß, denn in jedem Weltkrieg kamen etwa zehnmal so viele Menschen um wie im vorangegangenen Krieg. Wenn sich diese Verzehnfachung alle fünfzig Jahre durchhielte, so würde die Zahl der Kriegsopfer gegen Ende des Jahrhunderts der gegenwärtigen Weltbevölkerung entsprechen« (ebda.).

Einige Historiker und Ökonomen wie z.B. Simon Kuznets sehen als das besondere Charakteristikum unserer Epoche die einzigartige *Verschwisterung von Wissenschaft und Technologie*, die bewußte Verwertung wissenschaftlicher Erkenntnisse und Entdeckungen für ökonomische Zwecke, d.h. für die systematische Erweiterung der menschlichen Produktivkräfte: »Eine auf der Wissenschaft basierende Technologie und weitreichende Möglichkeiten ihrer Anwendung im Dienste der Gesellschaft sind in den Ländern mit stetigem modernen Wirtschaftswachstum derart vorherrschend, daß sie ein hervorstechendes Merkmal der modernen Wirtschaftsepoche darstellen«; und Kuznets fügt hinzu: »Wir sind noch immer in der Mitte dieser Epoche« (1966, 15). Diese Behauptung läßt sich durch zahlreiche Daten leicht untermauern — beispielsweise allein schon durch die Anzahl von neu entdeckten Elementen. Der Blick auf eine entsprechende graphische Darstellung (Abb. 2) macht deutlich, daß bis zur Mitte des 18. Jahrhunderts nur 12 bis 14 Elemente bekannt waren. Innerhalb von nicht mehr als einhundert Jahren hat sich deren Zahl, die während der gesamten vorhergehenden Wissenschaftsgeschichte gleich geblieben war, auf sechzig erhöht und um 1900 waren es bereits fünfundachtzig. Mindestens ebenso aufschlußreich jedoch ist die Zahl wissenschaftlicher, für die Technologie bedeutsamer Erfindungen. Sie wird für das frühe 17. Jahrhundert auf etwa 150 geschätzt, zweihundert Jahre später hat sie sich bereits verdreifacht. Um 1900 waren es 1450 Erfindungen, heute verfügen wir über rd. 10 000. Gleichzeitig verringert sich zunehmend die Spanne zwischen dem Zeitpunkt einer Erfindung und ihrer praktisch-technologischen Anwendung (Vgl. Abb. 3).

Das mittlerweile weit verbreitete Bewußtsein von der *ökologischen Begrenztheit* dessen, was bisweilen mit dem reißerischen Titel »Raumschiff Erde« bezeichnet wird, ist ein relativ neues Phänomen. Erst in jüngster Zeit ist eine privilegierte Minderheit, der zeitunglesende und fernsehende Teil der Weltbevölkerung, mit jener bereits mit dem Beginn unserer Epoche gegebenen Tatsache — der Endlichkeit unserer Erde als einer erfahrbaren Realität — deutlicher konfrontiert worden. Endlichkeit der Erde als nunmehr abgeschlossenem System bedeutet jedoch in erster Linie die objektive Begrenztheit nichterneuerbarer Ressourcen. Es wäre jedoch ein grundlegender Irrtum, die Begrenztheit unserer natürlichen Bodenschätze lediglich als Ergebnis eines stufenweise fortschreitenden Prozesses und nicht als Folge jener explosionsartigen Veränderung des Entwicklungstempos zu sehen. Vor dem Hintergrund der zuvor erwähnten beispiellosen Steigerung der Güterproduktion seit der Industriellen Revolution können die folgenden wenigen Beispiele kaum mehr überraschen: zwischen 1900 und 1930, als die erste Globalschätzung vorgenommen wurde, waren bereits mehr Bodenschätze ausgebeutet und verbraucht worden, als während der gesamten vorangegangenen

Abb. 3

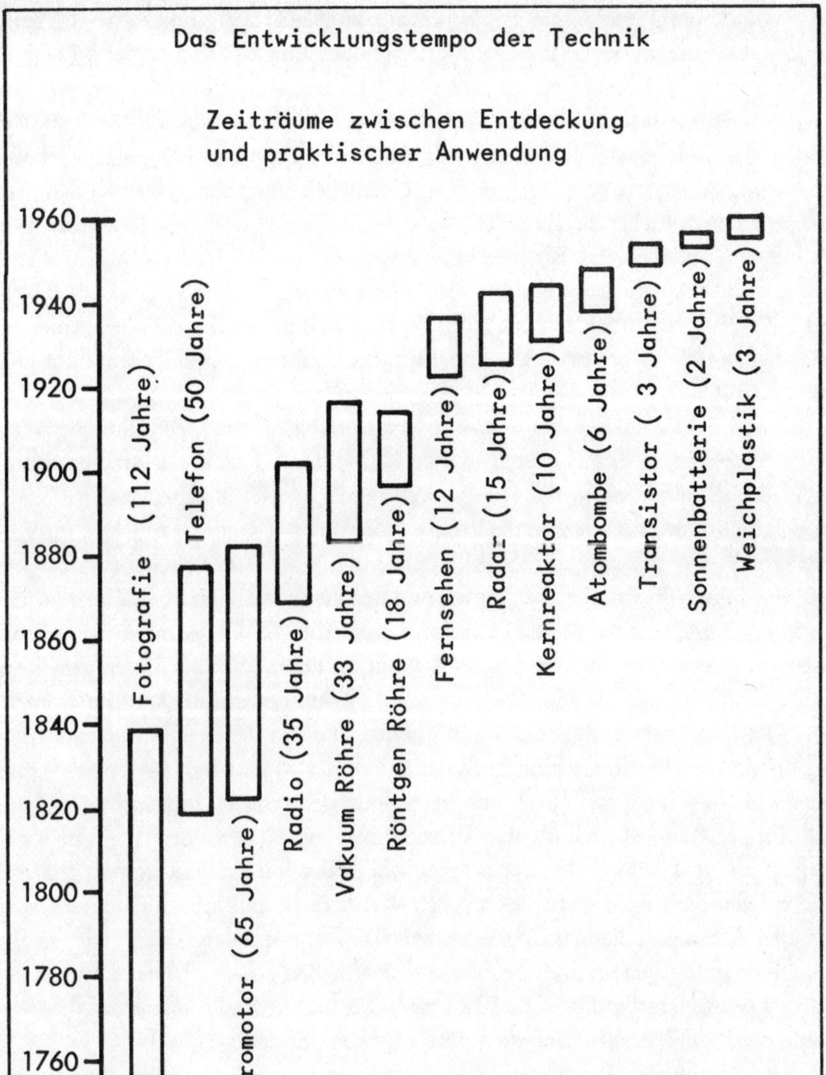
Das Entwicklungstempo der Technik
Zeiträume zwischen Entdeckung und praktischer Anwendung
1960
1940
1920
1900
1880
1860
1840
1820
1800
1780
1760
1740
1720
Fotografie (112 Jahre)
Telefon (50 Jahre)
Elektromotor (65 Jahre)
Radio (35 Jahre)
Vakuum Röhre (33 Jahre)
Röntgen Röhre (18 Jahre)
Fernsehen (12 Jahre)
Radar (15 Jahre)
Kernreaktor (10 Jahre)
Atombombe (6 Jahre)
Transistor (3 Jahre)
Sonnenbatterie (2 Jahre)
Weichplastik (3 Jahre)
Quelle: World Facts and Trends, u.a.O., S. 50

Jahrhunderte, einschließlich der Industriellen Revolution selbst (und gerade der Abbau von Bodenschätzen ist nicht etwas, was erst zu diesem Zeitpunkt eingesetzt hätte — erinnert sei nur an die berühmten Kupfer-, Silber- und Goldminen des biblischen und klassischen Zeitalters oder auch des Mittelalters). Alle zehn Jahre verdoppelte sich die Weltproduktion von wichtigen Metallen. Allein zwischen 1910 und 1930 wurde mehr Gold geschürft und in Umlauf gebracht als in den 400 Jahren nach der Entdeckung Amerikas; oder, um einen anschaulichen Vergleich zu verwenden: Ein einziger amerikanischer Bergarbeiter baute bereits in den dreißiger Jahren in zwei Wochen ein Volumen von Eisenerz ab, das dem der großen Cheops-Pyramide entspricht. Die Welt-Kupferproduktion von 1929 war etwa doppelt so groß wie die gesamte Welt-Kupferproduktion bis zum 19. Jahrhundert (Leith, 1970, 4). Ähnliche Daten ließen sich für praktisch alle Bodenschätze anführen, vom Silber bis zum Erdöl.

Auch wenn die Zunahme *des Bevölkerungswachstums,* die sog. »Bevölkerungsbombe«, inzwischen zum Gemeinplatz geworden ist, sollte sie doch in diesem illustrierenden Überblick nicht fehlen. Es ist eine, wenn auch hier leicht schematisierte Tatsache, daß bis vor etwa 200 Jahren die Weltbevölkerung nur minimal zunahm. Im Vergleich zur Verdoppelung von 7650 Millionen auf 1,5 Milliarden zwischen 1750 und 1900, also innerhalb von nur 150 Jahren, und der Verdreifachung im Laufe der nächsten 50 Jahre, ist sie als statisch zu bezeichnen (vgl. Abb. 4). Wiederum ist der radikale Bruch »irgendwie« um die Industrielle Revolution herum zu lokalisieren und steht mit dieser in einem (hier nicht zu erörternden) direkten oder indirekten Zusammenhang. Die schwerwiegenden und weitreichenden Folgen dieser Bevölkerungsexplosion für das gesamte internationale System sind erst seit kurzem Gegenstand zum Teil ernsthafter, meist jedoch oberflächlich-skandalisierender Untersuchungen und Diskussionen. Um jedoch ein volles Verständnis dafür zu gewinnen, was hier wirklich geschah und geschieht, ist es unumgänglich, zu den historischen Ursprüngen und Wurzeln dieses Phänomens zurückzugehen — aber nicht nur dieses Phänomens, sondern aller derjenigen, die hier aufgeführt wurden. Denn nur dann, wenn wir die Ursprünge unserer gegenwärtigen Probleme einigermaßen erkannt haben, können wir hoffen, Lösungen zu finden — und Lösungen für praktische Probleme auf theoretischer Ebene zumindest in Umrissen zu entwickeln, darum geht es hier.

Schließlich sollten die *internationalen Beziehungen* selbst in diesem Demonstrationskatalog nicht fehlen, die — empirisch grob vereinfacht — zu charakterisieren sind durch wiederum historisch beispiellose Verschiebungen in der Verteilung von »Macht« — eine Kategorie, die sich bei den einschlägigen Experten einer in der Regel unkritischen, unreflektierten, allenfalls quantitativ ausgefüllten Popularität erfreut. Es bedarf zur Veranschaulichung keines sehr weitgehenden Rückgangs in die Geschichte. So sehen wir, wie etwa noch im 17. Jahrhundert ein kleines Land wie Schweden für einige Zeit zur führenden Macht aufsteigen konnte: anscheinend hing bis zu diesem Zeitpunkt, wenn nicht gar noch bis ins 18. Jahrhundert hinein, die Macht, bzw.

Abb. 4 Die Kurve der Bevölkerungszunahme

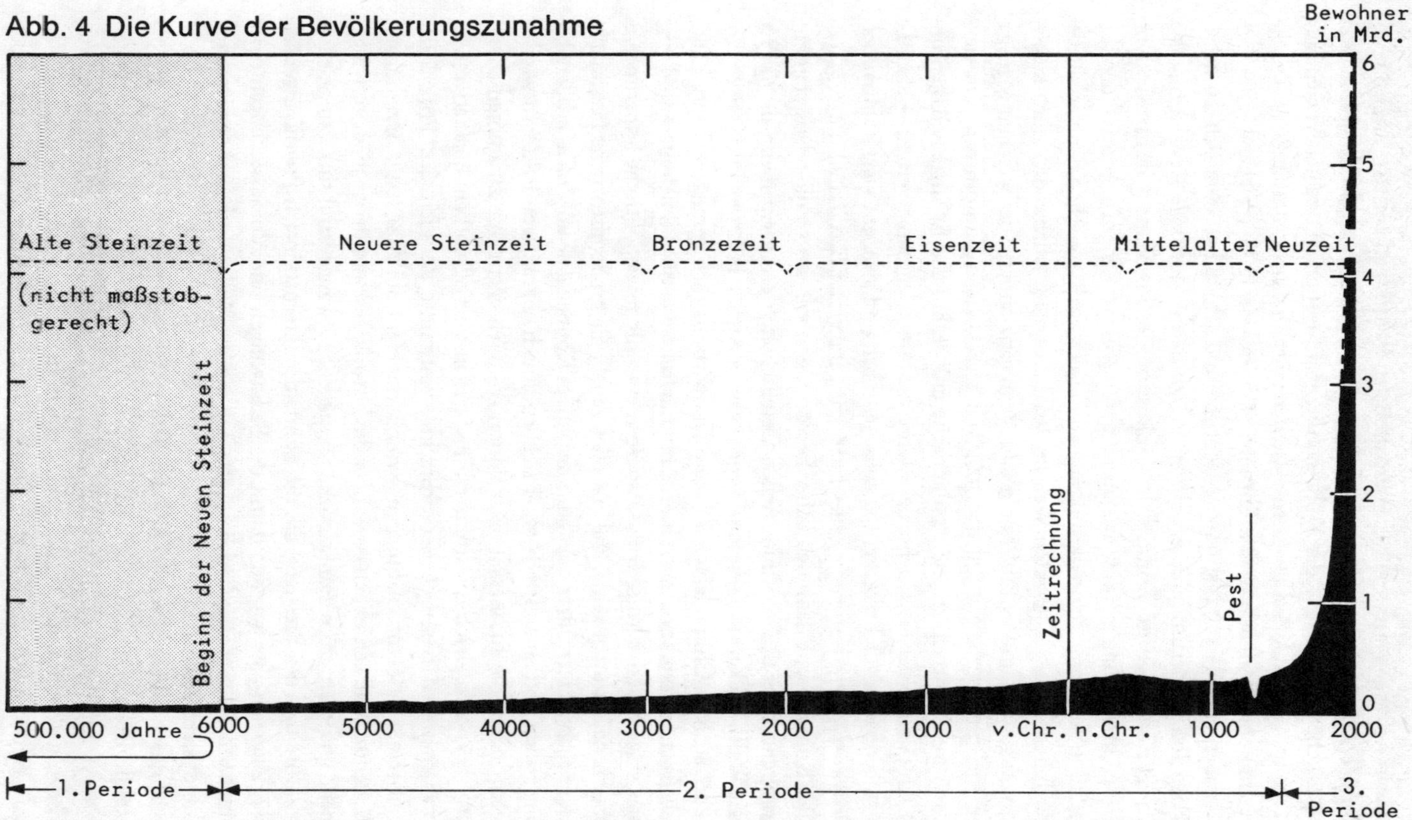

Quelle: Stuart Mudd (Ed.), The Population Crisis und the Use of World Resources, The Hague 1964, S. 32

die Bedeutung einer Nation in der internationalen Politik nicht von ihrer Größe ab. Mit der Verschwisterung jedoch von Wissenschaft, Technik und Ökonomie, von wirtschaftlichem Wachstum, der Mobilisierung von Ressourcen und der Anwendung von Technologien auf Waffensysteme werden wirtschaftliche und außenpolitische Macht zunehmend identisch. Die Entstehung eines »Macht-Ungleichgewichts« zwischen großen und kleinen Nationen, Mächtigen und Schwachen stellt sich darum als eine Funktion wiederum jenes epochalen Ereignisses »Industrielle Revolution« dar. Das wird später noch im Kontext der Diskussion der Probleme von Entwicklung und Unterentwicklung etwas weiter auszuführen sein vor dem Hintergrund der Tatsache, daß die enormen sozio-ökonomischen Unterschiede zwischen den verschiedenen Regionen der heute geeinten Welt im 16., 17. und 18. Jahrhundert noch keineswegs so ausgeprägt und extrem waren und oft in ganz anderer, teilweise entgegengesetzter Richtung verliefen. Selbstverständlich waren sozio-ökonomische Entwicklung, kulturelle, wirtschaftliche, militärische und technische Errungenschaften ungleichzeitig und in der Geschichte der Menschheit ungleichmäßig verteilt — aber die heute zu beobachtende Polarisierung zwischen reich und arm, entwickelt und unterentwickelt ist als ein historisch neues Phänomen integraler Bestandteil unserer Epoche. Der Kontrast tritt dann deutlicher hervor, wenn wir uns an die relativ statische ökonomische Basis der vor-industriellen Gesellschaften erinnern: mehr als 90 Prozent der Weltbevölkerung, sei es in Europa oder in Afrika, in Lateinamerika oder Indien oder auch in China, lebten auf dem landwirtschaftlich genutzten Land. Landwirtschaftliche Produktion jedoch erlaubte nur relativ geringe Spielräume und eine nur marginale Mobilisierung von Ressourcen etwa für außenpolitische Experimente. Das aber bedeutet umgekehrt, daß etwa der Zufall, die große historische Persönlichkeit, der begabte Heerführer oder administratives Können eine ungemein größere Bedeutung haben und zu außen- bzw. »macht«-politisch erstrangigen Faktoren werden konnten. Indem die Industrielle Revolution die Welt nicht nur zusammenschloß, sondern sie auch zugleich in extremer Weise auseinanderriß und ein qualitatives Gefälle zwischen den Kulturen hervorbrachte, bestimmte sie auch den Prozeß der Strukturierung dieses internationalen Systems, der Herausbildung fester Beziehungen und Beziehungsmuster, denen gegenüber die historische Figur des großen Staatsmannes mehr und mehr zum Funktionär vorgegebener Zwänge herabsinkt, ungeachtet der Folklore und des Prestiges, das die Bühne der internationalen Politik angeblich verleiht. Zugleich aber wurden damit die Bedingungen und Voraussetzungen einer wissenschaftlich-systematischen Beschäftigung mit der Weltpolitik und dem internationalen System geschaffen. —

So viel nur zur Veranschaulichung des qualitativen Sprunges oder Bruches, den die Industrielle Revolution darstellt und der, positiv gesprochen, die Voraussetzungen dafür schuf, daß die bis dahin noch relativ isoliert nebeneinander existierenden verschiedenen Kulturen und Ökonomien zu einem heute sogenannten 'internationalen System' werden konnten. Was aber diesen Bruch selbst ausmacht, ergibt sich noch nicht aus dem bloßen Begriff der Industriellen Revolution. Vielmehr ist zu ergänzen: diese ereignete sich im Kontext einer umfassenden gesellschaftlichen Veränderung, deren gewissermaßen reinste Erscheinungsform sie darstellt, nämlich der *Kapitalistischen Revolution.* Industrielle und Kapitalistische Revolution sind insoweit identisch, als beide zusammengenommen jene Phänomene hervorbrachten, die hier vorgestellt wurden; *die Industrielle Revolution ging aus der Kapitalistischen Revolution hervor, sie ist deren eigentliches Produkt — nicht aber umgekehrt.* Diese Unterscheidung ist insofern von größter praktischer Bedeutung, als dem Fehlschluß vorzubeugen ist, die Technologie sei eine unabhängige Variable, sie habe ihre eigene, von den gesellschaftlichen Bedingungen unabhängige Gesetzmäßigkeit und Dynamik. Daraus nämlich würde folgen, daß zur Lösung der von der Industriellen Revolution geschaffenen Probleme wiederum vor allem technisch-administrative Mittel genügten. Demgegenüber ist zu betonen: Nicht die Industrielle Revolution, sondern der Kapitalismus ist es, der »die erste weltweite Zivilisation« (Vaizey 1971, 9) hervorbrachte und der damit die Voraussetzungen für die internationale Verflechtung der Gegenwart schuf. In diesem Sinne ist das angeführte Zitat aus dem *Kommunistischen Manifest*, das während des ersten Höhepunktes der Industriellen Revolution geschrieben wurde, zu verstehen. Dieses Manifest ist *der erste große Versuch, den revolutionären Charakter unserer Epoche als kapitalistische Epoche auf den Begriff zu bringen.*

Der damit sich stellende Anspruch, bzw. die Forderung nach einer historischen Aufarbeitung der Gegenwart im Rahmen unserer besonderen Fragestellung hat nichts mit jener historischen Dimension zu tun, deren Fehlen von den Außenpolitik- und »International-Relations«-Experten heute weithin beklagt wird. Es kann nicht darum gehen, eine solche »historische Dimension« der gegenwärtig etablierten Disziplin von den internationalen Beziehungen einfach hinzuzufügen oder voranzustellen. Vielmehr geht es darum, diese unsere Epoche als die Epoche des Kapitalismus zu verstehen und in ihrer historischen Einheit zu begreifen — eine Epoche, die ihre eigenen Entwicklungsgesetze hat, ihre eigenen, sehr spezifischen Strukturen und Widersprüche, die sie von früheren Epochen deutlich abhebt. Darum ist es wenig fruchtbar, wenn nicht gar überhaupt unmöglich, auf der Suche nach einer adäquaten Theorie der internationalen Beziehungen sich zurückzubegeben zu jenen großen klassischen Philosophen und Theoretikern der Politik, die es mit vorkapitalistischen Problemen der Beziehungen zwischen Gesellschaften und Völkern zu tun hatten (vgl. Kap. 2). Die bisweilen gemachten Versuche, in der klassischen griechischen oder auch der indischen Philosophie[28] Vorläufer außenpolitischer Theoriebildung zu finden, sind aus guten Gründen gescheitert. Nur solche Theorien bzw. nur solche Versuche zur Theoriebildung auf dem Gebiete der internationalen Beziehungen und des internationalen Systems, die sich explizit auf den Kapitalismus — als historisch qualitativ neuartige und revolutionäre Gestalt — beziehen, besitzen einen Erklärungswert.

Bevor wir jedoch auf die Entstehung und die wichtigsten Elemente der Kapitalistischen Revolution eingehen, ehe wir der komplizierten Frage nachgehen, warum diese revolutionäre Explosion in Westeuropa und nicht in Indien, China oder im Mittleren Osten ausbrach, müssen wir den methodischen Rahmen abstecken, innerhalb dessen wir die historischen Erscheinungsformen analysieren können. Es ist nötig, einen — bis an die Grenze des Zulässigen vereinfachenden — kurzen Exkurs über politische Ökonomie einzuschieben als dem Instrumentarium, das in seiner Allgemeinheit allein die Möglichkeit bietet, theoretische Aussagen über internationale Beziehungen zu machen.

Exkurs zur Methode: Politische Ökonomie

Die Wahl einer wissenschaftlichen Methode, mit der wir an ein jeweiliges Problem herangehen, um es zu lösen, die Entscheidung zugunsten eines kategorialen Instrumentariums, das uns zuerst ein Problemverständnis und damit dann auch die Möglichkeit seiner Beherrschung und Kontrolle vermittelt, diese Wahl ist keine willkürliche: wir können uns nicht nach Gutdünken, Geschmack oder individuellen Veranlagungen aus dem breiten Angebot wissenschaftlicher Methodologien heraussuchen, was uns gefällt und damit dann z.B. internationale Politik analysieren — Mathematik und Statistik, Psychologie, Kybernetik, Verhaltenslehre, Gruppensoziologie etc. Vielmehr ist die Wahl der Methode abhängig sowohl vom Gegenstand selbst, den es zu untersuchen gilt, als auch von den spezifischen erkenntnisleitenden Interessen, die wir an ihn herantragen, wenn wir zu fragen beginnen: was wir warum fragwürdig finden. Wissenschaft ist in diesem Sinne ein Fragen mit praktischen, konkreten Zwecken. Unser Gegenstand hier ist das internationale System. Unsere Fragen rühren nicht her von seiner bloßen Existenz, sondern von den erfahrbaren latenten Krisen und Widersprüchen, deren Beobachter, aktiv Beteiligte und leidend Betroffene wir sind. Unsere Interessen werden geleitet von der Hoffnung, zumindest einige der Ursachen und Gründe dieser Krisen, die uns alle berühren, zu erkennen: Kriege, Wettrüsten, Bevölkerungsexplosion, Umweltverseuchung, weltweite Armut, Ressourcenverknappung usw. In dem Maße, in dem es uns gelingt, deren Ursachen und Gründe auszumachen, gewissermaßen eine Diagnose zu erstellen, in dem Maße muß es dann auch möglich sein, solche analysierten und identifizierten Faktoren unter unsere Kontrolle zu bringen. Ihre Kenntnis ist die Voraussetzung für unsere Befreiung aus der Rolle von Opfern, passiven Erduldern blindwirkender Mächte jenseits unseres Einflusses zu der von Herren unseres eigenen Schicksals. Der Mensch ist nicht geschaffen, damit das internationale System funktioniere, umgekehrt, das internationale System hat zu funktionieren zum Zwecke menschlicher Wohlfahrt. Dies sind zweifellos hochgesteckte Ansprüche und sie werden notwendigerweise nie ganz erfüllt werden können. Aber wenn wir unsere wissenschaftlichen Anstrengungen ernst nehmen, dürfen wir uns mit weniger ambitiösen Zielen nicht zufriedengeben.

Die zentrale Feststellung in der Bestimmung des historischen Ausgangspunktes war die, daß das internationale System sich nicht organisch und einer inneren logischen Notwendigkeit folgend evolutionär aus und in der Geschichte entwickelte, sondern vielmehr das Ergebnis eines revolutionären Bruches ist, den wir als Explosion in entscheidenden gesellschaftlichen Bereichen (Güterproduktion, Bevölkerungswachstum, Kommunikationsgeschwindigkeiten, Zerstörungspotential etc.) bezeichneten. Diese Explosion identifizierten wir zunächst als die Industrielle Revolution und stellten sie dann in den größeren Zusammenhang der umfassenderen Kapitalistischen Revolution in Westeuropa, deren Produkt sie ist. Wenn das so ist, wenn die Industrielle Revolution gewissermaßen die Kapitalistische Revolution in ihrer dramatischsten und zugespitztesten Form darstellt, welche ihrerseits das Fundament des internationalen Systems geschaffen hat, dann müssen auch unsere Untersuchungsmethoden bestimmt sein von diesem Ausgangs- und Bezugspunkt, d.h. von der Tatsache, daß die Kapitalistische Revolution das Verhältnis des Menschen zur Natur, seine produktiven Fähigkeiten, seine zwischenmenschlichen Beziehungen, seine »natürlichen«, vor-geschichtlichen landwirtschaftlichen Reproduktionsweisen radikal veränderte und sie ersetzte durch sich ständig erweiternde industrielle Reproduktionsstrukturen. Der Mensch wurde nunmehr abhängig von rapide sich verändernden gesellschaftlichen Bedingungen in einer Weise und in einem Maße, die sich qualitativ von vor-modernen, vor-industriellen, vor-kapitalistischen Zeiten unterscheiden. Die Betonung liegt dabei auf dem allumfassenden Charakter der Kapitalistischen Revolution. Sie ist sowohl ein ökonomisches wie ein sozio-politisches Phänomen und betrifft in gleicher Weise die mehr oder minder plötzlich sich verändernden Verhaltensweisen und Werthaltungen zuerst einiger weniger, dann von immer mehr Individuen oder Gruppen. Allumfassend bedeuet hier also: an die Wurzeln menschlicher Existenz gehend, und davon müssen wir ausgehen.

Aus der allgemeinen Feststellung, man kann schon sagen Binsenwahrheit, daß sich der Mensch vor jeder anderen Tätigkeit erst einmal am Leben erhalten muß, sich durch Sicherstellung von Nahrung, Kleidung und Wohnung zu reproduzieren hat, folgt für die Sozialwissenschaft als Wissenschaft vom Menschen, daß sie von der Frage auszugehen hat, wie und in welchen Formen Menschen die Natur bearbeiten und beherrschen, um diese Aufgabe zu erfüllen. Eine solche zweckhafte Aneignung und Veränderung der Natur ist die Bedingung der Möglichkeit menschlichen Überlebens. Dazu muß der Mensch seine biologischen Mängel wettmachen durch Intelligenz, Arbeit und die Schaffung einer ihm entsprechenden Umwelt. Wie dies geschieht, wie sich der Mensch kollektiv als Produzent seiner eigenen Überlebens- und Selbsterhaltungsbedingungen zur Natur als dem Gegenstand und Mittel seiner Arbeit verhält, ist Gegenstand der Sozialwissenschaften. Die Formen der Naturbeherrschung und die Formen, in denen diese kollektiv organisiert sind, sind Gegenstand bzw. können zum Gegenstand von Wissenschaft werden in dem Maße, in dem sie im Verlauf eines Prozesses fortschreitender Maximierung des Effekts geregelten, sich wiederholenden, stabilen Mustern oder Strukturen folgen. Wiederholung, Muster, Regelmäßigkeit der Prozesse kollektiver Aneigung und Umformung der Natur zum Zwecke menschlicher Selbsterhaltung jedoch stellen Bedingungen der Möglichkeit von Verallgemeinerungen und damit von erfaßbaren Gesetzmäßigkeiten dar — und es ist Aufgabe der Sozialwissenschaften, diese Gesetze zu entdecken und uns damit Einsicht zu verschaffen in die Mechanismen von Gesellschaft.

Wir brauchen die in Kapitel 3 gemachten Ausführungen über die zentrale Kategorie der Reproduktion nicht zu wiederholen. Wohl aber geht es an dieser Stelle darum, ein mögliches und häufiges Mißverständnis auszuräumen: als stelle das, was hier (und von der politischen Ökonomie generell) versucht wird, eine sogenannte »ökonomische Interpretation« der Geschichte im allgemeinen und der internationalen Beziehungen im besonderen dar. Zum anderen geht es darum, die wissenschaftlichen Grundlagen bzw. zumindest andeutungsweise die Grundlagen einer Wissenschaft offenzulegen, die mit Recht den Anspruch erheben kann, auf dem Wege zur Theorie der internationalen Beziehungen zu sein, die sich nicht damit begnügt, eine Theorie vorzutäuschen, indem sie willkürlich mit Begrifflichkeiten umgeht oder bestenfalls Erscheinungen mehr oder minder säuberlich klassifiziert. Um es in einfachen Worten auszudrücken: *Die wissenschaftliche Analyse der internationalen Beziehungen muß verankert sein in einer politökonomischen Gesellschaftsanalyse, die ihren Ausgangs- und ständigen Bezugspunkt in jenen Gesetzmäßigkeiten hat, die den Prozeß von Produktion und Reproduktion in unserer Epoche, der historischen Epoche der Kapitalistischen Revolution, bestimmen.* Daß die Kapitalistische Revolution notwendig Ausgangspunkt einer jeden Analyse des internationalen Systems ist, ergibt sich allein schon daraus, daß dieses System — vermittelst Entdeckungsreisen, Kolonialismus und Imperialismus — als Produkt der kapitalistischen Revolution überhaupt erst verstehbar ist.

Festzuhalten ist, daß der hier angesprochene radikale Wandel der Produktionsweise und die dadurch veränderte Stellung der Menschen im Produktionsprozeß, d.h. der Weise, wie sie sich die Bedingungen ihrer Existenz — Nahrung, Kleidung, Wohnung — schaffen, sich soziologisch ausdrückt in der Transformation der großen Mehrheit von unmittelbaren Lebensmittelproduzenten in Produzenten von industriell hergestellten Gütern in ständig wachsendem Umfang. Auch die vormodernen, vor-kapitalistisch-gewerblichen Gesellschaften mit fast neunzig Prozent der Bevölkerung in landwirtschaftlichen Tätigkeiten kannten ihre Krisen: Hungersnöte bei Mißernten, Naturkatastrophen, Seuchen und Epidemien waren nichts Ungewöhnliches — aber sie hatten in der Regel, wenn überhaupt, nur geringe unmittelbare, konkrete gesellschaftlich-politische Konsequenzen und blieben in ihren Auswirkungen meist nur auf die direkt betroffenen Regionen beschränkt; sie waren nicht gesellschaftlichen Ursprungs und folglich auch nicht menschlicher Kontrolle unterwerfbar. Sie veränderten weder das Verhältnis des Menschen zur Natur, dem Gegenstand seiner Arbeit, noch das des einzelnen zur Gesellschaft und zu deren institutionellen Strukturen. Diese Bedingungen veränderten sich fundamental mit der Durchsetzung der

Kapitalistischen Revolution, die die Menschen in rasch wachsender Zahl vom Lande vertrieb und das Verhältnis von landwirtschaftlicher zu nicht-landwirtschaftlich tätiger Bevölkerung in den entwickelten kapitalistischen Ländern nahezu vollständig umkehrte. Die Bevölkerung — und mit der Zeit auch die relativ geringe Landbevölkerung — wurde nunmehr abhängig nicht mehr von gelegentlichen Naturkatastrophen, sondern von den scheinbar unkontrollierbaren Mechanismen eines anonymen Marktes. Um es bewußt vereinfacht auszudrücken: in vor-kapitalistischen Zeiten hatten die meisten Menschen nichts zu verkaufen und bedurften auch nur weniger zu kaufender Dinge; sie lebten auf dem Land und vom Land, das in der Regel nicht ihr Eigentum war, sondern formell dem Monarchen, der Krone gehörte, die es im Austausch für politische Loyalität und militärische Hilfsdienste dem Feudalheren überließ; der Bauer arbeitete für seine eigene Selbsterhaltung und zahlte seine — hohen — Tribute an den Lehnsherrn, der sich damit zur Entfaltung seiner Macht und Pracht jene relativ wenigen Luxusgüter und handwerklichen Produkte anschaffte, die wir noch immer in historischen Museen, in Schlössern und Burgen bestaunen können. Die vor-modernen Krisen waren eigentlich immer Produktionskrisen bedingt durch Naturkatastrophen. Moderne Krisen jedoch sind genau deren Gegenteil: sie sind Krisen der Überproduktion, der fallenden Preise für Rohstoffe so gut wie für maschinell hergestellte Güter, Krisen ungenügenden Wachstums von Märkten oder deren Verlust, Krisen der Diskrepanz zwischen Angebot und gesellschaftlicher Kaufkraft. »Krisen«, so heißt es kategorisch in einer allgemeinen Übersicht zum Thema »gibt es im echten Sinne des Wortes erst mit dem Einsetzen von Industrialisierung und Marktexpansion, wie sie für die kapitalistischen Länder der letzten 150 Jahre charakteristisch sind« (Flamant/Singer-Keril, 7). Arbeitslosigkeit, Unsicherheit des Arbeitsplatzes, die Erscheinungen des »Jobs« überhaupt, die vermeintlich in freier Entscheidung zu treffende Berufswahl und daraus sich ableitend das Bedürfnis nach gesellschaftlichem Status und nach Anerkennung, gesellschaftliche Mobilität, Aufstieg und Abstieg gesellschaftlicher Schichten — das alles sind genuin moderne Phänomene, unmittelbar gegründet in jenen fundamentalen Veränderungen des Mensch-Natur-Verhältnisses, der Produktions- und Reproduktionsstruktur, die sich mit der Kapitalistischen Revolution ergaben. Man kann das Ergebnis dieser Revolution auch bezeichnen als das Ende einer bestimmten Form von Autonomie oder Autarkie: niemand von uns könnte sich heute auch nur einige Tage autonom, d.h. mittels seiner eigenen Hände Arbeit erhalten — sich selbst ernähren, kleiden, etc. —, wie das im großen und ganzen noch bis vor etwa zweihundert Jahren für die Mehrheit der Bevölkerung galt. (Heute gibt es das nur noch auf jenen ständig schrumpfenden und nicht dem nationalen bzw. Weltmarkt eingegliederten Inseln von Subsistenzwirtschaften in einigen Zonen der Dritten Welt.) Es bedarf darum keines neu zu führenden sozialwissenschaftlichen Beweises, daß es die spezifische Stellung des Menschen im Produktionsprozeß ist, sein gesellschaftlicher Rang, seine Klassenlage, die seine ideologische Orientierung, seine

Werthaltung, sein »Weltbild« bestimmen und damit auch seine Einstellungen zur Politik im allgemeinen und zur Außenpolitik im besonderen.

Gehen wir aus von dieser charakteristischen, durch die Kapitalistische Revolution verursachten »Verunsicherung« der Menschen, ihrer extremen und allseitigen Abhängigkeit bei der Befriedigung auch der elementarsten Bedürfnisse, so bedarf es keiner weit ausholenden Erklärung der Tatsache, *daß Politik in der Industriegesellschaft notwendigerweise Politik der Ökonomie bzw. politische Ökonomie ist: Schaffung oder Erhaltung von Arbeitsplätzen, Sicherung eines regelmäßigen und ausreichenden Einkommens, Schaffung, Sicherung und Erweiterung eines Marktes oder von Märkten, um ein ständig wachsendes Quantum von produzierten Gütern abzusetzen.* Wenn die historische Schwelle von der agrikulturellen zur Industriegesellschaft erst einmal überschritten ist und die Erwartungen der Verfügbarkeit eines Überflusses von konsumierbaren Gütern über die einfache Reproduktion des Lebensunterhalts hinaus geweckt sind, kann sich keine politische oder gesellschaftlich herrschende Klasse mehr behaupten, wenn sie nicht diese Erwartungen tendenziell erfüllt oder aber jene Bevölkerungsmassen, die aus ihren traditionellen, vor-industriellen Produktionssphären herausgerissen und in die Unsicherheit industrieller oder tertiärer Lohnberufe verpflanzt wurden, von ihren eigenen Führungsqualifikationen überzeugt. Im Zeitalter des Kapitalismus wird die Politik darum notwendig zur Funktion der Wirtschaft in dem hier gemeinten existenziellen Sinn einer politischen Ökonomie der modernen Gesellschaft, in der die Menschen nicht mehr »natürliche« Positionen in geordneten Hierarchien einnehmen, die die einfache Reproduktion als ihre Basis haben; Zweck der Politik im modernen bürgerlichen Staat wird, wie es in der Staatslehre bezeichnenderweise heißt, die »Daseinsvorsorge«.[29]

Die Implikationen für die Analyse des internationalen Systems sollten, prinzipiell zumindest, einsichtig sein: die ständig sich erweiternde Produktion und Reproduktion, die industrielle Herstellung von Gütern erfordern nicht nur innere und äußere Märkte, sondern vor allem expandierende Märkte für jene Güter und Kapitalien, von deren Verkäuflichkeit und profitabler Verwertung immer größere Teile der Bevölkerung zur Sicherung ihres Überlebens direkt oder indirekt abhängen. Die Sicherung wiederum dieser äußeren Märkte, Rohstoffquellen und Kapitalanlagemöglichkeiten für das Wachstum der Binnenwirtschaften ist darum zu einer Hauptaufgabe der politischen Eliten geworden, nicht nur, weil sie sich darüber klar wurden, welche potentiell einschneidenden Auswirkungen für ihre eigenen Macht- und Herrschaftspositionen mit den die Kapitalistische Revolution begleitenden bzw. von ihr verursachten gesellschaftlichen Veränderungen verbunden waren, sondern auch — und das war subjektiv das bei weitem stärkere Motiv — weil sie zu begreifen begannen, *daß politische und staatliche Macht zur Funktion wirtschaftlicher Macht wurde,* beispielsweise als Voraussetzung der Ausrüstung und Unterhaltung großer stehender Heere. Darum begannen die Fürsten und Monarchen des 18. Jahrhunderts in weltweiten und nicht mehr nur in westeuropäischen Dimensionen zu denken. Begriffe wie Weltreich,

Weltherrschaft, Weltregierung, Weltgeschichte und Weltbürger erscheinen in der publizistischen Literatur seit dem 17. Jahrhundert (vgl. Kap. 2). Es ist kein Zufall, daß der Begriff »Welthandel« wortgeschichtlich aus der zweiten Hälfte des 18. Jahrhunderts datiert, lange ehe der Begriff »Weltpolitik« sich im politischen Schrifttum und im allgemeinen Bewußtsein einbürgerte (letzterer wurde vermutlich erstmals von Friedrich List verwandt).[30] Das Bewußtsein einer neuen internationalen Hierarchie der Staaten, gemessen an ihrem Anteil am Welthandel, trieb die europäischen Mächte in weltweite Abenteuer — etwa das kleine Preußen, das sich von der Gründung von Handelsniederlassungen in Batavia, Bengalen, China, Westafrika und Nordamerika etwas für die Stärkung seiner Konkurrenzsituation versprach.

Diese historischen Hinweise gehen jedoch bereits über die hier kurz umrissenen methodischen Überlegungen hinaus, mit denen deutlich gemacht werden sollte, daß und warum eine Analyse des internationalen Systems von der politischen Ökonomie der Kapitalistischen Revolution ausgehen muß. Wie und warum diese Revolution stattfand, welches ihre besonderen Charakteristika sind, wie sie von dem sich entwickelnden internationalen System bedingt und umgekehrt, dieses von ihr bedingt wurde, dem soll in den folgenden Kapiteln nachgegangen werden.

6. Die Ursprünge der Kapitalistischen Revolution

Wenn wir verstehen wollen, weshalb die Industrielle Revolution als das Ergebnis und die volle Entfaltung der Kapitalistischen Revolution unser Ausgangs- und Bezugspunkt ist, und weshalb der im vorangehenden Kapitel angedeutete methodische Ansatz von der Besonderheit unseres Gegenstands selbst bestimmt wird — die radikale, bis an die Wurzeln gehende Zerstörung traditioneller Lebensweisen und ihre Ablösung durch ein Zeitalter der gesellschaftlichen Dynamik und neuer sozialer Schichtungen — dann ist es unumgänglich, zumindest in groben Umrissen die Entstehung dieser Entwicklung zu kennen, also bei und mit der konkreten Geschichte zu beginnen. Diese Geschichte müssen wir verstehen, bis in ihre Wurzeln aufgraben, um unsere gegenwärtige Lage und Situation zu verstehen und Lösungen für die Probleme, Konflikte und Widersprüche zu finden, unter denen wir leiden. Unsere historische Epoche in den zeitlichen Begriffen von Wachstum und Entwicklung zu begreifen, ist nicht nur eine formale Analogie, sondern entspringt der strukturellen Identität des Menschen als Individuum und als Gattung. Darüber hinaus jedoch ist 'Kapitalismus-Geschichte' eine nicht-endende Aufgabe für die intellektuelle Neugier, ein faszinierendes Feld für immer neue Fragestellungen und wie kaum ein anderes voller überraschender Zusammenhänge.

Wir können den Beginn dieser Geschichte ganz traditionell ansetzen mit der berühmten Reise des Christoph Columbus, der 1492 Indien auf dem Seeweg entdecken wollte und in Amerika landete. Im Unterschied zu früheren Unternehmen dieser Größenordnung — von der möglichen Antlantiküberquerung der alten Ägypter, die Thor Heyerdahl experimentell zu beweisen versuchte, bis hin zu des Wikingers Leif Erikson umstrittener Entdeckung von Vinland, der Ostküste Nordamerikas — war die Reise des Columbus das erste systematisch vorbereitete Unternehmen dieser Art, dessen nicht-zufälliger Charakter unterstrichen wird durch die rasche Abfolge weiterer Transatlantik-Reisen, insbesondere der ersten Weltumsegelung durch Vasco da Gama nur sechs Jahre später. Der italienische Historiker Carlo M. Cipolla beschränkt sich bei der Erklärung des Aufkommens dieser großen Entdeckungsreisen um die Jahrhundertwende vom 15. zum 16. Jahrhundert auf die gewiß nicht unwichtige Tatsache, daß in Westeuropa, genauer in den Staaten mit Zugang zum Atlantik, technologische Durchbrüche bei der Konstruktion einerseits von Kanonen gelangen, leicht genug, um auf Schiffen montiert zu werden, und andererseits von seetüchtigen Schiffen, den Galeeren, auf denen man den Ozean doppelt überqueren konnte. »Das mit Kanonen bestückte Schiff«, so schreibt er, »im atlantischen Europa während des 14. und 15. Jahrhunderts entwickelt, ermöglicht die europäische Saga. Es handelte sich um ein kompaktes Instrument, mit dem eine relativ kleine Mannschaft bisher unbekannte Quantitäten nichttierischer Energie für Bewegung und Zerstörung einsetzen konnte.« In diesem einzigartigen Instrument sieht er »das Geheimnis des raschen Aufstiegs Europas« (Cipolla, 137), denn es war ein technologisch hochentwickeltes Waffensystem, dem auf Jahrzehnte, wenn nicht gar Jahrhunderte hinaus andere Mächte nichts Gleichwertiges entgegenzusetzen hatten. Der indische Historiker K.M. Panikkar nennt die 450 Jahre, die mit der Ankunft Vasco da Gamas in Calicut 1498 begannen und mit dem Rückzug der englischen Truppen aus Indien, 1947, endeten, die »Da-Gama-Epoche« (Panikkar, 13), die weltweite Herrschaft der Seeüber die Landmacht.

Daß den Segelschiffen aus Europa kaum jemand widerstehen konnte, läßt sich mit der überlegenen militärischen Technologie allein kaum erklären. Vielmehr muß die technologische Überlegenheit Europas selbst untersucht und von ihren gesellschaftlichen Voraussetzungen her verstanden werden. Im Hinblick auf Cipollas Erklärung wäre dann zu fragen: Wie und warum wurde die leichte Kanone erfunden bzw. entwickelt? Chronologisch ist die Antwort einigermaßen leicht zu geben: Artillerie wurde als Waffe erstmals zu Beginn des 14. Jahrhunderts in Italien eingesetzt, sie breitete sich bald nach Frankreich, Deutschland und nach Schweden aus, wo in der ersten Hälfte des 17. Jahrhunderts mit der Entwicklung einer leichten und schnellfeuernden gußeisernen Kanone, den »regementsstycken«, ein weiterer technischer Durchbruch gelang. Dieser eröffnete »ein neues Kapitel in der Geschichte der europäischen Expansion«; nachdem bereits die Entwicklung kanonenbestückter Segelschiffe 150 Jahre vorher Europas Vorsprung vergrößerte, sank nun »die Waagschale der Macht ein wichtiges Stück weiter zugunsten Europas« und für die »nichteuropäischen Völker wurde das Aufholen äußerst schwierig und ihre Verteidigung problematisch« (Cipolla, 74). Der erste Einsatz der Artillerie in Italien im 14. Jahrhundert jedoch entsprang seinerseits nicht etwa der besonderen Genialität der Italiener oder ihrer besonderen Kriegslust, er muß vielmehr zurückgeführt werden auf die dort gegebenen sozio-ökonomischen und politischen Zustände. Diese können hier nur wiederum recht summarisch angedeutet werden.

In Italien war es einer unternehmerischen Klasse gelungen, Elemente des politisch zusammengebrochenen Römischen Imperiums zu bewahren bzw. sich ihrer mit Erfolg zu bedienen — seiner Gesetze, seiner Städte, seiner administrativen Rationalität und nicht zuletzt seiner Stützpunkte weit außerhalb der engeren geographischen

Grenzen der Halbinsel — unterstützt von der universalen geographischen Organisation der christlichen Kirche, die das gesamte frühere Reich erfaßte. Hier, im Kernland des zerfallenen Weströmischen Reiches (das in erster Linie aufgrund seiner inneren Widersprüche zerfiel und deshalb dem Ansturm der germanischen Völkerwanderung nichts mehr entgegenzusetzen hatte) war ein kleiner Kern von Stadtstaaten als Gehäuse einer technisch qualifizierten und immer noch weltoffenen Klasse bestehen geblieben. Ja, die Entstehung dieser Klasse einer wohlhabenden städtischen Mittelschicht, verstreut über viele Zentren Italiens, die nicht mehr bereit waren, Steuern zu zahlen und sich dem Imperium politisch unterzuordnen, deren Aktivitäten und Interessen vielmehr vom Streben nach Reichtum bestimmt waren, charakterisiert das Ende des Römischen Reiches und den Beginn des italienischen Mittelalters.[31] Bereits im 11. Jahrhundert finden wir diese städtische Schicht als Träger und Organisator systematischer Piraterie im Mittelmeer, deren Opfer die reichen Handels- und Handwerkerstädte des schwachen aber noch überlebenden oströmischen Reiches in Kleinasien und der Levante, und deren Mittel u.a. die Kreuzzüge waren.[32] Auch auf die Gefahr unzulässiger Vereinfachung hin kann man sagen, daß aus den angedeuteten besonderen Gründen Italien in der Form der italienischen Stadtstaaten den Feudalismus gewissermaßen übersprang und nahezu unvermittelt von der Skaverei zur Moderne — u.a. gekennzeichnet durch den käuflichen Privatbesitz an Grund und Boden — überging.[33] Die Modernität des frühen Italiens können wir mit zwei grundlegenden Aspekten identifizieren: die Akkumulation von Reichtum, konzentriert in einigen wenigen Städten mit einem ihrerseits reichen kulturellen und organisatorischen Erbe, und die Existenz einer gebildeten, qualifizierten, klassenmäßig organisierten und selbstbewußten städtischen Bevölkerung von freien Arbeitern, Handwerkern, Gewerbetreibenden, Händlern und Seefahrern. Während die in den Städten akkumulierten Reichtümer bei einigen wenigen Familien konzentriert blieben, konnten sie doch gleichwohl vielen Menschen Einkommen und Arbeit sichern. Ein wichtiger Einzelfaktor im Prozeß der Anhäufung von Reichtum in den italienischen Städten — Pisa, Venedig, Genua z.B. — war der Raubkrieg im Mittelmeer. Piraterie und Handel entwickelten sich auch hier Hand in Hand.[34] Die Kreuzzüge spielten dabei eine wichtige Rolle, u.a. indem sie den Übergang zur Etablierung fester Handelsniederlassungen in der Levante markieren, denn durch den Tausch und Verkauf der vom städtischen Handwerk produzierten Waren konnte ein höherer und nicht zuletzt sicherer Profit erzielt werden, als durch die riskante Seeräuberei. Außenhandel, Export, immer weitere Verbreitung von Waren bezeichnen darum den Anfang des italienischen Reichtums im allgemeinen und des Wohlstands einiger italienischer Kommunen des 12. und 13. Jahrhunderts im besonderen.

Der Händler als Vermittler zwischen Produktion und Konsumtion, d.h. als Träger der Distribution, wurde zur hervorragenden Figur der italienischen Gesellschaft, und beide Sektoren, der herstellende und der vertreibende, ergänzten und stärkten sich gegenseitig: die Produktion, auch in ersten Formen von Manufakturen, nahm zu, stimuliert durch die vom Händler mittels seiner Kenntnisse ausländischer Märkte erzeugte Nachfrage, und die Märkte wiederum erweiterten sich mit zunehmenden und verbesserten Produktionskapazitäten. Es ist kein Zufall, daß Geldwirtschaft, Buchhaltung, Bankwesen, die ersten Ansätze zur Rationalisierung und Standardisierung von Produkten und Distribution in Italien erfunden und entwickelt wurden. Obwohl Handels- und Bankkapital noch nicht direkt in die Produktion eindrangen und sich ihrer bemächtigten — dies geschah später und markiert eine entscheidende, manche Historiker meinen sogar die entscheidende Schwelle des Übergangs zur kapitalistischen Produktionsweise — erlebten die italienischen Kommunen zu dieser Zeit die erste Phase der Kapitalistischen Revolution. Die ständig zunehmende Produktion von Waren für ausländische Märkte diente dem Profit und nicht der Bedürfnisbefriedigung der eigenen Gesellschaft oder der Kommune. Damit soll und kann natürlich nicht behauptet werden, es habe zuvor oder anderwärts keinen auswärtigen Handel gegeben — aber dies war Handel vor allem mit solchen Produkten, die es in den jeweiligen Regionen nicht gab, wie z.B. das Salz. Als solcher ist er kaum zu vergleichen — weder quantitativ noch hinsichtlich seiner gesellschaftlichen Konsequenzen — mit jenem Warenhandel, der von den italienischen Stadtstaaten ausging und sich zunächst über das Mittelmeer und Vorderasien erstreckte, um schließlich die west- und nordeuropäischen Märkte zu erschließen und miteinander zu verbinden.[35] Dieser säkulare Prozeß wurde begleitet und vorangetrieben durch eine neuartige weltliche Orientierung des städtischen Bürgertums, durch dessen Emanzipation von religiösen Fesseln, durch eine schöpferische Experimentierfreudigkeit in den Künsten und Wissenschaften, durch das nüchterne Kalkulieren des eigenen Vorteils, durch Rationalität und kaufmännische Prinzipien im Wirtschaftsleben, dessen Ziel die Vermehrung von Reichtum und nicht mehr primär die Bedürfnisbefriedigung war, und schließlich auch durch die mit dem Namen Machiavelli verknüpfte neue Einstellung zur Politik.[36]

In diesem breiten Kontext, der Renaissance, muß nun auch die Entwicklung der Artillerie als neuartiges Waffensystem interpretiert werden. Reichtum wurde angehäuft durch Raub und Piraterie, auswärtiger Handel wurde zur neuartigen Möglichkeit, ja Notwendigkeit, für die als Fragmente überlebenden Erben des römischen Imperiums. Diese wetteiferten und konkurrierten sowohl um die Kontrolle über andere Städte mit gewerbetüchtigen und folglich einkommensträchtigen Bevölkerungen als Quellen erweiterten Reichtums, als auch um die auswärtigen Märkte, Handelsstraßen und Seewege. Die erbitterten Konflikte und Rivalitäten innerhalb Italiens zwischen den verschiedenen Stadt-Republiken (und sie waren nicht zufällig Republiken, denn es war eben die überall zur Macht gekommene städtische Bourgeoisie, die zum Träger der Renaissance wurde) legten es den so auf das Praktische, Vernünftige, Nützliche orientierten Bürgern nahe, ihren Erfindergeist auch auf die Verwendungsmöglichkeit technologisch-naturwissenschaftlicher Erkenntnisse für eine effektivere Kriegsführung auszudehnen. Das besondere Interesse, das ein großer Geist wie Leonardo da Vinci der Entwicklung einer ganzen Reihe von Kriegsmaschinen gewidmet hat, legt mit Zeugnis ab von den Destruktionsenergien, die von der frühbürgerlichen Gesellschaft im sich verschärfenden Konkurrenzkampf aller gegen alle freigesetzt wurden. Hier liegen auch die Entstehungsgründe für das erst viel später systematisierte staatliche Interesse an wissenschaftlichem Fortschritt als Voraussetzung für Sicherung bzw. Erlangung militärischer Überlegenheit und damit der »Macht«.[37] Daß die Kanone, nachdem sie einmal erfunden und erfolgreich angewandt worden war, auch in einem anderen sozio-politischen Kontext erscheinen, von anderen nachgeahmt oder übernommen werden konnte, wird später noch zu diskutieren sein. Aber zumindest ein soziologischer Aspekt ist hier hervorzuheben: sie konnte nach ihrer Erfindung nun deshalb erstmals eingesetzt werden, weil in der damaligen Gesellschaft, die bereits mit ihrer feudalen Vergangenheit gebrochen hatte, die Technologie wichtiger geworden war als individuelle Tapferkeit, weil die Kriege nun zwischen rivalisierenden Stadtfestungen und nicht mehr als ritterliches Turnier der Herren zwischen feudalen Armeen zu Pferde ausgetragen wurden. Die radikale Verwandlung der europäischen Kriegsführung ergab sich mit dieser Änderung. Nicht lange danach zerschossen die Kanonen nahezu überall in Europa die Heere der Feudalherren und mit ihnen auch die sozialen Fundamente feudaler Macht, deren Legitimität und Nutzen für die Krone wesentlich auf ihrer militärischen Organisation beruhte. Es soll damit keine monokausale Beziehung zwischen gesellschaftlichen Veränderungen und der Waffentechnologie behauptet werden. Die Geschichte demonstriert vielmehr, daß von dem sich u.a. in militärischen Konflikten ausdrückenden Konkurrenzverhältnis der frühkapitalistischen Republiken — ebenso wie von der späteren Konkurrenz der kapitalistischen Nationalstaaten ein wesentlicher, wenn nicht gar der wesentlichste Impuls für technologischen und ökonomischen Fortschritt ausgeht. Von den wohlhabenden und fortschrittlichen italienischen Republiken lernten die europäischen Fürsten, daß Macht basierte auf der Produktion von Waren und Waffen. Sie lernten das u.a., indem sie sich in die italienischen Konflikte einmischten, bzw. in diese zwangsläufig verwickelt wurden, je weitere Kreise die Konflikte zogen. Zum erstenmal in der Geschichte dachten im 15. und 16. Jahrhundert weltliche und kirchliche Staatsmänner systematisch über »ökonomische Faktoren nach«[38] und begannen sich aus den traditionellen dynastischen Bezügen und Kategorien von Politik zu lösen. Infolge des steigenden Bedarfs an Kupfer und Messing als den Rohmaterialien für die Herstellung von Geschützen machten die Augsburger Fugger, die sich den Abbau dieser Erze zu einem guten Teil gesichert hatten, einen beträchtlichen Teil ihrer Gewinne in jener Zeit — als Zulieferer für die Rüstung also. »Ein Gutteil des europäischen Frühkapitalismus hat in diesem ertragreichen Handel seinen Ursprung« (Cipola 1965, 26f.). In einem späteren Zusammenhang wird auf diesen wichtigen Punkt der frühzeitigen Identität von Kapitalismus und technologisch organisierter Kriegsführung zurückzukommen sein.

Ehe wir zum Ausgangspunkt, den wir scheinbar zu schnell verlassen haben, zurückkehren — der ersten »Indien«-Reise des Columbus — müssen wir noch einige historische Kreuzfahrten unternehmen. Verglichen mit Italien stagnierte das übrige Europa im Feudalismus — ein sozio-ökonomisches System, das in sich geschlossen, relativ stabil und der Konstruktion nach »widerspruchsfrei« war; das landwirtschaftlich genutzte, vom Feudalherrn verwaltete (aber unverkäufliche) und von Leibeigenen oder von in vielfältiger Form an den Boden gefesselten Bauern bearbeitete Land war die Quelle allen Einkommens. Keine Schicht konnte deshalb große Reichtümer anhäufen, wenn man von der schmalen Herrenschicht absieht, der allenfalls ein im Konsum aufgehender Luxus bei der Befriedigung der drei Grundbedürfnisse Nahrung, Kleidung und Wohnung zur Verfügung stand. Der Zerfall und schließliche Zusammenbruch der Feudalordnung nach fast einem Jahrtausend hatte viele Ursachen: eine davon war die ansteckende Krankheit des sich von Italien her ausbreitenden Kapitalismus.

Ein besonders hervorzuhebender Grund und auslösender Faktor für den Niedergang des Feudalismus war eine Anhäufung von schlechten Ernten, Hungersnöten und Epidemien während der ersten Jahrzehnte des 14. Jahrhunderts, deren dramatischer Höhepunkt die Pest von 1348 war. Schlagartig wurde die europäische Bevölkerung um dreißig bis fünfzig Prozent dezimiert, in einigen Gegenden starben ganze Gemeinden aus. Der tiefe Einschnitt in der Bevölkerungsentwicklung ist selbst auf langfristigen Kurven deutlich (vgl. Abb. 4). Angesichts der Arbeitsintensität der damaligen Landwirtschaft jedoch mußte diese Dezimierung der aktiven Bevölkerung tiefgreifende Konsequenzen haben für die Gesellschaft insgesamt wie für die Machtstruktur auf dem Lande im besonderen. Die landwirtschaftliche Produktion ging zurück, die Preise stiegen rapide an, die Lehnsherren verloren einen großen Teil ihres aus Landrente bestehenden Einkommens und zum erstenmal konnten die Städter, insbesondere die dort großgewordene Händlerklasse, Land käuflich erwerben. Und diese führten neue, intensivere Bebauungsmethoden ein. die Zahl der Leibeigenen nahm ab, teilweise, weil sie in die Städte abwanderten, wo sie bald das Lohnarbeit suchende Proletariat bildeten, teilweise, indem sie zu freien Bauern auf eigenem Land wurden. Die Grundherren, dadurch eines Teiles ihres Einkommens beraubt, verloren an Macht — nicht zuletzt gegenüber den Monarchen. In vielen Fällen waren sie gezwungen, in dessen Dienste als Höfling oder Offizier einzutreten (Hausherr, 1955, 8 ff.). Die Bauernklasse, selbstbewußter denn je zuvor — der deutsche Bauernkrieg von 1525 ist lediglich das wichtigste Beispiel einer ganzen Serie von Bauernrevolten — produzierte allmählich wieder mehr und ein differenzierteres Angebot, aber zunehmend für den Markt und den Eigenbedarf, weniger zur Finanzierung des Grundherren. Letzterer sah sich gezwungen, mit dem zum Landbesitzer avancierten Stadtbürger zu konkurrieren, der mehr an Quantität und Profit als an Statuserhaltung interessiert war (vgl. Mieck 1970, 12 ff.). Der alte, eingefrorene Konflikt zwischen der Krone und dem feudalen Vasallen brach wieder auf, tendierte aber nun dazu, zugunsten der Krone entschieden zu werden, die sich ihrerseits mit der noch immer politisch relativ schwachen städtischen Bourgeoisie verbündete. Die Anleihe, die Karl V. bei Jakob Fugger aufnahm, um die Kaiserkrone erwerben zu können, ist nur das spektakulärste Beispiel dieses Bündnisses. (Wie zuvor bereits angemerkt, entsprang ein Großteil des Fuggerschen Reichtums dem Waffen- bzw. Kanonengeschäft, einem relativ kapitalintensiven Waffensystem, das sich ein einzelner Feudalherr nicht leisten konnte, ganz abgesehen davon, daß dieses unvereinbar war mit seiner sozialen Rolle als Ritter und damit Verfechter der traditionellen Kriegsführung.)

Zum erstenmal in der europäischen Geschichte begannen die führenden Politiker in wirtschaftlichen Kategorien zu denken, genauer gesagt, sie begannen sich für Geld zu interessieren, mit dem man große Heere ausrüsten und unterhalten konnte, eine Aufgabe, die zuvor den Lehnsherren zugefallen war. Eine der Quellen des Gelderwerbs war die Gewinnung von Silber und Gold. Die faszinierenden oder doch zumindest rührend-naiven Versuche, Gold aus anderen Grundstoffen herzustellen, gebaren mit der Alchemie auch einen Teil der modernen Naturwissenschaft, vor allem die Chemie. Realistischer jedoch war die systematische Gewinnung von Silber im Bergbau. Was die Krone hier tun konnte, war lediglich die Gewährung von Bergbau-Konzessionen an diejenigen, die die notwendigen Investitionsmittel für die kostspieligen Grubenausrüstungen hatten — und dies führte ebenfalls zu ihrer Abhängigkeit von städtischen Händlern und Finanziers, zur Notwendigkeit von Bündnissen mit dieser wohlhabenden Klasse. »Es war darum nahezu unvermeidlich«, schreibt ein Wirtschaftshistoriker, »daß die große Expansion im Abbau von silberhaltigem Kupfererz gegen Ende des Mittelalters dazu beitrug, jenen Typ von Bergbau zu zerstören, der für das 13. Jahrhundert charakteristisch war. Unter dem Druck erweiterter Produktion wurden weitergehende Konzessionen vergeben. Es war für einen einzelnen Bergmann völlig ausgeschlossen, selbständig weiterzuarbeiten. Als Folge des wachsenden Kapitalbedarfs wurden die alten Bergmanns-Genossenschaften, wie sie das späte 12. und das frühe 13. Jahrhundert kannten, ersetzt durch neue Gesellschaften auswärtiger Aktionäre« (Nef 1962, 48). Dem ist noch hinzuzufügen, daß hier der typische Fall des Zerfalls feudal-korporativer Produktionsverhältnisse vorliegt und ihre Ablösung durch Gesellschaften, die den Bergmann nunmehr zum Lohnabhängigen machen. Um nur einen kurzen Blick auf zukünftige, aber hier sich bereits anbahnende Entwicklungen zu geben, sei noch einmal derselbe Autor zitiert: »Als Ergebnis der Spaltung zwischen Kapital und Arbeit verloren die Bergarbeiter im Silberbergbau ebenso wie die im Zinn- und Bleibergbau den größten Teil jener durch die Fürsten und Landesherren als Träger königlicher Rechte im 12. und 13. Jahrhundert gewährten Privilegien. Nunmehr wurden teilweise die Besitzer der Bergbaugesellschaften und teilweise die Experten der neuen Bergbautechniken die Erben dieser Privilegien, soweit neue Privilegien im Zusammenhang mit neugeschaffenen Minen vergeben wurden. Der Ausschluß von Bergmanns-Gesellen zum Zugang zur Gruppe der Meister führte in einigen Städten zur Gründung von Gesellen-Zünften. Ganz allmählich führte die Entstehung einer großen Anzahl von lohnabhängigen Bergleuten zur Bildung von Bergmanns-Vereinen, die die Löhne hochhalten und angemessene Arbeitsbedingungen erhalten sollten« (ebda., 49). Aus eben diesen Gründen begegnen wir im 13. und 14. Jahrhundert den ersten Streiks in den Städten. Aber die sind nur Vorboten zukünftiger Entwicklungen, ein Vorspiel zum zentralen Konflikt im Industriekapitalismus des 18. und 19. Jahrhunderts.

Wir können diesen faszinierenden Entwicklungen hier nicht im Detail weiter nachgehen. Festzuhalten bleibt *das Hauptmerkmal, die sich verschärfende Konkurrenz zwischen rivalisierenden Fraktionen der einst gesellschaftlich, ideologisch und politisch weitgehend homogenen europäischen Dynastien,* jede von ihnen zunehmend aber unterschiedlich in Form und Intensität verbündet mit der erstarkenden bürgerlichen Unternehmerschicht, die Waren produziert, Reichtum akkumuliert und die Mittel zur Schaffung der königlichen Heere bereitstellt. In vergrößertem Maßstab wiederholt sich unter den Dynastien die Rivalität und der tödliche Konflikt der italienischen Stadtstaaten untereinander zweihundert Jahre zuvor — Rivalität und erbitterte Konkurrenz zwischen expandierenden Volkswirtschaften auf der Suche nach günstigen Handelspartnern und Gold, um die Armeen, die Rüstung und die wachsenden Bürokratien bzw. Kanzleien der Krone zu bezahlen. Das trieb die Regierungen schließlich in überseeische Abenteuer.

Einige ebenso kursorische Erinnerungen an die Lage und den Zustand Europas im 15. Jahrhundert sind an diesem Punkt unerläßlich. Dieses Europa war zu jener Zeit zumindest militärisch gesehen schwach. Mit einer Bevölkerung von kaum mehr als 100 Millionen war es das Opfer mehrerer Invasionen sowohl aus dem Osten (der Mongolensturm des 13. und 14. Jahrhunderts) als auch aus dem Süden geworden (die Muslims, für die die reichen Stadtstaaten ein lohnendes Objekt darstellten). Darüber hinaus waren die Völker Europas, untereinander geteilt und von internen Konflikten absorbiert, selten, wenn überhaupt, in der Lage, sich zur gemeinsamen Verteidigung gegen äußere Feinde zusammenzuschließen. Aber was damals als Schwäche erschien, enthielt die Bedingungen späterer Stärke: die innereuropäischen Konflikte entsprangen gesellschaftlichen Spannungen und der zwar noch langsamen, aber gleichwohl bedeutenden Akkumulation von gewerbsmäßig produziertem Reichtum. Die militärisch-taktischen Schwächen entpuppten sich langfristig als Stärken, die dann plötzlich zum Durchbruch kommen sollten. Die Erfindung und der Einsatz der Artillerie in immer weiter verfeinerten Formen waren das Resultat eben jener intensiven und erbitterten Konkurrenz. In China war das Schießpulver bekanntlich bereits ein Jahrhundert zuvor entdeckt und militärisch angewandt worden, ohne daß dies zur Entwicklung von gußeisernen Kanonen und leichter Artillerie führte. Das hatte seinen Grund vor allem darin, daß dort die herrschende Klasse zur Erhaltung eines sorgsam überwachten internen Gleichgewichts die Verbreitung derartiger Kenntnisse erfolgreich verhinderte und die ohnehin relativ kleine Schicht von Handwerkern und Gewerbetreibenden keine Möglichkeit hatte, mit derartigen neuen Technologien zu experimentieren — ganz abgesehen von dem niedrigen sozialen Prestige des

Soldaten verglichen mit dem der Künstler und Literaten. Die relative Stagnation Chinas verglichen mit Europa war sowohl eine Folge der gewaltigen Größe des Reiches als auch der erfolgreichen bürokratisch-elitären Kontrolle über diesen Kontinent zu einer Zeit, als die Europäer einander so hart bekämpften.[39] Die potentielle Stärke des damaligen Europa bestand also in der fortgeschrittenen Waffentechnologie und systematischen Ausbeutung von Bodenschätzen, beschleunigt, wenn nicht gar verursacht von den zwischenstaatlichen Rivalitäten. Diese Rivalitäten wiederum wurden verursacht durch den im einzelnen ungleichmäßigen Prozeß der Akkumulation von Reichtümern aus Warenproduktion und auswärtigem Handel, dessen Voraussetzungen, zumindest im Falle des Auflösungsfaktors Italien, vom Römischen Imperium geschaffen worden waren.

Weiterhin bestehen blieb jedoch die militärische Schwäche. Obwohl die Mohammedaner gegen Ende des 15. Jahrhunderts praktisch überall zum Rückzug gezwungen worden waren — in Südfrankreich, Italien und vor allem in Spanien (wo es erste Anzeichen einer politischen Reorganisation gab, die später in den modernen Staat einmünden sollte) —, blieb ein anderer mächtiger Gegner, die Türken. Am 28. Mai 1453 fiel Konstantinopel, die letzte christliche Bastion außerhalb des europäischen Kernlandes und die Hauptstadt des Oströmischen Reiches. Der schwere Schock, den dieses Ereignis auf Europa ausübte, kann nicht genügend betont werden, aber er führte trotzdem nicht zu einem Zusammenschluß der europäischen Dynastien gegen die »Ungläubigen«. Bis zur Aufhebung der türkischen Belagerung von Wien, 1683, und den berühmten Siegen des Prinzen Eugen in den 90er Jahren bedrohte die »Türkengefahr« ganz Europa. Für unseren Zusammenhang — um nunmehr endlich auf den Ausgangspunkt dieses Kapitels zurückzukommen — *ist die Beziehung zu sehen, die zwischen der ersten Reise des Columbus (und den folgenden Atlantiküberquerungen) und dem Fall von Konstantinopel besteht.*

Der türkische Vormarsch bzw. die Konsolidierung des Osmanischen Reiches im östlichen Mittelmeer beraubte die italienischen Stadtstaaten ihres natürlichen, traditionellen Hinterlandes und blockierte ihre kommerzielle Expansion nach Osten. Damit wurde der Wachstumsprozeß des frühen italienischen Kapitalismus blockiert und Italien zur Stagnation und schließlich zum langsamen wirtschaftlichen wie politischen Abstieg verurteilt.[40] Zwar suchten die Republiken nach anderen Märkten, nach einem Ersatz für den unterbrochenen Handel mit Gewürzen und asiatischen Luxusgütern (nur Venedig gelang es, mit den Türken Kompromisse auszuhandeln und so seine Stellung noch für eine Zeitlang zu halten), jedoch gelang es aus Gründen, die Cipolla überzeugend darlegt, generell gesprochen Italien bzw. den italienischen Stadtrepubliken, beherrscht von Traditionalisten und einer selbstgerecht im eigenen Erfolg befangenen engstirnigen politischen Klasse nicht, sich den neuen Bedingungen anzupassen. Diese veränderten Bedingungen erforderten nicht zuletzt eine neuartige Seefahrtstechnologie, für die im Mittelmeer nicht die natürlichen Voraussetzungen bestanden. Diese neue Technologie bzw. die Technik der Meeresbeherrschung mittels hochseetüchtiger Schiffe sollte die Spezialität der atlantischen Länder werden, vor allem Spaniens und Portugals. Auf die Machtverschiebung vom Mittelmeer zu den atlantischen und dann zu den kontinentaleuropäischen Gesellschaften wird später wieder zurückzukommen sein. Aber die Tatsache, daß Columbus Italiener, Genueser war, ist mehr als bloßer Zufall. Subjektiv und individuell mag er ein Abenteurer gewesen sein — aber objektiv war er weit mehr als das: er verkörperte mit seinem Unternehmen eine Hoffnung und einen ambitiösen strategischen Plan, dem die verschiedensten Motive zugrundelagen. Columbus hoffte, den Seeweg nach Indien zu finden; die spanische Krone erhoffte sich Gold für die Staatskasse und Sklaven zur Reduzierung des spürbaren Mangels an Arbeitskräften. »Was«, so lautet die legitime Frage, »veranlaßte Ferdinand und Isabella mit einem Abenteurer aus Genua einen Vertrag abzuschließen? Offensichtlich galt Columbus aus irgendwelchen Gründen als Garant für den Erfolg des Unternehmens — aber er konnte als unersetzlich nur gelten, wenn man vermutete, daß er im Besitz eines Geheimnisses sei, daß er etwas wisse, was niemand sonst wußte.« Die Antwort auf diese wichtige Frage nach dem »Geheimnis« des Columbus jedoch lautet: *Columbus war nicht mehr und nicht weniger als ein »Agent des genuesischen Kapitals«* (Cipolla, 137). Er repräsentierte das expansive italienische Handelskapital, das sich bereits fest in Spanien etabliert hatte — im Küstenhandel so gut wie im Gewerbe[41] und das sich nun dieser technologisch und politisch fortschrittlicheren Macht zu bedienen suchte, um den Verlust des Hinterlandes und des abgeschnittenen Landwegs nach Asien an die Türken auszugleichen.

Ein weniger prominenter, aber historisch kaum weniger folgenreicher Vorläufer dieser italienisch-iberischen Allianz findet sich in den Entdeckungsreisen Heinrichs des Seefahrers von Portugal, der fünzig Jahre vor Columbus mit wissenschaftlicher Systematik die afrikanische Westküste erkunden ließ — auch er auf der Suche nach dem »großen Indien«, zu dem er über das »kleine Indien« (Äthiopien) und die sagenhafte Goldstadt Timbuktu zu gelangen hoffte. Sein »wichtigster Unternehmer-Entdecker« war ein venezianischer Kaufmann namens Cadamosto, der Heinrich die Schiffe ausrüstete und die Expeditionen sowohl finanzierte als auch z.T. selbst führte. Nach vielen Jahren schließlich brachten sie Holz, Zucker, Wein, Wachs, Honig und Harz aus Madeira sowie Sklaven aus Guinea und warfen reichen Gewinn ab.[42] Die zukunftsweisende Bedeutung Heinrichs des Seefahrers selbst lag vor allem in der wissenschaftlichen Systematik, mit der er die Meere und Winde studieren ließ — auf der Seefahrerschule Terça Naval —, und in der Konstruktion der ozeantüchtigen Caravela, ohne deren Erfindung die spätere Reise des Columbus nicht denkbar gewesen wäre.

Wir können und müssen darum *die Ursprünge der europäischen Expansion in der Dynamik des Kapitalismus sehen,* der, in Italien entstanden, von nicht-kapitalistischen Kräften — dem Osmanischen Imperium — blockiert, sich aus diesen Fesseln zu befreien sucht; mit Erfolg — aber nicht mehr mit Erfolg für die ursprünglichen Protagonisten. Der dem Kapitalismus, der kapitalistischen Produktionsweise, innewohnende Drang zur Expansion, ohne die er nicht überleben kann, kennzeichnet die Geschichte der nächsten Jahrhunderte. Er ist daher das Hauptthema, sozusagen das Leitmotiv der folgenden Entwicklung der internationalen Beziehungen.

7. Erste Welteinheit

Der berühmte Ausspruch Karls V. (1519 - 1556), daß in seinem Reiche die Sonne nicht untergehe, ist mehr als ein gefälliger Aphorismus: er ist die prägnante Formulierung einer neuen Wirklichkeit als Ergebnis erfolgreicher spanischer Expansion von kaum dreißig Jahren. Und doch ignoriert er, indem er eine Welteinheit suggeriert, die tiefen Widersprüche, die mit dieser Universalität zugleich auftreten und die ihr integraler Bestandteil, ihre dialektische Gegenbewegung sind.

Die von Spanien und Portugal zum Nutzen der herrschenden Klassen Europas entdeckte und umsegelte Welt war geeint in ihren Widersprüchen und Konflikten. Die Welteinheit der früheren Entdeckungsfahrten war ebensosehr ein Produkt der innereuropäischen Konflikte, wie diese ihrerseits von der geeinten Welt weiter verschärft wurden. Karl V. selbst war bereits der ohnmächtige Zeuge der Desintegration seines Weltreiches unter dem Druck der Reformation, des politischen und religiösen Ausdrucks des Aufstiegs der europäischen Bourgeoisie. Nur der Tod ersparte es ihm, kurz darauf auch im Weltmaßstab die erfolgreiche Herausforderung von denselben Kräften zu erleben — zuerst von den Holländern, dann von England. Da es uns hier nicht um chronologische Genauigkeit geht, können und müssen wir uns auf das für die Evolution des internationalen Systems Wesentliche beschränken. An diesem Punkt geht es um die Verwirklichung einer ersten Welteinheit während der ersten Hälfte des 16. Jahrhunderts, die mit Columbus begann und mit dem langjährigen holländischen Unabhängigkeitskrieg endete, den man gewissermaßen als den ersten echten Weltkrieg bezeichnen kann.

Wir beendeten das vorangehende Kapitel mit der Feststellung, daß die eigentlich treibende Kraft hinter Columbus' Abenteuer der Entdeckung des Seeweges nach »Indien« das italienische Handelskapital war, bzw. allgemeiner gesprochen, der handelskapitalistische Expansionsdrang, dem die Türken durch die Besetzung seines einst profitablen Hinterlands und Handelsgebiets eine Schranke setzten. Aber nicht nur der Handel war damit unterbrochen: die profitablen und produktiven frühkapitalistischen Unternehmungen in den Levantestädten, die Waren mit italienischem Kapital und gewerblichem Können hergestellt hatten, gingen ebenfalls verloren. Nunmehr wanderten italienische Handwerker, Gewerbetreibende, Kaufleute und italienisches Kapital nach Spanien, Frankreich und bis nach England (von wo sie unter Elisabeth I. wieder vertrieben wurden). Die Italiener bildeten vielfach Kristallisationspunkte für die *Bildung einer neuen Klasse* von Unternehmern, die, unbelastet und emanzipiert von überkommenen Sitten, religiösen Hemmungen oder nationalen Loyalitäten, *die revolutionäre Botschaft der Akkumulation von Reichtum und Profit um ihrer selbst willen verbreitete.* Der spanischen Krone paßte dies durchaus in ihr sozial-strategisches Konzept, waren doch nur Monate, bevor Columbus die Reiseerlaubnis erhielt, die letzten Mauren besiegt worden, und die Krone selbst daher dringend auf eine einträgliche Belebung der Wirtschaft angewiesen, um ihre Macht über Aristokratie und Bauernschaft zu festigen. Sie brauchte Geld sowohl für die Armee wie für die wachsende Hofhaltung — beide das Rückgrat zentraler gesellschaftlicher Kontrolle. Ein Erfolg des Unternehmens des Columbus versprach diese Probleme zu lösen, ungeachtet der persönlichen Motive des ehrgeizigen Mannes. Aber völlig irrelevant sind persönliche Motive nun auch wieder nicht,[43] sind doch die Triebkräfte der »Entdecker«, die sie die unglaublichsten Entbehrungen und Strapazen auf sich nehmen ließen, mit ein Vehikel für Wandel und Fortschritt. In diesem Falle war es die Kombination vieler Faktoren:

— die Tradition der Kreuzzüge gegen die Heiden, die ebenso geistig-religiöse Befriedigung wie wirtschaftlichen Profit in Form von Waren aus den reichen Ländern der Levante eingebracht hatte, war in Spanien durch den schließlich erfolgreichen Kampf gegen die Mauren am Leben geblieben;

— die Erkundungsreisen der Portugiesen unter Heinrich dem Seefahrer entlang der afrikanischen Westküste nach Süden um die Mitte des 15. Jahrhunderts hatten nicht nur die (teilweise von den Arabern zur Erhaltung des Monopols über ihre Handelswege bewußt ausgestreuten) Gerüchte und Mythen über die Gefahren des Atlantiks und der Hochseeschiffahrt beseitigt, sondern auch die Möglichkeit demonstriert, durch den Raub von Gold und Sklaven zu schnellem Reichtum zu kommen — wenn man nur wagemutig genug war;

— und schließlich war da die Hoffnung der enterbten und frustrierten Zweit- und Drittgeborenen der spanischen Aristokratie, innerhalb der spanischen Hierarchie ohne Aufstiegschancen, den einheimischen Zwängen entfliehen und anderswo im jungfräulichen Ausland Erfolg haben zu können — entweder als reiche und berühmte Heimkehrer oder als neue Aristokratie aufgrund eigener Leistung außerhalb Spaniens bzw. Europas. Dieser Umstand bedingte mit die spätere Rückständigkeit des spanischen und portugiesischen Amerikas infolge der Reproduktion quasi-feudaler Strukturen in Übersee, während sie im Mutterland schon historisch überholt und deshalb dem Untergang geweiht waren.

Wir würden die reiche Komplexität und faszinierende Vielfalt von Geschichte und Politik auf einen leblosen Mechanismus reduzieren, wenn wir Motivationen wie religiösen Fanatismus, Abenteurertum oder die Bereitschaft, sich vom Unbekannten herausfordern zu lassen, gering veranschlagten oder gar übersähen als integrale Bestandteile jener Energien, die in die frühen Entdeckungsreisen eingingen; was sie jedoch überhaupt erst ermöglichte, bzw. was die Bedingungen der Möglichkeit dafür schuf, daß in Teilen der westeuropäischen Aristokratie und dem aufstrebenden Bürgertum derartige neue Gedanken geweckt wurden, das waren — abgesehen von den technologischen Durchbrüchen auf dem Gebiet der Seefahrt — die mit den sich in rascher Dynamik steigernden Gelegenheiten, über Plünderung und Handel zu Reichtum zu gelangen, einhergehenden Entwurzelungserscheinungen und gesellschaftlichen Verunsicherungen. Ein dem Goldrausch des 19. Jahrhunderts nicht unähnliches Fieber ergriff die herrschenden Schichten zuerst der Mittelmeerländer, dann immer weitere Kreise einer verarmenden Lumpenaristokratie, die gewillt war, sich mit Krone und Handelskapital zu verbinden in der Hoffnung auf Rückgewinnung verlorener Positionen und auf Gewinn. Ohne die vorangehende Desintegration der Feudalordnung, jener in sich geschlossenen und darum relativ stabilen Gesellschaftsordnung, in der Herr und Knecht sich die geringfügigen Überschüsse landwirtschaftlicher Produktion ungleich teilten, wären jene Energien, die sich zuerst im italienischen Früh- und Vorkapitalismus und dann in der Form der Entdeckungsexpeditionen entluden, undenkbar. Im Unterschied zu den Entdeckungen des 18. Jahrhunderts zielten die des 15. und 16. auf die Suche nach neuen, aber kaum besseren Welten. Ihre Protagonisten waren Angehörige einer gesellschaftlichen Klasse, die voll und ganz überzeugt war von ihrer geistigen, kulturellen und religiösen Überlegenheit und folglich von ihrer eigenen progressiven Rolle in der Geschichte, von ihrer Funktion als göttliches Werkzeug, dem nichts widerstehen konnte. Im Gegensatz dazu stehen zweihundert Jahre später die — u.a. von Rousseau genährten und artikulierten — Zweifel der Entdecker an der selbstverständlichen Überlegenheit der europäischen Kultur und Zivilisation und der bürgerlichen Klasse. Die Entdeckung von Hawaii zum Beispiel schien die Hypothese von der glücklicheren Gesellschaft des Naturzustandes zu bestätigen, mit der verglichen die moderne Gesellschaft degeneriert erschien.[44]

Aber jener Drang einer selbstbewußten und selbstgerechten Klasse von Abenteurern, Soldaten, Siedlern, Händlern und Missionaren nach Übersee war keineswegs eine konzertierte Aktion »der Europäer«, er entsprang vielmehr von Anfang an dem Konkurrenzkampf. *Konkurrenzkampf ist die Wurzel und Triebkraft der Expansion und der Akkumulation von Kapital in den Händen dieser von traditionellen Bindungen befreiten neuen Klasse.* Das Kapital erscheint historisch als konkurrierendes Kapital, als Ursprung von Antagonismen und Konflikten, die sich politisch realisieren in Rivalitäten und Kriegen. Die sich erbittert bekämpfenden italienischen Stadtstaaten markieren den Anfang des internationalen Kapitalismus: Monopolistisch akkumulierend organisieren sie sich gegeneinander und ziehen zugleich immer mehr Außenstehende in ihre Konflikte hinein.

Der Konkurrenzkampf zwischen Venedig und Genua führte die Venezianer auf den Weg zu temporären Arrangements mit dem ideologisch-militärischen Gegner, dem Osmanischen Reich, um den profitablen Indienhandel zu retten. Die Genueser veranlaßte er zum Bündnis mit den politisch und technisch überlegenen iberischen Staaten und später zur Kooperation mit Frankreich und England. Während die Portugiesen die afrikanische Westküste auf der Suche nach Gold und Sklaven von der See aus erforschten, hofften die Spanier ihre konkurrierenden Nachbarn durch die Entdeckung des Seeweges nach Indien zu übertrumpfen. Nur wenig später versuchte Portugal wiederum die Oberhand zu gewinnen, nachdem es erfolgreich die Ostroute nach Indien um Afrika herum entdeckte.

Die Kirche versuchte vergeblich, diese wachsenden Konflikte und Gegensätze unter Kontrolle zu halten und die gefährdeten sozialen Gleichgewichte innerhalb ihrer universalen Weltordnung zu stabilisieren. Der Papst vermittelte mehrfach (1455, 1479 und dann im Jahr nach der ersten Columbus-Reise, 1493) zwischen Portugal und Spanien und teilte schließlich schlicht die neuen Territorien zwischen beiden Konkurrenten. Da aber Konkurrenz und Rivalität die eigentlichen Motoren der Entdeckungen waren, konnten solche Versuche der Kanalisierung nur vorübergehend die Interessengegensätze verschleiern. Sie trugen letztlich mit zur Desintegration des mittelalterlichen katholischen Universums bei, das dergestalt gerade gerettet werden sollte. Einer der Gründe für die Übernahme des Protestantismus durch die nördlichen Atlantiknationen England und Holland war der, daß sie auf diese Weise erfolgreicher den päpstlichen Anspruch auf Entscheidungsgewalt über die Zukunft der Neuen Welten, von denen sie bisher ausgeschlossen waren, bekämpfen konnten. Der Eintritt dieser beiden Nationen in den Konkurrenzkampf um die Herrschaft in den Überseegebieten während der zweiten Hälfte des 16. Jahrhunderts markiert den Auftakt für eine neue Runde von Konflikten frühkapitalistischer Gegensätze, die schließlich zu einer neuen Gestalt der Welteinheit und zu neuen Widerspruchsformen, dem Kolonialismus, führte. Ehe wir uns jedoch diesem Kapitel zuwenden können, bedürfen noch einige andere Aspekte der Klärung.

Wie bereits angedeutet, sind die Motivationen der Entdecker und frühen Weltumsegler selbst nicht auf einen einfachen »ökonomischen« Nenner reduzierbar. Gleichwohl ist es wichtig, festzuhalten, daß es sich hier im wesentlichen um privat finanzierte Unternehmungen handelte, an denen zumindest die Geldgeber ausschließlich ein Profitinteresse hatten. Die Krone gab — sehen wir ab von dem besonderen Ausnahmefall der Columbusexpedition, die in dieser Hinsicht ein Sonderfall blieb — in der Regel nur die notwendigen Freibriefe, Lizenzen und Versprechungen von hochtrabenden Titeln und Ansprüchen auf spätere Rechte in der Erwartung, durch Besteuerung an den ausgepreßten Gewinnen maßgeblich beteiligt zu werden. Aber das notwendige Anfangskapital kam nicht von der relativ und teilweise auch absolut verarmten Aristokratie, sondern von Händlern und Bankiers. Es kam beispielsweise aus Genua oder auch, während einiger wichtiger Jahrzehnte, aus Deutschland von den Fuggern und den Welsern. An der ersten großen Indienfahrt nach der Weltumsegelung durch Vasco da Gama (1499) war deutsches Kapital mit fast drei Fünfteln des notwendigen Gesamtkapitals beteiligt, der Rest kam fast ausschließlich aus Italien. Bei diesem spezifischen aber zugleich typischen Unternehmen wurden Kupfer, Blei, Quecksilber und 80 000 Dukaten gegen indische Gewürze getauscht und von den Kapitalanlegern insgesamt ein Profit von 150 Prozent erzielt (Hausherr, 51). Die wohlhabenden Klassen Europas waren bereit, für Gewürze und exotische Luxusgüter reichlich zu zahlen, was diesen Handel so profitabel machte. Das eine einzige Schiff z.B., das von Magellans Flotte nach dreijähriger Weltumsegelung übrigblieb und 1522 den Heimathafen erreichte, löschte eine Ladung von Gewürzen, die noch immer einen reichlichen Profit abwarf gegenüber den Kosten für die Ausstattung der gesamten Flotte. Diese Beispiele verweisen übigens nicht nur auf den Luxuscharakter dieses Handels, sondern auch auf die Ärmlichkeit der damaligen europäischen Küche. Die gehandelten Güter, das ist wichtig festzustellen, ermöglichten zwar eine starke Vermehrung des Handelskapitals, sie änderten aber nicht dessen Zusammensetzung und Qualität: es war eben nicht arbeitendes, produktiv angelegtes Kapital, sondern eines, das statt des »Mehrwert heckenden Mehrwerts« vor allem eine reiche Klasse schuf — aber doch eine Klasse, die sich durch Herkunft und Struktur ihres Reichtums deutlich von früheren herrschenden Klassen unterschied.[45]

Auf das Profitmotiv bei den frühen Weltumsegelungen muß noch etwas näher eingegangen werden. Historisch war es neu und, einmal freigesetzt und gesellschaftlich legitimiert, wenn nicht gar aktiv ermutigt, geradezu revolutionär und nicht zuletzt reichlich belohnt. Wir erwähnten bereits den Fall der deutsch-italienischen Expedition von 1505, die unter portugiesischer Flagge segelte. Ad-hoc-Gesellschaften wurden gebildet, die Anteilscheine ausgaben an Geldgeber, die mit der Aussicht auf reichen Gewinn das Risiko einer Investition in ein derartiges Unternehmen einzugehen bereit waren. Tatsächlich wurde die später so zentrale Institution der Aktiengesellschaft hier bereits vorpraktiziert, da Einzelkapitale schon nicht mehr genügten. *Am Anfang der Aktiengesellschaft steht die kolonialistische ausbeuterische Expansion, ebenso wie die Vorläufer der heute den kapitalistischen Weltmarkt beherrschenden multinationalen Konzerne die ebenfalls z.T. multinationalen Kolonialgesellschaften des 17. Jahrhunderts sind.* Um jedoch auf die Profite der europäischen Kaufherren zurückzukommen: Erst vom 17. Jahrhundert an, als sich die Buchführung durchzusetzen begann und direkter Raub durch geregelten (ungleichen) Tausch ersetzt wurde, haben wir darüber einigermaßen verläßliche Daten. So heißt es z.B., daß acht Reisen der English-Eastindian Company zwischen 1609 und 1613 nacheinander 334, 221, 318, 311, 260, 248 und 234 Prozent Gewinn einbrachten, im Durchschnitt also mehr als 280 Prozent.[46] Und diese Profite wurden erzielt trotz der hohen Risiken, denen viele Schiffe zum Opfer fielen. So kehrten beispielsweise von den 33 Schiffen, die zwischen 1590 und 1599 von Lissabon nach Indien segelten, nur 16 zurück — gleichwohl waren die Unternehmungen noch immer profitabel (Mieck, 60).

Aber nicht nur der Gewürzhandel trieb das europäische Kapital über die Meere:

Sklaven waren ein anderer lohnender Artikel. Da wir auf den Sklavenhandel im Zusammenhang mit dem Kolonialismus noch einmal zurückkommen werden, begnügen wir uns auch hier mit einigen Hinweisen. Zuerst und vor allem ist festzuhalten, daß die Sklaverei als Institution in Europa nie ausgestorben war. Die italienischen Republiken beschäftigten Sklaven auf ihren levantinischen Niederlassungen und Sklaven waren im ganzen Mittelmeerraum begehrt. Noch im 15. Jahrhundert war Rom einer der führenden Sklavenmärkte. Der Nachschub kam vor allem aus Afrika — einer der Gründe, weshalb sich die Portugiesen unter Heinrich dem Seefahrer Teile des afrikanischen Kontinents von der Küste her bemächtigten, weshalb auch Columbus zu seiner Indienreise startete. Ökonomisch waren diese Sklaven in Europa lediglich ein »Luxusartikel« für die Reichen ebenso wie die kostbaren Gewürze. Zwar litt Europa während dieser Zeit noch immer unter einem Mangel an Arbeitskräften — die Bevölkerungskurve stieg nach dem durch die Pest verursachten erheblichen Rückgang nur relativ langsam wieder an —, doch die Sklaven in den königlichen und fürstlichen Haushalten stellten keine ernstzunehmende Produktivkraft dar, wie das etwa im klassischen Altertum der Fall war. Die Sklaverei als allgemein anerkannte Institution jedoch, der kein moralisches, religiöses oder sonstiges humanitäres Stigma anhaftet, bedeutete eine wichtige Voraussetzung für die skrupellose Ausbeutung des natürlichen Reichtums der neu entdeckten und eroberten Gebiete.

Es ging in diesem Teil unserer Darstellung um die historisch erstmalige Verwirklichung einer Welteinheit, entsprungen aus der Dynamik kapitalistischer Konkurrenz. Die Weltumsegelung des Magellan, die den endgültigen Beweis für die Kugelgestalt der Erde erbrachte, war ausgelöst worden durch den Plan, auf dem Westwege die 1511/12 von den Portugiesen über Malakka erreichten und von ihnen besetzten Molukken, die einträglichen Gewürzinseln, zu erreichen und auszubeuten (Plischke, 18 ff.). So war dies eine von Anfang an durch Widersprüche und Konflikte charakterisierte Einheit, deren Entstehungsgründe die gesellschaftlichen und politischen Konflikte im Zentrum des sich herausbildenden internationalen Systems sind, und diese tendieren nun immer mehr dazu, internationale Konflikte zu werden, weil die Mächte des Zentrums zugleich Mächte mit weltweiten Interessen und Verflechtungen sind.

Hier, im 15. und 16. Jahrhundert, sehen wir zwar erst den Anfang vom Anfang dieses Gesetzes der modernen internationalen Politik — aber seine strukturelle Bedeutung als Paradigma der Identität in der Verwandlung des internationalen Systems von damals zu dem von heute verdient gleichwohl betont zu werden und berechtigt unser aktuelles Interesse. Es waren die internen Widersprüche zwischen den rivalisierenden Fraktionen der aufsteigenden bürgerlich-kapitalistischen Klasse, zu jenem Zeitpunkt noch mit Prinzen, Monarchen und Dynastien verbunden, die die Dynamik der europäischen Expansion aus sich hervortrieben. Diese internen Konflikte ihrerseits waren der Expansion nicht äußerlich, sondern machen recht eigentlich deren Wesen aus, während die konkreten Ergebnisse der Expansion nicht zum Abbau, zur Entlastung der Antagonismen, sondern vielmehr zu deren Zuspitzung und Universalisierung führten.

Wir können beispielsweise nicht auf die gesellschaftlichen und internationalen Ursprünge von Reformation und Protestantismus eingehen. Für unsere Zwecke muß es hier genügen, die protestantische Revolution, die das mittelalterliche Universum zerbrach, als religiös-politischen Reflex der realen Interessen der aufsteigenden Bourgeoisie und von Teilen der europäischen Aristokratie anzusetzen, die sich beide der universalen und hemmenden Macht der katholischen Kirche zu entziehen suchten. Es lag in der Natur der Dinge, daß die Kirche selbst in die hier aufbrechenden gesellschaftlichen Konflikte aufgrund sich verändernder ökonomischer Bedingungen hineingezogen wurde. Den eigenen Bedarf für Geld und Kredit in einer sich ausweitenden Geld- und Warenwirtschaft konnte sie schlecht leugnen und anderen gleiches absprechen. Es ist ausreichend bekannt, daß sie den Juden das Geldgeschäft überließ, nur um die eigenen Lehren vom Zins- und Wucherverbot nicht revidieren zu müssen, und daß damit die später so folgenreiche Voraussetzung für den Antisemitismus geschaffen wurde. Auch die Kirche benötigte als weltliche Macht, die sie nun einmal war, finanzielle Mittel, um mit den zunehmend mächtigeren Rivalen sowohl innerhalb als auch außerhalb Italiens konkurrieren zu können, und sie sah sich deshalb zur Kreditaufnahme z.B. bei deutschen Bankhäusern gezwungen. Die Eintreibung von Steuern für abzuzahlende Schulden und Zinsen führte zu der berühmten Ablaßkampagne von 1516/17, die dann Luthers Protest gegen die weltliche Korruption der Kirche und des Papsttums auslöste. Protestantismus und Reformation entstanden so als eine eigenartige Mischung aus religiöser Neuerungsbewegung, frühen Formen antikapitalistischer Ressentiments gegen kirchliche Korruption, gegen die großen Handelshäuser und Bankiers, aber ebenso auch aus dem Drang der städtischen Bourgeoisie und ihrer Verbündeten, der Monarchen und neuen Territorialstaaten, sich mittelalterlicher Fesseln zu entledigen. Die Reformation war ein guter Vorwand für die Enteignung großer Kirchengüter. Zwar dominierten die Territorialfürsten noch das politische Geschehen — die politische Seite des Protestantismus —, jedoch nur äußerlich, sozusagen als nachhinkendes »Überbauphänomen« der konkreten gesellschaftlichen Veränderungen an der Basis. Nachdem mit der Reformation die sozio-politische Ordnung des mittelalterlichen Europas, seine Geschlossenheit und seine Einheit zerfallen war, mußten sich nun die Konflikte und Widersprüche der neuen Gesellschaftsformation auf internationaler Ebene reproduzieren.

Die Verwirklichung der Welteinheit ist darum nicht nur durch ihren Internationalismus charakterisiert, sondern ebensosehr durch *die Internationalisierung der frühen kapitalistischen Konflikte* selbst. Wir wiesen bereits darauf hin, daß es Karl V. nur um wenige Jahre erspart blieb, Augenzeuge des Zusammenbruchs seines Weltreiches zu werden, das von der protestantischen Republik Holland in seiner Einheit in Frage gestellt wurde. Der Unabhängigkeitskrieg der Niederlande, der nicht weniger als 80 Jahre dauerte (1568-1648), zerrüttete zwangsläufig die Grundlagen der spanischen Macht, die im Monopol Spaniens im internationalen System wurzelte, und traf mit dem profitablen spanisch-lateinamerikanischen Handel die ökonomische Basis dieser ersten Weltmacht. »Strike him in the Indies, you strike him in the apple of his eye« — Schlagt Spanien in Westindien (d.h. in Süd- und Mittelamerika) und Ihr trefft es im Augapfel —, riet der zeitgenössische Staatsmann Hakluyt den Gegnern Habsburgs.[47] Und ein heutiger Historiker, C.R. Boxer, schreibt: »Da die spanischen Besitzungen über die ganze Welt verstreut waren, wurde der nun folgende Kampf auf vier Kontinenten und sieben Meeren ausgetragen; darum verdient dieser Konflikt des 17. Jahrhunderts den Namen des Ersten Weltkriegs und nicht erst die Katastrophe von 1914-1918, der gewöhnlich dieser zweifelhafte Ehrenname gegeben wird« (1973, 108).

Damit nehmen wir bereits Probleme vorweg, die später zu behandeln sein werden: hier kam es lediglich auf den Nachweis für die Behauptung an, daß die Weltkonflikte ihren Ursprung hatten in den gesellschaftlichen Konflikten des Zentrums, der frühkapitalistischen Gesellschaft Europas. Die Tatsache, daß *die Mobilisierung wirtschaftlicher Potentiale zunehmend zum beherrschenden Moment des politischen Kalküls* wurde (und es seitdem notwendigerweise geblieben ist), mag hier abschließend durch einen exemplarischen Fall demonstriert werden.

Um das vom Papsttum abgefallene englische Königreich zu schwächen, unternahm Philipp II. von Spanien die wahrscheinlich erste systematische Wirtschaftsblockade der Geschichte gegen ein anderes Land, in der erklärten Hoffnung, dadurch die wirtschaftlich benachteiligten Schichten zur Rebellion gegen Elisabeth I. und zur Unterstützung Spaniens aufzustacheln. Wirtschaftsblockaden als außenpolitisches Instrument sind uns heute mehr als geläufig[48] — aber die Tatsache, daß sie bereits hier im späten 16. Jahrhundert eingesetzt werden konnten, unterstreicht die Bedeutung des umfassenden Charakters der Kapitalistischen Revolution am scheinbar weit abliegenden Beispiel: eine wirtschaftliche Blockade ist undenkbar gegenüber Gesellschaften mit autarker landwirtschaftlicher Produktions- und Reproduktionsstruktur, wo es nichts zu »blockieren« gibt. Mit der Überschreitung der Schwelle zur Internationalisierung der ökonomischen Basis der Gesellschaft, mit Welthandel und Weltmarkt, beginnt darum eine qualitativ neue historische Epoche: nicht von abstrakter Interdependenz, sondern von Interdependenz in den sozio-politischen Widersprüchen und Konflikten quer durch die Gesellschaften selbst.

8. Kolonialismus

Den Kolonialismus analysieren, heißt, jene entscheidende Phase des internationalen Systems analysieren, in der die strukturellen Grundlagen des gegenwärtigen internationalen Systems auf Dauer herausgebildet wurden. Darum ist eine minimale Kenntnis des Kolonialsystems unerläßliche Voraussetzung zum Verständnis der Gegenwart.

Die als Resultat der großen Entdeckungen gewonnene »Welteinheit« hatte empirische Substanz und Wirklichkeit zunächst nur für sehr wenige Beteiligte: für die Entdecker — nicht jedoch die »Entdeckten«. Es war eine von den Europäern, nicht von den Afrikanern, Asiaten oder Indianern geeinte Welt, welche kaum verstehen konnten, was ihnen da geschah, als sie jäh aus ihrer Isolierung und ihrem selbstgenügsamen sozialen Gleichgewicht gerissen wurden. Diese Völker wurden sehr buchstäblich an Haaren und Beinen in ein Weltsystem gezerrt und gestoßen, das zusammengehalten und organisiert wurde von einer kleinen Gruppe von Menschen in einem entfernten Halbkontinent. Sie, die Opfer, die Objekte der Entdeckungen und des darauf folgenden Kolonialismus entwickelten keinen Weltbegriff, der dem der Welteroberer und -beherrscher auch nur ähnlich war. Bis zum heutigen Tag sind sie in ihrer großen Mehrheit nicht in der Lage, die damals geschaffenen und bis heute bestehenden Abhängigkeiten von den Metropolen als Bedingung ihrer eigenen sozialen Lage zu durchschauen. Auf dieses Problem wird später noch zurückzukommen sein.

Entscheidend ist hier zunächst die Tatsache, daß die Entdeckungen und frühen Eroberungen sich grundlegend von den Entdeckungen und Eroberungen etwa der Wikinger oder Mongolen unterschieden, von denen nichts blieb als — im schlechtesten Sinne des Wortes — historische Erinnerungen, folgenloses Material für Geschichtsschreiber und schlechte historische Filme. Aber auch noch die frühkapitalistischen Raubzüge und Plündereien der Italiener im Mittelmeerraum, selbst mehr auslösende Momente als Produkte gesellschaftlicher Veränderungen in den Zentren, blieben für die Betroffenen, die Beraubten äußerlich, so wie Diebstahl ein äußerliches Moment bleibt und zu unterscheiden ist von Sklaverei, Leibeigentum oder Lohnarbeit, wo dem Unterlegenen nicht nur das Produkt, sondern auch die Produktivkraft genommen wird, wo er in ein auf Dauer angelegtes gesellschaftliches Abhängigkeitsverhältnis einzutreten gezwungen wird. Wären die Entdeckungsreisen der Spanier, Portugiesen, Holländer etc. ebenfalls nur reine Beutezüge gewesen, ermöglicht durch vorübergehende technische oder organisatorische Entwicklungsvorsprünge analog denen der Wikinger und Hunnen auf dem Gebiet der Waffentechnik, wäre die kanonenbestückte Galeere nur ein technisch besonders geglücktes Instrument gewesen, das Produkt der Kombination mehrerer mehr oder minder zufällig zusammentreffender Entwicklungslinien (wie das der im Vorangehenden wiederholt zitierte Cipolla nahelegt): die »Entdeckung der Welt« wäre ebenfalls folgenlos geblieben, bzw. sie hätte (nur hypothetisch rekonstruierbare) gegenseitig sich befruchtende, miteinander kommunizierende parallele Entwicklungen verschiedener Kulturen aus ihren je spezifischen Wurzeln und Bedingungen heraus eingeleitet. Offensichtlich war dies nicht der Fall und konnte angesichts der Motive, Interessen und der auslösenden Dynamik für die »Entdeckungen« auch nicht der Fall sein.

Zur Verdeutlichung können wir wiederum anknüpfen bei den Reisen des Christoph Columbus, die im kleinen die neue Epoche in so vielen Aspekten konzentriert zusammenfassen und eben alles andere sind als ein historischer Zufall. Die Tatsache, daß das von ihm entdeckte Indien nicht das Indien war, das er zu finden hoffte, löste eine folgenreiche, aber in sich logische Kettenreaktion aus. Es ist bekannt, daß Columbus tief enttäuscht war von dem, was er in der Neuen Welt vorfand: ein paar freundliche Indianer, etwas Gold und Schmuck, einige exotische Pflanzen und Tiere waren die ganze Ausbeute, mit denen er seinen Triumphzug durch Sevilla bestritt. Das Unternehmen erschien als ein Fehlschlag. Aber eben diese Enttäuschung wurde der unternehmerischen, energischen und zielstrebigen europäischen Klasse entschlossener und abenteuerhungriger Profitmacher zur Herausforderung. Wenn es schon in diesem Indien anscheinend wenig oder kein Gold gab und keine auf dem europäischen Markt zu verkaufenden Waren, so gab es hier doch zumindest Land im Überfluß und Menschen, die man für sich arbeiten lassen konnte. »Als Siedler ebenso wie als Entdecker«, so formuliert die *Cambridge Economic History of Europe*, »war Columbus der große Neuerer« (Bd. IV, 315). Er erkannte nämlich sehr rasch, daß das entdeckte Land besiedelt werden mußte, um es produktiv werden zu lassen, daß er es nicht mit der hochentwickelten fernöstlichen Kultur zu tun hatte (was seine Überzeugung, Indien entdeckt zu haben, nicht beeinträchtigte), aber daß sich hier andere Möglichkeiten der Nutzung ergaben zur Rechtfertigung seiner Hoffnungen. Daß später dennoch Gold und Silber entdeckt wurden, wird uns in einem anderen Zusammenhang interessieren.

Zwei miteinander verknüpfte Aspekte der Entdeckungen sind hier vor allem relevant: erstens die Einführung neuer landwirtschaftlicher Produkte durch die unternehmerischen Spanier auf dem neuen Kontinent — teils zufällig, meist jedoch in bewußter Planung. Das bekannteste und wichtigste Beispiel hierfür ist das Zuckerrohr.

Entgegen landläufiger Meinung ist dieses europäischen bzw. spanischen Ursprungs und wurde bereits 1493 auf den Kanarischen Inseln angebaut, ehe Columbus es nach Mittelamerika einführte. Die rasche Transformation einzelner lateinamerikanischer Gesellschaften in Monokulturen — Kuba als herausragendes Beispiel — und deren Eingliederung in das internationale System als Anhängsel der westeuropäischen Wirtschaften haben hier ihren Ursprung. Dadurch wurde die gesellschafts- und außenpolitische Zukunft dieser Länder für die folgenden Jahrhunderte bestimmt. Wenn wir den geradezu heroischen Versuch des modernen Kuba, seine Produktionsstruktur zu diversifizieren, um aus der Abhängigkeit vom internationalen Zuckermarkt auszubrechen, auch nur einigermaßen gerecht beurteilen wollen, so müssen wir die Größe dieses Versuchs an seinen historischen Dimensionen messen — die Revision von fast einem halben Jahrtausend Ausbeutungsgeschichte: und ehe wir leichtfertig den Stab brechen über das Mißlingen dieser radikalen, an die Wurzeln der gesamten historisch-soziologischen Identität Kubas gehenden Revolution — eine Niederlage, die ihrerseits Kubas Außenpolitik und seine Stellung im internationalen System im allgemeinen und innerhalb der kommunistischen Staatengemeinschaften im besonderen determiniert — müssen wir uns der jahrhundertelangen Fremdbestimmung der kubanischen politischen Ökonomie als Appendix erst europäischer und dann amerikanischer Interessen bewußt werden. Aus Gründen wie diesen ist die Theorie der internationalen Beziehungen identisch mit ihrer Geschichte, ist Theorie nur als historische Theorie möglich und sinnvoll.

Was für die Einführung des Zuckers nach Zentralamerika gilt, gilt für die spätere Einführung der Kakaobohne in Westafrika. Ursprünglich von den Indianern Mexikos angebaut, führt sie, von den Europäern ins heutige Ghana verpflanzt, zu denselben Konsequenzen einer Monokultur und zur völligen Abhängigkeit von Weltmarktpreisen, die von den Verbraucherländern diktiert werden. Die Liste kann beliebig verlängert werden: die Kaffeepflanze wurde aus dem Mittleren Osten in die lateinamerikanische Kolonie der Portugiesen, das heutige Brasilien, verbracht[49] und stellt noch heute den wichtigsten Exportartikel Brasiliens dar, das deshalb von Schwankungen des Weltmarktpreises, den es nicht kontrolliert, besonders leicht getroffen werden kann. Tabak und Baumwolle haben eine ähnliche Geschichte mit ähnlichen Konsequenzen für das internationale System. Dies ist der eine Aspekt des Übergangs von der anfänglichen Enttäuschung über die Jungfräulichkeit des entdeckten Amerikas in seine profitable Nutzung. Der andere ist, daß diese landwirtschaftlichen Produkte bzw. Rohmaterialien arbeitsintensive Produktionsweisen erforderten. Das vom katastrophalen Bevölkerungsrückgang wenige Jahrhunderte zuvor noch nicht gänzlich genesene Westeuropa verfügte nicht über derartige Arbeitskräfte. Die nach Schätzen und anderen Möglichkeiten schneller Bereicherung ausschwärmenden Abenteurer und Landsknechte waren zu eigener Schwerarbeit weder willens noch zahlenmäßig in der Lage, ihre gesellschaftliche Herkunft und ihre hochgespannten Erwartungen machten für sie die Feldarbeit undenkbar. Die Sklaverei allein konnte dieses Dilemma lösen.

Wie erwähnt, war die Sklaverei als Institution in Europa nie eigentlich ausgestorben und konnte darum ohne Schwierigkeiten wiederbelebt werden, nunmehr aber zu anderen Zwecken. Die eingeborenen Indianer boten sich zwar als »Sklavenmaterial« an, aber in diesem Fall war zunächst ein kleines Dilemma zu beseitigen: die spanische Krone war aus religiösen Gründen gegen die Versklavung der im vermeintlichen Naturzustande lebenden und darum christianisierbaren Wilden, die deutlich unterschieden wurden von den muselmanischen Ungläubigen. Isabella von Spanien ließ sogar unter Protest und mit Empörung eine Schiffsladung mit indianischen Sklaven, die ihr von Columbus geschickt worden war, zurückgehen. Da Sklaven jedoch zur Produktion jener Rohmaterialien objektiv erforderlich waren, fanden die Hofjuristen bald einen Ausweg: diejenigen Indianer, die sich der spanischen Krone gegenüber unbotmäßig verhielten oder gar gegen die Fremdherrschaft rebellierten und damit zu erkennen gaben, daß sie nicht Christen werden wollten, durften versklavt werden. Angesichts der bald einsetzenden sozialen Unruhe und des Widerstandes gegen die spanische Herrschaft (die erste Indianerrevolte wird aus dem Jahre 1498 berichtet) schien das die Lösung zu sein. Leider stellte sich jedoch heraus, daß die Indianer physisch die von ihnen erwartete Schwerarbeit und die Strapazen der Plantagenwirtschaft nicht ertragen konnten und deshalb entweder die Arbeit verweigerten oder massenhaft dahinstarben. Daraufhin blieb als einzige Alternative der Import afrikanischer Sklaven — nicht zuletzt, weil die von Spanien und Nordafrika seit 1501 in die Neue Welt verschifften weißen Sklaven zahlenmäßig bei weitem nicht ausreichten, den Bedarf zu decken. 1510 wurde die erste Ladung schwarzer Sklaven in den Karibischen Inseln gelöscht und bereits fünf Jahre danach erreichte die erste Schiffsladung Zucker, der von Sklaven produziert worden war, das spanische Mutterland. Was nun folgte, war »die größte und schicksalsschwerste Völkerwanderung — eine durch Gewalt erzwungene Wanderung — in der Geschichte der Menschheit« (Davidson, 12), die u.a. — sehen wir einmal von dem unbeschreiblichen menschlichen Leiden der unmittelbar Betroffenen ab — nicht nur die bis heute (analog den Konsequenzen der europäischen Pest) spürbare Bevölkerungsunterentwicklung des afrikanischen Kontinents und die Zerstörung der afrikanischen Sozialstrukturen zur Folge hatte,[50] sondern die auch die Voraussetzungen für jene als Rassenkonflikte erscheinenden und sich heute verschärfenden Klassenkonflikte schuf (von den USA bis England, von Guyana bis Brasilien). Diese Rassenkonflikte — auch beispielsweise die in Afrika zwischen indischen Minoritäten und der eingeborenen Bevölkerung — haben ihren Ursprung in den im Weltmaßstab sich verwirklichenden ökonomischen Erfordernissen des europäischen Frühkapitalismus. Die Wichtigkeit dieser scheinbar so selbstverständlichen Feststellung besteht darin, daß nur die historische Analyse die eigentlichen Ursachen ans Licht zu fördern und mögliche Lösungen anzudeuten vermag: *Rassismus und Rassenkonflikte in ihren verschiedensten Erscheinungsformen, innenpolitisch und international, sind die Ergebnisse von Sklaverei bzw. des Einsatzes von Sklaven als Arbeitskräfte im Rahmen der kapitalistischen Produktionsweise.* Sklaverei ist also nicht das Ergebnis eines genuinen, anthropologisch oder psychologisch instinktiven Verhaltens seitens der weißen Rasse (oder jedweder anderen Rasse), sondern umgekehrt: Sklaverei war zu einem bestimmten entscheidenden Punkt in der Entwicklung des internationalen Systems eine objektive ökonomische Notwendigkeit. Angesichts der enormen durch Sklavenhandel und Sklavenarbeit möglichen Gewinne, wodurch sich die neuzeitliche Form der Sklaverei von früheren deutlich unterscheidet, mußte auch die ideologische Rechtfertigung in der Form der Überlegenheit der weißen bzw. der Primitivität der farbigen Rassen gefunden werden, die in verfeinerten und sublimen Formen bis heute fortlebt, in denen der rationale, historische Kern nicht mehr präsent ist.[51]

Verlassen wir für einen Augenblick das Problem der Sklaverei und kommen wir noch einmal auf die unmittelbare Ursache des Exports von Arbeitskräften aus Afrika zurück. Es wurde erwähnt, daß die Indianer sich als unfähig erwiesen, auf den mittelamerikanischen Plantagen und in den Silberminen Mexikos und der Anden die von ihnen erwartete schwere Arbeit zu verrichten. »Man hat berechnet«, steht in der *Cambridge Economic History of Europe*, daß die karibische Bevölkerung zum Zeitpunkt der Ankunft der Spanier 1492 etwa 300 000 Köpfe zählte, 1508 (d.h. nach nur sechzehn Jahren; E.K.) war sie auf 60 000 Menschen geschrumpft. In einem weiteren Niedergang verringerte sie sich auf 14 000 im Jahre 1514, als die systematische Besiedlung begann, und 1548 war sie mit 500 Überlebenden praktisch ausgerottet.« (Bd. IV, 319). Dies bezieht sich jedoch lediglich auf die Bevölkerung jener von Columbus entdeckten Inseln. Noch drastischer sind die Zahlen für das von Cortez 1517 eroberte Mexiko, wo im Laufe von nur dreißig Jahren nach der Öffnung dieses Landes durch die Europäer und in deren Interesse 19 Millionen Menschen umgebracht wurden. Einige Schätzungen vermuten für den Zeitraum von 1500 bis 1650 einen Bevölkerungsrückgang auf ein Zwanzigstel (Stein/Stein, 65). Die unsäglichen Grausamkeiten, die die indianische Bevölkerung zu erleiden hatte, kamen in den berühmten und dramatischen Streitgesprächen des Bartolomé de las Casas vor dem spanischen König zur Sprache. Las Casas, ein Mönch, machte sich zum ersten leidenschaftlichen Sprecher dieser dem Untergang geweihten Völker in seinem bewegenden »Kurzen Bericht über die Zerstörung der westindischen Bevölkerung« von 1541/42 (Las Casas 1966), der noch immer eines der schockierendsten und enthüllendsten Dokumente darstellt über den Preis, der für die Errichtung des internationalen Systems unter den Auspizien des Frühkapitalismus gezahlt wurde.

Die Erinnerungen der Eroberer, der herrschenden Klassen im allgemeinen, sind kurz, und sie — bzw. wir als deren Erben — sind schnell bereit, zu vergessen und die Vergangenheit Vergangenheit sein zu lassen. Das Erinnerungsvermögen der Opfer, der Betroffenen hingegen ist besser ausgeprägt, und sie sind weniger geneigt, zu vergessen und zu vergeben, auch wenn sie nicht unsere Geschichtsbücher schreiben und sich zu artikulieren wissen. Das wiedererwachte Interesse der schwarzen Amerikaner an Kultur und Geschichte ihrer afrikanischen Vergangenheit ist ein Beispiel dieses Syndroms, die von den amerikanischen Indianern immer wieder militant artikulierte Erinnerung an gebrochene Verträge und nur scheinbar lang zurückliegende Massaker ein weiteres. Als 1947 die Gebeine des letzten rebellischen Aztekenfürsten, Cuauhtemoc (oder zumindest, was für seine Gebeine gehalten wurde) in Mexico gefunden wurden, war dies ein Tag des nationalen Stolzes und der Erinnerung an vorkoloniale Größe; es mag hinzugefügt werden, daß nirgendwo in Mexiko eine Statue oder ein Straßenname an Hernán Cortéz erinnert, jenen Spanier, dessen rücksichtslose Eroberung den Grundstein für das moderne Mexiko legte, und es zu einem Teil des sich entwickelnden internationalen Systems machte.[52]

»Kolonialismus«, heißt es bei Amilcar Cabral, »kann bezeichnet werden als die Lähmung oder Verzerrung oder gar als das Ende der Geschichte des einen Volkes zugunsten der Beschleunigung der historischen Entwicklung anderer Völker ... Heute, indem wir zu den Waffen greifen, um uns zu befreien ... wollen wir zu unserer eigenen Geschichte zurückkehren, mit unseren Mitteln und durch unsere eigenen Opfer auf eigenen Füßen stehen« (Cabral, 62f.).

Kehren wir jedoch zurück zur Sklaverei. Sklaven waren nicht nur eine Quelle des Profits bei der Produktion von in Europa weiterzuverarbeitenden Rohmaterialien, sondern dazu eine höchst profitable Ware im internationalen Handel (vgl. Davidson, 64). Spanien, dem durch päpstliche Entscheidung der größte Teil der neuen westlichen Territorien zugesprochen war, hatte keinen Zugang zu dem von Portugal monopolisierten Sklavenfanggebiet Afrika. Portugiesische Händer hatten darum anfangs das Monopol für diese wichtige Ware und lieferten die Sklaven für die spanischen Niederlassungen in Zentralamerika. Sie partizipierten so an dem von den Spaniern in der Neuen Welt erwirtschafteten Reichtum. Später nahmen ihnen die Holländer und danach, in erheblich erweitertem Umfang, die Engländer das einträgliche Geschäft ab — eine der Folgen der Freisetzung unternehmerischer Energien durch die erste bürgerliche, die Cromwellsche Revolution. Das schließlich sich herauskristallisierende System (mehr und mehr verdient es den Namen eines Systems, da es das Stadium von ad hoc-Lösungen und Improvisationen nunmehr hinter sich ließ) erhielt den Namen *Dreieckshandel.* Da uns hier vor allem der Aspekt der Sklaverei interessiert, können wir getrost fast zwei Jahrhunderte zusammenfassen und vorläufig von den wichtigen Veränderungen absehen, die sich inzwischen in den Niederlanden und in England vollzogen hatten. Die Engländer waren es, die die Sklaverei zu einem organisierten und strukturierten System ausbauten und damit wesentlich zur Finanzierung der eigentlichen Industriellen Revolution, unserem Ausgangs- und Bezugspunkt, beitrugen. »Der Dreieckshandel«, so schreibt der Historiker Eric Williams, »gab der britischen Industrie einen dreifachen Impuls. Die Neger wurden gegen britische Waren eingehandelt, in die Plantagen transportiert, wo sie Zucker, Baumwolle, Indigo, Melasse und andere tropische Produkte produzierten, deren Verarbeitung in England neue Industrien hervorbrachte, während gleichzeitig die Erhaltung der Neger und ihrer Besitzer in den Plantagen einen weiteren Markt für die britische Industrie bedeuteten — die Landwirtschaft Neuenglands und die Fischerei in Neufundland. Um 1750 gab es kaum eine Handels- und Manufakturstadt in England, die nicht irgendwo mit dem Dreieckshandel oder direkt mit dem Kolonialhandel verbunden war. Die hier erwirtschafteten Profite stellten eine der Hauptquellen jener Kapitalakkumulation dar, mit der in England die Industrielle Revolution finanziert wurde« (1966, 52). Ehe wir jedoch auf diesen zentralen Punkt näher eingehen können, müssen wir noch einmal auf die Evolution des Kolonialsystems selbst zurückkommen.

Wir haben wiederholt betont, daß die europäische Expansion als Funktion gesellschaftlicher Veränderungen innerhalb der westeuropäischen Gesellschaften zu verstehen ist. Aber, und dies ist von größerer Wichtigkeit, sie hätte nicht jene revolutionären Konsequenzen haben können ohne die internationale »Umgebung«, die im Prozeß dieser gesellschaftlichen Veränderungen nutzbar gemacht werden konnte. Der Niedergang Italiens im 14. und 15. Jahrhundert, Lähmung und Abbruch eines anscheinend progressiven und vielversprechenden frühkapitalistischen Experiments, war die Folge eben des Fehlens einer derartigen internationalen Umgebung, bzw. des Unvermögens, unter dem Druck des erstarkenden Osmanischen Reiches den einst gegebenen internationalen Rahmen zu halten und expansiv auszubauen. Die Desintegration der europäischen Feudalordnung drückte sich u.a. in der Herausbildung einer frühen Geldwirtschaft aus. Der Bedarf an Edelmetallen — Gold und Silber — führte zunächst zum intensivierten Bergbau in Zentraleuropa und markierte, wie erwähnt, die Anfänge der kapitalistischen Produktionsmethoden bereits im 13. und 14. Jahrhundert. Als diese Vorräte zur Neige gingen, entstand der Drang nach Erschließung neuer Geldquellen, einer der Hauptgründe für die Erkundung der afrikanischen Westküste und dann für die Überquerung des Atlantiks. Dies ist der Ausgangspunkt jener spanischen Eroberungen, die mit dem Namen von Cortez und Pizarro verbunden sind. Zwar waren die Goldvorräte der Inkas bald erschöpft, aber die gleichzeitig entdeckten Silberminen entwickelten sich zu regelmäßigeren und systematischer ausbeutbaren Einkommensquellen für die spanische Krone. Nur »nebenbei« soll erwähnt werden, daß in den 150 Jahren, in denen Potosí in Bolivien die reichste Silbermine der Welt war, etwa 8 Millionen Indianer durch die Strapazen der Sklavenarbeit umkamen und darum laufend durch mehr Indianer und schließlich Afrikaner ersetzt werden mußten. All dies begann um die Mitte des 16. Jahrhunderts (Potosi wurde 1545 entdeckt) und übertraf bald an Gewinnträchtigkeit das mühsamere und langsamere Geschäft, aus den Plantagenarbeitern Mehrwert herauszuwirtschaften. Nunmehr begann das berühmte spanische Silber seine Reise über den Atlantik und füllte die Kassen der spanischen Krone. Diese ließ nichts unversucht, ihr ursprüngliches Monopol zu schützen — vom Verbot direkter Gold- und Silberexporte in Drittländer bis zur Genehmigung von Transporten nur auf spanischen Schiffen und der Einführung obligater königlicher Genehmigungen für jede Eroberungsreise. In der zweiten Hälfte des 16. Jahrhunderts bestanden die spanischen Importe bereits zu 80 Prozent aus Edelmetallen.[53]

Wir haben gesagt, daß die europäische Expansion auf die gesellschaftlichen Veränderungen in diesem Kontinent selbst zurückzuführen ist. Aber warum dann ausgerechnet von Spanien und Portugal ausgehend? Und warum sind beide Länder heute so arm und im westeuropäischen Kontext geradezu unterentwickelt, gehörte ihnen doch faktisch einst die gesamte Neue Welt? Warum erscheint deren Weltmacht heute nur wie eine rasch vorübergegangene Phase des Goldrausches? Und warum war es nicht Italien, das Land so vieler revolutionärer Neuerungen auf allen Gebieten — der Politik, der Naturwissenschaft, der Kunst? Die früher angedeuteten Antworten, daß dies nämlich zusammenhänge mit der geographisch bedingten technologischen Rückständigkeit des Mittelmeerschiffsbaues, erscheinen unbefriedigend.

Italien befand sich Portugal/Spanien gegenüber in einem nicht zu unterschätzenden politischen Nachteil. 1492 hatte die spanische Krone erfolgreich den Rückeroberungskampf gegen die Mauren gewonnen und in diesem langen kriegerischen Prozeß zugleich eine straffe zentralistische Organisation herausgebildet. In vieler Hinsicht wurde dieses Spanien nun das erste Beispiel eines modernen, zentral und bürokratisch regierten Staates. Verbündet mit der Aristokratie hatte die Krone nicht nur die Mauren besiegt, sie begann nun auch alle potentiell illoyalen Elemente auszuschalten, angefangen bei den Juden — zu jener Zeit eine wichtige gesellschaftliche Kraft in Spanien — und endend mit den nicht erfolglosen Versuchen, die Entwicklung eines selbständigen städtischen Bürgertums zu verhindern. Eben diese Entstehung einer zentralterritorialen Administration in den Händen der Krone steht in deutlichem Gegensatz zur politischen Zersplitterung Italiens mit den zahlreichen sich bekriegenden Republiken — einer Konkurrenzzersplitterung, die selbst nur der politische Ausdruck der frühkapitalistischen Revolution ist. Es war diese Schwäche, das Fehlen des starken Territorialstaates, die Machiavelli so leidenschaftlich bedauerte, dem das Verdienst zukommt, »als erster Kampf um Macht und Reichtum als die entscheidenden Triebkräfte des modernen gesellschaftlichen Lebens ausgesprochen zu haben« (Borkenau 1934, 103). Denn selbst wenn es den italienischen Stadtstaaten gelungen wäre, das Problem der Atlantiküberquerung technologisch zu meistern und die Neue Welt als erste zu entdecken — zur Nutzung und Besiedlung dieser riesigen Gebiete waren sie politisch zu schwach, zu klein, fehlten ihnen die administrativen Ressourcen.[54] Jene Aufgaben, mit denen Spanien im 16. Jahrhundert konfrontiert war, erforderten administrativ-bürokratische Mittel weit größeren Umfangs als Genua, Florenz oder Venedig als einzelne zu mobilisieren in der Lage waren, da sie nicht einmal mit den Türken fertig werden konnten. Spanien, der erste moderne Staat, hatte diese Mittel und nicht die einst fortschrittlichen kleinen Republiken, die inzwischen von zu neuen Aristokraten gewordenen Händleroligarchien geführt wurden.

Die Antwort auf die andere Frage ist implizit damit gegeben: Gerade der Erfolg der spanischen Krone, im Bündnis mit Aristokratie und Kirche einen geschlossenen Großflächenstaat zu schaffen und eine fast schon »totalitäre« Herrschaft zu etablieren (in Form der berüchtigten Inquisition, von Hexenjagden und der Verbrennung von Häretikern, des erzwungenen Übertritts von Juden zum Christentum, die anderwärts eine vorübergehende aber wichtige Schlüsselrolle als Geldleiher spielten, etc.), sollte sich später als die wichtigste strukturelle Schwäche und als Grund für Spaniens schließlichen Niedergang erweisen: seine herrschende Klasse zeigte sich unfähig, den unerwarteten plötzlichen Reichtum produktiv zu verwerten.[55] Spaniens Bergbau wurde von deutschem Kapital kontrolliert, Spaniens Händlerklasse ebenso wie seine Gewerbetreibenden und Handwerker waren zu nicht geringer Zahl ausländischer, vor allem italienischer Herkunft. Deshalb und infolge einer konsequenten gesellschaftlichen Strategie der Monarchie entwickelte sich hier nicht jene unternehmerische Bourgeoisie, die die neuen Möglichkeiten schöpferisch auszunutzen verstanden hätte.

Portugals frühe Handelsbourgeoisie war zu einem großen Teil jüdischen Ursprungs — Nachkommen nordafrikanischer Juden, die mit den Mauren gekommen und nach der Reconquista geblieben waren. Ihnen hatte die Krone um den Preis wachsenden Ressentiments von Bauern un Aristokraten faktisch ein Monopol eingeräumt und sie u.a. durch Konversion zu schützen versucht. Aber vergeblich: »Die Verfolgung der Juden und Neuen Christen — durch Flüchtlinge aus Spanien stark vermehrt — erfaßte um diese Zeit der Entdeckungsreisen etwa 190 000 Einwohner des Königreiches, d.h. zwanzig Prozent der gesamten Bevölkerung, und hatte darum schwerwiegende Konsequenzen für die spätere Geschichte Portugals und seiner Kolonien. Die portugiesische Bourgeoisie — im Grunde aus 'gente da naçao', dem Volk der Nation, wie die Juden allgemein hießen, bestehend — wurde praktisch ausgelöscht. ... Das Land verfügte nun nicht mehr über jene Unternehmer, die aktiv am Handel teilnehmen konnten. Aus demselben Grund war Portugal nicht in der Lage, Manufakturen in nennenswertem Umfange aufzubauen, während die Niederlande, wo der größte Teil der portugiesischen Juden Zuflucht gefunden hatte, in der Produktion von Fertigwaren bald einen großen Vorsprung errangen. So mußte Portugal schließlich flämische und holländische und später englische Fertigwaren kaufen, um Brasiliens Bedürfnisse zu befriedigen, und das brasilianische Gold, mit dem das Königreich seinen Außenhandel finanzierte, floß durch Portugal — dem nur die Steuern verblieben — in die Truhen Hollands und Englands.«[56]

(Es liegt nahe, hier eine aktuelle Parallele zu ziehen zu dem plötzlichen Reichtum der feudal regierten Ölscheichtümer des Mittleren Ostens, der hier ganz ähnlich auf gesellschaftlich unvorbereiteten Boden fällt und, sofern Länder wie Saudi-Arabien nicht in absehbarer Zeit eine radikale Umwandlung ihrer Sozialstruktur und ihrer politischen Klasse erleben, die arabischen Länder in einigen Jahrzehnten auf ein »spanisches Niveau« zurückfallen lassen wird.)

Spanien und Portugal werden häufig explizit oder implizit zitiert als negative Beweise für die These vom inneren Zusammenhang zwischen Protestantismus und Kapitalismus. Darin steckt ein wahrer Kern: Die Entwicklung des autokratischen spanischen Staates ist undenkbar ohne die Rolle der katholischen Kirche. Es scheint jedoch überzeugender, Aufstieg, Stagnation und Verfall der Iberischen Halbinsel als Beweis eines sozio-historischen Gesetzes anzuführen, demzufolge die Fortschrittlichsten den Preis dafür zahlen, die Ersten gewesen zu sein. Die Errungenschaften des italienischen Frühkapitalismus kamen Spanien und Portugal zugute; deren Errungenschaften wiederum wurden erfolgreich kopiert und verwirklicht von Holland und England, dessen genuine Erfindung, die Industrielle Revolution, bald von strukturell ähnlichen Gesellschaften wie vor allem Deutschland und dann den USA übernommen und weiter als im Ursprungsland selbst möglich entwickelt wurden. Was Spanien und Portugal betrifft, so demonstrieren die konkreten Daten nur zu deutlich die Nicht-Existenz oder auch die Verkrüppelung einer produktiven Bourgeoisie. Edelmetalle machten, wie erwähnt, achtzig Prozent der spanischen Importe um die Mitte des 16. Jahrhunderts aus und den größten Teil spanischer Exporte in der zweiten Hälfte jenes Jahrhunderts, und Spanien war ebensowenig wie Portugal in der Lage, seine eigenen Kolonien mit den notwendigen Manufakturprodukten zu versorgen. Bereits unter Philipp II. (1598-1621) waren neun Zehntel der von der spanischen Krone importierten Güter italienischen, deutschen, holländischen und englischen Ursprungs — die koloniale Expansion der iberischen Mächte korrespondierte nicht mit einer entsprechenden Entwicklung ihrer Produktivkräfte.

Wir haben bei diesem anscheinend weit ausholenden Exkurs durch zweihundert Jahre nicht die Industrielle Revolution aus dem Auge verloren, die auf die Mitte des 18. Jahrhunderts in England datiert wird — und wir sind noch immer ein gut Stück Weges von diesem Ereignis entfernt. Unsere leitende Frage ist nach wie vor, wie und warum der Kapitalismus in Europa entstand und welche Rolle dabei die internationale Umgebung Europas spielte. War letztere relativ gesehen nebensächlich für jenen revolutionären Bruch in der Geschichte der Menschheit, oder war das explosionsartige wirtschaftliche Wachstum dieses einen kleinen Segmentes der Weltwirtschaft abhängig von der Unterwerfung des Ganzen? Bedarf das kapitalistische Zentrum der Peripherie als einer Peripherie, oder handelt es sich hier um ein Übergangsstadium zum schließlichen Nutzen aller in einer derart integrierten Welt? Die bisherigen Antworten scheinen die Abhängigkeitsbeziehungen zu bejahen, aber wir müssen noch auf einige weitere Details eingehen.

Die unmittelbaren Konsequenzen der kolonialen Entdeckungen und der direkten Ausbeutung waren gewaltig. Eine davon ist *die dramatische Preisrevolution des 16. Jahrhunderts* (vgl. Mieck, 76f.). Es hatte begonnen mit der intensivierten Silbergewinnung in Europa selbst und dem Einströmen von Gold durch die portugiesischen Expeditionen entlang der afrikanischen Küste. Die europäischen Silbervorräte waren jedoch begrenzt und bald erschöpft. An diesem Punkt ist es nicht irrelevant, Spekulationen anzustellen, ob nicht eine Stagnation, wenn nicht gar das Ende der sich andeutenden gesellschaftlichen Veränderungen, die dann zum eigentlichen Kapitalismus führten, eingetreten wäre, wenn die Vorräte und der Nachschub an Edelmetallen — die Voraussetzung für Geldwirtschaft — tatsächlich ausgetrocknet wären. Die Silberproduktion Europas, in großem Stile betrieben nach 1480, erreichte 1540 ihren Höhepunkt und verfiel dann sehr rasch — aber zu dieser Zeit hatte die Ausbeutung der Gold- und Silberminen der Neuen Welt die europäische Produktion bereits überholt: 1560 wurde das Vier- bis Fünffache der europäischen Produktion von Edelmetallen in Übersee gewonnen und nach Spanien und Portugal verschifft. Da dieser Geldstrom nicht von einer ebenso raschen Steigerung der Güterproduktion begleitet wurde, war das Resultat eine schwere Inflation, die sich, von Spanien ausgehend, bald über den ganzen Kontinent ausweitete. Es wird geschätzt, daß die Preise zwischen 1480 und 1590 auf das Fünf- bis Sechsfache stiegen, allen voran die für Nahrungsmittelprodukte. Kaufleute, Händler, Bankiers, die Städte insgesamt profitierten von dieser Entwicklung auf Kosten der landbesitzenden Feudalherren und der Lohnabhängigen, deren Löhne nicht mit den Preissteigerungen schritthielten. Die kleinen und mittleren Landbesitzer, nicht zuletzt aus der Ritterschicht, die schon von der Schwarzen Pest und dem Rückgang an Arbeitskräften geschwächt waren, wurden jetzt weitgehend entmachtet und zum Teil eliminiert. Grundbesitzer wurden gezwungen, Land zu verkaufen, das damit zunehmend in den kapitalistischen Wirtschaftssektor überging. Die Reorganisation landwirtschaftlicher Produktion nach nicht-feudalen Prinzipien von Effizienz, Produktivität und Profitabilität schwächte nicht nur den alten Landadel, sondern ließ auch die Zahl der Lohnarbeiter sprunghaft steigen, die sich auf der Suche nach Beschäftigung daraufhin in die Städte begaben. Dort wiederum trugen sie entscheidend dazu bei, die Monopolstellungen der Zünfte zu brechen, die ihre jeweiligen Berufsstände durch strenge Aufnahmereglements zu schützen gesucht hatten. Diese Zunftmonopole waren auch den Kaufleuten und Bankiers ein Dorn im Auge, produzierten sie doch nicht schnell und ausreichend genug für die Märkte, die jene entdeckt und erschlossen hatten (Profitmaximierung — es ist nützlich, sich dessen zu erinnern — war nicht das dominierende Motiv der Zunfthandwerker). Die von der welt- und weitsichtigen Kaufmannsschicht entdeckten Marktmöglichkeiten gerieten darum zunehmend mit der Aufrechterhaltung der Exklusivität der Zünfte in Widerstreit. Der im einzelnen verwickelte und widerspruchsvolle[57] Konflikt zwischen den Kaufleuten einerseits, unterstützt durch die vom Land vertriebenen, aber von den Zünften zurückgewiesenen Lohnarbeitsuchenden und dem zunftmäßig organisierten Handwerk andererseits endete, nicht überraschend, mit dem Sieg der Kaufleute.

Mit dem Eindringen des Handelskapitals in den Produktionsprozeß stehen wir nun an der Schwelle zum eigentlichen Kapitalismus. Was heißt das konkret? Es bedeutet, daß der Kaufmann aufhört, Mittler zu sein zwischen dem Produzenten (den Zünften) und dem Konsumenten und z.T. selbst zum Produzenten wird — und zwar zum besseren Produzenten —, oder aber daß er mit dem Aufbrechen der Zunftmonopole der Entstehung von Manufakturkapitalisten Bahn bricht. Nicht gebunden an traditionelle Loyalitäten gegenüber einer kleinen, aber provinziellen städtischen Elite wird die Warenproduktion nach rationalen und profitablen Prinzipien reorganisiert, ganz entsprechend der früher erwähnten Rationalisierung der Landwirtschaft nach den Kriterien der Produktionssteigerung und Profitmaximierung. Bei gegebenem technologischem Niveau, das seinerseits sich über Jahrhunderte nur geringfügig verändert hatte, bedeutete das zunächst vor allem die effektivere Verwendung der in den Städten reichlich vorhandenen Arbeitskräfte. So entstand die Manufaktur. Wie der Begriff selbst ausdrückt, hat diese die Handarbeit zur eigentlichen Voraussetzung — aber Handarbeit mit größerer Effizienz durch Arbeitsteilung, Produktspezialisierung und Spezialisierung der Arbeiter auf Teile des Fertigproduktes. Die technologische Basis unterschied sich nicht wesentlich von der der zunftmäßigen Produktion, aber die einzelnen Arbeitsgänge wurden nun aufgegliedert zur Erreichung höherer Produktivität gegenüber dem Handwerker alten Typs, der sein Produkt — Schuhe, Waffen, Wagen — von Anfang bis Ende allein herstellte. Gewiß ist dieses neuartige System früher Manufakturproduktion noch unentwickelt im Vergleich mit dem modernen Fließband — aber es kommt auf das Prinzip an: die Zerlegung des Arbeitsprozesses zum Zwecke größerer Produktivität und höherer Profite.[58] Darin also, im Eindringen des Kapitals in die Produktion und in der Organisation des Produktionsprozesses selbst als gesellschaftlichem Produktionsprozeß auf der Basis von Lohnarbeit besteht der entscheidende Übergang zur kapitalistischen Produktionsweise. Die Voraussetzung dafür ist die Trennung des Produzenten von seinen Produktionsmitteln: primär die Trennung des Bauern von Grund und Boden — seine Enteignung und Vertreibung —, dann die Trennung des Handwerkers von den Rohmaterialien (das sog. »Verlagssystem«) und auch von den Werkzeugen und mechanischen Hilfsmitteln, die — wie vor allem die späteren Spinnmaschinen — den Arbeitenden »leihweise« zur Verfügung gestellt wurden, und schließlich die Vereinigung vieler Arbeiter unter dem neuen Dach der Manufaktur.

Es würde unseren Rahmen völlig sprengen, wollten wir die beiden hier betonten sozio-ökonomischen und sozio-organisatorischen Neuerungen: die Unterwerfung der Produktion unter Qualitäts- und Effizienzprinzipien und die Trennung der Produktionsmittel von der Arbeit, ihre Verselbständigung der Arbeit gegenüber als Kapital, hier weiter erläutern und differenzieren. Das geleistet zu haben ist vor allem das Verdienst von Karl Marx im »Kapital«. Worauf es hier vor allem ankommt, ist die *Betonung der internationalen Voraussetzungen, die jene revolutionären Veränderungen in der Reproduktionsstruktur der europäischen Gesellschaften ermöglichten.* Eine davon haben wir bereits erwähnt: die Preisrevolution gab dem Feudalismus den Todesstoß, brachte die Landwirtschaft zunehmend unter die Kontrolle des kapitalistischen Sektors und bereicherte die junge Bourgeoisie auf Kosten von Landbesitzern und Bauern gleichermaßen. Diese Preisrevolution, auch wenn sie nicht von außen verursacht wurde, erhielt gleichwohl ihre wesentliche Dynamik und ihre gewaltigen quantitativen Ausmaße durch den allgegenwärtigen Reichtum aus der Neuen Welt. Nur unter der Voraussetzung wachsender Chancen, in Übersee zu verkaufen, war es für das Kaufmannskapital sinnvoll, sich auf den Konflikt mit der konservativen Produktionsweise der Zünfte einzulassen, sie zu zerbrechen und das Manufaktursystem, »die erste kapitalistische Produktionsweise«, einzuführen. Italien fehlte, wie wiederholt betont, eben jenes weltweite Hinterland und jener Markt, und es stagnierte darum unter einem System einer von den Zünften geprägten Produktion, die sich zunehmend auf Luxusgüter spezialisierte, deren Kundschaft — die europäische Aristokratie — zurückging;[59] die sich anderswo rasch ausdehnende Manufakturproduktion qualitativ weit weniger wertvoller, aber billigerer Massengüter verdrängte Italien schließlich von seinen wichtigen Märkten (vgl. Cipolla 1970, 196-214). Dieses »anderswo« waren jedoch nicht Spanien oder Portugal, sondern Zentral- und Nordwesteuropa.

Auf eine gründliche Darlegung der Ursachen, warum sich die Manufakturproduktion zuerst in den Niederlanden, dann aber vor allem in England ausbreitete, können wir hier verzichten und wollen uns mit der Feststellung begnügen, daß es sich in beiden Fällen um einen aus je historisch verschiedenen, aber letztlich strukturell verwandten Gründen zu beobachtenden Aufstieg einer Handels- und Manufakturbourgeoisie handelt, die in Konflikt mit dem nur scheinbar entfernten, reichen, katholischen und hierarchisch organisierten Spanien gerät. Die Übernahme des Protestantismus in den Niederlanden und die Gründung einer nicht-römischen Staatskirche in England erleichterten den Kampf beider gegen das spanische Weltreich. Die Regierungszeit Heinrichs VIII. (1509-1547) und die spätere Cromwellsche Revolution, die der englischen Bourgeoisie ihre zukünftige Rolle als der stärkere Partner zwischen Krone und Adel sicherte, erfüllte strukturell die gleiche Funktion wie der Befreiungskrieg für die Niederlande. Darauf wird später noch einmal zurückzukommen sein. Hier interessiert uns vor allem die Frage: Woher kam nach dem Zerfall des feudalen Grundbesitzes und dem Aufstieg einer unruhigen revolutionären städtischen Bourgeoisie im 16. und 17. Jahrhundert überhaupt das für eine profitable Manufakturproduktion notwendige Kapital, das die Voraussetzungen für die erfolgreiche Herausforderung der spanischen und portugiesischen Macht in deren eigenen Kolonien schuf?

Erinnern wir uns daran, daß die große Mehrheit der von den spanischen Siedlungskolonien importierten Güter nicht aus Spanien selbst stammte. Ohne die entscheidende Bedeutung der sozialen Veränderungen in den europäischen Gesellschaften selbst zu unterschätzen, wird die Antwort nicht zuletzt zu suchen sein in der Geldakkumulation durch Handel und Raub. Ernest Mandel hat darauf hingewiesen, »daß Merkur, der Gott der Kaufleute, zugleich als der Gott der Diebe galt« (1968, 88), eine mythologische Identität, die sich in vielen Sprachen und Kulturen nachweisen läßt. Dies ist mehr als ein amüsanter Zufall: Handel schlägt Profit aus ungleichem Tausch — billigem Ein- und teurem Verkauf. Aber dies ist nur ein Aspekt der Akkumulation von Handelskapital in Europa im Gefolge von Entdeckungen. Der andere ist Plünderei. Sobald der geraubte Reichtum aus der Neuen Welt in die Iberische Halbinsel zu strömen begann, versuchten Franzosen, Holländer und vor allem Engländer mit Erfolg, durch Piraterie großen Umfanges daran zu partizipieren. Die Freibeuter waren organisierte und durch Lizenzen ihrer Regierungen legitimierte Seeräuber mit der Aufgabe, die nach Spanien und Portugal zurückkehrenden Schiffe abzufangen. Sir

Francis Drake war einer der berühmtesten Freibeuterkapitäne seiner Zeit im Auftrag und Sold der englischen Krone. Der Holländer Piet Heyn, im Dienst der Dutch-Westindian Company stehend, war ein anderer berühmter Pirat; an seine größte Leistung, das Kapern einer ganzen spanischen Silberflotte mit acht Millionen Silbergulden und reichen Schätzen an Gold, Perlen und Seide (1628) wird bis zum heutigen Tage in der holländischen Folklore und im Volkslied erinnert. So ist die Anhäufung von Reichtum in Nordwesteuropa gleichermaßen das Resultat von ungleichem Tausch, Handel genannt, von manufakturell hergestellten Gütern zur Versorgung der spanischen und portugiesischen Kolonien und von Raub und Piraterie. Die *Cambridge Economic History of Europe* schreibt über den erfolgreichen Versuch der Dutch-Westindian Company, das portugiesische Monopol im Gewürzhandel und die portugiesische Kontrolle über die einträglichen Gewürzinseln zu brechen: »Sie wuchs und gedieh durch Freibeuterei, und durch Freibeuterei finanzierte sie den hartnäckigen Versuch, eine ganze Kolonie und deren Handel in ihre Hände zu bekommen« (Bd. IV, 335).

Aus einsichtigen Gründen ist es unmöglich, auch nur annähernd genau den Wert dessen zu bestimmen, was in den zweieinhalb der Industriellen Revolution vorangehenden Jahrhunderten aus den Kolonien herausgepreßt wurde. Nicht nur war die Buchführung höchst ungenau, so ungleiche Größen wie Gold und Silber aus Afrika und Lateinamerika, die Profite aus dem Sklavenhandel, die Gewinne aus den von Sklaven produzierten Güter etc. sind dazu kaum zu addieren. Mit diesen Einschränkungen sei hier eine längere Passage aus Mandels marxistischer Wirtschaftstheorie zitiert, der eben diesen Versuch einer quantitativen Bilanz unternimmt, wobei er die Daten verschiedenster wissenschaftlicher Untersuchungen über die Kosten kolonialer Ausbeutung zugrunde legt:

> Hamilton veranschlagt die Gold- und Silberexporte aus Lateinamerika zwischen 1503 und 1660 auf mehr als 500 Millionen Goldpesos. Nach Colenbrander beläuft sich der Gesamtwert der Dividenden, der Rückführung von Beamtengehältern und der Gewürzfrachten, die die Ostindische Handelsgesellschaft aus Indonesien gezogen hat, für die Periode 1650-1780 auf 600 Millionen Goldgulden. Nach den Berechnungen von R.P. Rinchon trägt der Sklavenhandel Frankreich im 18. Jahrhundert einen Gewinn von beinahe einer halben Milliarde Livre-Tournois ein (ohne das Einkommen, das die Arbeit der Sklaven erbrachte und das sich auf mehrere Milliarden Livre beläuft). Das aus der Arbeit der Sklaven Britisch-Westindiens gezogene Einkommen liegt mindestens bei 200-300 Millionen Goldpfund.
>
> Auch wenn die diesbezüglichen Schätzungen stark voneinander abweichen, ist es nicht übertrieben, wenn man den Wert der britischen Plünderungen in Indien während der Periode 1750-1800 mit 100-150 Millionen Goldpfund angibt (vgl. das Buch eines hohen britischen Kolonialbeamten und energischen Verteidigers des Empire, Sir Persifal Grifiths: *The British Impact on India).*
>
> Die Gesamtsumme beläuft sich auf über eine Milliarde Pfund Goldsterling; das ist mehr als das Kapital sämtlicher von Dampf getriebenen Industrieunternehmen, die es gegen 1880 in Europa gab.
>
> Wir wollen damit nicht sagen, daß all diese Reichtümer die europäische Industrie unmittelbar gefördert haben. Ein Großteil ist ihr indirekt zugeflossen, d.h. über die Ausgaben der neuen und

alten Oberschicht für Luxusgegenstände, über die Staatsausgaben, die durch Staatsanleihen finanziert und mit den Einkommen aus den Kolonien bezahlt worden sind. Aber zwischen diesem Kapitalzufluß nach Europa und den für die Industrielle Revolution günstigen Bedingungen besteht ein direkter historischer Zusammenhang.

Bezüglich der Bereicherung Frankreichs im 18. Jahrhundert vermerkt R.P. Rinchon: »Die Zunahme der Niederlassungen in den Kolonien, der Fortschritt des Handels und des Transports, die Macht, der Reichtum und der Kredit des Mutterlandes — *all das hängt unmittelbar mit dem Sklavenhandel zusammen.* Der Handel Frankreichs im 18. Jahrhundert genießt die Vorteile einer günstigen Zahlungsbilanz mit einem Aktivum von mehreren Millionen Pfund. Dies verdankt er dem Export von Kolonialwaren, den Früchten der Arbeit der Neger.«

Noch genauer drückt es G. Martin aus: »Im Verlauf des 18. Jahrhunderts sind an jeder Anlaufstelle (der Sklavenhandelsschiffe) Manufakturen aus dem Boden gewachsen: Raffinerien, Zeugdruckereien, Färbereien, Zuckerwarenmanufakturen, deren steigende Zahl den Aufschwung des Verkehr und der Industrie bezeugen. So werden beispielsweise in Nantes während des 18. Jahrhunderts 15 Raffinerien, 5 Baumwollmanufakturen, ... zwei große Farbstoffabriken, zwei Zuckerwarenfabriken ... gegründet. Die neuentstandenen Industrien, die angewachsenen privaten Vermögen, der öffentliche Wohlstand der völlig umgewandelten Städte, das Aufblühen einer neuen Klasse — der großen Kaufleute, die darauf drängen, eine Rolle im öffentlichen Leben zu spielen —, das sind die wesentlichen Spuren, die der Sklavenhandel in der Entwicklung der französischen Nation während des 18. Jahrhunderts hinterlassen hat.«

Brooks Adams verdeutlicht die direkten Zusammenhänge zwischen der Plünderung Indiens durch die East India Company nach der Schlacht von Plassey und dem Beginn der industriellen Revolution: »Kurze Zeit nach der Schlacht von Plassey beginnen die ersten Beutestücke aus Bengalen in London anzukommen. Die Auswirkungen scheinen augenblicklich eingetreten zu sein. Alle maßgeblichen Leute stimmen darin überein, daß die industrielle Revolution, jenes Ereignis, das das 19. Jahrhundert von allen vorausgegangenen Epochen unterscheidet, auf das Jahr 1750 fällt [die Schlacht von Plassey hat 1757 stattgefunden] ... Bald nach Plassey, im Jahre 1759, gibt die Bank von England zum erstenmal 10- und 15-Pfund-Noten heraus.«

Der Autor erinnert daran, daß England nach einer Schätzung von Burke zwischen 1757 und 1780 aus Indien 40 Millionen Pfund herausgepreßt hat. H.W. Wisemann schätzt, daß die Sklavenarbeit in Westindien zwischen 1770 und 1780 Großbritannien ebenfalls 40 Millionen Pfund eingebracht hat. Gegen 1770 beträgt der jährlich hinzugefügte Wert (Löhne + Profite) in der gesamten englischen Industrie (nach dem berühmten Werk von Arthur Young *Political Arithmetic,* 1774) schätzungsweise 24,5 Millionen Pfund. Daraus kann man ohne Übertreibung schließen, daß in der Periode von 1760-1780 allein die Einkünfte aus Ost- und Westindien die der aufkommenden Industrie zur Verfügung stehenden Akkumulationsfonds *mehr als verdoppelt* haben. (1968, 455)

Die volle Ausschöpfung der Möglichkeiten, die sich aus der von Westeuropa ausgehenden Weltvereinigung mittels militär-technologischer und administrativ-organisatorischer Überlegenheit ergeben hatten, ist demnach zentral für das Verständnis der enormen Kapitalakkumulation am Vorabend der Industriellen Revolution. Die Schaffung eines internationalen Systems durch die kapitalistischen Zentren war eine notwendige Voraussetzung für Aufstieg und Expansion des Kapitalismus, nicht nur ein zusätzlicher Beschleunigungsfaktor. *Das in dieser Zeit entstandene internationale System machte die Industrielle Revolution sowohl möglich wie es gleichzeitig auch ihre Voraussetzung war; mit ihr kam der Prozeß ungleichen und einseitigen wirtschaftlichen*

Wachstums in Gang. Was heute als die Dichotomie von Entwicklung und Unterentwicklung erscheint, hat seine Wurzeln in der Struktur des internationalen Systems selbst, einer Struktur, deren Voraussetzungen zwischen dem 15. und 18. Jahrhundert geschaffen wurden und innerhalb derer wir uns noch immer befinden, deren Geschichte für uns heute noch erfahrbar ist.

In der Terminologie heute modischer Spieltheorie kann diese Periode primitiver, ursprünglicher Akkumulation durch Handel und Ausbeutung als Null-Summen-Spiel bezeichnet werden. Der Gewinn der einen Seite ist der Verlust der anderen, und was den Gesellschaften Afrikas, Asiens und Lateinamerikas damals abgepreßt wurde, war und ist durch nichts ersetzbar. Der Völkermord an großen Indianerbevölkerungen, die Zerstörung afrikanischer Gesellschaften vor allem durch die Versklavung von ca. 10 Millionen Menschen (von denen nur etwa 50 Prozent ihr Bestimmungsziel erreichten!) ist *nicht wiedergutzumachen.* Die lateinamerikanischen Silbergruben sind für immer erschöpft. Die totale Ausrichtung der nicht-europäischen Gesellschaften an den Erfordernissen der westeuropäischen Volkswirtschaften hat deren Rolle innerhalb des internationalen Systems bis zum heutigen Tag definiert. Dieser von André Gunder Frank treffend als die »Entwicklung der Unterentwicklung« bezeichnete Prozeß (in Krippendorff 1973, 91-102) liegt den meisten, wenn nicht gar — in je vermittelten Formen — allen wichtigen Konflikten im heutigen internationalen System zugrunde.

9. Merkantilismus und Industrielle Revolution

Die Entdeckungsreisen des späten 15. Jahrhunderts waren erste Anzeichen für noch zu erwartende dramatischere Vorgänge, die durch den gesellschaftlichen Desintegrationsprozeß und die politisch-ökonomische Neuordnung Westeuropas in der Folgezeit ausgelöst wurden. Der Kolonialismus des 16. Jahrhunderts schuf die konkreten Voraussetzungen für die in der Folge notwendigen Versuche, die unerwarteten Gewinne und raschen Erfolge zu stabilisieren, der neuen einen Welt eine gewisse strukturierte Ordnung zu geben. Territorial-nationale, politisch und ökonomisch sich konkurrierend gegeneinander absetzende, sich am Ideal der Autarkie orientierende Einheiten in (West-)Europa entwickelten sich in unauflösbarer Wechselbeziehung mit der Herausbildung einer ersten Form von internationalem System. Unter der Bezeichnung »Merkantilsystem« bzw. »Merkantilismus« ging es in die Geschichtsschreibung ein, und bis in unsere Gegenwart hat sich der Begriff erhalten als Bezeichnung für alle jene Versuche, das internationale System in ähnlicher Form zu strukturieren und zu stabilisieren. Der klassische Merkantilismus brach nach etwa 150 Jahren zusammen aufgrund der von seinem Erfolg selbst produzierten Widersprüche. Neomerkantilistische Versuche dürften entschieden kurzlebiger sein (bzw. waren es bereits in der jüngeren Vergangenheit): die ihnen inhärenten Widersprüche sind vergleichbar, denn Mittel und Struktur sind noch immer nur Variationen desselben Themas.[60] Als internationales System bedeutet das Merkantilsystem den Versuch, den Eroberungen, Bergbauenklaven und Plantagensiedlungen, die sich als profitabel für die besteuernde Zentralgewalt und die Händlerklasse gleichermaßen herausgestellt hatten, Dauer und kontrollierbare Strukturen zu geben. Die wichtigste damals gezogene und seitdem nicht wieder vergessene Lehre bestand in der Einsicht, daß politische und militärische Macht zunehmend abhängig waren von ökonomischer Stärke. Die Sicherung einer soliden wirtschaftlichen Basis, zunächst verstanden in monetären Termini — die gefüllte Staatskasse —, wurde zum erklärten Zweck der agierenden politischen Klassen Europas. Das geschah auf doppelte Weise: einmal durch die zunehmend zentralisierte Kontrolle über die eigene Bevölkerung im allseitig abzusichernden modernen Territorialstaat mit dem Ziel, sie produzieren zu lassen und sie damit besteuerbar zu machen, zum anderen durch die systematische Ausbeutung der Reichtümer der Neuen Welt. Beides sind komplementäre Prozesse.

Der moderne Staat — bis heute das strukturelle Grundelement des internationalen Systems — ist sowohl das Resultat wie der Schöpfer des Merkantilsystems. Spanien hatte bewiesen, was möglich war, wenn alle administrativen Ressourcen mobilisiert wurden zur Ausrüstung großer Armeen und zur Organisation systematischer Ausbeutung der nicht-europäischen Welt. Jene gesellschaftlichen Klassen, die, um selbst zu überleben und ihre eigenen Profite zu maximieren, sich in die Konfrontation mit dem spanischen Weltreich gezwungen sahen — die herrschenden Eliten Frankreichs, der Niederlande und Englands (vgl. Schulin 1969, 33) —, mußten sich nunmehr selbst als zentralistische Territorialstaaten und später als Nationalstaaten organisieren. Dies war die einzige politische Organisationsform, in deren Rahmen sie ihre Ansprüche auf die nationalen und internationalen Ressourcen wirksam durchsetzen konnten. Der moderne Staat ist aufs engste mit der Entstehung des Kapitalismus selbst verbunden. »Ohne einen gewissen Stand der Technik und die Edelmetallproduktion in Amerika, ohne die Ströme von Silber und Gold, die aus der Neuen Welt herüberflossen, wäre der moderne Staat mit seinen Heeren, seinem Beamtentum, seiner Geldwährung, seinem Staatskredit und Steuerwesen nicht zur Ausbildung gelangt.«[61] *Der Merkantilismus stellte eine entscheidende politische Innovation dar, einen organisatorischen Rahmen zur Maximierung einheimischer und überseeischer Ressourcen mit rationellen, effizienten und bürokratischen Methoden, die insgesamt die Stärkung der unternehmerischen Kräfte in den europäischen Gesellschaften des 17. und 18. Jahrhunderts förderten. Dieser organisatorische Rahmen war der moderne Territorialstaat.* Seine Außenpolitik — die zielstrebige Konkurrenz um koloniale Außenstationen und Handelswege — war das Gegenstück zu seiner Innen- oder Gesellschaftspolitik — die systematische Entwicklung eigener Ressourcen durch den Aufbau von Manufakturen und die Erweiterung des Binnenmarktes (vgl. Polanyi 1957, 65). *Historisch können wir von nun an zum erstenmal von Außenpolitik überhaupt sprechen* in Unterscheidung zur Innenpolitik, und doch sind und bleiben beide, Innen- und Außenpolitik, nur zwei Seiten derselben Münze. Aus diesem Grunde ist das genauere Studium des Merkantilismus so unerläßlich für das Verständnis von internationalen Beziehungen überhaupt.

Die im engeren Sinne historischen Erscheinungsformen des Merkantilsystems können hier ausgespart werden. Für unsere Zwecke muß die Herausstellung der teilweise bis heute gültigen Prinzipien genügen, die in sechs Punkten zusammengefaßt werden können: 1. Nationaler Wohlstand ist eine Funktion monetärer Schatzbildung; 2. aktiver Außenhandel hat Vorrang vor Binnenkonsum bzw. Importen und die Manufakturproduktion ist gegenüber der Landwirtschaft zu fördern; 3. staatliche Wirtschaftspolitik orientiert sich soweit wie möglich am Ideal der Autarkie; 4. große Bevölkerungszahlen sind wünschbar und erstrebenswert als entscheidende Voraussetzungen für nationalen Reichtum und nationale Macht; 5. staatliche Intervention in die Wirtschaft ist sowohl gerechtfertigt als auch notwendig; 6. die ökonomischen Interessen der Staaten sind im wesentlichen gegensätzlich und konkurierend.

Die detaillierte Untersuchung dieser Prinzipien in ihrer historischen Konkretion im Merkantilsystem führt uns auf Gesetzmäßigkeiten, in denen wir wesentliche Elemente des gegenwärtigen internationalen Systems wiedererkennen können. Einer der wichtigsten Aspekte, der sich aus dem historischen Material ergibt und der eine Art Gesetzmäßigkeit der internationalen Gesellschaft darstellt, ist die konkurrierende Imitation. Spanien hatte zunächst den Weg gewiesen, aber der eigentliche Merkantilismus fand seine reinste und klarste Ausdrucksform in Frankreich unter dem Namen »Colbertismus«. Jean-Baptiste Colbert, Generalkontrolleur der Finanzen von 1662-1683 entwickelte zum ausgeklügelten System, was in Spanien ansatzweise versucht worden war und dann von anderen europäischen Staaten, schließlich auch von Frankreich kopiert wurde. Es war ihm nicht nur klar, daß Reichtum und Macht der Krone auf der Organisation der französischen Ressourcen beruhte, sondern er handelte auch danach. Nach dem Siege über die »Fronde«, die letzte organisierte Opposition der Aristokratie gegen die zentrale Monarchie, die besiegt werden mußte, damit Frankreich nationale und internationale Macht gewinnen konnte, insbesondere durch den Aufbau von Manufakturen, ging Colbert daran, systematisch die industrielle Produktion für den Export zu fördern. Dazu vergab er Kredite an unternehmensbereite Fabrikanten und trat in Konkurrenz mit Portugal und Spanien um den Erwerb von überseeischen Kolonien. Spaniens Bürokratie hatte geglaubt, die Lösung des Problems nationalen Reichtums im intensiven Abbau von Silber in Übersee gefunden zu haben. Die politische Klasse Frankreichs erkannte als erste die Bedeutung der Mobilisierung nationaler Ressourcen und der inländischen Produktion für den Export, was langfristig wichtiger und einträglicher war und außerdem eine solidere Basis für die Machtentfaltung darstellte. Frankreich sollte recht behalten und sich machtpolitisch durchsetzen: der Jahrhundertkonflikt mit Spanien, zwischen der Bourbonen- und der Habsburgmonarchie, der im spanischen Erbfolgekrieg gipfelte (1701-1713/14) — ein weiterer echter Weltkrieg mit Kriegsschauplätzen in Spanien, Norditalien, Süddeutschland, den Niederlanden, der Nordsee und den amerikanischen Kolonien —, endete im wesentlichen mit einem französischen Sieg. Aber der Erfolg war relativ kurzlebig, teilweise deshalb, weil die französische Manufakturindustrie sich auf Luxusproduktion als Exportware konzentrierte und schließlich stagnierte (die bis heute berühmte französische Kosmetik hat hier ihren Ursprung). So wurde Frankreich schließlich von Holland überrundet. Hier wurde durch die Kombination der ersten modernen revolutionären Staatenbildung im Zuge des Befreiungskampfes[62] mit deren Kontrolle durch eine mittels Piraterie, Handel und Manufaktur erstarkte und selbstbewußte Bourgeoisie eine Republik gegründet, die zwangsläufig mit dem zentralistisch, administrativ und aristokratisch regierten Frankreich kollidieren mußte. Wäre die Mobilisierung einheimischer Ressourcen — Bevölkerungszahl und Manufakturproduktion — allein ausschlaggebend gewesen, so wären die Niederlande leicht an die Wand gedrückt worden — aber Holland hatte den stärksten Rückhalt in seinem Kolonialbesitz. Die niederländischen Kaufleute — unter ihnen das starke Kontingent der aus Spanien und Portugal vertriebenen Juden mit ihren Handelskenntnissen — waren flexibler, weitsichtiger und zweifellos auch skrupelloser, als es darum ging, Portugal sein weitverzweigtes Handels- und Niederlassungsnetz mit Gewalt zu entreißen und es in die eigenen Dienste zu stellen. Darüber hinaus erkannten die Holländer scharfsichtig, daß territoriale Besitzungen nach dem Vorbild Spaniens und des neueren Frankreichs kostspieliger und weniger einträglich waren als die indirekte Kontrolle mittels einzelner Niederlassungen und Beherrschung von Häfen. Das alles vollzog sich nicht als unilinearer Prozeß: Frankreich hatte neben Kolonien auch Niederlassungen, Portugal drängte nicht überall auf territoriale Kontrolle. Es begnügte sich — in Asien vor allem — vielfach auch mit Häfen. Die Holländer machten sowohl in Südamerika als auch in Asien Ansätze zu Siedlungskolonien etc. Worauf es jedoch hier ankommt, das sind die großen Entwicklungslinien und -muster. Im Falle Hollands sprach nicht nur das Fehlen eines Bevölkerungsüberschusses gegen die Strategie der großen Kolonien, sondern insbesondere die Tatsache, daß Holland über eine relativ entwickelte Manufakturproduktion verfügte und außerdem mit der teilweise geradezu monopolartigen Beherrschung der Handelswege und des Seetransports (bis hinauf in die Ostsee) vollauf ausgelastet war und sich hier auch maximal entfalten konnte. Hollands wesentliche Stärke war seine Mittlerposition (vgl. Boxer 1973b).

Diese ließ sich aufrechterhalten unter zwei, sich während der ersten Hälfte des 18. Jahrhunderts dann verändernden Bedingungen. Erstens handelte es sich beim Warenverkehr zwischen den Kolonien und Westeuropa hauptsächlich um Stapelgüter, die das enorme Gefälle bei den Kosten der Arbeitskraft ausdrückten, und um die von den monopolistischen Gesellschaften produzierten exotischen Waren wie die Gewürze von den Molukken. Nachdem sie die Portugiesen mit Gewalt vertrieben hatten, unternahmen die Holländer und vor allem die Ostindische Gesellschaft alles zur Erhaltung dieser Monopolstellungen, von der Einführung der Sklaverei in das heutige Indonesien bis hin zur systematischen Vernichtung anderer Produktionsstätten gewisser Gewürze (oft einschließlich der dazugehörigen Menschen). Damit wurden die Produktion unter Kontrolle und die Preise hoch gehalten und der Export der entsprechenden Pflanzen verhindert. Die zweite Voraussetzung der holländischen Überlegenheit, das Quasi-Monopol in Handel und Transport während des 17. Jahrhunderts, war das Ergebnis nicht nur vorausschauender Investitionen im Schiffsbau und der Entwicklung fortschrittlicher Ozeantechnologie, sondern auch von militärischer und seemännischer Rücksichtslosigkeit, mit der sie sich überall — in der Ostsee, im Mittelmeer, in Atlantik und Pazifik — durchzusetzen verstanden. Aber sie beruhte auch auf der relativen Rückständigkeit der Konkurrenten und ließ sich nur so lange halten, bis jene systematisch aufzuholen begannen.

England unternahm hier die größten und energischsten Anstrengungen. Die Seeschiffahrtsgesetze um die Mitte des 17. Jahrhunderts zielten erfolgreich darauf ab, holländischen Schiffen den Transport englischer Waren und englischer Importe zu untersagen und damit die Entwicklung einer konkurrenzfähigen englischen Marine zu fördern. Die seitdem immer schärfere Formen annehmende Konkurrenz zwischen England und Holland ist eng verbunden mit der Cromwellschen Revolution, die den Durchbruch einer unternehmerischen protestantischen Bourgeoisie zu politischer Macht und zu weltoffenem Bewußtsein signalisierte. Dieses Ereignis ist die erste sozio-politische Revolution unserer Epoche mit Konsequenzen, die erst ein Jahrhundert später deutlich sichtbar werden sollten. Die Revolution selbst ist ohne ihre internationale Dimension nicht voll verständlich: den Erwartungen der englischen Händlerklasse, Großagrarier und Manufakturproduzenten nämlich, durch Abschüttelung der restriktiven königlichen Bürokratie es dem reichen republikanischen Holland gleichzutun. Der Zeitgenosse Thomas Hobbes jedenfalls sah den Bürgerkrieg vor diesem Hintergrund: »Und ich zweifle nicht daran, daß viele Menschen mit den jüngsten Unruhen in England durchaus einverstanden waren, weil sie darin eine Nachahmung der Niederlande sahen; sie meinten, es bedürfe, um so reich zu werden wie jene, nur einer Änderung der Regierungsform« (Leviathan, zit. nach Schulin, 156). Und an anderer Stelle: »Die City von London und andere große Handelsstädte, die den großen Wohlstand der Niederlande, nachdem diese sich gegen ihren Monarchen, den König von Spanien, erhoben hatten, bewunderten, meinten, ein ähnlicher Wechsel der Regierungsform hier würde für sie zum gleichen Wohlstand führen« (Behemoth, ebda.). Manche projektierten wohl auch intuitiv richtig den globalen Totalitätsanspruch der sich im Cromwellschen Commonwealth aggressiv durchsetzenden kapitalistischen Produktionsweise: Hätte dieses überlebt, so schreibt ein Pamphletist rückblickend 1658, so würde es Sparta, Athen, Karthago und Venedig übertroffen und »nicht weniger als die ganze Welt als ihm gehörig« beansprucht haben (zit. nach Hill 1969, 136). Was jedoch gleichwohl blieb, war »die Zerstörung der königlichen Bürokratie 1640/41«, die als »das wichtigste Einzelereignis in der gesamten britischen Geschichte betrachtet werden kann« (ebda. 98, vgl. a. Hill 1961, Kap. 9).

Die Cromwellsche Revolution ist für uns von mehr als nur »historischem« Interesse, sie ist unerläßlich für das Verständnis gewisser Mechanismen des internationalen Systems. Sie liefert uns u.a. das erste Beispiel gesellschaftlich definierter außenpolitischer Aktionen bzw. Reaktionen: Frankreich nämlich kalkulierte seine Politik sowohl nach Ausbruch als auch nach Erfolg der Cromwellschen Rebellion zugunsten eines radikalen Parlamentarismus eindeutig nach Klassengesichtspunkten und Klasseninteressen und erst in zweiter Linie nach dem sogenannten »nationalen Interesse«.

Ein kurzer Exkurs über die Ereignisse in Frankreich, die der englischen Revolution vorangingen, ist hier angebracht. Das 16. Jahrhundert war Zeuge eines gewaltigen und ausgedehnten Bürgerkrieges gewesen zwischen den protestantischen Hugenotten und der katholischen Krone, zwischen einer unternehmerischen Mittelklasse von Handwerkern, Kaufleuten und Gewerbetreibenden auf der einen und der zentralen

Autorität der monarchischen Bürokratie verbunden mit der katholischen Kirche auf der anderen Seite. Nach schweren Verlusten beider Parteien, deren Höhepunkt die berüchtigte Bartholomäus-Nacht vom 23./24. August 1572 darstellte, war mit dem Edikt von Nantes (1598) ein unsicherer Waffenstillstand geschlossen worden, der den Protestanten zwar religiöse Gleichberechtigung, nicht aber politische und gesellschaftliche Rechte gab. Der Konflikt zwischen der noch embryonalen kapitalistischen Mittelklasse und dem autokratischen Staat wurde nur aufgeschoben, nicht — wie in Spanien zugunsten der katholischen Krone — eindeutig entschieden. Die Konsequenzen waren (vergleichbar mit der Vertreibung der Juden aus der iberischen Halbinsel) ökonomische Stagnation und Rückfall innerhalb der sich verschärfenden internationalen Konkurrenz, verstärkt durch den schweren Aderlaß hugenottischer Auswanderer, der u.a. Preußen zugute kam, weil sie dort ein wichtiges Modernisierungsferment darstellten. Soweit der allgemeine Hintergrund der außenpolitischen Reaktion Frankreichs auf Cromwell: die französische Krone war sich völlig darüber im klaren, daß ein Wiederaufleben des Bürgerkrieges drohte, wenn sich der Cromwellsche Protestantismus ausbreiten würde.

Mit veränderten Klassenakteuren und auf anderen Bühnen wurden Situationen wie diese später mehrfach durchgespielt, u.a. im Verlauf der Französischen und der Russischen Revolution bis in unsere Gegenwart hinein, jede durch besondere Konstellationen und Widersprüche charakterisiert. Die französische Diplomatie erkannnte in England nicht nur den potentiellen Klassenfeind, sondern auch den potentiellen Verbündeten gegen den gemeinsamen unmittelbaren Feind und Englands Hauptkonkurrenten, die Niederlande. Sie erkannte nüchtern, daß nicht ideologisch-missionarischer Eifer der englischen Außenpolitik zugrundelag, sondern ökonomische Interessen. Während Mazarin einerseits offen Karl II. als Frankreichs Klassenverbündeten unterstützte, akzeptierte er faktisch das Ergebnis der Cromwellschen Revolution und versuchte mit England ein Bündnis gegen den gemeinsamen Rivalen, Holland, zu schließen (vgl. Sorel 1947, 49 ff.).

Wenn es noch eines weiteren Beweises gegen die These bedarf, der (damalige) Protestantismus bzw. generell ideologische Identifikationen bestimmten die Außenpolitik von Staaten, so finden wir ihn in der Tatsache, daß sich die beiden rebellischen protestantischen Republiken, umgeben von einer feindlichen katholischen Umwelt, sofort erbittert bekämpften — als es um Kolonialhandel und koloniale Macht ging. John Seeley, der große Historiker und Politikwissenschaftler des späten 19. Jahrhunderts, erkannte in seiner klassischen Studie über Englands Aufstieg zur Weltherrschaft scharfsinnig, daß die großen Konflikte des 17. und 18. Jahrhunderts sich nicht um den Konflikt zwischen Protestantismus und Katholizismus drehten, sondern um den Zugang zum und die Kontrolle über den internationalen Handel, »daß fast während jener ganzen Zeit die fünf westeuropäischen Länder nicht eigentlich europäische Staaten, sondern Weltstaaten sind und zwischen ihnen ein gewaltiger Gegensatz besteht, der nicht in europäischen Verhältnissen wurzelt«, nämlich der »Kampf um den

Besitz in der Neuen Welt«. Und nur vor diesem Hintergrund »gewinnt die Geschichte der beteiligten Völker mit all ihren Kriegen und Bündnissen einen eigentlichen und verständlichen Charakter« (Seeley 1954, 82). »Die Neue Welt liegt im 17. und 18. Jahrhundert nicht außerhalb Europas, sondern sie wird zur Triebkraft für unbegrenzte innereuropäische Wandlungen« (ebda., 102). Als Zeitgenosse jener Konflikte hatte schon Leibniz es erkannt, daß die relative Macht der europäischen Staaten gegeneinander zunehmend bedingt wurde durch ihren außereuropäischen Besitz.[63]

Für unsere Zwecke muß dies genügen als Interpetationsrahmen zum Verständnis der endlosen Kriege, Bündnisse und Konflikte, die die Entstehung des internationalen Systems unserer Epoche begleiteten. Die Welt wird zum »Kampfplatz der nationalen und staatlichen Wirtschaftskörper Europas« (Gollwitzer, 148), der Weltkrieg auf allen denkbaren Kriegsschauplätzen voll in Rechnung gestellt (Silberner, 1939). Warum jedoch wurde Holland nach einem Jahrhundert unbestrittener Vorherrschaft von England überrundet? Kein Zweifel, daß das Holland des 17. Jahrhunderts alle Voraussetzungen zu haben schien, die dann die große Industrielle Revolution in England hervortrieben. Hier war das unbestrittene geistige und kulturelle Zentrum der damaligen Welt. Grotius, der Vater des Völkerrechts, und Descartes, der Begründer der modernen wissenschaftlichen Philosophie, lebten hier zusammen mit Spinoza, einer ebenso überragenden Erscheinung. Es war die Zeit der großen holländischen Schule der Malerei mit Rembrandt, Hals, Vermeer, um nur die Bekanntesten zu nennen. Die Universität von Leyden war die berühmteste ihrer Zeit in Europa; der Naturwissenschaftler Huygens lehrte dort; Amsterdam war die Wall Street des 17. Jahrhunderts (vgl. Wilson, 1968). Warum also? »Die Geschichte des Untergangs Hollands als herrschender Handelsnation«, schreibt Karl Marx, »ist die Geschichte der Unterordnung des Handelskapitals unter das industrielle Kapital« (MEW 25, 346).

Er bringt damit die Antwort auf eine bündige und der differenzierten historischen Untersuchung weitgehend standhaltende Formel. Die holländische Händlerklasse wurde nicht nur zur reichsten und mächtigsten in Europa, sondern auch zugleich zum größten Kapitalexporteur — nicht zuletzt verursacht durch die räumlich bedingten Grenzen, die der Investition von Kapital in der Landwirtschaft gesetzt waren. Aus Gründen, denen hier nicht weiter nachgegangen werden kann, scheint Kaufmannskapital zum Motor der Manufaktur mehr in fremden als im eigenen Land zu werden: venezianisches Kapital spielte eine große Rolle als Stimulans der ersten holländischen Manufakturen, und holländisches Kapital finanzierte einen nicht unwesentlichen Teil der ersten englischen Textilmanufakturen (die mit den eigenen holländischen konkurrierten und höhere Profite abwarfen). In beiden Fällen fiel das Kapitalexportland der Händler schließlich gegenüber den Konkurrenten zurück. Die holländischen Kapitalisten engagierten sich außerdem in Schweden, Dänemark, Norwegen, wo sie bisweilen ökonomisch bedingte kriegerische Konflikte zwischen den Konkurrenten auslösten und auf beiden Seiten finanzierten, wie im Falle Schwedens gegen Dänemark. In Rußland eroberten sie sich Monopole für wichtige Exportgüter, in Polen organisierten und betrieben sie die staatliche Münze (Wilson, 74ff.).

Erst mit der Industriellen Revolution setzt eine Umkehrung dieses Entwicklungsmusters ein: die revolutionierten Produktionskräfte transformierten auch den Handel selbst.

Es muß hier noch einmal daran erinnert werden, daß — abgesehen von den organisatorischen Innovationen in Form der Manufaktur und dem zu diesem Zeitpunkt noch marginalen Eindringen des Handelskapitals in die Produktion — die technologische Seite des Produktionsprozesses durch die Jahrhunderte weitgehend unverändert geblieben war. An diesem Punkt nun wird die spezifische englische Entwicklung entscheidend und von unmittelbarer Relevanz für die weitere Entwicklung des internationalen Systems selbst. Wiederum werden wir uns auf die allgemeinsten und grundlegenden Prinzipien beschränken müssen. Es ist zunächst daran zu erinnern, daß die Kapitalistische Revolution in England als landwirtschaftliche begann,[64] d.h. mit der Zerstörung feudaler Verhältnisse in einem entschieden radikaleren und schnelleren Umfange als auf dem Kontinent. Die Überführung der landwirtschaftlichen Produktion in den kapitalistischen Sektor wurde besiegelt und bekräftigt nach der Restauration von 1660. Eine relativ kleine Schicht von Grundbesitzern bewirtschaftete von nun an das Land mit Lohnarbeitern nach Profitgesichtspunkten. Die Möglichkeit, billige Nahrungsmittel durch Kolonialhandel zu importieren, beschleunigte diesen Prozeß und die flexible Anpassung an kapitalistische Landwirtschaftsformen. Weite Landstrecken wurden in Weideland verwandelt und die produzierte Wolle nicht mehr exportiert, sondern auf dem Lande selbst und in kleinen Dorfmanufakturen weiterverarbeitet. So verfügte das England des frühen 18. Jahrhunderts bald über ein weitgespanntes Netz industrieller Produktion, an der die Grundherren selbst ein unmittelbares Interesse hatten. Hobsbawm faßt das folgendermaßen zusammen: »Die weitverbreitete Industrie überall auf dem Lande hatte zwei miteinander verknüpfte und wichtige Konsequenzen. Sie gab der politisch ausschlaggebenden Klasse der Grundbesitzer ein direktes Interesse an den Minen, die unter ihrem Land lagen, und an der Dorfmanufaktur . . . Die zweite Folge war, daß Manufakturinteressen bereits die Politik der Regierung bestimmen konnten, im Gegensatz zu der anderen großen Handelsnation, den Niederlanden, wo die Interessen des Handels dominierten . . . Als es darum ging, sich zwischen den Interessen des Handels und denen der Industrie zu entscheiden, obsiegte der inländische Produzent. Denn der Handel konnte lediglich London und einige wenige Häfen für seine Interessen mobilisieren, die Manufaktur hingegen die politischen Interessen großer Teile des Landes und der Regierung« (1968, 30f.). Verglichen mit diesen gesellschaftlichen Faktoren bzw. Prozessen scheinen andere Einflüsse auf den ersten Blick weniger bedeutsam, sie sind jedoch gleichwohl wichtig. Die beispiellose Bevölkerungszunahme und Verstädterung während des 17. Jahrhunderts (London verdoppelte seine Einwohnerzahl zwischen 1636 und 1676) hing zusammen mit den Entwurzelungsvorgängen im Zuge der Revolution auf dem flachen Lande. Dies wiederum steigerte das Interesse an Erfindungen und technischen Neuerungen für eine bessere Lebensmittelversorgung, für das Transportwesen, sanitäre Einrichtungen, Medizin usw., also für solche wissenschaftliche Kenntnisse, die auf gesellschaftliche und Produktionsprobleme anwendbar waren (vgl. Merton 1970, 211ff.), was schließlich zu einer so bahnbrechenden Erfindung wie der des ersten mechanischen Webstuhls führte.

Diejenigen, die die Industrielle Revolution vor allem unter dem Aspekt der technologischen Neuerungen sehen, betonen die große Bedeutung der Verlagerung der Energiegewinnung von menschlicher und tierischer auf anorganische Energie bzw. Energiequellen wie die Kohle. Kein Zweifel, daß dies von größter Bedeutung ist und deshalb die Industrielle bis zu einem gewissen Maß mit Recht die *Energie-Revolution* genannt wid. Aber um einer solchen insgeheim deterministisch-mechanistischen Interpretation vorzubeugen, ist hier hinzuzufügen, daß die ungemein günstigen natürlichen Voraussetzungen, die in Europa insgesamt, vor allem aber in England gegeben waren, eine nicht zu unterschätzende Rolle spielten. Die Tatsache, daß sich England in der glücklichen Lage des Besitzes von leicht abbaubaren Kohlevorräten im eigenen Territorium befand, war zweifellos ein den Durchbruch ins industrielle Zeitalter erheblich erleichternder Faktor. Erst später, mit der radikalen Verbesserung des Transportwesens, verlor dieser Umstand an Gewicht. Zu diesem Zeitpunkt jedoch war er zentral. Wenn wir uns also fragen, *warum die Industrielle Revolution in Europa und nicht z.B. in Asien stattfand, so wird die Antwort nicht nur soziologisch ausfallen können, sie muß auch diese natürlichen Bedingungen einschließlich klimatischer mit berücksichtigen.* »Bei gleichen oder auch nur einigermaßen ähnlichen gesellschaftlichen Bedingungen mußte der sehr viel größere Reichtum an den jetzt aktuell gewordenen zentralen natürlichen Arbeitsmitteln den Konkurrenzkampf zunächst unbedingt zugunsten Englands entscheiden«, schreibt Wittfogel (1932, 730).[65]

Die Geschichte der Industriellen Revolution in England ist in nahezu allen Details geschrieben worden, und es kann darum hier darauf verzichtet werden. Von der ersten Mechanisierung der Textilmanufaktur bis zur Erfindung der Dampfmaschine mit der Kohle als Energieträger scheint es nur ein kleiner Schritt zu sein — und doch markiert er einen qualitativen Sprung und zugleich die erste Vollendung jener Entwicklungsprozesse, die irgendwann, mehrere Jahrhunderte zuvor in Italien, begonnen hatten und in deren Verlauf Europa seine Grenzen sprengte und seine Völker Perioden raschen Aufstiegs zu Reichtum und Ruhm und dann ebenso raschen Niedergangs erlebten. Die Industrielle Revolution war eine genuin englische Erfindung, hervorgetrieben aus der Dynamik der Kapitalistischen Revolution, zu deren zwei Charakteristika — die Übernahme der Produktionsmittel durch Kapitalbesitzer und die Trennung des Produzenten von diesen Produktionsmitteln, resultierend im Klassengegensatz von Lohnarbeit und Kapital — sie ein weiteres Element hinzufügte: die Ergänzung der menschlichen Energie durch die Maschine und damit die Multiplizierung der Produktivität der menschlichen Arbeitskraft. Ohne die Erfindung der Maschine, insbesondere der Dampfmaschine, hätte die vorangegangene Revolution der Produktionsorganisation in der Manufaktur nicht ihre spezifische Dynamik entwickeln können. Jetzt erst stellte sich heraus, wozu diese Reorganisation des Arbeitsprozesses tatsächlich fähig war. Darüber hinaus erzwang die Dampfmaschine auch die weitere Konzentration des Kapitals, denn sie war zu groß und zu kostspielig, um von einem einzelnen kleinen Manufakturbesitzer sinnvoll und profitabel eingesetzt werden zu können. Größere Fabriken, Kapitalkonzentration und das Entstehen einer Kapitalistenklasse von Industrieherren waren die Folge. Ein weiterer spezifisch englischer Umstand kam noch hinzu: die im Verlauf der Landrevolution vielfach auf Wollproduktion umgestellte Landwirtschaft. Die Textilindustrie übernahm die eigentliche Pionierfunktion der Industriellen Revolution. Sie war leichter mechanisierbar als andere Industrien, erwirtschaftete leichter große Profite durch zeitsparende aber noch wenig kapitalaufwendige Maschinen, ihre Produkte waren leicht auf dem Weltmarkt absetzbar, und ein Bedürfnis für Textilien brauchte nicht erst geweckt werden. *Die revolutionäre Kombination von Manufaktur, Mechanisierung des Arbeitsprozesses und schließlich der neuen Energiequellen Kohle-Dampf waren der Motor des englischen Aufstiegs zur Weltmacht. Aber er bedurfte, um auf volle Touren zu kommen, des internationalen Kontextes,* weil die rapide Produktionssteigerung sehr bald den eigenen Markt sprengte, obwohl er im Unterschied zu den Kontinentalmächten bereits relativ entwickelt und von einem funktionierenden Transportwesen durchzogen war. England bediente sich erstmals der durch das internationale Handelsnetz gegebenen Möglichkeiten, billige koloniale Rohmaterialien — die Baumwolle — in industriell verarbeitete Produkte für den Reexport zu verwandeln. »Wer von Industrieller Revolution spricht«, meint Hobsbawm, »spricht von der Baumwolle« (1968, 56). (Warum die verschiedenen Versuche der heute unterentwickelten Länder, dieses erste und größte Entwicklungsmodell durch den Aufbau eigener Textilindustrien als führendem Sektor zu imitieren gescheitert sind und wegen des heute völlig veränderten internationalen Kontextes scheitern mußten, stellt ein faszinierendes Kapitel der Entwicklungsproblematik dar, kann aber hier nicht entwickelt werden.)

Die Wirtschaftshistoriker sind sich darüber einig, daß der Außenhandel, die Existenz eines anfangs nahezu unbegrenzten Exportmarktes, das Sine-qua-non der englischen Industrialisierungsgeschichte darstellt. Ohne diese günstige internationale Umgebung — eine Umgebung, die gewonnen worden war durch die Entdeckungsreisen und die Kolonisierung, befestigt mit den Mitteln von Militär und Kriegsflotten, abgesichert durch die Diplomatie — hätte die Industrielle Revolution kaum ihre Dynamik entwickeln können.[66] Das ist keine bloße historische Hypothese, sondern geht an die Wurzeln der heutigen Diskussion um Entwicklung und Industrialisierung der sogenannten Dritten Welt, der Exkolonien und abhängigen Peripherien.[67]

Gerade weil diese Länder keinen jungfräulichen Markt zum Export ihrer Industriegüter vorfinden (abgesehen davon, daß ihnen der koloniale Ausbeutungs- und Unterdrückungsapparat nicht zur Verfügung steht, den anderen ihre Produkte aufzuzwingen), und sie auch nicht in der Lage sind, so wie damals England heute die Welt nach ihrem Bild, nach ihren Interessen zu strukturieren, sind sie so lange zur Unterentwicklung verdammt, solange das gegenwärtige internationale System in den vor gut 200 Jahren geschaffenen Strukturen weiterbesteht — wenigstens solange sie in dieser oder jener Form versuchen, dem klassischen englischen, dem kapitalistischen Modell zu folgen und ihre Industrialisierung und Entwicklung über den Export zu finanzieren. Die *Cambridge Economic History of Europe* zieht aus der britischen Erfolgsgeschichte darum den folgenden Schluß: »Die zunehmende Abhängigkeit von der übrigen Welt scheint eine Voraussetzung für wirtschaftliches Wachstum von Volkswirtschaften zu sein, die privatwirtschaftlich strukturiert sind« (Bd VI/1,52). Darüber hinaus bewegte sich England während der Ausbildungsperiode der Industriellen Revolution noch innerhalb des Internationalen Merkantilsystems — eines Systems, das England zunehmend mehr als anderen nützte, da die englischen Exporteure die monopolisierten Märkte und deren Möglichkeiten besser als die Konkurrenten auszuschöpfen verstanden. So gelang es England durch den mit diplomatischem Geschick ausgehandelten berühmten Methuen-Vertrag von 1703 (was Frankreich wegen seiner schwächeren Manufakturproduktionsstruktur mit Spanien nicht gelang) das große Kolonialreich Portugal zu stützen und für seine eigenen Zwecke umzufunktionieren. Es wurde damit faktisch das Mutterland vor allem Brasiliens und verurteilte in den folgenden Jahrzehnten Portugal zur Unterentwicklung, für die Portugal allerdings selbst schon durch die Vernichtung einer eigenständigen Handels- und Manufakturbourgeoisie — d.h. die Austreibung der Juden — die Voraussetzung geschaffen hatte.[68]

Wie wir zu zeigen versuchten, bestand einer der internationalen Aspekte des Merkantilismus darin, die wirtschaftliche Entwicklung der Kolonien den Erfordernissen des Mutterlandes unterzuordnen. Das implizierte u.a. den Versuch, nicht nur innerkolonialen Handel zu verhindern, d.h. die gesamten Außenwirtschaftsbeziehungen der Kolonien über die Metropolen laufen zu lassen, wobei die peripheren Gebiete und Länder voneinander getrennt wurden, sondern auch in den Kolonien Produktion nur solcher Rohmaterialien zuzulassen, die dem Mutterland zur internationalen Weiterverarbeitung und damit für den Reexport dienlich waren. Das galt auch für die englischen Siedlungskolonien, die für die englische Regierung zunächst vor allem als Abschiebeplätze für religiöse Dissidenten und für schnelle Profite interessant waren (vgl. Quinn, 1974), die sich aber dann als einträgliche Dauerunternehmen erwiesen — eine sich vom spanisch-portugiesischen Muster der Zwangsarbeit und dirigistischen Kontrolle seitens der Metropole deutlich und vorteilhaft unterscheidende Siedlungs- bzw. Kolonialform. Die englische Grundbesitzerklasse war durch ihre langen Unterdrückungserfahrungen darauf bestens vorbereitet. *Irland kann als das Kolonialismuslabor Englands bezeichnet werden.*[69] Gleichzeitig unternahm England jedoch alles, in den Siedlungskolonien potentiell konkurrierende Manufaktur- und industrielle Produktion zu verhindern und die anderen zu vernichten (vgl. Ubbelohde, 1968, 62ff.).

Noch in der ersten Hälfte des 19. Jahrhunderts zerstörte es systematisch die indische Textilindustrie, die zu diesem Zeitpunkt der englischen in spezifischen Produkten überlegen war und eine ernste Konkurrenz für die mutterländische Produktion darstellte. »Zwischen 1814 und 1835 steigerten die britischen Fabrikanten ihren Baumwollexport nach Indien von einer Million Yards im Werte von 26 000 Pfund auf 51 Millionen Yards von 400 000 Pfund; das war ein Viertel der gesamten Baumwollausfuhr. Der Export von Seide und Wollwaren, von Eisen, Keramik, Glas und Papier nahm gleichermaßen zu. Indien stellte einen aufnahmefähigen Markt für die englischen Waren dar. Gleichzeitig wurden die indischen Spinner, Weber und Metallarbeiter systematisch ausgeschaltet. Dacca exportierte 1817 nichts. Der gesamte indische Baumwollwarenexport, der sich 1814 auf 1,25 Millionen Stück im Werte von 1,3 Millionen Pfund belaufen hatte, war 1832 auf 300 000 Stück zurückgegangen und auf 63 000 im Jahr 1844. Die Bevölkerungen von Dacca, Surat, Murshidabad und anderen großen indischen Fabrikationszentren wurden innerhalb einer Generation dezimiert und Indiens unheilvoll zunehmende Abhängigkeit von der landwirtschaftlichen Produktion hatte begonnen.« (Brown, 1970, 47)

Was gegenüber Indien möglich war — obwohl es dort im späten 18. Jahrhundert Ansätze zur Rebellion der in der Kolonie ansässigen Unternehmer gab, die sich der Beherrschung durch das Mutterland entziehen wollten (Parry 1971, 178) —, erwies sich als langfristig unmöglich im Fall der wichtigsten englischen Siedlungskolonie Neuengland, wo dem Verbot der Entwicklung einer einheimischen Industrialisierung wirkungsvoller Widerstand geleistet wurde. Die amerikanischen Siedler waren Europäer, zum großen Teil sogar Engländer, sie waren nicht kolonisierte, besiegte und unterdrückte andersrassige Inder — und sie rebellierten. Auch die amerikanische Revolution, der amerikanische Unabhängigkeitskampf, muß im weiteren Kontext der Entwicklung des Kapitalismus als Weltsystem verstanden werden. Zunächst einmal war das koloniale Amerika abhängig vom Außenhandel, seine herrschenden Klassen waren durch ihre Beteiligung am Dreieckshandel, von dem früher die Rede war, zu Macht und Reichtum gekommen. Die englische Industrie- und Handelsbourgeoisie jedoch wollte die Konkurrenz kurzhalten — es war den Neuengländern beispielsweise untersagt, den billigeren Zucker von den französischen karibischen Inseln zu beziehen —, sie mußten ihn von den englischen westindischen Plantagen kaufen, wo er teurer war wegen der höheren englischen Steuern. Beschränkungen wie diese, einer zunehmend selbstbewußten Bourgeoisie in den neuenglischen Kolonien auferlegt, gehörten zu den wichtigsten Ursachen der amerikanischen Rebellion. »Zucker«, schreibt Eric Williams, »das Lieblingskind des Merkantilismus, führte unvermeidlich zu jener Revolution, die den Merkantilismus zerstörte« (1970, 224). Das mag für den spezifischen Fall überspitzt sein, trifft jedoch einen richtigen Kern. *Die amerikanische Revolution war das Ergebnis innerkapitalistischer Widersprüche im Rahmen des sich herausbildenden kapitalistischen internationalen Systems* und nicht, zumindest nicht primär und nur oberflächlich, ein Produkt der Aufklärung, radikaldemokratischer Ideologien und Selbstbestimmungsideen, sie war die Verwirklichung ökonomischer Interessen der europäischen Bourgeoisie des 18. und 19. Jahrhunderts. Es ist kein Zufall, sondern elementar für das Verständnis der Genesis der USA aus dem weltweiten Kontext, daß die Forderung nach einer starken Verfassung und einer wirkungsvollen Zentralregierung begründet wurde mit der Notwendigkeit der Kontrolle über den Außenhandel. Die amerikanische Verfassung, so John Adams, »war das Werk der Handelstreibenden in den Hafenstädten der Sklavenstaaten, der Offiziere der Revolutionsarmee und der Besitzenden überall« (zit. nach Schlesinger 1922, 192). Und eine neuere Analyse der Entstehungsbedingungen des amerikanischen Staates formuliert für diesen nur scheinbaren Sonderfall von moderner Staatsbildung noch einmal das, was ich früher über den inneren Zusammenhang zwischen Kapitalismus, Kolonialsystem und modernem Staat anhand der europäischen Entwicklung versuchte aufzuzeigen: »Daß friedlicher Handel Flotte und Heer voraussetzte und die Anknüpfung neuer Handelsbeziehungen eine international wirksame staatliche Vertragsgarantie erforderte, das war den frühen Theoretikern der bürgerlichen Ökonomie noch deutlich bewußt. Und die Amerikaner hatten den merkantilistischen Zusammenhang zwischen der Entwicklung des Welthandels und nationaler Machtpolitik bereits nach wenigen Jahren der Unabhängigkeit begriffen. Wie kaum eine andere nationale Entwicklung demonstriert die amerikanische deshalb auch, daß die historische Konstitution des modernen bürgerlichen Staates sehr wesentlich aus der Weltmarktkonkurrenz resultiert« (Gerstenberger 1973, 129). Die Revolution hatte, in den Worten Alexander Hamiltons, »die Ärgernisse beseitigt, die den Fortschritt unseres Außenhandels hemmten« (zit. nach Wilkins 1970, 6). Daß die amerikanische Revolution bzw. die Verselbständigung der nordamerikanischen Kolonien von England schließlich so relativ reibungslos hingenommen wurde und für die englische Weltmacht ohne schwerwiegende Nachteile blieb, war die Folge der Industriellen Revolution, die dort inzwischen Wurzel geschlagen hatte und den bis dahin vorteilhaften Merkantilismus nun selbst zur Schranke weiterer Expansion werden ließ. Der industrie-kapitalistischen Produktionsweise »erster großer revolutionärer Akt ist die Aufbrechung der kolonialen Wirtschaftsgebiete« (Wittfogel 1924, 199).

Es war Adam Smith, der größte Ökonom und Sozialwissenschaftler seiner Zeit, der dem Merkantilismus in seinem klassischen Werk »Der Reichtum der Nationen« den intellektuellen Gnadenstoß gab. Ihmzufolge hemmte der Merkantilismus die Industrialisierung der Kolonien zugunsten eines ungesunden und stagnierenden Monopols der privilegierten englischen Klassen. Nun, nachdem die englische Industrialisierung seinen Schutz nicht mehr brauchte, war er dysfunktional geworden, denn durch die Beschränkung Englands auf einen exklusiven Markt verhinderte er weiteres Wachstum. »Der taktische Vorteil, den das Monopol einer einzigen Gruppe sichert, ist in vielfacher Weise dem allgemeinen Interesse des Landes schädlich« (Smith 1961, Bd. 2, 129). Äußerlich zufällig, aber in der Substanz von zwingender Logik, fiel die Publikation des Smithschen Werkes gerade auf das Jahr 1776, in dem der amerikanische Unabhängigkeitskrieg ausbrach.

10. Die Institutionalisierung der Instabilität

Wirtschaftliches Wachstum, bzw. die je effektivste Organisation von Arbeitskraft zur Produktion von Gütern für den einheimischen und dann zunehmend für den ausländischen Markt, war zum vorherrschenden Interesse der gesellschaftlich und politisch führenden Klassen Europas seit dem 16. Jahrhundert geworden. »In all den Ländern, in denen der Kapitalismus sich entwickelte«, schreibt Henri Pirenne, »beobachten wir, wie die Fürsten ihn mit Beweisen ihres Wohlwollens überhäufen. In den Niederlanden sprachen sie sich ständig zu seinen Gunsten und gegen die reaktionäre Politik der städtischen Zünfte aus, und sie taten ihr Äußerstes zur Förderung der Entwicklung Antwerpens, dem Zentrum wirtschaftlicher Freiheit. In England unterstützte die Krone seit der Regierungszeit Heinrichs VII. die Unternehmen der Handelsabenteurer und interessierte sich selbst für alle Formen maritimer Expansion. In Spanien war es die Intervention der Krone, die die Entdeckung der Neuen Welt ermöglichte. In Frankreich siedelte Ludwig XI. die Seidenraupe im Midi an, veranlaßte den Grubenbau und ermutigte ökonomische Initiativen jeglicher Art, während Franz I. versuchte, einige italienische Industrien hereinzuholen. Beschützt von seinen Souveränen stellte das Kapital diesen dafür seine Ressourcen und Kredite zur Verfügung. Dem war es zu danken, daß sie darum herumkamen, auf die Stände zur Sicherung ihrer Ausgaben zurückzugreifen. Die Bankiers nahmen ihnen die unangenehme Aufgabe ab, ihre Untertanen zu kontrollieren. Der lange Konflikt zwischen Karl V. und Franz I. wäre undenkbar gewesen ohne die Zusammenarbeit mit den Finanziers. Während der gesamten Regierungszeit des Kaisers streckten ihm die Fugger und eine Reihe von anderen Geschäftshäusern in Antwerpen jene kolossalen Summen vor, die er benötigte. Die Fürsten förderten die Geistesfreiheit nicht weniger energisch als die Freiheit der Wirtschaft. Mit Ausnahme der spanischen Könige bekundeten sie alle ihre Sympathien für die von den Männern der Renaissance verkündeten Ideen, ungeachtet der Proteste der Theologen. Es war nur allzu offensichtlich, daß diese neue Orientierung ausschließlich dem Staate zugute kam. Denn weil die Humanisten jene Reformen, die sie erwünschten, nur durch die Fürsten erreichen konnten, erschien ihnen aus eben diesen Gründen fürstliches Regiment das entscheidende Instrument des Fortschritts. Ihre Verachtung der Vergangenheit ließ sie alles von der Monarchie erwarten, und so brachten sie ihr die Unterstützung jener intellektuellen Aristokratie, die von nun an in allen Ländern das Monopol, die öffentliche Meinung zu repräsentieren, genießen sollte« (1956, Bd. 1, 333).

Das Ergebnis war eine verstärkte Rivalität und Konkurrenz zwischen den aus diesem Prozeß ökonomischer und politisch-territorialer Konsolidierung hervorgehenden Staaten. Umgekehrt war die organisatorische Straffung und die Entwicklung der Produktivkräfte auf manufaktureller Basis eine direkte Folge der zwischenstaatlichen Konfliktsituation, bei der es oft um das Überleben der staatlichen Einheit selbst ging. Beide Phänomene, politische Konkurrenz und ökonomische Entwicklung, sind zwei Seiten derselben Medaille — der frühkapitalistischen Revolution. Dabei ging es nicht nur um die Akkumulation von Reichtum an sich in verschiedenen Teilen Westeuropas, sondern um die Art und Weise, wie das geschah: nämlich durch die Schaffung einer neuen Sozialordnung, die auf der Entfaltung und Förderung neuer menschlicher Fähigkeiten als Hersteller und Verteiler von Waren beruhte. Mit Rationalismus, Effizienz und Utilitarismus als den wichtigsten Orientierungsprinzipien schien es, rückblickend jedenfalls, nur eine Frage der Zeit, bis wissenschaftliche Entdeckungen umgesetzt wurden in mechanische Geräte, bis die Produktion nicht mehr nur in der organisatorisch effizientesten Ausnützung menschlicher Arbeitskraft bestand. Dies war der Fall mit der Erfindung der Maschinen, die menschliche Arbeitskraft vervielfachten und z.T. ersetzten. Dieser Durchbruch im Bereich der Technologie ist nicht unser eigentliches Thema — hier kommt es lediglich auf die allgemeinen Bedingungen an, die ihn möglich machten, und auf die Konsequenzen, die er für das internationale System hatte.

Am Vorabend der großen Industriellen Revolution waren die europäischen Gesellschaften, nunmehr als Staaten organisiert, untereinander relativ ebenbürtig. Ungeachtet unserer vorhergehenden Analyse, die die Unterschiede im Entwicklungsniveau herauszustellen versuchte, gab es gleichwohl noch immer Raum für militärische und diplomatische Manöver zwischen politischen Führern, Feldherrn, Königen und Kaisern auch ohne solide wirtschaftliche Basis: militärische Tapferkeit und strategische Genialität, überlegenes administratives oder diplomatisches Geschick konnten noch immer erfolgversprechend eingesetzt werden oder einen gegebenen Konflikt wesentlich beeinflussen. Die persönlichen Qualifikationen eines Fürsten konnten bis zu einem gewissen Punkt das internationale Ansehen und die Macht eines Staates relativ zu anderen bestimmen; kleine Staaten wie Schweden oder Brandenburg-Preußen konnten erfolgreich zahlenmäßig überlegene feindliche Koalitionen herausfordern und ihnen über lange Zeiträume hinweg widerstehen. Zwar waren die Theoretiker und Praktiker des Merkantilismus sich völlig darüber im klaren, daß langfristig die Mobilisierung der Ressourcen eines Landes wichtiger und im Kampf ums Überleben in einer Welt von Konkurrenz und Feinden entscheidend war — aber die relative

Gleichheit auf dem Gebiet militärischer Technologie etwa erlaubte Ausnahmen von dieser Regel. Und was hier von den europäischen Gesellschaften gilt — ihre relative Ebenbürtigkeit im sozio-ökonomischen Entwicklungsniveau der Produktivkräfte — gilt, ebenso wieder relativ zur späteren Entwicklung, selbst noch für die Welt als Ganzes: Trotz der Raubzüge der Konquistadoren, trotz der Überlegenheit auf dem Gebiete der Hochseeschiffahrt und der Kriegsmarine, trotz Manufaktursystem und merkantilen Imperien waren die großen Gesellschaften Asiens kaum unterentwickelt zu nennen im Vergleich mit Westeuropa. Sie waren ihnen sogar in mancher Hinsicht überlegen — die komplexen Bewässerungssysteme Chinas und Südostasiens z.B. bewiesen eine verwaltungsmäßige Reife, die in den europäischen Zentralbürokratien nichts Ebenbürtiges hatten. Die Europäer beherrschten wohl die Meere, nicht aber die Landmassen und Bevölkerungen Asiens.[70] Militärisch gelang es ihnen zu Lande erst gegen Ende des 17. Jahrhunderts, den türkischen Vormarsch aufzuhalten und zurückzudrängen. Afrika war noch 1876 zu kaum zehn Prozent unter der Kontrolle des weißen Mannes. All das jedoch endete geradezu abrupt mit der Industriellen Revolution, die dann in der Tat rückblickend die relative sozio-ökonomische Ausgeglichenheit der Weltgesellschaft als trügerisch erweist.

Warum die Industrielle Revolution von England und nicht von Holland oder Frankreich ausgeht, kann hier nur wieder teilweise im Rückgriff auf früher Ausgeführtes grob angedeutet werden. Zweifellos spielte die günstige geographische Lage eine wichtige Rolle: die Insel verschonte England vor manchen retardierenden und störenden politischen Einflüssen auf die frühkapitalistische Entwicklung, wie das auf dem Kontinent der Fall war. Ein bisher noch nicht recht geklärtes plötzliches Bevölkerungswachstum im 17. und frühen 18. Jahrhundert (Wrigley 1969, 151ff.) wirkte als verstärkender Schub. Die frühe Konzentration der Manufakturen auf Wolle, d.h. aufs Spinnen und Weben, erwies sich als besonders günstige Voraussetzung für die Anwendung von Maschinen im Gegensatz etwa zur französischen Luxusproduktion. Die frühe territoriale Integration des Vereinigten Königreiches (1707) war die äußere, politische Voraussetzung für einen relativ einheitlichen inneren Markt, wodurch England den kontinentalen Konkurrenten weit voraus war. Das günstige Zusammentreffen von leicht abbaubaren Kohlevorkommen und Eisenerz war ein weiterer Faktor. Aber all dies und viele andere Vorbedingungen hätten nicht genügt, wenn nicht noch ein weiterer entscheidender Umstand hinzugekommen wäre: die internationale Umgebung. Wiederum kann man aus dem Beispiel Italiens ersehen, was das Schicksal des englischen Industriekapitalismus gewesen wäre ohne die weltweiten Möglichkeiten, die hier von einer weitsichtigen und militärisch fähigen, wagemutigen, politischen Klasse ergriffen wurden. Es ist, ungeachtet des eindrucksvollen quantitativen Ausmaßes, das vorher grob skizziert wurde, eine heute noch unentschiedene Frage, ob die Industrielle Revolution möglich gewesen wäre ohne das durch koloniale Ausbeutung und Freibeuterei zuerst zusammengetragene Handelskapital. Nicht wenige Detailstudien haben ergeben, daß koloniales Kapital de facto nur eine untergeordnete Rolle bei der Gründung der frühen industriellen Unternehmungen gespielt hat, zumindest wenn wir es vergleichen mit dem im Inland erwirtschafteten Mehrwert, der dann in die Erweiterung der Produktionsmittel reinvestiert wurde.[71] Aber selbst wenn das der Fall wäre: Es kann nicht bezweifelt werden, daß die ausländische Nachfrage ein entscheidender Impuls für die Expansion des industriellen Sektors war.

Dies läßt sich bereits bei der frühen Forderung nach wissenschaftlichen Kenntnissen, die der Produktion dienen sollen, aufzeigen — einem angeblich rein innergesellschaftlich-sozialen Vorgang.[72] So ist es nicht nur bezeichnend, daß es im England der 60er Jahre des 18. Jahrhunderts eine »Gesellschaft für die Ermutigung der Künste und der Manufakturen« gab, sondern auch, daß diese Gesellschaft zwei Preise aussetzte für »die beste Erfindung einer Maschine, die sechs Faden Wolle, Flachs oder Seide zur selben Zeit spinnen kann und die nur eine Arbeitskraft zu ihrer Bedienung benötigt«, damit die für den Bedarf der Weber und die Aufträge der Händler nicht ausreichende Spinnkapazität entsprechend vergrößert werden könnte, vor allem während jener Jahreszeit, »wenn die Spinner mit der Ernte beschäftigt sind« und es für die Fabrikanten »extrem schwierig ist, genügend Arbeitskräfte (zum Spinnen) aufzutreiben, damit die Weber beschäftigt bleiben« (zit. bei Dobb 1963b, 270f.) In unseren Kontext übersetzt heißt das: Die Gesamtnachfrage nach englischen Textilprodukten war ständig höher als das Angebot, weshalb es die Produktion mit allen Mitteln zu steigern galt. Diese Nachfrage, bzw. dieser aufnahmefähige Markt — die Welt als Markt — war das vorläufige Resultat der Erschließung der Welt durch die großen Seefahrer. »Die ursprünglichen historischen Formen, in denen das Kapital zuerst sporadisch oder *lokal* erscheint, *neben* den alten Produktionsweisen, aber sie nach und nach überall sprengend, ist die eigentliche *Manufaktur* (noch nicht die Fabrik) einerseits; diese entspringt da, wo in Massen für die Ausfuhr produziert wird, für den auswärtigen Markt — also auf der *Basis von großem See- und Landhandel* . . .« (Marx 1953, 410) — wofür die großen Imperien und das weltweite Netz von Handelsniederlassungen die Bedingungen der Möglichkeit geschaffen hatten. Dieser »historische Prozeß ist nicht das Resultat des Kapitals, sondern Voraussetzung für dasselbe« (ebda. 405). Daß die Zunftproduktion zuvor zerstört und von der Manufaktur abgelöst worden war, genügte nun schon nicht mehr. Weitere quantitative Steigerungen der Produktion waren nur durch den Einsatz von Technologien — durch Erfindungen — möglich. Die Wissenschaft mußte praktisch werden.

Dies ist zugegebenermaßen ein vereinfachtes Modell technologischen und wirtschaftlichen Wachstums; doch fast alle Wirtschaftshistoriker stimmen darin überein, daß es der Exportsektor war — der Außenhandel mit fertigen oder halbfertigen Fabrikaten — der die Industrielle Revolution in England entscheidend vorantrieb.

»Unter Verkaufsaspekten«, schreibt Hobsbawm, »kann die Industrielle Revolution als . . . der Triumph des Exportmarktes über den Binnenmarkt beschrieben werden« (1962, 53) — ein Exportmarkt, so wäre hinzufügen, der nicht als solcher naturwüchsig bestand und gegeben war, sondern für und um den gegen erbitterte europäische Konkurrenz und gegen nicht minder erbitterten Widerstand nichteuropäischer Gesellschaften gekämpft werden mußte. Ausfuhren und damit internationaler Handel vervielfachten sich vom 17. über das 18. bis ins 19. Jahrhundert rapide, wobei England in der zweiten Hälfte des 18. Jahrhunderts die unbestrittene Führung übernahm. »Alles deutet darauf hin«, so Dobb, daß auf dem Textilsektor »der Anstieg der Exportnachfrage die Produktionskapazität überstieg und den wichtigsten Anstoß gab für die technischen Veränderungen in der späteren Hälfte jenes Jahrhunderts« (1963 b, 294). In Pfund Sterling hatten die Textilexporte nun den dreifachen Wert gegenüber der Mitte und den fünffachen Wert gegenüber dem Anfang des 18. Jahrhunderts. Später, um 1850, machten Textilprodukte allein etwa 60 Prozent aller englischen Exporte aus, die sich selbst in der ersten Hälfte des 19. Jahrhunderts verdoppelt hatten. Wichtig in unserem Zusammenhang jedoch ist die Tatsache, daß England, d.h. die englische Unternehmerklasse und seine politische Elite, die die revolutionäre Kunst der Maschinenkonstruktion zur Verbesserung der Produktion gefördert und »erfunden« hatte, sich völlig darüber im klaren war, welche Vorteile gegenüber der internationalen Konkurrenz diese neuen Techniken ihr da in die Hände gegeben hatten.

Zahlreiche Untersuchungen haben sich mit der in der Forschung noch immer umstrittenen Frage beschäftigt, welche Rolle der englische Staat bei der Entwicklung des Industriekapitalismus gespielt hat.[73] Auf die in jedem Falle wesentlichen Unterschiede zur kontinentalen Entwicklung wird später noch zurückzukommen sein. Als solche war die Kapitalistische Revolution das Werk einer Bourgeoisie, die ihre sozioökonomische Dynamik erst nach der erfolgreichen Herausforderung der politischen Strukturen der vorkapitalistischen Gesellschaft entwickelte, nachdem sie sich in widersprüchlichen Prozessen durch die Cromwellsche Revolution und die nachfolgende Restauration des Staatsapparats zwar nicht völlig bemächtigt, aber sich doch mit ihm identifiziert hatte. Der aus diesen politischen Unruhen hervorgehende Staat, der die Kapitalistenklasse zur Entfaltung ihrer Interessen freisetzte und ihr die notwendige internationale Umgebung diplomatisch und vor allem militärisch sicherte, schützte außerdem eifersüchtig die englischen technologischen Errungenschaften, indem er sie der ausländischen Konkurrenz vorenthielt. (Heinrich dem Seefahrer von Portugal war das für die 'Karavelle' nicht gelungen, den USA hingegen gelang es später weitgehend für die Atomwaffe.) Die Gesetzgebung des 18. Jahrhunderts belegte den Export der wertvollen Maschinen und ihrer Konstruktionsgeheimnisse, die nunmehr die Grundlage englischer Überlegenheit darstellten, mit schwersten Strafen. Rückblickend erscheinen jene Maßnahmen, die Ausbreitung technologischen Wissens über das übrige Europa zu verhindern, wie ein Kampf gegen den Strom. Europäische Fürsten und aufgeklärte Monarchen zahlten jeden geforderten Preis für illegal erworbene Maschinen oder für ausgebildete englische Mechaniker, die bereit waren, ihre Kenntnisse und sich selbst im Ausland zu verkaufen. Wiederum können wir Adam

Smith zitieren, der unzweideutig jene Monopolpraktiken als langfristig schädlich für den britischen Verbraucher und nur dem Produzenten dienlich verurteilte.

»Der Export der Instrumente des Handels, zu Recht so genannt, wird jedoch generell behindert, nicht durch hohe Zölle, sondern durch absolute Verbote. So wird ... die Ausfuhr von Stühlen oder Maschinen zum Weben von Handschuhen und Strümpfen unter Strafe verboten, nicht durch angedrohte Konfiskation der exportierten bzw. der für einen Export vorgesehenen Stühle und Maschinen, sondern belegt mit 40 Pfund Buße, die eine Hälfte dem König, die andere demjenigen, der informiert oder Strafantrag stellt. Auf gleiche Weise ... wird die Ausfuhr aller bei der Baumwoll-, Woll- und Seidenfabrikation verwandten Hilfsmittel bei Strafe verboten, nicht durch Einzug dieser Gegenstände, sondern belegt mit 100 Pfund, von der schuldigen Person zu zahlen, und mit 200 Pfund zu zahlen von dem Schiffsherrn, der wissentlich solche Gegenstände an Bord nimmt. Wenn schon so schwere Strafen auf die Ausfuhr toter Instrumente des Handels gelegt werden, so ist es kaum anders zu erwarten, daß das lebendige Instrument, der Techniker, ebensolchen Beschränkungen unterliegt. Entsprechend ... soll jeder, der schuldig befunden wird, einen englischen Techniker angestiftet zu haben, das Gesetz zu übertreten, mit einer Buße bis zu 100 Pfund belegt werden oder mit drei Monaten Gefängnis, bis die Buße gezahlt wurde. Und jede gegen das Gesetz verstoßende Person soll mit einer vom Gericht selbst festgelegten Summe oder 12 Monaten Gefängnis bestraft werden, bis die Buße bezahlt worden ist ... Wenn ein Techniker das Land verlassen hat und seine Qualifikation dort ausübt oder andere darin unterrichtet, so soll es ihm, nachdem er von Beamten oder Konsuln Seiner Majestät im Ausland gewarnt wurde, und sofern er nicht innerhalb sechs Monaten nach solcher Warnung in seine Heimat zurückkehrt und sich von dann an gesetzesgetreu verhält und nicht mehr das Land verläßt, untersagt werden, fürderhin ihm zukommende Erbschaften innerhalb des Königreiches anzutreten ... oder daselbst Land zu erwerben durch Erbe, Pacht oder Kauf. Er verliert auch an den König alle seine Ländereien, Güter und Besitztümer, wird in jeder Hinsicht zum Fremden erklärt und untersteht nicht mehr dem Schutz der Krone.« (Smith 1961, 177 ff.)

Entgegen der scharfsinnigen und auch politisch schließlich erfolgreichen Kritik Adam Smiths müssen wir jedoch das sehr wichtige Zeitelement betonen, das hier im Spiele ist: Die erst später konterproduktive Protektion des Monopols englischer Technologie und englischen industriellen Know-hows sicherte den Protagonisten der Industriellen Revolution gleichwohl eine entscheidende Inkubations- und Reifezeit. Tatsächlich dauerte es bis 1842, ehe das Verbot des Maschinenexports formell aufgehoben wurde — nachdem England sich einen für Jahrzehnte nicht einholbaren Vorsprung verschafft hatte. Dieser Vorsprung überlebte nicht nur den Zusammenbruch des Merkantilsystems, er wurde nun sogar noch davon begünstigt und erweiterte sich rasch unter dem Freihandel. Adam Smith hatte das als erster deutlich erkannt.

Am Ende des 17. Jahrhunderts überholte England die Niederlande und wurde zur international führenden Kolonialmacht. Die Industrielle Revolution um die Mitte des 18. Jahrhunderts hatte dann eine substanzielle Veränderung der Qualität dieses Kolonialismus zur Folge — den Übergang vom Handels- zum Industriekapital.[74] Die aus der Konkurrenz zunächst technologisch ebenbürtiger frühkapitalistischer Staaten hervorgehenden politischen und militärischen Konflikte erbrachten im 18. Jahrhundert für England wichtige internationale Erfolge. Indien wurde den Franzosen abgenommen, die Karibischen Inseln wurden zeitweilig ein Eldorado für (Zucker?)Plantagenprofite — »der Angelpunkt des englischen Empires« — Nordamerika schien eine gesicherte Pfründe. Aber es war dies doch eine gleichwohl prekäre Situation für England, die jederzeit durch neuauftretende Konkurrenten verändert werden konnte. Die französische Konkurrenz vor allem stellte sich als die gefährlichste heraus.

Während für England das Merkantilsystem mit dem Erfolg der amerikanischen Rebellion zusammenbrach, repräsentierte Frankreich noch immer den Merkantilismus in seiner reinsten und besten Form. Es verfügte vor allem — gemessen an den Prinzipien dieses Systems — über nahezu klassische Voraussetzungen, um es voll in seinen Möglichkeiten auszuschöpfen: ein großes, einheitlich verwaltetes Territorium mit großer Bevölkerungszahl, eine effiziente Verwaltungsstruktur, eine gut organisierte Armee und Marine und nicht zuletzt ein beträchtliches Kolonialreich. In der Produktion von Grundstoffen war Frankreich während des größten Teils des 18. Jahrhunderts England kaum unterlegen. Militärisch gewann es wichtige Schlachten. So fand es sich auf Seiten der Sieger u.a. im amerikanischen Unabhängigkeitskrieg. Aber aus zwei Gründen stellten sich die französischen Siege als Pyrrhussiege heraus: erstens brachten sie, obwohl von Teilen der politischen Klasse mit großer Energie geführt, die Staatsfinanzen und die administrativen Ressourcen bis hart an den Rand der Erschöpfung und ließen Frankreich nur geringe Reserven; zweitens führten sie zu einer zunehmenden Erstarrung der sozio-politischen Struktur eines absolutistischen Regimes, das eine Gesellschaft regierte, die die ersten Schritte auf dem Weg zum Industriekapitalismus zu unternehmen begann. Hier jedoch war Frankreich im Rückstand, und um diesen aufzuholen, d.h. um erfolgreich mit England konkurrieren zu können, mußte es, systematisch von »oben« stimuliert und verwaltet, modernisieren und die Entwicklung industrieller Manufakturproduktion fördern. Damit wurde jedoch zunehmend auch die Stabilität der politischen Ordnung untergraben (Kemp 1971, Kap I. u. II., Ford 1970, 97 ff.).

Die hier vertretene These ist die, daß die Französische Revolution, die Kriege und Konflikte in bis dahin ungekanntem Ausmaß und Umfang entfesselte und das internationale System in einer noch darzulegenden Weise neu strukturierte und die deshalb zweifellos eines der wesentlichsten politischen Ereignisse unserer Epoche ausmacht, nicht lediglich aus dem Kontext des Konfliktpotentials der französischen Gesellschaft selbst abgeleitet und erklärt werden kann. Die scheinbar nur innenpolitischen Konflikte Frankreichs sind auch zu sehen als Konsequenzen der verschärften internationalen Konkurrenzsituation zwischen einer fortgeschritteneren und einer zurückgebliebenen und stagnierenden, aber noch immer mächtigen Version kapitalistischer Modernisierung. Die Französische Revolution, die Napleonischen Kriege und die folgenden Versuche Frankreichs, den Aufstieg des deutschen Konkurrenzkapitalismus auf dem Kontinent zu verhindern, sind nicht verständlich außerhalb jenes generellen Interpretationsrahmens, der durch inter-kapitalistische Konflikte bei der Modernisierung allgemein und Frankreichs relative Stagnation im Vergleich mit seinem größten Rivalen England gegen Ende des 18. Jahrhunderts im besonderen zu umreißen ist. Unter strukturellen Gesichtspunkten, d.h., *wenn man die internationalen Konflikte als staatlich vermittelte Klassenkonflikte analysiert, sind die Französische Revolution und die durch sie hervorgerufenen Reaktionen der Anciens Régimes noch immer ein eindrucksvolles Modell und Schulbeispiel.* Die Anciens Régimes vergaßen sehr rasch ihre alten Konflikte und Rivalitäten, um diesen revolutionären Bazillus zu zerstören, den sie sehr klar als tödliche Gefahr für ihre eigenen gesellschaftlichen und politischen Machtpositionen und Privilegien erkannten. Sie bekämpften die Französische Revolution und nicht Frankreich in einem Krieg, der nur äußerlich ein zwischenstaatlicher Krieg, in seinem Wesen jedoch ein Bürgerkrieg war[75] — der erste große Krieg seiner Art in der Neuzeit (sehen wir einmal ab von der erwähnten, vergleichsweise milden Vorform der Reaktion auf Cromwell in England).

Auch unter dem Gesichtspunkt der Neuordnung des internationalen Systems unter englischer Führung — dem Ergebnis der Kriege und schließlichen Niederlage Napoleons — bedeutet die Französische Revolution eine Wende. Frankreich verlor den größten Teil seiner Kolonien an England und versuchte nunmehr unter Napoleon, den Kontinent als große Produktionseinheit und Markt zu organisieren. Dieser Aspekt verdient unsere besondere Aufmerksamkeit. Vor 1789 erlebte Frankreich nichts der Industriellen Revolution Entsprechendes. Zwar war beispielsweise die französische Eisenproduktion damals die größte der Welt, zwar hatte der französische Kolonialhandel sich zwischen 1716 und 1787 verzehnfacht — zu drei Vierteln mit Santo Domingo. Aber die wirtschaftlichen Initiativen gingen aus vom Staat Ludwigs XV. und Ludwigs XVI. Der Staat war der treibende Motor für industrielle Unternehmungen und Modernisierungsanstrengungen, die auch nicht annähernd soweit gingen und so tiefe Wurzeln schlugen wie die Umwälzung der gesellschaftlichen Infrastruktur in England. Weder vor noch nach der Revolution stützte die französische Bourgeoisie ihre Stellung auf die industrielle Produktion, ihre ökonomische Basis waren überwiegend der Handel, die Landwirtschaft und die freien Berufe. Napoleon versuchte, diese Situation zu ändern. Doch er stand u.a. vor dem Problem, daß ihm nicht mehr die Kolonien und der internationale Handel als Lokomotiven wirtschaftlichen Wachstums zur Verfügung standen. Santo Domingo war aufgrund einer erfolgreichen Sklavenrevolte — ein Nebenprodukt der französischen Revolution — verlorengegangen, und der größte Teil des französischen Handels war den Engländern in die Hände gefallen. »Unsere Welt ändert sich fortwährend«, erklärte Napoleon 1806 vor der Pariser Handelskammer. »Früher mußte man, wollte man reich sein, im Besitz von Kolonien sein, Indien und die Antillen haben, Mittelamerika, Santo Domingo. Die Zeiten sind vorbei! Heute muß man Manufakturist sein, sich selbst mit dem versorgen können, was man früher bei anderen holte, man muß, hört ihr, seine indischen Waren, seinen Indigo, Reis und Zucker selbst herstellen. Die Industrie hat mindestens denselben Wert, den der Handel einmal gehabt hat. Während ich versuche, das Meer zu gewinnen, entwickelt sich die Industrie Frankreichs oder wird neu geschaffen« (zit. bei Jacob 1964, 166). Und dem Großindustriellen Oberkampf erklärt er: »Tous les deux, nous faisons la guerre à l'Angleterre, mais la vôtre est encore la meilleure« — wir beiden führen Krieg gegen England, aber der Ihre ist der bessere (ebda., 167). Napoleon schickte sich also an, die französische Rückständigkeit gegenüber England schnellstmöglichst aufzuholen, aber mittels einer neuen Strategie: der Mobilisierung der kontinentaleuropäischen Ressourcen. Das Mittel dazu war die berühmte Kontinentalsperre, jene Blockade, die zusammen mit der kriegsbedingten Steigerung der Nachfrage nach Manufakturgütern »dem Kontinent die erste Erfahrung mit großangelegtem Kapitalismus integrierter und mechanisierter Industrie vermittelte. Sie schuf eine neue Gruppe von Manufakturbesitzern mit einer fortschrittlichen (und bisweilen unternehmungslustigen) Orientierung und dem Geschmack an technischem Fortschritt zugunsten der Expansion«.[76] Frankreich machte auch als erstes Land systematische Anstrengungen, die Wissenschaft nicht nur — wie in England — der Produktion dienstbar zu machen, sondern sie auch für die Ausbildung der Produzenten einzusetzen. Die berühmten »Ecoles«, 1794 und 1829 gegründet, sollten Industriemanager wissenschaftlich ausbilden und damit den englischen Vorsprung einholen helfen (vgl. *The Cambridge Economic History of Europe*, Bd. VI, 1, 11).

Aus Gründen, die auf die inneren Widersprüche des kapitalistischen Entwicklungsmodells zurückzuführen sind, hatte Napoleons großangelegte Strategie — eine echte Globalstrategie im Kontext eines wiederum global geführten Krieges — nicht den erwarteten und gewünschten Erfolg. Tatsächlich mußte Frankreich selbst die von ihm aufgestellten Regeln und Vorschriften vielfach wegen seiner Abhängigkeit von englischen Waren und Technologien brechen — z.B. lieferte die englische Textilindustrie Kleidung für die französische Armee. Das wiederum führte zur Verärgerung von Napoleons Bündnispartnern, der modernisierungsbereiten kontinentalen Bourgeoisie, die ihn als progressive Kraft in ihrem Kampf gegen die engstirnigen, konservativen und illiberalen Anciens Régimes zunächst aktiv unterstützt hatte. Darüber hinaus schuf die napoleonische Verkehrung des revolutionär-internationalistischen Charakters der Französischen Revolution in ein national-imperiales Projekt die Voraussetzungen für nationalistische Ideologien in Frankreich und in der Folgezeit als Reaktion darauf auch bei den befreiten Völkern. Die ursprünglich als Botschafter von Freiheit und Fortschritt begrüßten französischen Truppen erschienen bald mehr als Besetzer denn als Befreier, die herrschten und beschlagnahmten (für den Krieg), anstatt zu helfen und zusammenzuarbeiten. Dies führte schließlich zu den Befreiungskriegen von 1814-15, nach denen der Kontinent zersplitterter war als zuvor, in der Weise, daß die nun vergrößerten Staatengebilde zugleich exklusiver und ideologisch fester geworden waren als unter den Anciens Régimes. Das war mit ein Grund, weshalb nun die unter dem Schutzschirm der Kontinentalsperre überall entstandenen Industrien (in Deutschland hatte die Kontinentalsperre positive Auswirkungen vor allem in Sachsen und im Ruhrgebiet, wo mit dem Fortfall der englischen Konkurrenz die Produktion gesteigert und technische Innovationen freigesetzt wurden, ebenso auch an der Saar[77]) vorwiegend nur für begrenzte nationale Märkte produzierten und nicht wie England für den Weltmarkt. Sie konnten nicht in dem Umfange expandieren, um erfolgreich mit England zu konkurrieren — ganz abgesehen von dem Vorsprung, den England vor allem auf technologischem Gebiet bereits besaß. Ohnehin gab die französische Kontinentalorientierung England nahezu völlige Freiheit auf den Weltmeeren, die Kontinentalsperre stellte sich wider Willen des Erfinders als Glücksfall für England heraus.

Für Lateinamerika z.B. markierten die Napoleonischen Kriege einen entscheidenden Wendepunkt: den Schutz, welchen England den vor den französischen Besatzern fliehenden iberischen Monarchien angedeihen ließ, vergalten diese mit der freizügigen Öffnung der lateinamerikanischen Häfen für englisches Kapitel und englische Unternehmer — wofür England wiederum sich revanchierte, indem es von nun an die Rolle des Vorkämpfers und Beschützers der lateinamerikanischen Unabhängigkeitsbewegungen übernahm. »Spanisch-Amerika ist frei«, erklärte der britische Kanzler Lord Canning 1824, »und wenn wir keine Fehler machen, so wird es englisch sein« (zit. bei Frank 1972, 51).

Als die Napoleonischen Kriege vorüber waren und der Kaiser endlich besiegt war, wobei ihm England, das sich der Gefahren eines französisch kontrollierten Kontinents unter Ausschluß seiner Waren mehr als bewußt war, bekanntlich den Gnadenstoß versetzte, war die Konkurrenzposition der Kontinentalstaaten in vieler Hinsicht relativ schwächer als zuvor. Die durch die Kontinentalsperre angeregte Industrialisierung stellte sich weitgehend als eine Scheinblüte heraus (vgl. Böhme 1969, 32f.). England vermochte sehr schnell seine ökonomische Überlegenheit wiederherzustellen und weiter auszubauen, ganz abgesehen davon, daß es international nunmehr eine Führungsrolle einnahm, die es für fast einhundert Jahre nicht wieder abgeben sollte.

Die den Napoleonischen Kriegen folgende Periode erscheint rückblickend und nicht ganz zu unrecht als ein »Hundertjähriger Friede« (Polanyi 1957, Kap. 1). »Wahrscheinlich war kein Jahrhundert seit dem Zusammenbruch des Römischen Imperiums so friedlich wie das zwischen 1815 und 1914« (Hearder 1966, 134). In unserem Kontext scheint es jedoch treffender zu sein, von der Institutionalisierung der Instabilität zu sprechen, als die man die in diesen auf zwei Kriegsjahrhunderte folgenden Frieden eingebauten Widersprüche bezeichnen kann. Wiederum ist die Aufarbeitung der Struktur dieser spezifischen Phase oder Gestalt des internationalen Systems mehr als nur »historisch« relevant. Nicht nur ist dies die Zeit, die unsere Großväter als die »guten alten Tage« zu erinnern glauben, sondern es ist dies auch jener Abschnitt, der gegenwärtig als so etwas wie ein erstrebenswertes Modell von Theoretikern der internationalen Beziehungen beschrieben wird, von dem unsere Außenpolitiker lernen sollten. Es genügt der Hinweis darauf, daß der spätere US-Außenminister Henry Kissinger sein erstes und wissenschaftlichstes Buch der Restaurationsdiplomatie der Ära Metternich widmete und wesentliche Konzepte von »Ordnung« und »Stabilität«, wie sie dort praktiziert wurden, mit einigen Modifikationen zu übertragen versuchte auf das internationale System unserer Zeit. In der Tat ist es so abwegig nicht, dieses System der Gegenwart ebenfalls auf den Begriff der institutionalisierten Instabilität zu bringen — mit anderen Akteuren, anderen Dimensionen, mit einem bei weitem größeren Explosions- und Zerstörungspotential, aber doch mit vergleichbaren Strukturen. Die strukturelle Ähnlichkeit liegt in der Tatsache, daß wir uns noch immer in derselben historischen Epoche bewegen, der Epoche des Weltkapitalismus, konkreter gesagt, des Kapitalismus der Industriellen Revolution.

Ich habe versucht, die Struktur und die Konflikte des internationalen Systems, so wie es sich seit den europäischen Entdeckungen entwickelte, aus der Logik der sich entwickelnden kapitalistischen Produktionsweise abzuleiten. Ich habe auf die Notwendigkeit hingewiesen, auch in diesem Kontext die amerikanische Revolution zu interpretieren, jenes Ereignis, das von zentraler Bedeutung für die internationale Politik werden sollte und das zur Bildung des mächtigsten Zentrums des gegenwärtigen Weltkapitalismus führte. Und ich habe zumindest ansatzweise zu zeigen versucht, daß die Französische Revolution, von politisch weit größerer Tragweite als die amerikanische, nur angemessen verstanden werden kann vor dem Hintergrund der interkapitalistischen Konkurrenzbedingungen, denen sich im späten 18. und im frühen 19. Jahrhundert die beiden Gegenspieler England und Frankreich zu stellen hatten.

Studium und Analyse des der Revolution und den napoleonischen Kriegen folgenden hundertjährigen Friedens haben sich etwas einseitig auf die inter-europäischen Aspekte dieser Periode konzentriert, die allerdings auch überaus relevant sind. Die Heilige Allianz der ersten Hälfte des 19. Jahrhunderts re-integrierte ein Frankreich, in dem »Recht und Ordnung« wiederhergestellt worden waren mittels Intervention aller revolutionsbedrohten Mächte, ein Frankreich, das nur um den Preis gesellschaftlicher Rückentwicklung als respektierter Partner der modernisierten kontinentalen Anciens Régimes anerkannt wurde. Diese Heilige Allianz ist in der Sache eine Art Vorläufer der heutigen Vereinten Nationen. Darüber hinaus ist die strukturelle Verwandtschaft der post-revolutionären Periode eines radikalen demokratischen Internationalismus mit der des besiegten sozialistisch-revolutionären Internationalismus nach den zwanziger Jahren überaus deutlich. Die Periode des Friedens durch Kooperation der sich nach innen konsolidierenden großen Mächte war zugleich eine Periode systematischer innenpolitischer Repression zur Stabilisierung dieses Friedens, zur Eliminierung des revolutionären Bazillus.

Die zu diesem Zwecke von den europäischen Regierungen zwischen 1815 und 1848 eingesetzten Mittel — Ausweisung von Radikalen, Pressezensur, Publikationsverbote für radikale Literaten, Gefängnishaft für politische Vergehen, Verbot radikaler Organisationen (die sich dann nur noch als sektiererischer Untergrund erhalten konnten), Begrenzung der Demokratisierung durch oktroyierte Verfassungen, Kontrolle der Partizipation und damit Zähmung der potentiell revolutionären mittleren und kleinen Bourgeoisie — alle diese Methoden finden wir in veränderten Formen wieder in den zwanziger und den fünfziger Jahren dieses Jahrhunderts, und gegenwärtig nicht minder. Nach dem revolutionären Zwischenspiel von 1848 und der anscheinend nur durch einen ebenso raschen wie sorgfältig unter Kontrolle gehaltenen Krieg (1870/71) möglichen Anpassung der staatlich-politischen Strukturen an die veränderte gesellschaftliche Dynamik wurden dem Bürgertum etwas flexiblere, liberalere Verfassungen beschert. *Das europäische System wurde zusammengehalten durch die internationale Klassenangst dieser Bourgeoisie vor der dem Anspruch nach sich ebenfalls international verstehenden und aktivierenden Arbeiterklasse,* die nicht zuletzt in der Pariser Kommune bereits ihre politische Stärke und Gefährlichkeit bewiesen hatte, die auch in den weit über Frankreich hinausgehenden Reaktionen zum Ausdruck kam. Unterhalb des Systemmanagements durch eine qualifizierte und effiziente internationale Diplomatie mit ihrem komplizierten Netzwerk von Allianzen und Rückversicherungen fungierte die *haute finance* in dieser Periode als wichtigster Mittler zwischen der politischen und der ökonomischen Organisation auf internationaler Ebene. Diese Klasse von Bankiers und Finanziers fand ihre typischste oder doch zumindest prominenteste Verwirklichung in der französisch-jüdischen Familie der Rothschilds, der es gelang, geschickt die Schwächen und Lücken der politischen Diplomatie zu ergänzen und auszufüllen und damit vorübergehend zur Stabilisierung der widerspruchsvollen und mit schwerwiegenden Interessengegensätzen durchsetzten internationalen Struktur beizutragen. Wiederum ergeben sich hier Ähnlichkeiten und Vergleichsmöglichkeiten zum gegenwärtigen internationalen System, auf die später zurückzukommen sein wird.

Aber die Erhellung der Strukturen dieses Systems im 19. Jahrhundert und vor allem der sogenannten *Gleichgewichtspolitik* der zweiten Jahrhunderthälfte, die die Heilige Allianz ablöste, kann nicht auf Europa beschränkt werden. Die Heilige Allianz und das Europäische Konzert der liberal-bürgerlichen Regimes basierten auf der gleichzeitig gegebenen Beherrschung des internationalen Systems durch England, dem Ursprungsland der Industriellen Revolution. Das innereuropäische System schien sich durch die relative Ausgewogenheit — das »Gleichgewicht« — seiner wichtigsten Mitgliedstaaten (Frankreich, Preußen-Deutschland, Italien, Rußland) zu stabilisieren. Doch dieses Gleichgewicht bestand nur scheinbar, es war geschützt und garantiert durch die führende Weltmacht England, sozusagen das Zentrum oder richtiger die Pyramidenspitze des internationalen Systems.

England konnte zur Führungsmacht aufsteigen aufgrund des »Großen Sprunges nach vorn« in der Entwicklung des Industriekapitalismus. In der ersten Jahrhunderthälfte war England zur »Werkstatt der Welt« geworden: durchschnittlich 60 Prozent seiner Einfuhren waren Rohmaterialien und 32 Prozent Nahrungsmittel, 83 Prozent seiner Exporte jedoch bestanden aus industriellen Fertigwaren:

Struktur des englischen Außenhandels 1814-1856

Jahr	Rohmaterialien	Nahrungsmittel	Industrieprodukte
		Importe %	
1814-1816	54	35	11
1824-1826	64	27	9
1854-1856	61	33	6
		Exporte %	
1814-1816	4	17	79
1824-1826	4	11	85
1854-1856	8	7	85

[Quelle: Bairoch 1967, 281]

Daß Großbritannien diese einzigartige Stellung erreichte, war natürlich nicht der besonderen Tüchtigkeit der Engländer, ihrem Fleiß oder gar ihrer Rasse zu verdanken, wie das früher bisweilen behauptet wurde — der historische Vergleich mit dem handwerklichen Können in den italienischen Stadtstaaten, der deutschen Bergbautechnik oder der flandrischen Agronomie belehrt da schnell eines Besseren. In jeder dieser je spezifischen Phasen der Ablösung der Feudalordnung, in denen die Kapitalistische Revolution ein Stück weiter vorangetrieben wurde, spielt der internationale Kontext die entscheidende Rolle als Voraussetzung des Wachstums. Das gilt auch für den englischen Kapitalismus, aber hier in historisch beispiellosem Umfang. Denn von nun an haben wir es mit dem Industriekapitalismus zu tun, d.h. mit der dynamischsten Gestalt der kapitalistischen Revolution, die die Reproduktion auf erweiterter Stufenleiter erzwingen kann, weil sie auch das notwendige technologische Potential dazu hat. Erst die maschinelle Produktion ebnete in letzter Konsequenz dann den Weg zum überdurchschnittlichen Wachstum, das wiederum den umfangreichen Weltmarkt voraussetzte. England, dieser »Demiurg des bürgerlichen Kosmos« (Marx), konnte seine Führungsstellung im Lager der kapitalistischen Gesellschaften nur erringen, indem es die Welt seinem Freihandel öffnete. Das Europäische Konzert und dann die Politik des Mächtegleichgewichts (»balance of power«)[78] müssen zweifach als Funktion britischer Weltbeherrschung gesehen werden:

1. Keine der verschiedenen möglichen Kombinationen der kontinentalen kapitalistischen Mächte — der Nationalstaaten — durfte so stark werden, daß sie den ganzen Kontinent als exklusiven Markt organisieren und beherrschen konnten. Dieser Versuch wurde von Napoleon unternommen und vom Deutschen Reich zweimal wiederholt. Die Verhinderung dieser immer gegebenen Möglichkeit, vom Kontinent ausgeschlossen zu werden, einem Kontinent, der sich als kapitalistischer Konkurrent organisierte bzw. von einer der Kontinentalmächte zu diesem Zwecke zusammengefaßt wurde, war für mehr als hundert Jahre der rote Faden, die Leitlinie der Außen-

politik der führenden kapitalistischen Nation England. Großbritannien würde, wenn immer nötig und wo immer möglich, intervenieren, um die kontinentalen Nationalstaaten in Gleichgewicht und voneinander getrennt zu halten. Dergestalt wurde England auch zum Vorkämpfer nationaler Selbstbestimmung — etwa im Falle Griechenlands — da diese zur erwünschten Schwächung und Fragmentarisierung der rivalisierenden Mächte beitragen konnte.

2. England bestand darauf, sich die übrige Welt soweit wie möglich sowohl als Markt für die eigene Industrieproduktion wie auch als anscheinend unerschöpfliche Quelle von Nahrungsmitteln und Rohstoffen direkt oder indirekt offen zu halten. Dies wurde erreicht nicht so sehr, und dann erst zu einem relativ späten Zeitpunkt (gegen Ende der zweiten Hälfte des 19. Jahrhunderts), durch die direkte Kolonisierung nach spanisch-portugiesischem Vorbild, sondern mehr durch die Kontrolle der Seewege, was zunächst lediglich ein allerdings umfassendes Netz befestigter Stützpunkte, Kohlestationen und Handelsniederlassungen erforderte.

Um die Überreste der merkantilistischen Alleinherrschaft Spaniens und Portugals in deren überseeischen Imperien zu brechen, machte sich Großbritannien in den zwanziger und dreißiger Jahren des 19. Jahrhunderts auch zum Vorkämpfer nationaler Unabhängigkeit und liberaler Verfassungsstaatlichkeit in Lateinamerika. Einmischungen in innenpolitische Konflikte mittels »Kanonenbootdiplomatie« gehörten dazu, wann immer englische Interessen bedroht erschienen, vor allem die Möglichkeit, vom Zugang zu Markt und Rohmaterialien ausgeschlossen zu werden. Chile etwa wurde zu einer De-facto-Kolonie Englands, »mehr als 50 Prozent des chilenischen Außenhandels gingen über England« (Carmagnani 1971, 120), und in Chile wurde durch Investitionen vor allem im Eisenbahn- und Dienstleistungsbereich und im Bergbau eine einseitige Industrialisierung eingeleitet, »die den Prozeß der Unterentwicklung zuspitzte und vertiefte« (ebda., 158). 17 Prozent der englischen Direktinvestitionen im Ausland gingen zwischen 1867 und 1914 nach Lateinamerika. *Interventionen in der Peripherie durch die kapitalistische Führungsmacht waren — und sind — das Pendant zur Erhaltung des Friedens im Zentrum.* »Durch die ausgleichende Rolle, die England in der europäischen Politik der frühen sechziger Jahre des 19. Jahrhunderts spielte, gewann es freie Hand, sich seinen überseeischen Interessen zu widmen; durch gezielte Interventionen wie im bulgarischen Unabhängigkeitskrieg gegen die Türkei in den späten zwanziger Jahren, im Krimkrieg von 1854-56, im Russisch-Türkischen Krieg von 1877-78 achtete es darauf, daß diese Konflikte nicht seine Verbindungslinien an der europäischen Peripherie beeinträchtigten, und daß die europäische Außenpolitik innerhalb der Peripherie ausgeglichen blieb« (Northedge 1964, 6).

Es dürfte nicht schwierig sein, die hier für das 19. Jahrhundert angedeuteten Charakteristika im gegenwärtigen internationalen System wiederzuerkennen, nur daß die damalige Stellung Englands heute die USA innehaben. Diese strukturelle Ähnlichkeit ist mehr als zufällig. Sie entspringt den Bedingungen kapitalistischer Reproduktion im Weltmaßstab — damals wie heute. Die sind gekennzeichnet durch ein die anderen kapitalistischen Konkurrenten beherrschendes und gleichzeitig von diesen in sich ständig verschärfenden Formen herausgefordertes Zentrum, das zur Erhaltung seiner Führungsposition einer günstigen internationalen Umgebung bedarf und dafür notfalls auch an der Peripherie zu kämpfen bereit ist, vordergründig vor allem im eigenen Interesse, langfristig aber auch im allgemeinen Interesse aller kapitalistischer Konkurrenten. Die europäischen Wirtschaften und Gesellschaften profitierten sowohl indirekt als auch direkt von der »Pax Britannica« (Israel, 1968), die ihnen sichere Handelswege garantierte, Märkte und Hinterlande öffnete und ihnen gestattete, der Führung des sozio-ökonomisch revolutionierten England zu folgen und so sich selbst gesellschaftlich und ökonomisch-technologisch zu revolutionieren. Man nehme beispielsweise den berühmten Opiumkrieg gegen China, der im Endeffekt zur Öffnung des chinesischen Marktes für alle kapitalistischen Nationen führte, die zuvor, geführt von einer »liberalen« öffentlichen Meinung, lautstark — ebenso wie später im Burenkrieg — die englische Politik verurteilten, dann aber sehr bald und zielstrebig die so geschaffenen neuen Möglichkeiten voll und ganz ausnützten. Die Parallelen zum amerikanischen Krieg in Vietnam liegen auf der Hand, der ebenfalls implizit und zum Teil (wie im Falle Japans) explizit im Interesse aller kapitalistischen Nationen geführt wurde, auch wenn sie sich verbal von der amerikanischen Brutalität dieser Kriegsführung empört distanzierten. Kein Zweifel, daß weder das damalige England noch die heutigen USA alles andere als selbstlos handelten. Die Befriedungsexpeditionen an der Peripherie und die Kanonenbootdiplomatie machten sich durch die Gewinnung und Erhaltung der Führungsposition Englands in der Welt bezahlt. Und auch damals schon trugen die schwächeren kapitalistischen Konkurrenten zumindest indirekt zu den Unterhaltungskosten des britischen Weltreiches bei, indem sie sich einem Währungssystem unterordneten, das im Interesse des englischen Industriekapitalismus entwickelt worden war. Dasselbe gilt für die Stützung des amerikanischen Zahlungsbilanzdefizits seit den sechziger Jahren innerhalb des von den USA auf ihre Bedürfnisse zugeschnittenen Weltwährungssystems.

Aber nicht hierarchische Unterwerfung, sondern Konkurrenz zwischen den hochentwickelten Industriegesellschaften ist das Strukturprinzip dieses internationalen Systems. Sie waren gezwungen, sich zu organisieren und alle ihre politischen, militärischen und ideologischen Ressourcen für den Konkurrenzkampf zu mobilisieren. Und sie machten die größtmöglichen Anstrengungen, so schnell wie möglich mit England gleichzuziehen.[79] Wir haben darauf hingewiesen, daß sich die Industrielle Revolution in England zwar unter wohlwollender Protektion des Staates entfaltete, daß sie aber gleichwohl nicht deren Produkt war. Gerade das Gegenteil ist der Fall für die von England weit abgehängten Konkurrenten. So wurde es in den Konkurrenzländern zur zentralen Aufgabe des modernisierenden, bürokratischen Staates, die eigenen Volkswirtschaften auf den Stand der überlegenen englischen Konkurrenz zu bringen — die gesellschaftspolitischen Widersprüche und Konflikte, die im Zuge solcher Gewaltkuren auftraten, hatten in einem Fall, wie erwähnt, zum Ausbruch der

Französischen Revolution geführt. Die eigentlichen Musterbeispiele für das Nachholen der Industriellen Revolution durch eine »Revolution von oben« jedoch waren auf dem Kontinent Preußen-Deutschland und im Fernen Osten Japan. Bismarcks Politik der deutschen Einheit wurde bisweilen als eine »Blut-und-Eisen« -Politik umschrieben, richtiger wäre aber wohl die Formel »Kohle und Eisen«. Die »Revolution von oben« war letztlich nichts als die notwendige Konsequenz aus der industriekapitalistischen Dynamik, die des auch politisch gesicherten nationalen Marktes und des Staates als Geburtshelfer der rapiden Industrialisierung bedurfte. Der intellektuelle Vater der deutschen Einheit, Friedrich List, erkannte mit analytischer Scharfsicht wohl historisch als erster, warum der von England propagierte und von vielen Zeitgenossen als Schlüssel zum Erfolg akzeptierte Freihandel für schwächere, erst auf dem Wege zur Industrialisierung sich befindende Volkswirtschaften schädlich und deshalb nur seinem Erfinder und Propagandisten England nützlich war. Folglich forderte er Schutzzölle und Zollvereinigungen als ersten Schritt auf dem Wege zu organisierter Konkurrenz mit England und zum Widerstand gegen dessen Vorherrschaft. Es sei, so sagte er, einer der Grundirrtümer von Adam Smith (damals noch als führender Theoretiker der politischen Ökonomie anerkannt), »daß er die absolute Freiheit des internationalen Handels als eine Forderung der Vernunft betrachtete und der geschichtlichen Entwicklung dieser Idee nicht auf den Grund ging« (1930, 354; vgl. a. Gollwitzer 1972, 510ff.), die ihn nämlich das Gegenteil gelehrt hätte. Bei einem der führenden deutschen Industriellen der sechziger Jahre, Georg von Siemens, später Direktor der Deutschen Bank, finden wir folgende klare Einsicht in denselben Zusammenhang und die Begründung der Notwendigkeit deutscher Einheit und der damit implizierten aktiven Rolle des Staates und seiner politischen Mittel bei der deutschen Konkurrenz-Industrialisierung: Preußen sei »in das westeuropäische System übergegangen« und bilde »nun ein Land mit Frankreich und England«; und »wollen wir diesen Konkurrenten gegenüber, die uns an Kapital und Macht voranstehen, unsere Stellung wahren und uns nicht in den Rang von Kolonien zurückdrängen lassen wie Portugal, die Türkei, Jamaika usw., wollen wir nicht reiner Ackerbaustaat werden, unsere Produkte durch England absetzen (und uns) geradezu ausplündern lassen, dann müssen wir Schleswig-Holstein haben, dann muß der Zollverein und Preußen identisch werden« (zit. bei Böhme 1968, 59; vgl. a. Bondi 1958).

Überflüssig daran zu erinnern, daß Preußen bald hernach nicht nur Schleswig-Holstein, sondern das ganze übrige Deutschland außerhalb der österreichisch-ungarischen Monarchie annektierte und unter der Führung einer ökonomisch nicht mehr bedeutenden, aber administrativ fähigen und politisch ehrgeizigen Klasse zum führenden kapitalistischen Konkurrenten und Herausforderer Englands aufstieg, das es zunächst in industrieller Produktion und Produktivität überholte, und dem es dann auch seine Weltmachtrolle streitig machte. Nachzügler, »Spätentwickler« der Industriellen Revolution zu sein, sofern diese — wie im spektakulären Fall Deutschland — über einen starken Staat vermittelt war (der brasilianische Politökonom Jaguaribe prägte für dieses »Modell«, nicht ohne implizite Nachahmung zu empfehlen, den Begriff des »Bismarckismus« [1968, 45 ff.]), sollte sich dabei als durchaus vorteilhaft erweisen: »Man imitierte nicht nur Maschinen, sondern auch 'Sozialerfindungen', nämlich neue kommerzielle Institutionen (Bankorganisationen, Versicherungen), kaufmännische Verfahren, wirtschaftspolitische Leitsätze« (Borchardt 1972, 29), während etwa das lange vor der Industriellen Revolution geschaffene englische Bankensystem und der englische Familienindustriekapitalismus demgegenüber bald rückständig erschienen (vgl. DeCecco 1971). Wo jedoch die aktiv vermittelnde bzw. schützend-initiierende Rolle des Staates fehlte, entwickelten sich, auch und gerade in Westeuropa, Formen der abhängigen Industrialisierung und damit der relativen Unterentwicklung.[80]

Ein ähnlicher Prozeß wie in Deutschland läßt sich in *Japan* beobachten, das während der fünfziger Jahre des 19. Jahrhunderts zugunsten amerikanischer Wirtschafts- und Handelsinteressen »geöffnet« wurde. »Ich habe«, schrieb Präsident Fillmore in biedermännischem Ton an den Kaiser von Japan, »keine andere Absichten, ihn (den Commodore Perry) nach Japan zu schicken, als Ihrer Kaiserlichen Majestät vorzuschlagen, die Vereinigten Staaten und Japan sollten in Freundschaft miteinander leben und miteinander Handelsbeziehungen unterhalten.« Während »die altehrwürdigen Gesetze der Regierung Eurer Kaiserlichen Majestät den Außenhandel untersagen — außer mit den Chinesen und Holländern — . . . ändert sich die Welt und werden neue Regierungen gebildet, so scheint es klug zu sein, von Zeit zu Zeit neue Gesetze zu machen« (zit. bei Kuznets 1966, 335). Die japanische herrschende Klasse erkannte sehr rasch und sehr klar, daß das Land vor der Alternative eigener kapitalistischer Industrialisierung »von oben« oder kolonialer Beherrschung und Ausbeutung durch außen, d.h. seitens der überlegenen kapitalistischen Industrienationen Europas und der USA, stand.[81] Die Meji-Restauration[82] schirmte Japan erfolgreich gegen das Eindringen ausländischen Kapitals und von außen stimulierter, einseitiger Industrialisierung ab durch die Entwicklung eines eigenen Industriekapitalismus (der bis heute durch seine patriarchalisch-familienbetrieblichen Züge charakterisiert ist) und konnte so später erfolgreich gegen die ausländische Konkurrenz bestehen. Die Gründe für Japans Erfolg und den Mißerfolg des zeitgenössischen China, eine ähnliche Gegenmodernisierungs- oder Industrialisierungsstrategie zu praktizieren, können hier nicht ausgeführt werden, obwohl sie zu untersuchen alles andere als unwichtig wäre zum besseren Verständnis von Unterentwicklung, Kolonialismus und Neokolonialismus. Wichtig für uns ist vor allem die Betonung der Tatsache, daß die Industrielle Revolution in Japan das Ergebnis des weltweiten Charakters der Kapitalistischen Revolution ist. Sie brachte ihrerseits ein neues Widerspruchsmoment in das internationale System, das schließlich, nachdem es zuerst Asien in eine Serie blutiger Konflikte und Eroberungsfeldzüge gestürzt hatte, entscheidend zur Katastrophe des Zweiten Weltkrieges beitrug. Dasselbe gilt offensichtlich auch für das Deutsche Reich: die politisch-ökonomischen Konflikte der ersten Hälfte des 20. Jahrhunderts, allen voran die beiden Weltkriege, werden verständlich nur aus dem Kontext kapitalistischer Widersprüche in einem internationalen System, das in sich die zerstörerische Saat strukturell bedingter Konkurrenzkämpfe trägt.

Ich nannte diese Entwicklungsperiode des internationalen Systems die Institutionalisierung von Instabilität. Es war instabil, weil es ein sich verschärfendes Konfliktpotential zwischen den konkurrierenden kapitalistischen Zentren barg — Europa, die USA und Japan. Ich bin nicht auf den einzigartigen Fall Rußlands eingegangen, das seine ersten kapitalistischen Modernisierungsanstrengungen unter Peter dem Großen ebenfalls als Revolution von oben begann und dann im 19. Jahrhundert fortführte, indem es nach Osten expandierte (wo es die Voraussetzungen nicht zuletzt zu den heutigen Grenzkonflikten mit China schuf), bis es auf den Widerstand des stärkeren, effizienteren japanischen Kapitalismus im Fernen Osten stieß. Dieser Zusammenstoß führte zum Russisch-Japanischen Krieg, der mit den Boden vorbereitete für die russische Revolution dreizehn Jahre später. Aber diese Instabilität konkurrierender kapitalistischer Nationalstaaten, zunehmend nationalistischer in den Reihen ihrer Bourgeoisien und zunehmend unter den Druck interner Klassengegensätze geratend, wurde gesteuert und in kontrollierbaren Grenzen gehalten zum einen durch den immer noch großen Abstand zwischen Englands Industrieweltmacht und den übrigen Konkurrenten, zum anderen durch regelmäßige diplomatische Konsultationen und das informelle Netz der internationalen Finanz. Es war jedoch nur eine Frage der Zeit, bis der Abstand zwischen England und den anderen kapitalistischen Nationalstaaten so weit verringert sein würde, daß mit dem Zerbrechen dieses Grundsteins des internationalen Systems das System selbst zusammenbrechen sollte — und keine noch so fähige Diplomatie und keine noch so internationale *haute finance* war dann in der Lage, die Katastrophe, den sog. Ersten Weltkrieg, aufzuhalten.

11. Klassischer Imperialismus und erster Zusammenbruch des internationalen Systems

Die zweite Hälfte des Hundertjährigen Friedens im Zentrum des internationalen Systems wurde Zeuge einer Reihe dramatischer Ereignisse, die, oberflächlich betrachtet, einen Bruch mit den vorangehenden 150 Jahren darstellten: der eigenartige, fast irrationale und bisweilen geradezu absurde Wettlauf nach Kolonien in den achtziger und neunziger Jahren, der zur De-facto-Aufteilung der gesamten Welt unter die führenden kapitalistischen Nationen führte. Geographisch gesehen stellte Afrika das größte Objekt dar, die arabischen Länder, Indochina und nicht zuletzt Ozeanien waren bis dahin weitgehend verschont geblieben von direkter europäischer Herrschaft. Es ist daran zu erinnern, daß die politische Aufteilung der Welt mehr oder minder unverändert bestehen geblieben war seit den ersten Kolonisierungen und Besiedlungen des 16. und 17. Jahrhunderts — mit der größeren Ausnahme Indiens, das von der privaten englischen East-India-Company übernommen worden war, um der französischen Konkurrenz zuvorzukommen. Die europäischen Händler und Profitsucher hatten sich im großen und ganzen mit der Errichtung staatlich finanzierter und unterhaltener Stützpunkte, Häfen und Kohlestationen begnügt, ohne an der direkten Kontrolle großer Landflächen interessiert zu sein. Eigentlich waren es nur Spanier und Portugiesen gewesen, die aufgrund ihrer spezifischen ökonomischen und sozio-politischen Bedingungen einen direkt administrativen Besitz von ihren entdeckten Ländern und deren Bevölkerung in Südamerika ergriffen hatten. Die Holländer, die sich derartiger kostspieliger Unternehmen weitgehend enthielten — mit Ausnahme der einträglichen Gewürzinseln in Südostasien —, hatten gezeigt, wie man ohne feste Kolonien ausbeuten und reich werden konnte — und darin wurden sie bald von England übertroffen. Warum wurde also plötzlich während des letzten Viertels des 19. Jahrhunderts das System indirekter Kontrolle und Herrschaft aufgegeben und ersetzt durch jene Strategie, die als klassischer Imperialimus in die Geschichte eingegangen ist? Warum haben die europäischen Staaten Afrika, Indochina, den Mittleren Osten, Nordafrika und Asien, warum die USA die Philippinen nunmehr direkt politisch übernommen? Warum war das notwendig, wo doch die Erfahrungen der zweiten Hälfte des 20. Jahrhunderts zeigen, daß indirekte Kontrolle und Herrschaft erheblich effektiver und profitabler ist? War der klassische Imperialismus ein »tragischer Irrweg« oder eine zwingende Konsequenz aus der von der industriellen Dimension der Kapitalistischen Revolution freigesetzten Dynamik?

Die Antwort auf diese Frage wird lauten müssen, daß beides zutrifft: ein Irrweg, der jedoch seine eigene Logik hatte. *Unter rein ökonomischen Gesichtspunkten war der Imperialismus unnötig, ja ein Fehler, aber politisch war er ein logischer Schritt.* Dieser scheinbare Widerspruch wird erklärbar, wenn wir uns an die Hinweise auf die Methode und Fragestellung politischer Ökonomie erinnern, die eine ökonomische — »ökonomistische« — Erklärung für das Verständnis kollektiver Handlungen ebenso ausschließt wie eine rein politische. Rückblickend läßt sich aufgrund relativ einfacher Berechnungen nachweisen, daß sich der klassische Imperialismus in der Tat in den meisten Fällen gesamtgesellschaftlich nicht auszahlte. Es war ein ökonomisches Verlustgeschäft, den Rest der Welt so vollständig zu erobern und aufzuteilen, wie das in den letzten Jahrzehnten vor dem Ersten Weltkrieg geschah. — Ja, dieser Imperialismus schadete sogar dem kapitalistischen Weltsystem insgesamt und verschärfte die ohnehin vorhandenen Widersprüche und Konflikte mehr als je zuvor. Wirtschaftshistoriker und oberflächliche Polemiker haben das inzwischen entdeckt und mit großer Selbstsicherheit als Beweis für die Untauglichkeit der marxistischen Imperialismusanalyse herangezogen.[83] Sie hätten allerdings den Nachweis, wie teuer z.B. England, den englischen Staat und seine Steuerzahler, das Empire zu stehen kam, bereits bei Marx selbst nachlesen können.[84] Da Politiker jedoch nicht mit dem Wissen späterer Generationen handeln können, sind ihre Handlungen zu verstehen aus dem jeweiligen politisch-ideologischen Kontext, der den Rahmen der Perzeption der Realitäten bestimmt, die von den gesellschaftlichen Umständen und der sozialen Klasse, innerhalb derer sie sich bewegen, geprägt sind und deren »Funktionäre« im buchstäblichen Sinne sie sind. Die Logik solcher Widersprüche wie die des unprofitablen Imperialismus aufzulösen bzw. herauszuarbeiten, ist die Aufgabe politischer Ökonomie.

Jenes Wettrennen nach imperialem Besitz war untrennbar mit der Industriellen Revolution verbunden. Dieser wechselseitige Bezug — der klassische Imperialismus als Funktion der Industriellen Revolution — sollte auf zweifache Weise gesehen werden. Die politischen Konflikte zwischen den euroäischen Staaten um die Aufteilung und exklusive Kontrolle der Welt waren das Ergebnis und die Konsequenz konkurrierender kapitalistischer Akkumulation durch Handel und expandierende Warenproduktion. Zwischen 1750 und 1850 hatte sich England durch die Entwicklung neuartiger Energiequellen und den Einsatz von Maschinen im Produktionsprozeß eine unbestrittene Führungsposition erkämpft. Um seine Waren profitabel abzusetzen und seine Stellung als »Werkstatt der Welt« zu halten, war es mehr als jedes andere Land schon im frühen Stadium seiner Entwicklung auf die Welt als Markt und Rohstofflieferant angewiesen. England demonstrierte allen seinen europäischen, amerikanischen und japanischen Konkurrenten anscheinend stringent die enge Verbindung zwischen

Industrialisierung, politischer Macht und Weltmarktbeherrschung. In der Tat schien das überall mit eifersüchtigem Interesse verfolgte englische Modell die Beziehung, die zwischen wirtschaftlichem Wachstum und kolonialer Herrschaft — vor allem festgemacht am Beispiel Indiens, dem »Juwel der britischen Krone« — augenscheinlich bestand, zu bestätigen bzw. den britischen Vorsprung wesentlich zu erklären. Daß man die eigenen Volkswirtschaften zumindest vorübergehend gegenüber England mit seiner alle Konkurrenten schlagenden Industrie abschirmen müsse, hatten Alexander Hamilton für die jungen USA,[85] Napoleon und die kontinentaleuropäische Bourgeoisie während der Kontinentalsperre, Friedrich List für Deutschland und die herrschende Klasse der Meji-Restauration in Japan auf ihre Weise erkannt. Schulin schreibt in einer gründlichen Untersuchung über den »Handelsstaat England«: »Der große Handelsstaat England veranlaßte in Europa die Wertschätzung kommerzieller und industrieller Kräfte und setzte neuartige Machtmaßstäbe, die ihre Wirksamkeit bis heute weltweit ausgedehnt haben.«

Bis zur konkreten Durchsetzung der Einsicht jedoch, daß der Freihandel eine Funktion der auf höherer Produktivität, technologischem Vorsprung und militärischer Vorherrschaft (auf den Weltmeeren) beruhenden Dominanz nur des einen nationalen Kapitalismus war und nur diesem diente (vgl. Dell 1963, 17), sollten noch Jahrzehnte vergehen. England selbst hatte den Freihandel de facto bereits während der Napoleonischen Kriege wieder aufgegeben und war erst in den vierziger Jahren zu ihm wieder zurückgekehrt, wobei es ihm gelang, die kontinentaleuropäischen Konkurrenten ebenso wie die USA gleichfalls darauf zu verpflichten. Letztere gaben ihn bereits 1861 wieder auf, Frankreich 1871, Italien 1877, Österreich und Argentinien 1878, Deutschland und Kanada 1879, Australien 1902, Chile 1916. Tatsächlich bestand ein echter Freihandel für kaum mehr als dreißig Jahre: er war die Ausnahme, Protektionismus die Regel (vgl. Emmanuel 1972 und Kennwood/Longheed 1963, 73 ff.).

Nach dem vom industrialisierten Norden gewonnenen amerikanischen Bürgerkrieg — der Süden war im Bündnis mit England für den Freihandel gewesen, der Sieg der Nordstaaten signalisierte, ebenso wie die deutsche Einigung von 1871, den Anfang vom Ende der englischen Industriesuprematie durch effektive Protektionsmaßnahmen der konkurrierenden Industriekapitalismen (Dell 1963, 22 f.) — hören wir aus dem Munde von General Ulysses S. Grant die (nur um 100 Jahre verschätzte) richtige Einsicht: »Jahrhundertelang verließ sich England auf den Protektionismus bis zum Extrem, und es fuhr gut damit. Es bestand kein Zweifel daran, daß jenes Land diesem System seine gegenwärtige Macht verdankt. Nach zwei Jahrhunderten erachtete es England für wünschenswert, den Freihandel zu proklamieren, da Protektionismus ihm keine Vorteile mehr bringt. Nun gut, meine Herren, was ich von meinem Land weiß, bringt mich zu der Überzeugung, daß innerhalb von zweihundert Jahren, wenn Amerika alles, was es aus dem Protektionismus gewinnen kann, herausgeholt hat, es auch für den Freihandel sein wird« (zit. bei Frank 1972, 59). War, m.a.W., die Parität mit England erst einmal erreicht, dann konnte die Forderung nach einem gleichberechtigten »Platz an der Sonne«, nach ebenso freiem Zugang zu den Märkten und Rohmaterialien der restlichen Welt auf neue Weise, mit neuem Gewicht, und zwar anderen konkreten Zielen, aber aus identischen Gründen erhoben werden.

Dabei war (und ist) der (englische) Freihandel schon damals eine Spielart des Imperialismus, des »Imperialismus des Freihandels«.[86] Sein Grundsatz: »Handel und informelle Herrschaft wenn möglich, Handel und direkte Herrschaft wenn nötig«. Die Antwort auf die Frage, warum England selbst, Führer und überragende Macht im internationalen System, das Wettrennen in die zweite Kolonialismuswelle, d.h. zu universaler und völliger Territorialkontrolle, auslöste, ist deshalb weniger kompliziert, als man meinen möchte. Mit einer Präventivpolitik, diktiert von der Konkurrenzangst vor den erstarkenden übrigen kapitalistischen Mächten, suchte man jene Gebiete unter eigene Kontrolle zu bringen, die England als lebenswichtig für seine eigenen Interessen ansah. Die Aufteilung Afrikas etwa resultierte aus der englischen Befürchtung, daß französische oder deutsche Kolonisierungen auf diesem Kontinent die strategischen Seewege, die Marine- und Handelsstützpunkte gefährden könnten.[87] Deutsche und Franzosen ihrerseits erwarteten, daß afrikanische Besitzungen für sie dieselbe Funktion haben würden, wie das im Falle Indiens für England galt: Rohmaterialienquelle, profitables Investitionsgebiet und auch Rekrutierungsfeld für billige Soldaten für die eigenen Armeen. Es war, wie Ziebura am Beispiel Frankreichs herausarbeitet, ein »Imperialismus defensiver Natur. Die mehr oder weniger deutlich empfundenen strukturellen (also kurzfristig nicht aufhebbaren) Schwächen von Wirtschaft und Gesellschaft waren ein Hauptgrund für die Schaffung und schließlich Akzeptierung des immensen Kolonialreiches ... Kolonien waren schließlich nichts anderes als eine Sparanlage, von der man in Notzeiten zu profitieren hoffte«.[88] Daß es sich hier um — rückblickend wiederum — katastrophale Fehleinschätzungen handelte, die eine erstaunliche Ahnungslosigkeit offenbaren, daß die französischen und deutschen Investitionen in Afrika minimal blieben und die Kolonien insgesamt ein Verlustgeschäft darstellten (was Superprofite einzelner Unternehmer nicht ausschließt, für die jedoch der Staat in Form von administrativen Kosten, Truppen etc. letztlich zahlte) und daß dies sogar für England in Afrika selbst gilt (Wolf 1970, II, Kap. 1) ist irrelevant gegenüber dem *subjektiven politisch-ökonomischen Kalkül der Außenpolitiker und Imperialisten jener Zeit, nach dem koloniale Besitzungen und imperialistische »Abenteuer« als logisch und im nationalen Interesse liegend betrachtet wurden* (vgl. Kuznets 1966, 340).

Der zweite Aspekt einer funktionalen Beziehung zwischen klassischem Imperialismus und der Industriellen Revolution in England hängt eng mit dem ersten zusammen. Während der zweiten Hälfte des 19. Jahrhunderts, besonders während der 80er und 90er Jahre, begann der britische Vorsprung in der industriellen Produktion und im wirtschaftlichen Wachstum rasch zu schrumpfen. Frankreich und vor allem das

Deutsche Reich, aber auch Japan und die USA holten rasch auf, und Englands relative Macht im internationalen System begann abzunehmen. Dies war das Ergebnis verschiedener Faktoren: einmal die erfolgreichen Anstrengungen modernisierender kapitalistischer Staaten, Industrielle Revolution von oben zu initiieren und aktiv zu stimulieren, dann der Tatsache, daß die »Geheimnisse« der Maschinenproduktion und der Energiegewinnung letztlich relativ einfach exportierbar waren unter der gegebenen Bedingung struktureller gesellschaftlicher Verwandtschaft derer, die bereits die Kapitalistische Revolution erfolgreich durchgemacht hatten, und schließlich der frühe englische Erfolg selbst. Es war früher in nur scheinbar anderem Zusammenhang auf den Preis hingewiesen worden, den die »Pioniere« Italien, Spanien, Portugal und Holland dafür zu zahlen hatten, daß sie die Ersten in einer bestimmten Entwicklungsphase waren — den Preis der Stagnation und des Zurückfallens hinter die »Nachahmer«. Als Englands kontinentale Konkurrenten systematische Anstrengungen industrieller Modernisierung unternahmen, waren sie nicht durch in England inzwischen zur Tradition gewordene und vom frühen Erfolg sanktionierte Strukturen und Erfahrungen in ihrer Innovationsfähigkeit gehemmt. Das Deutsche Reich beispielsweise, das nach der Einigung in großem Stile seine Industrie aufbaute, entwickelte sehr bald auch ein überlegenes Zentralbankensystem und eine Industriestruktur in Großkombinaten und hatte damit gegenüber England, das noch immer mit einem Netz relativ kleiner örtlicher Banken und mittelgroßen Familienindustriebetrieben auszukommen glaubte, einen nicht unbedeutenden Vorteil. England fiel darum sehr bald im Konkurrenzkampf zurück, und deutsche Industrieprodukte waren nach 1880 in gewissen Sektoren wie Maschinenbau und Elektroausrüstungen nicht nur technisch gleichwertig, sondern auch billiger als die bisher unbestritten führenden britischen Waren. Großbritannien verlor zunehmend seine Überlegenheit gegenüber seinen Konkurrenten und war immer mehr gezwungen, seine Produkte nur noch dort zu verkaufen, wo es eine quasi-monopolistische Stellung hatte: in den eigenen Kolonien und Dominions (DeCecco 1971, Kap. II). England versuchte sich zu wehren, indem es die Konkurrenz am Eindringen in unabhängige Länder der Peripherie wie Lateinamerika hinderte, deren Vormarsch durch straffere Kontrolle des Finanz- und Außenhandelswesens jener Länder erschwerte, eine engere Bindung der Dominions an das Mutterland anstrebte (was nicht gelang) und — eben — durch zusätzliche Annektionen wie in Afrika.

Es war die verschärfte internationale Konkurrenzsituation, die die imperialistische Welle des letzten Viertels des 19. Jahrhunderts hervorbrachte und den Grund legte für die im Ersten Weltkrieg ausbrechenden politisch-militärischen Konflikte. Genauer gesagt: Der »Geist« des klassischen Imperialismus war die Furcht der auf der Industriellen Revolution basierenden Überlegenheit Englands, die es auf die Dauer vergeblich zu halten versuchte und welche die von England lernenden Konkurrenten nicht auf immer hinzunehmen bereit waren. Während das Deutsche Reich und die USA England in der Qualität ihrer Industriewaren, Technologie und im Preisniveau eingeholt, wenn nicht teilweise überholt hatten, konnte England eine scheinbare Führungsrolle noch aufrechterhalten, weil es das Weltwährungssystem kontrollierte und noch seine wichtigste Kolonie Indien besaß. Daß das faktische Monopol über den indischen Markt, die »Flucht Englands in die Märkte des Empires und deren Verteidigung gegen die anderen Industrienationen« sich letztlich »auch gegen England selbst« (De Cecco in Krippendorff 1973, 65) richtete, sollte sich erst später herausstellen, als nämlich Indien nicht mehr die Funktion wahrnahm, jenen Surplus im englischen Außenhandel zu liefern, mit dem Großbritannien seine Defizite noch ausgleichen konnte. Doch hinter den Kulissen wartete bereits der langfristig bedrohlichste Konkurrent nicht nur Englands, sondern auch seiner westeuropäischen Rivalen: die USA. Schon anläßlich der ersten großen Industrieausstellung in London, 1851, sah die britische Maschinenbauindustrie mit Besorgnis, daß die USA mit leichter auswechselbaren Teilen ausgerüstete überlegene Produkte ausstellen konnten, und zwischen 1880 und 1905, als z.B. amerikanische Lebensversicherungen in Europa fast schon den Markt beherrschten, erschienen in England nicht weniger als drei Bücher mit dem heute in Variationen wieder modischen Titel »Die Invasion Europas«.

Da wir auf das Imperialismusproblem später noch ausführlicher zurückkommen, konzentrieren wir uns hier auf die Problematisierung der sozio-politischen Dimensionen, deren Verständnis zur Erhellung des Endes des Hundertjährigen Friedens nicht minder wichtig ist. Die These, daß die Konflikte und Widersprüche des im Ersten Weltkrieg kulminierenden 19. Jahrhunderts inner-kapitalistische sind — Widersprüche des Kapitals, das historisch als nationales Kapital in der politischen Form des Nationalstaates auftritt —, diese These kann nicht allein mit außenpolitischer Analyse erhärtet werden. Die sich als Interessengegensätze zwischen Nationalstaaten um die jeweiligen Anteile an der auszubeutenden Welt manifestierenden Widersprüche erklären nur eine Dimension des späteren Weltkrieges und sagen wenig über ihn selbst aus. Schließlich waren bereits die Kriege des 17. und 18. Jahrhunderts inner-kapitalistische Weltkriege gewesen. Um die qualitativen Unterschiede zwischen diesen und dem Kriege von 1914 bis 1918 deutlich zu machen, müssen wir auf jene Veränderungen in den Gesellschaftsordnungen der Industrieländer zurückgehen, die sich dort im Kontext der Industriellen Revolution vollzogen hatten. Auf eine kurze Formel gebracht, bestanden diese in der Bildung einer besitzlosen lohnabhängigen Klasse — der Arbeiterklasse — und in der raschen Desintegration sowohl der ländlichen Grundbesitzerschicht als auch der Handelsbourgeoisie. Diese wurden abgelöst durch eine aggressivere Industriebourgeoisie und durch eine wachsende, faktisch auch lohnabhängige städtische Mittelklasse, die gleichwohl zur Erhaltung ihres Status auf das Funktionieren und die Expansion der kapitalistischen Wirtschaft angewiesen war und auf wirtschaftliche Schwankungen und Krisen besonders empfindlich reagierte.

Diese Mittelschicht war gerade wegen ihrer besonderen Verwundbarkeit und Statusabhängigkeit ein fruchtbarer Nährboden für nationalistische, rassistische und kolonialistische Ideologien, durch die sie ihre sozio-ökonomischen Unsicherheiten kompensieren konnte, u.a. durch die Projektion eines Weltbildes, in dem andere Völker und Rassen als minderwertig oder minder tüchtig eingestuft waren. Die fundamentale Bedrohung des kapitalistischen Systems als Gesellschaftssystem kam jedoch aus der politisch erstarkenden Arbeiterklasse, organisiert von immer mächtigeren sozialistischen Parteien und ausgerüstet mit einer mehr oder minder kohärenten theoretischen Grundlage für eine Gesellschaftskritik, die das System als kapitalistisches System sowohl für die bestehenden sozialen Gegensätze als auch für seine Krisen selbst verantwortlich zu machen in der Lage war. Die Arbeiterklasse als Arbeiterklasse bedrohte das kapitalistische System als kapitalistisches System. Es würde offensichtlich unseren Rahmen sprengen, diesen Punkt weiter auszuarbeiten. Für unsere Zwecke genügt die Feststellung, *daß die Aggressivität der politischen Eliten der kapitalistischen Großmächte — besonders um die Jahrhundertwende, als sie mit England gleichzuziehen begannen — eine Folge ihrer internen Zwänge und Ängste war, und nicht lediglich aus der zwischenstaatlichen Rivalität abgeleitet werden kann.* Disraelis Versuch, die englische Arbeiterklasse zu pazifizieren durch die Suggestion einer Partizipation an Großbritanniens Ruhm und Glorie in überseeischen Besitzungen[89], Bismarcks Sozialimperialismus (Wehler 1970) und der Bau einer mächtigen Schlachtflotte, die nach den Vorstellungen ihrer Väter die gleiche Wirkung auf das »deutsche Volk« haben sollte (abgesehen von der stabilisierenden Funktion für die Wirtschaft und der Schaffung neuer Arbeitsplätze[90]), sind Verwirklichungen desselben Grundkonzepts. Überall wurde die Kriegsbereitschaft als Ausweg aus den zunehmenden sozialen Spannungen gesehen. Der Feind stand jenseits der Grenzen als Bedrohung der eigenen Errungenschaften und des weiteren Aufstiegs und Fortschritts zu Weltgeltung — die anderen waren diejenigen, die alles oder zumindest mehr hatten und deshalb verantwortlich für Armut und Unzufriedenheit im eigenen Lande waren. Gewöhnlich gilt Napoleon III. als der Erfinder jenes Mechanismus der Ablenkung interner Konflikte in spektakuläre außenpolitische Abenteuer — und weil diesen zunehmend der Erfolg versagt blieb, brach das Zweite Kaiserreich zusammen. In ähnlicher Form begegnen wir seit der Jahrhundertwende fast überall der Anwendung dieser Herrschaftstechnik. Um den Klassenkonflikt innerhalb der kapitalistischen Nationen zu verschleiern, wurde er in einen internationalen Konflikt uminterpretiert. Angesichts wachsender interner Spannungen und der Existenzbedrohung der etablierten Ordnung wurden die regierenden politischen Klassen der metropolitanen Mächte zunehmend aggressiv in ihrer Außenpolitik und suchten durch ausländische Abenteuer Lösungen ihrer inneren Probleme. Der französische Kolonialismus-Advokat Jules Ferry brachte das auf die Formel: »Der soziale Friede ist im industriellen Zeitalter eine Frage von Absatzmärkten.« (Zit. bei Ziebura in: Mommsen 1971, 94) Und mit großer Erleichterung konnte dann Wilhelm II. bei Kriegsausbruch 1914 seine berühmte Erklärung abgeben: »Ich kenne keine Parteien mehr, ich kenne von jetzt ab nur noch Deutsche«, was die Hoffnung implizierte, mittels des internationalen Konflikts den Klassenkonflikt zwischen der antikapitalistischen Arbeiterschaft und Bourgeoisie zu überwinden. Das Ende des Hundertjährigen Friedens wurde von den Eliten der anderen Großmächte mit ebenso großer Erleichterung begrüßt. Als Poincaré im Juli 1914 Rußland besuchte, waren dort 200 000 Arbeiter im Ausstand (Geyer 1968, 31) — was also für das Deutsche Reich, für Frankreich und England gilt, galt für Rußland gleichermaßen: der Krieg entschärfte — zumindest für eine Weile — die Gefahr einer sozialen Revolution, was sich nicht nur in der propagandistischen Rechtfertigung ausdrückte, sondern auch in der Erbitterung und Entschlossenheit, mit der die Herrschenden den Krieg bis zum Ende durchfochten. Jede einzelne dieser herrschenden Klassen war sich darüber im klaren, daß eine Niederlage im Kriege mit großer Wahrscheinlichkeit den Verlust ihrer privilegierten Positionen zur Folge haben würde und dem internen Klassenfeind — den anti-kapitalistischen sozialistischen Parteien und Bewegungen — den Weg zur Macht freigeben würde. Mit einem Sieg dagegen hofften sie ihre Positionen zu befestigen, die Arbeiterklasse domestizieren und mit der städtischen Mittelschicht eine erfolgreiche Strategie gemeinsamer kapitalistischer Prosperität verfolgen zu können.

Was sie — aus Gründen sozialer Blindheit oder Pathologie — nicht vorhersahen und vorhersehen konnten, war jene Dialektik, nach der mit dem Zusammenbruch eines Konkurrenten und der Öffnung des Weges zur Macht für die Arbeiterklasse in einem feindlichen Land letztlich auch die Arbeiterklasse im eigenen Land gestärkt werden würde, daß also jeder Sieg einer der Parteien aufs ganze gesehen ein Pyrrhussieg sein mußte. Diese Blindheit manifestierte sich bekanntlich auf besonders drastische Weise in der Unterstützung von Lenins Rückkehr nach Rußland durch den deutschen Generalstab und die deutsche Diplomatie im Frühjahr 1917, eine Operation, von der erwartet wurde, daß sie zur Schwächung Rußlands, wenn nicht gar zu dessen Ausscheiden aus dem Krieg führen würde. Solche Widersprüche imperialistischer Außenpolitik waren — und sind — kohärente, notwendige Widersprüche, die ihrer eigenen inneren Logik folgen. Zu meinen, die politischen Eliten der führenden kapitalistischen Mächte hätten es besser wissen können, sie hätten weitsichtiger und sich darüber im klaren sein sollen, daß die totale Niederlage des einen von ihnen den gemeinsamen Klassengegner aller von ihnen nur stärken konnte, würde das Wesen der Politik unter kapitalistischen Bedingungen verkennen. Sozial — und ökonomisch — konditioniert, nur ihre eigenen engen »nationalen Interessen« zu verfolgen und gegenüber den Konkurrenten Vorteile zu erringen, betrieben sie notwendig den Zusammenbruch des Systems selbst.

Für unseren Zusammenhang liegt die Bedeutung des Ersten Weltkrieges darin, daß er genau in dem Stadium der Entwicklung des internationalen Systems ausbrach, in dem sich dieses praktisch durch die abgeschlossene Aufteilung der restlichen Welt als kapitalistisches System zu schließen schien. Die Weltkriege früherer Entwicklungsstadien entsprangen der Dynamik der Kapitalistischen Revolution und innerkapitalistischer Rivalität. Der Erste Weltkrieg hingegen brach auf dem Höhepunkt einer vollendet erscheinenden Weltherrschaft aus, als Folge einer rapiden Industrialisierung im

Rahmen der Kapitalistischen Revolution, für die rasch expandierende Märkte, profitable Investitionsmöglichkeiten und der Zugang zu immer mehr Rohstoffen unerläßlich war. Das Wettrennen um die ausschließliche und totale Kontrolle der Peripherie wurde von den herrschenden Klassen nicht nur aus ökonomischen Gründen als unbedingt notwendig angesehen, ebenso als Voraussetzung der Erhaltung des internen sozialen Friedens. Anders ausgedrückt: Das internationale System als umfassendes und geschlossenes kapitalistisches System brach genau im Moment seiner Vollendung zusammen. Das war kein historischer Zufall, sondern ein systembedingtes Ereignis, das zu erklären ist aus der Logik der Kapitalakkumulation, vermittelt über die partikularistischen Nationalstaaten, aus der Logik des Wachstums durch Profite ungeachtet der Konsequenzen für das System als Ganzes und aus der Logik der Konfliktlösung zwischen nationalstaatlich organisierten kapitalistischen Konkurrenten, die ohne Krieg nicht möglich war. Diesen zu verhindern war auch die abstrakt-pazifistische und moralisch den Krieg verabscheuende Internationale der Bankiers und Finanziers nicht mehr in der Lage, die zum Krisenmanagement der zweiten Hälfte des Hundertjährigen Friedens wesentlich beigetragen hatte (s. Hallgarten 1968, 16).

12. Über den Krieg und die Funktion von Rüstung

»Wer die Entfaltung der Zeitalter überblickt«, schreibt Bertrand de Jouvenal, »dem erscheint der Krieg als das eigentliche Wesen staatlicher Tätigkeit«. Diese globale und in ihrer Allgemeinheit noch wenig aussagekräftige Feststellung soll uns als Ausgangspunkt dienen zum besseren Verständnis dessen, was heute in der Form von ständig wachsenden Rüstungsausgaben und der Zunahme organisierter Gewalttätigkeit mehr denn je die internationale Politik beherrscht. Senghaas (1969, 215) nennt darum die Abschreckung das »moderne staatengesellschaftliche Prinzip«, und Boulding (1969, 68-86) bringt das internationale System der Gegenwart auf den Begriff des *Drohsystems*, d.h. es sei zu begreifen als ein System, das lediglich aufgrund des ihm inhärenten Mechanismus' ständig latenter und gelegentlich manifester organisierter, militärischer Gewalt funktioniere, ohne die es in seiner derzeitigen politischen Struktur nicht bestehen könne. Der empirische Nachweis zur Begründung des Drohsystem-Syndroms kann unschwer quantitativ (das ständige Anwachsen der Welt-Militärausgaben ist jedem Zeitungsleser prinzipiell zur Genüge bekannt), wie auch hinsichtlich der offiziellen Rechtfertigungen dieser Politik (Variationen der scheinbar klassischen Wahrheit *si vis pacem para bellum*), Friede bzw. Stabilität im Verhältnis der Staaten zueinander sei die Funktion von militärischer Stärke und Kriegsbereitschaft, geführt werden.

Es gibt kaum ein anderes gesellschaftliches Problem dieser Größenordnung, über das gleichermaßen wenig analytische Klarheit herrscht: moralische Verurteilung und fatalistische Hinnahme der Realität des Krieges als mit der menschlichen Natur gegeben gehen Hand in Hand. Pazifisten und Abrüstungsbewegungen ist es bisher nie gelungen, auch mit noch so überzeugenden Argumenten gegen die extrem pathologische Irrationalität von Rüstungsausgaben durchzudringen und sich eine wirkliche Massenbasis zu schaffen. Zu tief verankert ist das historische Stereotyp, und anscheinend zu überwältigend die historische Evidenz vom Krieg als ewigem Bestandteil menschlicher Geschichte, wozu inzwischen auch noch eine Anthropologie getreten ist, die ihn aus einem dem Menschen qua Mensch innewohnenden Aggressionstrieb ableitet, der allenfalls eingehegt, nicht aber überwunden und aufgehoben werden kann. Dieses populäre und wissenschaftlich bislang nicht auf breiter Front widerlegte Stereotyp rekurriert nicht nur auf die verhängnisvolle Sentenz »wenn Du den Frieden willst, bereite den Krieg vor«, sondern auch z.B. auf die ebenfalls dem sogenannten klassischen Erbe entnommene und verzerrt übersetzte Maxime des Heraklit, der Krieg sei der Vater aller Dinge — anstatt, wie es richtig heißen müßte, der Konflikt ist die Wurzel aller Dinge bzw. des Lebens.

Das hier zu entwickelnde Argument ist das folgende: es ist einerseits unbestreitbar, daß es zu allen uns bekannten Zeiten und in bzw. zwischen allen uns überlieferten Gesellschaftsformationen gewalttätige Konflikte und, je nach dem Grad erreichter gesellschaftlicher Großorganisation, Kriege gegeben hat; es ist aber andererseits darauf zu bestehen, daß es in der Geschichte des Verhältnisses von Krieg und Gesellschaft zu einem signifikanten Bruch gekommen ist mit der Durchsetzung der kapitalistischen Produktionsweise, daß Krieg und, mehr noch, Rüstung seitdem eine historisch neuartige Funktion innehaben, die es ihrerseits rechtfertigt, Krieg und Rüstung vor- bzw. nicht-kapitalistischer Gesellschaften von Krieg und Rüstung in unserer Epoche deutlich zu unterscheiden. Wenn es gelingt, zumindest ansatzweise, das Stereotyp von Krieg und Rüstung als immer-schon-dagewesen aufzubrechen und das qualitativ Neuartige in Umrissen herauszuarbeiten, was »Militär« in allen seinen Aspekten heute, d.h. spätestens seit dem 16. Jahrhundert, bedeutet, dann wäre das auch ein wichtiger Schritt der Emanzipation von der Fatalität des Krieges als leider unvermeidlichem Mittel der Politik und nähme den pazifistischen Argumenten ihren moralistisch-utopistischen Charakter — jedenfalls dann, wenn diese Argumente sich auf den größeren und schwierigeren, d.h. radikalen polit-ökonomischen Kontext einlassen. Es wird sich dabei hier um eine Variation des im 16. Kapitel ausführlicher entwickelten Zusammenhanges von der Durchsetzung der kapitalistischen Produktionsweise und der Bildung des modernen Territorialstaates handeln, die als zwei aufeinander bezogene Komplementärprozesse zu verstehen sind. Dasselbe gilt für die Herausbildung des modernen Krieges, der ebenso unauflösbar verknüpft ist mit Kapitalismus und Staat und dem von beiden geschaffenen internationalen System. In der Formulierung von Harold Laski:

»... Der Staat der kapitalistischen Gesellschaft braucht die Souveränität, um die Interessen des Kapitalismus zu sichern. In letzter Instanz müssen diese Interessen durch den Krieg geschützt werden, der seinerseits den höchsten Ausdruck der Souveränität in den internationalen Beziehungen darstellt. Solange es darum, von innen betrachtet, der eigentliche Zweck des Staates ist, die kapitalistischen Prinzipien abzusichern, solange wird es, nach außen gewendet, des Krieges als Instrument nationaler Politik bedürfen. Ebenso wie Souveränität und eine tatsächliche Welt-Ordnung miteinander unvereinbar sind, so sind auch Kapitalismus und Welt-Ordnung unvereinbar — denn der Krieg ist zutiefst im kapitalistischen System verankert und ist zu dessen Funktionieren nach unserer Erfahrung eine Notwendigkeit.«[91]

Der »Bruch« in der Funktion von Krieg und Rüstung tritt, äußerlich betrachtet, im 16. und 17. Jahrhundert ein und wurde bereits von einem so prominenten und scharfsinnigen Zeitgenossen wie Montesquieu deutlich erkannt, der schrieb:

»Eine neue Krankheit hat sich über Europa ausgebreitet. Sie hat unsere Fürsten befallen und veranlaßt sie, unangemessene Truppenzahlen zu unterhalten . . . Sobald der eine Staat die Zahl der zu den Fahnen Gerufenen erhöht, tuen die anderen sofort dasselbe, mit dem Ergebnis, daß nichts dabei gewonnen wird als der gemeinsame Ruin. Jeder Monarch unterhält so viele Armeen in ständiger Bereitschaft, wie er benötigte, wenn sein Volk in tatsächlicher Gefahr schwebte; und dieser Zustand der Rivalität aller gegen alle wird dann Frieden genannt.« (Zit.: Sorel 1964, 25)

Die historische Statistik gibt Montesquieu hinsichtlich der sprungartigen Zunahme der Heeresgrößen recht — was er jedoch nicht sehen konnte und folglich falsch interpretierte, ist, daß der Rückgang in der Zahl von tatsächlichen Schlachten (= periodischer Friede zwischen den Staaten)[92] gekoppelt war mit einer deutlichen Zunahme von Kriegstoten; aus der folgenden Tabelle wird der qualitative Sprung im Kriegswesen während des 16. und 17. Jahrhunderts deutlich ablesbar (Sorokin 1957, 549):

Heeresgrößen und Kriegstote für neun europäische Staaten von 1101 bis 1925

Periode	*Heeresgrößen*	*Kriegstote*
1101-1200	1.161.000	29.940
1201-1300	2.372.000	68.440
1301-1400	3.947.000	169.929
1401-1500	6.910.000	364.220
1501-1600	16.707.300	896.185
1601-1700	25.796.000	3.711.090
1701-1800	31.055.500	4.505.990
1801-1900	24.233.800	3.625.627
1901-1925	60.425.000	22.035.150

Es würde zu weit führen, hier etwa auf die Kriege des Altertums zurückzugehen;[93] für die Zwecke dieser Darstellung und Diskussion muß es genügen, den modernen Krieg vom Mittelalter abzuheben — für das klassische Altertum mag die Bilanz Sorokins genügen, die dieser aus dem quantitativen Vergleich zog, daß nämlich etwa das Römische Imperium sub spezie seines Militäraufwandes und seiner Gewaltanwendung durchaus friedlich zu nennen sei (Sorokin 1957, 547). Auch das Mittelalter, »obwohl von einem martialischen Stil geprägt, kannte erstaunlich wenige wirkliche Schlachten« (Preston/Wise 1970, 80) — es war langwierig und kostspielig, eine Armee auf die Beine zu stellen, die Lehnsfürsten verweigerten dem Lehnsherren nicht selten den Dienst und ihre tatsächliche Kriegs-Zeit betrug aufgrund anderweitiger Verpflichtungen im Durchschnitt nur ca. 40 Tage im Jahr. Hinzu kommt, daß es aus logistischen Gründen schwer war, großräumige und zeitlich ausgedehnte Kampagnen zu führen, die ohnehin sich dann darauf beschränkten, »das mit Waffengewalt zu nehmen, was man im Handel nicht billiger bekommen konnte« (Lattimore 1962, 544).

Das ändert sich erst grundlegend — in Westeuopa — mit der frühkapitalistischen

Revolution und der Herausbildung des Handels und des Kaufmannskapitals, das die königliche Zentralgewalt stärkte bzw. es dieser ermöglichte, zuerst große Söldnerheere und dann schließlich stehende Heere überhaupt in Dienst und Sold zu nehmen. Das alles ist im wesentlichen bekannt und braucht hier nicht näher ausgeführt zu werden. In der Kriegsführung der italienischen Republiken untereinander mittels der Condottieri verbinden sich erstmalig frühkapitalistischer Commerz und Krieg. Der Feldzug wird für die Heerführer zum Geschäft ohne jegliches politisch-ideologische Engagement (Sieg würde bedeuten, sich überflüssig zu machen, weshalb die Condottieri diesen oft kunstvoll vermieden). Andererseits bedeutet der Sieg Charles VIII. von Frankreich über die italienischen Republiken nicht nur den Sieg der Kanone über das Söldnerheer, es siegt auch und vor allem der zentralistische Großflächenstaat über den Stadtstaat (1494-1527, »Sacco di Roma«), der sich als politische Organisationsform zur Fortbildung der kapitalistischen Produktionsweise und des Bürgertums als zu eng erwies (Preston/Wise 1970, 95ff.). Machiavelli war auch der erste große Theoretiker des modernen Krieges, der den Zusammenhang zwischen militärischer, politischer und ökonomischer Macht begriff.

Wenn Montesquieu in der früher zitierten Stelle vom »gemeinsamen Ruin« als Ergebnis von Rüstung und Krieg spricht, so hat er damit kurzfristig recht: die aufwendige Kriegsführung Ludwigs XIV., auf die er sich bezieht, brachte das Frankreich des 18. Jahrhunderts in der Tat an den Rand des wirtschaftlichen Zusammenbruchs und trug mit zur späteren Revolution bei. Aber er konnte dabei den Zusammenhang zwischen Rüstung und Kapitalismus nicht erkennen, der sich überall in Westeuropa in den verschiedensten Formen und unter verschiedenen Bedingungen herzustellen begann — wo er nicht hergestellt wurde, wo die Ausrüstung der immer größeren und aufwendigeren Armeen nicht zum Motor der Manufaktur wurde, war der langfristige Niedergang geradezu unvermeidlich. Dies war der Fall vor allem für Spanien, das, trotz seiner großen Kolonialbeute im 16. Jahrhundert, zum einen durch den kostspieligen Krieg gegen die rebellische Bourgeoisie der Niederlande ruiniert wurde (dieser Krieg kostete Spanien weit mehr, als es den Kolonien gleichzeitig abpressen konnte) (Parker 1975, 56), und das andererseits wegen der Entfernung der Kriegsschauplätze vom Mutterland keine Kriegswirtschaft entwickelte.

»In der anscheinend absurden Behauptung der spanischen Merkantilisten, daß die Kriege während der zweiten Hälfte des 17. Jahrhunderts besonders schädlich waren für die spanische Ökonomie, weil die wichtigsten Kriegsschauplätze nicht im Heimatland, sondern in Italien und Flandern lagen, steckt doch ein Kern an Wahrheit. Material und Nachschub der Armeen in fernen Ländern konnten nicht ohne beträchtliche Vorschüsse [in Spanien selbst] beschafft und transportiert werden. Zumindest in zwei Fällen verschärfte die Beschaffung von Hartgeld für Einkäufe in ausländischen Kriegsgebieten die Abwertung des kastilischen Geldes gegenüber Gold, Silber, ausländischen Devisen und einheimischen Waren.« (Hamilton 1969, 3f.)

Umgekehrt bedeutete der Krieg für die holländische Bourgeoisie, an der das spanische Weltreich zerbrach, nicht nur Kolonial-, sondern auch Kriegsprofit (obwohl im

Befreiungskampf der Niederlande etwa eine Viertelmillion Menschen umkamen!) (Parker 1975, 50f.). Der Militärhistoriker Howard (1971, 204) formulierte:

»Bis zur ersten Hälfte des 17. Jahrhunderts war Kriegsführung in Westeuropa Lebensinhalt für wesentliche Sektoren der Gesellschaft. Frieden war für sie eine Katastrophe und die Verlängerung des Krieges war, ausgesprochen oder unausgesprochen, legitime Aufgabe eines jeden Mannes von Geist und Verstand. Selbst im 17. und 18. Jahrhundert war der Krieg, so kompliziert und formalisiert er auch geworden war, ein akzeptierter, fast unverzichtbarer Teil des gesellschaftlichen Lebens und er wurde abgekürzt und unterbrochen nur wegen seiner wachsenden Kosten. Wenn man Krieg sich bezahlen machen konnte, wie das für die holländischen Händler des 17. und die englischen des 18. Jahrhunderts der Fall war, dann wurde sein Ausbruch ebenso begrüßt wie sein Ende bedauert.«

Ähnliches gilt für den Aufstieg Englands zur Weltmacht; verglichen mit Frankreich (über 10 Millionen Bevölkerung) oder Spanien (7 Millionen plus 4 Millionen Menschen in Italien) war es mit seinen 4 Millionen Menschen im 16. Jahrhundert (England und Wales) sowohl hinsichtlich Pro-Kopf-Einkommen als auch hinsichtlich seiner Rüstungsproduktion eher ein unterentwickeltes Land: die politisch-militärischen Ambitionen Heinrichs VII., mit den kontinental-europäischen Konkurrenten gleichzuziehen, bedeuteten einen entscheidenden Stimulus für die englische Rüstungsindustrie. Technologische Verbesserungen machten englische gußeiserne Kanonen bald zu einer weitbegehrten Handelsware. (Der sich daraus ergebende faszinierende Konflikt zwischen den Waffenproduzenten, die durch Exportsteigerungen verdienen wollten, und der Krone, die solche Exporte zur Erhaltung des eigenen Rüstungsvorsprunges zu unterbinden trachtete, kann hier nur erwähnt werden.) Die im 17. Jahrhundert durch Initiative der Krone rasch verbesserte englische Militärkapazität zahlte sich in der Folge reichlich aus: die Periode des Ausbaus der englischen Handelsvormachtstellung (1689-1760) war auch eine Periode gesteigerter kriegerischer Aktivität: fast in der Hälfte dieser Zeit wurde Krieg geführt. »Am Ende eines jeden Krieges tendierte der Handel dazu, größer geworden zu sein als zu Kriegsbeginn; er wuchs auf Kosten des feindlichen Handels, in der Regel des französischen.« (Pollard/Crossley 1969, 168) Nahezu die gesamte englische Industrie (Eisen- und Nichteisenmetallgewinnung, Kohlebergbau, Tierzucht, Lederwarenproduktion, Schiffsbau, Chemikalien, selbst Luxusgüter wie Seide) profitierte entweder direkt als Zulieferer oder indirekt durch Importzölle vom Krieg.

»Der Krieg war das in letzter Instanz entscheidende Instrument der Politik, welches die Engländer so geschickt einsetzten zur Schaffung einer Handelsflotte praktisch über Nacht, und mittels dessen sie Konzessionen von den Besiegten erzwangen ... [Sie] bildeten eine Handelsmarine aus den rd. 1700 Schiffen, die sie den Holländern in zwei Kriegsjahren (1652-54) als Beute abgejagt hatten. Es scheint, als ob die Engländer Lord Bacons politischem Ratschlag gefolgt seien vom 'Lucrative and restorative Warre'. Von der Mitte des 17. Jahrhunderts ab zwangen sie Spanier und Portugiesen zu Zollkonzessionen für den Import englischer Waren und zur Stärkung der Stellung ihrer in Lissabon und Sevilla residierenden Kaufleute.« (Stein 1970, 26f.; desgl. Crouzet 1972, 195f.)

Für Rußland läßt sich derselbe Zusammenhang zwischen moderner Staatlichkeit und Kriegskapazität als Stimulus zur Entwicklung von Manufakturen und damit zur Schaffung der strukturellen Voraussetzung bzw. der Durchsetzung der kapitalistischen Produktionsweise festmachen, die einhergeht mit der Entstehung bzw. nicht verhinderten Entfaltung (wie in Spanien/Portugal) einer bürgerlichen Klasse. Hier waren es — mehr noch als die Hugenotten für Preußen-Brandenburg — ausländische Kaufleute und Experten, die die militärisch erforderlichen Manufakturen auf Initiative der Monarchie schufen — denn: »Hätte Rußland weiterhin vom Westen importiert, ohne gleichzeitig eine parallele Entwicklungspolitik für eigene Manufakturproduktion zu betreiben, so wäre die Fähigkeit des Staates, Kriege zu führen, völlig abhängig gewesen von der Aufrechterhaltung guter Beziehungen zu den fortgeschritteneren Nationen Westeuropas.« (Fuhrmann 1972, 173; vgl. a. Gerschenkron 1972, 68) Darüber hinaus erwies sich auch hier die Rüstungsindustrie als Devisenbringer: um die Mitte des 17. Jahrhunderts exportierte Rußland in großen Mengen Kanonen, Kanonenkugeln, Handgranaten und Säbel vor allem über den holländischen Markt (Fuhrmann 1972, 180). Generell hat Schumpeter die historische Rolle der absoluten Monarchie, die die erste Erscheinungsform des modernen Staates darstellt, dahin zusammengefaßt:

»Die Ziele ihrer Politik waren fraglos Reichtum und Macht des Staates. Höchstes Volkseinkommen — für Hof und Armee zu konsumieren — war Zweck der Wirtschaftspolitik. Sorge für die Wohlfahrt der Klassen, von denen das Regime sich nährte, war in diese Politik einbezogen. Die daraus hervorgehende Wirtschaftsordnung war Planwirtschaft, und geplant wurde in erster Linie in Hinsicht auf Krieg.«[94]

Zwar ist es formal richtig, aber inhaltlich leer — um zu wiederholen — daß es Kriege schon immer gegeben habe, d.h. bewaffnete Auseinandersetzungen zwischen konkurrierenden gesellschaftlichen Einheiten und geführt von ausgebildeten Experten für organisierte Gewalt (Soldaten, Armeen, Heerführer). Das historisch qualitativ Neuartige besteht jedoch in der Einbeziehung immer größerer Reproduktionssektoren in das Militärwesen. Sehr grob und zugespitzt formuliert: Kriege früherer Zeiten tendierten dazu, den Gesellschaften selbst relativ äußerliche Vorgänge zu bleiben, neue dynastische Besitzstandsverhältnisse herzustellen, Herrschaftsklassen gegeneinander auszutauschen, ließen dabei aber die ohnehin sich landwirtschafltich reproduzierenden Gesellschaften strukturell unverändert (was große Verwüstungen, das Niederbrennen von Städten und Dörfern etc. keineswegs ausschließt). In dem Maße jedoch, in dem militärische Stärke zur Funktion der Entwicklung der Produktivkräfte wurde, in dem Maße wurden auch immer größere Sektoren an Krieg und vor allem an Rüstung indirekt und direkt interessiert.

Hatte ich bisher betont, daß kapitalistische Konkurrenzverhältnisse die Voraussetzung staatlicher Konkurrenzverhältnisse und damit auch von staatlich organisierten, bewußt geplanten Gewaltanwendungen sind, so ließe sich nunmehr das Verhältnis geradezu umgekehrt beschreiben: *die Entfaltung kapitalistischer Produktionsverhältnisse wurde zunehmend zur Voraussetzung politisch-militärischen Überlebens, die sich feindlich gegenüberstehenden Staaten schufen sich moderne, d.h. kapitalistisch strukturierte Ökonomien zur qualitativen Verbesserung ihrer Angriffs- und Verteidigungskapazitäten.* Die staatlich vorangetriebene Rüstung wird zur Lokomotive der Manufaktur, durch die der zünftlerischen Produktion der eigentliche Todesstoß versetzt wird.

»Krieg und die Vorbereitung des Krieges stellten einen kraftvollen Impuls — wenn auch vielleicht nicht gerade den einzigen — dar für die Entwicklung moderner industrieller, kommerzieller und finanzieller Organisation. Gustaf Adolf, Ludwig XIV. und Peter der Große von Rußland, sie alle legten Arsenale an, die zu den frühesten Modellen des Fabriksystems wurden. Staatliche Kreditaufnahme und die Gründung der Bank von England, ihrerseits grundlegende Neuerungen staatlicher Finanzierung von größter Bedeutung, waren das direkte Ergebnis der Notwendigkeit, genügend Kapital zum Kampf gegen Ludwig XIV. zu mobilisieren.« (Preston/Wise 1970, 117)

Für die englische Eisenindustrie z.B. ist der Nachweis geführt worden, daß sie in hohem Grade einer der zentralen Motoren der Industriellen Revolution wurde, indem sie durch ihren Einsatz für die Rüstung unverhältnismäßig hohe Gewinne abwarf — so wie umgekehrt Friedenszeiten und nicht-ausgelastete Kapazitäten zu sektoralen Krisen führten (Ashton 1924, 152f.). Das vermutlich »klassische« Modell jedoch zur Demonstration des Zusammenhangs zwischen staatlich forcierter Rüstung und frühkapitalistischer Industrialisierung stellt das unter ehrgeizigen Monarchen aufstrebende Preußen dar: die Schaffung von Manufakturen und Fabriken, die Anlage von Straßen und Depots etc. war weitgehend das Werk militärisch inspirierter Initiativen der königlichen Bürokratie, die — nicht zuletzt mittels billiger staatlicher Kredite — Landadel und Aristokratie zur Gründung von Manufakturen und Bergwerken antrieb, ebenso wie sie die Einwanderung der als fleißig bekannten Hugenotten aus Frankreich förderte, die im preußischen Staat den Grundstein zu einer modernen Wirtschaftsstruktur legten. Das auf England gemünzte Urteil zweier Wirtschaftshistoriker, daß »die Kriege ebenso unverzichtbar zur Entwicklung des Kapitalismus im 18. Jahrhundert gehören wie die Sklaverei zur Entwicklung der Zuckerplantage« (Pollard/Crossley 1969, 169), gilt für Preußen gleichermaßen. Es gilt aber auch — immer mit den den spezifischen Bedingungen entsprechenden Variationen — etwa für den japanischen Industrialisierungsprozeß im Zuge der Meji-Restauration. Auch diese zielte sehr konkret auf den Auf- und Ausbau militärischer Kapazitäten zur Überlebenssicherung in einer feindlichen, kapitalistischen Umwelt, in der bloßer Samurai-Heroismus selbstmörderisch sein mußte (weshalb diese Kriegerkaste nach einem blutigen Aufstand ausgeschaltet werden mußte).

Auf den Zusammenhang zwischen der Herausbildung des Modernen Staates und der kapitalistischen Produktionsweise wird im 16. Kapitel noch systematisch zurückzukommen sein. An dieser Stelle jedoch ist der Hinweis wichtig, daß dieser Moderne Staat sich auch und ganz zentral Rüstung und Krieg, also dem Militärapparat verdankt, der das »Herz der Souveränität« (Laski, 1935, 29) ausmacht. Staaten sind souverän, sofern sie in der Lage sind, sich gegeneinander und innergesellschaftlich militärisch zu organisieren und zu behaupten. Die berühmte Formel vom »Primat der Außenpolitik« meint eben dieses: militärische Angriffs- und Abwehrbereitschaft in einer Welt potentieller Feinde bzw. ökonomischer Konkurrenten, die Unterordnung gesellschaftlicher Verhältnisse unter die Zwänge militärisch definierten staatlichen Überlebens in feindlicher Umwelt wird zum Wesen von Politik überhaupt. Wettrüsten, Ideologien nationaler Überlegenheit, Nationalismen als Rechtfertigungen gesellschaftlicher Disziplinierungsstrategien und politischer Repression entspringen eben diesem Zusammenhang und führen schließlich zu Kriegen nicht nur universaler, sondern auch totaler Dimensionen. Im Gegensatz zu Schumpeter, der irreführend auf den scheinbaren Widerspruch zwischen »atavistischem« Kriegsgeist und dem friedlich-modernen Profitmotiv des kapitalistischen Händlers hinweist (Schumpeter 1918, 1-39; 275-310), muß vielmehr auf der strukturellen Verwandtschaft bestanden werden, die besteht zwischen den Prinzipien kapitalistischer Organisation von industrieller Organisation (Hierarchie, Disziplin, Autorität) und denen des Militärs (wiederum Hierarchie, Disziplin, Gehorsam, Effizienz und Rationalität der Mittel zu Zwecken, die selbst nicht rationalen Kriterien unterworfen werden). Sieht man den Widerspruch militärischer Organisation derart — Rationalität der Mittel, Irrationalität des Zwecks — so erscheint auch darin die Verwandtschaft zur kapitalistischen Produktionsweise, ist diese doch u.a. gekennzeichnet durch den Widerspruch zwischen »der gesellschaftlichen Organisation in der einzelnen Fabrik und der gesellschaftlichen Anarchie in der Gesamtproduktion« (Engels, MEW 19, 227).

Werner Sombart hat bereits 1913 den von der heutigen Rüstungsdiskussion vergessenen oder unterschlagenen Nachweis geführt,

»daß der Krieg noch viel unmittelbarer am Aufbau des kapitalistischen Wirtschaftssystems beteiligt ist. Deshalb daran beteiligt ist, weil er die modernen Heere geschaffen hat und die modernen Heere wichtige Bedingungen kapitalistischer Wirtschaft erfüllen sollten. . . .: die Vermögensbildung, der kapitalistische Geist und vor allem ein großer Markt.« Das moderne Heer »ist vielleicht die erste Stelle, wo sich der Gesellschaft das dynamische Streben nach Ausweitung und Anderssein bemächtigt, das das alte statisch-ruhige Verhalten der mittelalterlichen Welt ablöste und unsere gesamte Kultur ja so von Grund aus umgestürzt hat. Die damit verbundenen quantifizierenden Tendenzen, die dann ihre stärkste Entfaltung im Kapitalismus finden, treten ebenfalls hier zuerst in den modernen Heeren auf . . . Heeresvergrößerung und Kapitalakkumulation sind durchaus verwandte Vorgänge.« (1913,14,32f.)

Der historische Rekurs zeigt hier u.a., daß der in jüngster Zeit als ein scheinbar ganz neuartiges Phänomen entdeckte »militärisch-industrielle Komplex« so alt ist wie zumindest der Manufakturkapitalismus selbst und er darum ein integraler Bestandteil des modernen Staaten überhaupt ist, gewissermaßen sogar — wenn wir Sombart folgen wollen — dessen ureigenste Kreation. Jene oft als alarmierend zitierten + - 10 Prozent Anteil des Rüstungssektors am amerikanischen Bruttosozialprodukt (und zwar in Friedenszeiten) finden wir (allerdings für die Kriegsjahre) bereits im 18. Jahrhundert (Wolf/Erickson (Hg.) o.J., 122):

Kriegskostenanteil am gemeinsamen Nationalprodukt der Beteiligten pro Kriegsjahr (in Prozent)

Span. Erbfolgekrieg (nur England)	1702-1713	8	
Siebenjähriger Krieg (nur England)	1756-1763	10	
Am. Unabhängigkeitskrieg	1776-1781	10	
Napoleonische Kriege	1793-1815	13	
Krimkrieg	1854-1856	8	
Am. Bürgerkrieg	1861-1865	30	
Deutsch-Französischer Krieg	1870-1871	64*	Frankreich
		20	Deutschland
Russisch-Japanischer Krieg	1904-1905	19	

* Incl. Reparationen an das Deutsche Reich, zu zahlen in fünf Nachkriegsjahren, etwa ein Viertel eines Jahresproduktes.

Wenn man bei der Analyse der militärischen Dimension des internationalen Systems von jener historischen Symbiose von Staatenbildung, Kapitalismus-Entfaltung und Rüstung ausgeht, dann finden viele jener Probleme, mit denen sich die Internationalen Beziehungen als Disziplin beschäftigen, eine Erklärung und scheinbare Widersprüche enthüllen ihre gesellschaftliche Logik — in letzter Konsequenz die Logik der Selbstzerstörung dieses aus der Entfaltung der Produktivkräfte ebenso wie des Zerstörungspotentials gleichermaßen sich eskalierend reproduzierenden Systems. Friedrich Engels (Ausgewählte militärische Schriften, Berlin 1964, Bd. 2, 632), sah das bereits 1887 so:

»Acht bis zehn Millionen Soldaten werden sich untereinander abwürgen und dabei ganz Europa so kahlfressen, wie noch nie ein Heuschreckenschwarm. Die Verwüstungen des Dreißigjährigen Krieges zusammengedrängt in drei bis vier Jahre und über den ganzen Kontinent verbreitet; Hungersnot, Seuchen, allgemeine, durch akute Not hevorgerufene Verwilderung der Heere wie der Volksmassen; rettungslose Verwirrung unseres künstlichen Getriebs in Handel, Industrie und Kredit, endend im allgemeinen Bankerott; Zusammenbruch der alten Staaten und ihrer traditionellen Staatsweisheit, derart, daß die Kronen zu Dutzenden über das Straßenpflaster rollen und niemand sich findet, der sie aufhebt; absolute Unmöglichkeit, vorherzusehn, wie das alles enden und wer als Sieger aus dem Kampf hervorgehen wird . . . Das ist die Aussicht, wenn das auf die Spitze getriebene System der gegenseitigen Überbietung in Kriegsrüstungen endlich seine unvermeidlichen Früchte trägt.«[95]

Im Kontext einer Theorie der Internationalen Beziehungen schließt sich daran die — hier nicht erfüllbare — Forderung an, auch das Studium der Kriegsführung selbst nicht auszuschließen und sie aus ihren historischen, d.h. politökonomischen Bedingungen abzuleiten und zu verstehen.

Es war früher darauf hingewiesen worden, daß sich mit der frühbürgerlich-kapitalistischen Revolution auch eine quantitativ meßbare, qualitative Veränderung in der Bedeutung von Krieg und Kriegsführung vollzieht; nur innerhalb dieses »Sprunges« in der Entfaltung der Destruktionskapazitäten ist es teilweise richtig, auf jene, Menschen als Kriegsmaterial schonende Strategie-Theorie hinzuweisen, die ihre Kriegslehre u.a. so formulierte: »Man kann Kriegsunternehmungen mit geometrischer Strenge einleiten und ständig Krieg führen, ohne jemals in die Notwendigkeit zu kommen, schlagen zu müssen.« (General Lloyd um 1780) Tatsächlich kosteten jedoch auch die Feldzüge bzw. Schlachten des vor-revolutionären Absolutismus Zehn- bis Hunderttausende von Menschenleben (vgl. Dumas/Vedel-Petersen 1923, 25-60). Richtig aber ist das gleichgerichtete Interesse von Monarchie und Bourgeoisie aller kriegführenden Staaten an der Nichtbeeinträchtigung der Wirtschafts- und Handelsbeziehungen über die Grenzen hinweg. Den eigentlichen Wendepunkt zu neuzeitlicher Kriegsführung stellten die Kampagnen Napoleons bzw. die aus der französischen Revolution hervorgehenden Kriege dar, wobei die französische Revolution selbst aus dem größeren Kontext der von England ausgehenden industriellen Revolution zu interpretieren ist (vgl. 10. Kapitel). Die radikal-innovative Kriegsführung des revolutionären Frankreich basierte nicht auf neuen militärtechnologischen Durchbrüchen (Napoleon selbst war hier eher konservativ) (Preston/Wise 1970, 189f.), sondern auf der historisch neuartigen Massenmobilisation, der Identifikation der Massen mit dem zu verteidigenden revolutionären Regime, die es ermöglichte, die starre Linienkriegsführung zu sprengen, ohne fürchten zu müssen, daß die Soldaten dann schlicht davonliefen.[96] Sie wurden, weil es sich nicht mehr um gepreßte, unwillige Söldner handelte, billiger — Napoleon rühmte sich wohl, jährlich über 200 000 neue Rekruten zu verfügen — und erlaubten die Strategie der Entscheidungsschlacht, in der mit Sieg oder Niederlage oft die staatliche Existenz oder Nichtexistenz des Gegners auf dem Spiele stand.

»Während der letzten Jahre des 18. Jahrhunderts«, so heißt es bei einem führenden Militärhistoriker, »entwickelten sich sowohl die politischen Bedingungen als auch die Militärtechniken derart, daß bisher beispiellose Bevölkerungsmengen eingezogen und Armeen von ebenfalls beispielloser Größe gebildet werden konnten. Diese Armeen konnten so kontrolliert und manövriert werden, daß sie sich in einer einzigen Schlacht oder einer Reihe von Schlachten trafen, die für das Ergebnis des Krieges entscheidend waren«. (Howard 1971, 186)

»Die moderne Kriegführung,« schreibt Engels, »setzt . . . die Emanzipation der Bourgeois und Bauern voraus, sie ist der *militärische Ausdruck* dieser Emanzipation«. (Ausgew. militärische Schriften, Berlin 1964, Bd. 1, 218) Mit der gesellschaftlichen Entfesselung des Krieges, bzw. mit der Entfesselung gesellschaftlicher Kräfte — der Bourgeoisie — als Motor staatlicher Selbstbehauptung im internationalen Konkurrenzkampf beginnt der Krieg aber nun tendenziell jenen totalen Charakter anzunehmen, der sich schließlich in den beiden Weltkriegen entlud.[97] Nicht nur der Nationalismus, sondern auch die neuzeitliche Heroisierung des Krieges als einer gesamtgesellschaftlich positiven Aktivität hat hier ihren Ursprung (Nef 1963, 307ff.). Einem deutschen Festredner zum Siege von 1871 wird der unübertreffliche Satz zugeschrieben: »Nun soll uns noch mal einer als 'Volk der Dichter und Denker' verketzern;«[98]

Der tendenziell totale Krieg entwickelt seine Dynamik aber nicht nur aus der national-bürgerlichen Emanzipation, sondern aus deren Symbiose mit den technologischen Errungenschaften der Industriellen Revolution, die, was die Kriegsführung selbst anbetrifft, sowohl in der sprungartig ansteigenden Feuerkraft der Heere als auch in der Revolutionierung des Transportwesens bzw. der Mobilität der Truppen sich unmittelbar niederschlagen.[99] Darüber hinaus verändert sich aber nun noch ein weiterer Punkt: wegen der direkt-funktionalen Abhängigkeit der militärischen von der ökonomisch-industriellen Kapazität bzw. deren Funktionierens im Kriege selbst, wurde das gegnerische Hinterland notwendigerweise zu einem der strategischen Ziele der Zerstörung. Die prä-industrielle, manufakturelle Basis der Kontrahenten während der napoleonischen Feldzüge implizierte noch deren Immunität — auch preußische Manufakturen konnten für französischen Bedarf zu produzieren gezwungen werden und blieben darum nützlich. Im industriell geführten Konflikt jedoch kann keine auch noch so tapfer kämpfende, gut geführte Truppe lange überleben ohne funktionierende Industrie. Der Erste Weltkrieg sollte das deutlich demonstrieren — vor allem auf deutscher Seite, wo es trotz des historisch ersten Experiments eines staatlich dirigierten Kriegs-Kapitalismus nicht gelang, die materielle Unterlegenheit an Rüstung auszugleichen. Es bedurfte allerdings dann des Zweiten Weltkrieges, um diese Strategie des Überrüstens des Gegners, gekoppelt mit der Zerstörung seiner industriellen Reproduktionsbasis, bis nahezu an ihre eigene Vollendung zu führen; »nahezu« insofern, als die spätere amerikanische Vietnam-Strategie der tendenziellen Vernichtung auch noch der infrastrukturellen und ökologischen Überlebensbedingungen des Gegners dem Krieg eine Dimension hinzufügte, die vordem nicht im Bereich des Möglichen lag.

Jene historisch neuartige Verschwisterung von industrieller Technologie und Kriegsführung bedeutete aber noch ein Weiteres für das internationale System: dieses war — mit den Ausnahmen der spanischen Kolonisation Lateinamerikas und der Unterwerfung Indiens durch England — bis zu Beginn des 19. Jahrhunderts im wesentlichen durch die überlegenen europäischen Flotten zusammengehalten worden, weshalb der indische Historiker Panikkar für diesen Zeitraum den Begriff der »Vasco-da-Gama-Periode« prägte. Mit der kostspieligen und damit zugleich, wie erwähnt, die industrie-kapitalistische Produktion entscheidend stimulierenden Entwicklung von Destruktionswaffen von beispielloser Wirkung wurde es nun möglich, die großen Bevölkerungsmassen Asiens und Afrikas effektiv zu unterwerfen und z.T. — wie dies mit den Indianerbevölkerungen Nord- und vor allem Südamerikas während der zweiten Hälfte des 19. Jahrhunderts geschah — sie auszurotten. Adam Smith hatte das zu Beginn der Industriellen Revolution bereits deutlich erkannt, indem er schrieb:

»Im modernen Krieg bedeutet die Kostspieligkeit von Feuerwaffen einen klaren Vorteil für die Nation, die sich diese Ausgaben am besten leisten kann — und folglich einen Vorteil der reichen und zivilisierten über die armen und barbarischen Nationen. Im Altertum hatten es die wohlhabenden und zivilisierten Nationen schwierig, sich gegen die armen und barbarischen zu verteidigen. Heutzutage finden es die Letzteren schwierig, sich gegen die Ersteren zu wehren. Die Erfindung der Feuerwaffen, die auf den ersten Blick so bösartig erscheint, ist zweifellos günstig für die Erhaltung und Ausdehnung der Zivilisation.« (Smith 1961, 230f.).

Faktisch bedeutete diese Überlegenheit der »Zivilisation« in bezug auf die Kriegstechnologie Blutbäder ohnegleichen, die im Prozeß der vollen Durchsetzung des imperialistischen Systems angerichtet wurden. Man nehme nur etwa die Schlacht von Omdurman (2. September 1898) — eine britisch-ägyptische »Strafexpedition« im Kontext der Unterwerfung des Sudan — bei der auf 386 Tote und Verwundete der »Zivilisierten« 11 000 Tote und 16 000 Verwundete bei den »Barbaren« kamen, von denen eine große Zahl nachträglich noch gestorben sein dürfte. Die Brutalisierung des Krieges im allgemeinen und die der Pazifizierung unbotmäßiger Völker an der Peripherie des internationalen Systems, ist dem internationalen System als kapitalistischem System strukturell eigen.

Angesichts der unwiderstehlichen Wucht, mit der sich der Kapitalismus als staatlich organisierter Kriegskapitalismus ausbreitete und sich das seinen Interessen entsprechende Globalsystem schuf, schien es für die nicht-kapitalistischen Gesellschaften auch in dieser Hinsicht keine Alternative zu geben als die der konkurrierenden Nachahmung. Nur in einem Falle ist das erfolgreich gelungen — nämlich in Japan, das innerhalb eines knappen halben Jahrhunderts zur mehr als ebenbürtigen Militärmacht aufstieg. Die Türkei beispielsweise, obwohl im 16. Jahrhundert Westeuropa militärisch überlegen und noch im 17. Jahrhundert eine ernstzunehmende Gefahr darstellend, zerbrach schließlich an der Starrheit ihrer sozio-ökonomischen Strukturen bzw. dem Ausbleiben einer kapitalistischen Revolution im Innern, die allein die steigenden Kosten für technologie- und kapitalintensive Rüstung hätte aufbringen können (Cipolla). Das gewaltige chinesische Reich, dessen Sozialgeschichte u.a. dadurch gekennzeichnet ist, daß es hier wegen des frühzeitig zentralisierten Monopols der Verteidigung nicht zur Herausbildung einer spezialisierten Kriegerkaste kam und von dem es heißt, daß es sich durch seine durch die Jahrhunderte tradierte Geringschätzung alles Militärischen auszeichne, wurde eben darum das Opfer einer wiederum militärisch erzwungenen Eingliederung in das kapitalistische Weltsystem mit allen seinen bekannten Konsequenzen. Die Führer des post-revolutionären China haben daraus die Lehre ziehen müssen, die u.a. die Sowjetunion mehr als fünfzig Jahre früher ebenfalls zog, daß ohne technologie-intensive industrielle Rüstung in kapitalistischer Staatenwelt kein eigengesellschaftliches Überleben möglich ist.

Der Erste Weltkrieg stellt, zumindest was das Problembewußtsein der allgemeinen Gefährdung der kapitalistischen Gesellschaftsordnungen und darüber hinaus, der modernen Staatenwelt überhaupt durch Krieg und Rüstung anbetrifft, einen Wendepunkt dar. Aber die in der prinzipiell korrekten Einschätzung des Katastrophenpotentials unternommenen Abrüstungsversuche mußten nicht zuletzt deswegen scheitern, weil sie die Staatenstruktur, die doch an der Wurzel von Wettrüsten und latenter Kriegsgefahr liegt, weder anzugreifen willens noch in der Lage waren. Im Gegenteil: der Völkerbund sanktionierte vielmehr aufs Neue das absolute Recht der Staaten auf ihre Existenz, auf ihre Souveränität in der internationalen Politik, deren Kriterium identisch ist mit dem Recht, Krieg zu führen. Lord Bryce artikulierte in einem Vortrag über Internationale Beziehungen, den er 1921 in den USA hielt, die außenpolitische Maxime der herrschenden Klassen unzweideutig so: »Jede politische Gemeinschaft, ungeachtet ihrer Staatsform, sei sie republikanisch oder monarchisch, befindet sich gegenüber jeder anderen politischen Gemeinschaft im Naturzustand, d.h. eine unabhängige Gemeinschaft steht jenseits des Rechtes . . . (Sie) befindet sich im Grunde im Zustand des Wilden, ehe er sich mit anderen zu gesetzlich organisierten Gemeinschaften zusammenschloß.« (Zit.: Bruce Williams, *State Security and the League of Nations*, Baltimore 1927, 1) Die große und noch immer unübertroffene Arbeit über den Krieg von Quincy Wright, während des Zweiten Weltkrieges geschrieben, schien zu bestätigen, daß der Krieg gewissermaßen in die Naturgeschichte von Gruppenzusammenschlüssen gehöre, deren historisch höchstes — und krieganfälligstes — Stadium die Staatlichkeit generell sei: Staaten, so heißt es bei Wright, »mit den unterschiedlichsten Verfassungen haben dazu tendiert, unter ähnlichem äußeren Druck ähnlich zu reagieren«. (1964, 157) Und: »Es läßt sich statistisch kaum belegen, daß Demokratien weniger in Kriege verwickelt gewesen wären als Autokratien.« (1964, 161) Eine weitere quantitative Untersuchung der Kriege im Jahrhundert 1837-1937, die sich auf die Frage nach einer funktionalen Beziehung zwischen Gesellschaftsordnung und außenpolitischem bzw. aggressivem Verhalten konzentrierte, kam zu dem Schluß, daß es für keine der untersuchten Variablen — ökonomisches Entwicklungsniveau, politische Verfassung, akkumulierte Macht, innenpolitische Stabilität bzw. Labilität, kollektivpsychologische Disposition etc. — einen nachweisbaren, statistisch signifikanten Zusammenhang mit friedlicher oder kriegerischer Außenpolitik gibt (Rummel 1968, 187-214).

An der Tatsache der sprungartigen Zunahme von Kriegen und ihres Zerstörungspotentials im Kontext der Entwicklung des Weltsystems seit dem 16. Jahrhundert ändert das jedoch nichts bzw. diese wissenschaftlichen Ergebnisse erklären so gut wie nichts. Aber dann kam, als anscheinend neue Realität im internationalen System, mit dem Zweiten Weltkrieg die Explosion der beiden Atombomben, das unerwartet rasche Aufholen der Sowjetunion, das »Gleichgewicht des Schreckens«, auch »nukleares Patt« genannt, dann der als »Kalter Krieg« in die Geschichte eingegangene Waffenstillstand zwischen den konkurrierenden »Supermächten«, und schließlich die sogenannte »Entspannung«. Nun schien der Weg zu einer Eliminierung des Krieges aus dem internationalen System bereitet zu sein, und zwar aufgrund der objektiv nicht mehr zu rechtfertigenden, weil weder wirksamen Schutz noch sinnvollen Einsatz versprechenden Kosten für Rüstung. Muß der inzwischen eingetretene Frieden zwischen den großen Staaten, die in der Vergangenheit die Protagonisten der Kriege gewesen waren — wie prekär er auch sein mag — nicht doch positiv interpretiert werden als zwar ungewollte aber gleichwohl logische Konsequenz aus jenen technologischen Durchbrüchen und Entwicklungen, die mit der Industriellen Revolution begannen?

Die zur Klärung einer solchen Einschätzung zu stellenden Fragen sind vielfältig — aber die Antworten, die zu geben sind, hängen vor allem von der Genauigkeit ab, mit der wir unsere Fragen überhaupt erst stellen. Denn zunächst wären die Prämissen einer solchen positiven Interpretation des gegenwärtigen Friedenszustandes kritisch und empirisch zu überprüfen — und diese stellen sich dabei als zumindest brüchig, wenn nicht gar als falsch heraus: die Nachkriegszeit ist alles andere als eine friedliche Periode. Eine quantitative Analyse der bewaffneten Konflikte nach dem Zweiten Weltkrieg kommt zu dem immerhin überraschenden Ergebnis, daß mehr Menschen und größere Territorien »heiße« Kriege über sich haben ergehen lassen müssen, als sowohl im Ersten als auch im Zweiten Weltkrieg und daß die Zahl bewaffneter Konflikte im untersuchten Zeitraum von 1945 bis 1968 ständig zugenommen hat. Der Autor folgert daraus keineswegs abwegig, daß wir in der Tat bereits in einem Dritten Weltkrieg leben — mit dem einzigen Unterschied, daß sich dieser diesmal an der Peripherie des internationalen Systems und vor allem in der Form dessen abspielt, was er »Anti-Regime-Kriege« nennt und wofür wir das einfachere Wort »Bürgerkriege« einsetzen können — und zwar Bürgerkriege mit aktiver Partizipation und Intervention der Metropolitanmächte, allen voran der USA, gefolgt von Frankreich und England (Kende 1973, 242-269). In zahlreichen Fällen hat diese durch externe Intervention und/oder ermutigte Duldung stimulierte Gewaltpolitik des bis an die Grenze des Genozids gehenden »Blutbades« Formen und Ausmaße angenommen, die denen des Nazismus kaum mehr viel nachstehen. Es ist lediglich der Friede im Zentrum, zwischen den hochbewaffneten und über eine mehrfache »overkill«-Kapazität verfügenden Großmächten, der zu der weitverbreiteten Täuschung geführt hat, als funktioniere die moderne Waffentechnologie und das Rüstungsgleichgewicht durch beiderseitigen »kontrollierten« Rüstungswettlauf objektiv friedenshaltend. Die solche Friedenserwartungen infrage stellenden Warnungen Einzelner (und heute der Friedensbewegungen) vor einem möglichen kriegerischen Zusammenstoß der um imperialen Einfluß konkurrierenden Großmächte USA und Sowjetunion werden in der Regel als Schwarzmalerei abgetan zugunsten der durchaus einleuchtend klingenden These von der Konvergenz der objektiven Sicherheits- und Selbsterhaltungsinteressen der Großmächte. Das aber hatte Karl Kautsky selbst noch am unmittelbaren Vorabend des Kriegsausbruches im August 1914 (sein Aufsatz erschien im September) erwartet, als er die friedliche — wenn auch von ihm keineswegs begrüßte — Perspektive eines »Überimperialismus« der großen Antagonisten entwickelte.

Im Lichte dieser Tatsachen müssen Fragen gestellt und Antworten versucht werden: die Einengung auf das bloße Ausbleiben totaler Kriege im internationalen System würde eine die Sache selbst verfehlende Verzerrung bzw. die Reduktion auf nur einen Aspekt von Rüstung, Krieg und Militärwesen darstellen. Wenn man hingegen die beiden großen Weltkriege versteht als nur eine spezifische, in besonderem Maße extreme Manifestation der aufgezeigten Symbiose zwischenstaatlicher Organisation, Mobilisierung ökonomischer Ressourcen im Konkurrenzkampf der Nationen und dem Militärapparat, dann vermeidet man die Fehlinterpretation des Kalten Krieges und seiner Fortsetzungen als Anzeichen prinzipiell möglicher Selbstkorrektur des internationalen Systems, dessen strukturelle Basis — die Nationalstaaten — angeblich selbst außerhalb der Diskussion bleiben kann. Demgegenüber zeigt die historische Analyse der Entwicklung von Militär- und Rüstungswesen, daß der moderne Krieg eine durchaus neuartige Qualität in den Gewaltverhältnissen, wie sie sich für nahezu alle früheren historischen Gesellschaften nachweisen lassen, darstellt, und daß dieser moderne Krieg das Korrelat zum modernen, kapitalistischen Staat darstellt, der seinerseits als Kriegsstaat die geschichtliche Bühne betritt. Zwar bleibt der Krieg die *ultima ratio* des Staates zur Verteidigung der von ihm repräsentierten sozioökonomischen Interessen, aber seine gesellschaftliche Funktion übt er als Motor der Ökonomie und als Disziplinator auch und gerade in Friedenszeiten aus.

Es war bereits darauf hingewiesen worden, daß die Regierenden des 18. Jahrhundert mittels einer rationalistischen Strategie die eigentliche Schlacht — wegen der damaligen Knappheit der menschlichen und ökonomischen Ressourcen — zu vermeiden suchten; aber der sozialen Funktion der Heere als Instrument von nationaler Integration und repressiver Disziplinierung waren sie sich gleichwohl vollauf bewußt. So war der noch heute bisweilen sichtbare Bau von Kasernen bzw. die Stationierung der Truppen an der unmittelbaren Peripherie der Städte für Bürger und alle Untertanen gleichermaßen eine ständige Ermahnung zu politischem Wohlverhalten, eine Demonstration der zentralstaatlichen Präsenz, die in unruhigen Zeiten ihren keineswegs nur symbolischen Charakter unter Beweis stellte. Für das aufgeklärte Bürgertum des 19. Jahrhunderts galt darum das stehende Heer als unvereinbar mit moderner, liberal-demokratischer Gesellschaft; es wußte sehr wohl — und hatte dies in Deutschland beispielsweise 1848 konkret erfahren — was Otto Hintze formulierte: Die Armee »ist zwar als Mittel zur auswärtigen Machtpolitik geschaffen, aber sie dient zugleich auch zur Aufrechterhaltung und Ausdehnung der monarchischen Gewalt im Inneren. Jeder Widerstand im Lande wird diesem ungeheuren monarchischen Machtmittel gegenüber unmöglich«. (Zit. von Friedeburg 1966, 13) Dieselbe generelle Erkenntnis hatte auch der späte Friedrich Engels als Antwort auf die Frage »Kann Europa abrüsten?« ausgesprochen: ». . . daß vom rein militärischen Standpunkt der allmählichen Abschaffung der stehenden Heere absolut nichts im Wege steht; und daß, wenn trotzdem diese Heere aufrechterhalten werden, dies nicht aus militärischen, sondern aus politischen Gründen geschieht, daß also mit einem Wort die Armeen schützen sollen, nicht so sehr gegen den äußern wie gegen den innern Feind.« (Ausgew. militärische Schriften, Berlin 1964, Bd. 2, 650)

Wir sehen, daß der Komplex Staat — Rüstung — Krieg — Ökonomie in unserer historischen Epoche, der Epoche des Kapitalismus in seiner weltweiten Selbstverwirklichung, im Grunde komponiert ist aus nur wenigen Variablen, die unter je spezifischen Bedingungen in verschiedener Konstellation erscheinen, ohne jedoch damit ihre strukturelle Bedeutung für die politische Ökonomie des internationalen Systems als Ganzem oder für seine Teile qualitativ zu verändern. Richtig ist, daß mit atomaren »Over-Kill-Kapazitäten« nunmehr eine Tendenz verwirklicht wurde, die in der Symbiose von Industrietechnologie und Rüstung nur angelegt war und die das Risiko des Erfolges beim Einsatz von Krieg als Mittel der Politik so hochschrauben, daß ein totaler Großkrieg derzeit so gut wie ausgeschlossen erscheint. Aber die Betonung muß gleichwohl liegen auf der Verwirklichung einer seit langem strukturell angelegten Tendenz. Es ist daran zu erinnern, daß — analog zum Kapital selbst, in dessen Begriff der Weltmarkt immer schon tendenziell enthalten war — *der Weltkrieg im Begriff der Welt-Staatengesellschaft notwendig angelegt ist* und er sich mit dieser in der Tat auch bereits im 17. Jahrhundert erstmalig einstellt (vgl. 7. Kapitel). Es ist folglich keine abwegige historische Analogie, vielmehr in der begrenzten Logik des Systems selbst angelegt, wenn wir in der Strategie der zweiten Hälfte des 20. Jahrhunderts eine neue Version von Kriegsführung und Militärfunktion des 18. Jahrhunderts wiedererkennen, die selbst rückblickend nur Zwischenspiel war: die Vermeidung des »Schlagens«, d.h. des Heißen Krieges zwischen den hochgerüsteten Konkurrenten zugunsten eines Manöverkrieges um jeweils günstigere Druckpositionen, die es dem Gegner als aussichtslos erscheinen lassen, effektiv zu kämpfen — eklatantes Beispiel: der Abzug der sowjetischen Raketen aus Kuba, 1962. Und damals wie heute sehen die Antagonisten keinen Widerspruch darin, einerseits die mächtigsten Waffen gegeneinander zu entwickeln und den vernichtenden Schlag des Gegners ständig einzukalkulieren, aber andererseits gleichzeitig kulturelle, diplomatische, kommerzielle und andere Beziehungen intensiv zu pflegen und auszubauen. In der Tat ist dies kein Widerspruch, insofern Rüstung in ihrer Eigendynamik gar nicht mehr — wenn überhaupt je in reiner Form militärischer Rationalität — primär am Kriegsfall selbst orientiert und festgemacht ist. Vielmehr hat sich der vielzitierte militärisch-industrielle Komplex inzwischen als ein systematisch einsetzbares und auch de facto so eingesetztes Mittel der Kontrolle und Steuerung von Wirtschaft und Gesellschaft erwiesen und ist innerhalb der spätkapitalistischen Gesellschaften zu einer derartigen Schlüsselfunktion geworden, daß er zur Systemerhaltung anscheinend unentbehrlich geworden ist.[100] Es dürfte heute — mit allen notwendigen Qualifikationen — als wissenschaftlich gesichert gelten, festzustellen, daß jede echte Abrüstung, d.h. jeder reale Abbau des Militärapparates und jede substantielle Reduktion des Rüstungssektors in besonderem Maße die USA, aber aufgrund seiner jüngsten Expansion auch Frankreich, die Bundesrepublik bis hin zu Italien in ökonomische und sozio-politische Krisen stürzen würde, in deren Konsequenz die kapitalistische Wirtschafts- und Gesellschaftsordnung selbst kaum mehr überlebensfähig wäre. Vergleichbare Analysen zur Bedeutung und Funktion des Militärbudgets innerhalb der sowjetischen Ökonomie fehlen bislang weitgehend. Aber obwohl es strukturell denkbar erscheint, daß die Sowjetunion mit den rein ökonomischen Konsequenzen einer hypothetisch denkbaren Abrüstung relativ leichter und ohne prinzipielle Gefährdung der zentralen Planwirtschaft fertigwerden würde, so wären doch die politischen Konsequenzen des Verlustes des Militärapparates für die eigene innere Stabilität und für die des Warschauer Paktes, für die sowjetische Außenpolitik, und damit für die Herrschaft der bürokratisch-politischen Klasse überhaupt ebenso gravierend und unakzeptabel, wie das aus anderen Gründen für die kapitalistischen Staaten gilt.

Über die gesellschaftsstabilisierende politökonomische Funktion des militärischen Sektors hinaus, wofür der amerikanische Politikwissenschaftler Lasswell schon 1937 den Begriff des »Garnisonsstaates« prägte,[101] erfüllen Streitkräfte und Rüstungs-Exporte auch eine wesentliche, wenn nicht gar entscheidende Funktion zur Stabilisierung der großen konkurrierenden imperialen Hierarchien und für die Politik der Kräfteverschiebung zwischen diesen. Militärausgaben können sehr vereinfachend definiert werden als Ausgaben zur Erhaltung und konkurrierenden Erweiterung des jeweiligen imperialen Besitzstandes im internationalen System. Dieses selbst war, das muß immer erinnert werden, mittels offener Gewalt als Geburtshelfer kapitalistischer Penetration geschaffen worden — von der europäischen Marine-Überlegenheit insbesondere im Pazifik (Macintyre 1972) bis hin zur kolonialen Unterwerfung der außereuropäischen Kontinente. Und es wird als militarisiertes Gewaltsystem weiterhin reproduziert, denn nur so lassen sich die extremen inner- und intergesellschaftlichen sozialen Diskrepanzen vor allem in der Dritten Welt stabilisieren.

Die zentrale politische Rolle des Militärs in der Dritten Welt findet darin ihren allgemeinsten Erklärungszusammenhang. Angeblich stellt das Militär hier die einzige gesellschaftsstabilisierende und progressive Kraft dar, wird es von zahlreichen Soziologen zum Garanten gegen inneren und äußeren Zerfall erklärt und damit dessen massiver Auf- und Ausbau im Zuge der Dekolonisierung gerechtfertigt. Tatsächlich zeigen empirische Einzeluntersuchungen jedoch zumindest in vielen Fällen das Gegenteil, daß nämlich das Militär »nichtpolitische Sektoren weder mobilisiert noch entwickelt. Es versagt als organisatorische Kraft und bei der Schaffung von Institutionen, es versagt aber auch bei der Förderung ökonomischer Entwicklung, politischer Partizipation und des Modernisierungsprozesses.« (Bienen 1968, XIX) Militärische Staatsstreiche gelingen in der Regel deswegen so leicht, weil sie sich auf die Unterstützung westlich orientierter Bürokratien und herrschender Klassen stützen können zur Abwehr und Disziplinierung politisierter, aber desorganisierter Massen wie etwa im typischen Falle Ghanas (Dowse 1969, 229). Es ist eben jene Disziplinierungsfunktion zur Aufrechterhaltung gesellschaftlicher Disparitäten bzw. zum Schutz der Privilegien herrschender Klassen, die aus historischen und ökonomischen Gründen materiell an der Allianz mit den ehemaligen Mutterländern bzw. den Metropolen interessiert sind. Das von den Metropolen geförderte Militär funktioniert als Transmissionsriemen zwischen »Zentrum« und »Pheripherie« und wird politisch-psychologisch kompensiert durch den verführerischen Schein von Macht und internationaler Anerkennung. Verteidigungspakte und umfangreiche Waffentransfers schaffen, angesichts der zunehmenden Komplexität der Systeme, langfristige Abhängigkeiten in der Form von Ersatzteillieferungen, auszubildendem Bedienungspersonal und militärischen Beratern (s. Wolpin 1972). In den Worten des Vizepräsidenten der amerikanischen Flugzeuggesellschaft Lockheed: »Wenn man ein Flugzeug kauft, so kauft man damit auch einen Hersteller und den ganzen Nachschub — in anderen Worten, man kauft einen politischen Partner.« Da die so gelieferten Systeme extrem nachschubabhängig sind, ergeben sich hier zahlreiche sehr präzise Kontrollmöglichkeiten ihrer Verwendung. Denn falls beispielsweise Flugzeuge entgegen den Interessen der Lieferanten in andere Länder transferiert würden, »so würden sie dort in kurzer Zeit Probleme schaffen, denn diese Flugzeuge erfordern Ersatzteile und Wartung, die nur von unseren Experten geleistet werden können«. (US Außenminister Rogers 1975).

Die Instrumentalisierung des chilenischen Militärs zum Staatsstreich gegen die den USA mißliebige Regierung Allende geschah ebenfalls auf dem Umweg über die technologisch gerechtfertigten und dann intensivierten Ausrüstungskontakte. Diese Zusammenhänge machen es für die post-kolonialen Klientelregime ungemein schwer, die amerikanisch-sowjetische und, in geringerem Umfange, die inter-kapitalistische Konkurrenz effektiv zu ihren Gunsten gegeneinander auszuspielen, wie das politisch-formal, aber oberflächlich betrachtet, bisweilen behauptet wird.[102] Von einigen ganz wenigen Ausnahmen abgesehen, läßt sich vielmehr die Regel der langfristigen Stabilität einmal eingegangener oder induzierter Kundenverpflichtungen feststellen. Einmal etabliert, wird hier ein Markt geschaffen, der durch immer raschere technologische Veraltungsprozesse und durch tendenzielles Monopol geradezu ideale Kapitalverwertungsbedingungen aufweist — eine Logik, der sich bis vor kurzem auf diesem Sektor relativ abseitsstehende Länder wie die BRD (Albrecht 1972) oder auch Italien inzwischen nicht länger verschließen können.

Gegenüber dem ungezügelten quantitativen Wettrüsten der beiden führenden Antagonisten im Konkurrenz-Konflikt um die jeweils größeren Einflußbereiche im internationalen System hat sich die Erkenntnis durchgesetzt, daß dieses zumindest für den Bereich einiger ausschließlich gegeneinander gerichteter Waffensysteme konterproduktiv sein kann in dem Sinne, daß es keinen ökonomisch verwertbaren Forschungs- und Entwicklungszwecken mehr dient. USA und Sowjetunion haben sich darum seit einigen Jahren auf sogenannte Rüstungskontrollmaßnahmen eingelassen. Solche Rüstungskontrolle ist jedoch deutlich zu unterscheiden von Abrüstung: beide haben nicht nur nichts miteinander gemeinsam, sie sind vielmehr darüber hinaus tendenziell unvereinbar. Rüstungskontrolle bedeutet nicht einen ersten Schritt in Richtung auf Abrüstung, sondern vielmehr die Möglichkeit, sich auf qualitatives anstatt quantitatives Wettrüsten zu konzentrieren. Vom Teststop-Abkommen bis hin zu den ersten Teilvereinbarungen im Rahmen der SALT-Verhandlungen läßt sich eine Beschleunigung in der Entwicklung technologie-intensiver Waffensysteme feststellen.[103] »Aufrüstung durch Rüstungskontrolle« (Senghaas 1972) ist darum die adäquate Kennzeichnung dieses Komplexes, nicht aber eine vermeintliche Strategie des 'durch Rüstungskontrolle zur Abrüstung', wie das die hier besonders desinformierte öffentliche Meinung gerne glauben möchte. Ihr wird mit jeder erfolgreichen Rüstungskontrollmaßnahme suggeriert, der Weitsicht der Großen Diplomatie vertrauen zu dürfen und die Ängste vor einem großen Krieg als unbegründet zu unterdrücken. Das ist in den letzten Jahrzehnten in der Tat auch gelungen (bis die Friedensbewegungen zu Beginn der 80er Jahre diesen Bann des Schweigens teilweise brachen), und zwar nicht zuletzt deswegen, weil die Dimensionen militärischer Großrüstung inzwischen die Kategorien normaler Vorstellungskraft längst gesprengt haben: was eine Atombombe ist bzw. vermag, das mag noch faßbar zu sein — nicht aber mehr die Tatsache, daß das Kernwaffenpotential der beiden Supermächte allein inzwischen der Zerstörungskraft von 1,3 Millionen Hiroshima-Bomben entspricht und damit einige Tonnen Sprengstoff für jeden Mann, jede Frau und jedes Kind auf der Erde zur Verfügung stehen . . .

Bisher ist es kaum schlüssig bewiesen, daß die Abwesenheit von Krieg in den Zentren, jene Scheinsicherheit, für die sehr treffend der Begriff vom System »organisierten Unfriedens« (Senghaas) geprägt wurde, eine Konsequenz der astronomisch hohen Rüstungsausgaben ist, wie das von den Apologeten der Abschreckungsstrategie[104] so selbstsicher immer wieder behauptet wird. Zwar ist es angesichts jener historisch präzedenzlosen Größenordnungen heutiger Rüstung eher problematisch, aus der Geschichte Lehren über den Zusammenhang zwischen Rüstung und Kriegswahrscheinlichkeiten abzuleiten, die unter quantitativ ganz anderen Bedingungen gelten. Andererseits bestehen derartige statistische Korrelationen etwa zwischen dem Anteil von Rüstungsausgaben am Bruttonationalprodukt und Kriegswahrscheinlichkeit bzw. -unwahrscheinlichkeit;[105] und wenn diese auch für die Supermächte selbst heute nicht mehr gültig sein mögen, so doch zumindest für Konflikte an der Peripherie des internationalen Systems, welche ihrerseits nahezu immer potentiell die militärische Konfrontation der ersteren früher oder später provozieren. Auch der Erste Weltkrieg war schließlich aus einem ganz und gar peripheren Konflikt hervorgegangen.

Aber bei aller Bedeutung des Repressions- und Zerstörungspotentials für die Aufrechterhaltung der hierarchischen Strukturen des internationalen Systems und seiner nationalstaatlichen Komponenten darf doch gleichzeitig die historisch neuartige Tatsache der letztlichen Impotenz auch und gerade der höchstentwickelten Militärtechnologie gegenüber unterdrückten Völkern, die entschlossen für ihre Emanzipation zu kämpfen bereit sind, nicht übersehen werden. Vietnam ist zweifellos das spektakulärste Beispiel, wo ein kleines, jahrzehntelang unterdrücktes, aber schließlich zur Militanz entschlossenes Volk sich nicht durch die technologische Überlegenheit der höchstentwickelten Militärmaschine der Welt hat einschüchtern lassen. Es ist nicht unwesentlich, daran zu erinnern, daß der Widerstand in Südvietnam buchstäblich begann mit Pfeil und Bogen gegen Hubschrauber, und daß er für mehrere Jahre ohne wesentliche Änderung seiner eigenen Technologie die amerikanische Kriegsmaschine auf den Weg immer weiterer technologischer Eskalation zwang, ehe auch auf seiten der Befreiungsbewegung importierte schwere Waffen eingesetzt wurden. Das Phänomen des Guerillakrieges — historisch mindestens so alt wie der Widerstand des spanischen Volkes gegen die napoleonische Besatzung — hat überall und in den verschiedensten Formen eine neue Bedeutung erlangt eben aufgrund der besonderen Verwundbarkeit hochentwickelter und technisch komplexer Repressionsmechanismen. Von den Philippinen bis zu den afrikanischen Kolonien Portugals, von Nordspanien bis Nordirland reihen sich die Beispiele für die Unfähigkeit der Militärapparate, mit einem Gegner fertigzuwerden, der seine Stärke aus der Artikulation der Klassenstruktur nationaler und internationaler »Ordnung« zieht, der auf den organisierten Unfrieden struktureller Gewalt mit offener Gewalt, mit bewaffnetem Widerstand reagiert und es dabei zugleich vermeidet, den Konflikt auf jener Ebene militärischer Organisation auszutragen, auf der das Material, die Technologie, die große Militärmaschinerie[106] unschlagbar sind — der offenen Schlacht. Andererseits kann es in solchen Situationen, wo die militärische Verteidigung von Klassenprivilegien und — im globalen Kontext — von »Einflußzonen« bis zum Punkt der Impotenz unterlaufen wird, tendenziell zur Totalvernichtungsstratgie gegenüber dem anders nicht mehr schlagbaren Gegner kommen: zur Zerstörung der Umwelt und zum Genozid, was in Vietnam zu demonstrieren versucht wurde.

Ist ein derartiger Punkt erreicht, so gewinnt der militärisch-ideologische Antagonismus zwischen kapitalistischen und staatssozialistischen Ländern, so viel den letzteren auch an einer Zusammenarbeit mit den ersteren und an einem gemeinsamen Management des internationalen Systems auch gelegen sein mag, seine konkrete Bedeutung zurück: die Vereinigten Staaten sind nicht mehr der unbestrittene und alleinige Führer eines allumfassenden kapitalistischen Weltsystems, wie das für das England bis in die zweite Hälfte des 19. Jahrhunderts galt, das seinerzeit jedes auch nur denkbare Mittel zur Unterdrückung von Widerstand gegen imperialistische Expansion und Stabilisierung bedenkenlos einsetzen konnte; der vietnamesische Widerstand wäre ohne die aktive militärische Unterstützung der Sowjetunion noch entschieden rücksichtsloser und wahrscheinlich auch mit Erfolg unterdrückt worden. Die reaktive Verstaatlichung der antikapitalistischen Revolution in Rußland, die die Sowjetunion einmal vor der faschistischen Vernichtung gerettet hatte und die ihr heute so etwas wie eine Rüstungsparität mit den kapitalistischen Ländern ermöglicht, hat darum eine durchaus widersprüchliche Bedeutung: sie hat den Weg zur Kooperation zwischen ideologisch, historisch und sozio-ökonomisch antagonistischen Staatsgesellschaften mit dem erklärten Ziel einer prinzipiellen Erhaltung der hierarchischen Strukturen des internationalen Systems eröffnet — und sie begrenzt und behindert gleichzeitig die militärischen Disziplinierungskapazitäten der kapitalistischen Metropolen, ohne deren vollen Einsatz das kapitalistische System sich langfristig nicht halten kann. Andererseits führt der Einsatz militärischer Mittel seitens der Sowjetunion zugunsten von anti-imperialistischen Befreiungsbewegungen seinerseits zu einer erneuten Eskalation des Militarisierungssyndroms auch und gerade dort, wo Rüstung und militärische Organisation von Gesellschaft in so extremer Weise Unterentwicklung und Armut perpetuieren.

13. Zwischenkriegszeit und zweiter Zusammenbruch des internationalen Systems

Nicht nur chronologisch gesehen scheint es richtig, die dem Ersten Weltkrieg folgenden zwanzig Jahre bis zum Ausbruch des Zweiten Weltkrieges als Zwischenkriegszeit zu bezeichnen. Rückblickend erscheinen diese beiden turbulenten Jahrzehnte eher wie ein Zwischenspiel — ein höchst dramatisches und folgenreiches — zwischen zwei Kriegen, die aus einander verwandten Strukturdefekten des internationalen Systems herrührten: den ungelösten und unlösbaren Widersprüchen zwischen exklusiv organisierten politischen Einheiten — formal Nationalstaaten, inhaltlich kapitalistische Wirtschaften —, die durch keine mit Abstand führende Industrienation mehr diszipliniert und geführt wurden. Der Kampf dieser Einheiten um den besseren »Platz an der Sonne« prägte die internationalen Beziehungen kapitalistischer Konkurrenz nicht nur seit ihren Anfängen, er wurde auch ideologisch immer wieder legitimiert. Noch 1966 lesen wir in einer juristischen Abhandlung eines leitenden Beamten des Auswärtigen Amtes der Bundesrepublik: »Die auswärtige Gewalt nimmt ihre Antriebe . . . aus dem allgemeinen Selbstbehauptungs- und Geltungsstreben des Nationalstaates. Ihr Gesetz muß die Staatsraison bleiben, solange in der Außenwelt Machtkämpfe und Anarchie vorwalten, von einer dünnen Decke völkerrechtsgewohnheitlicher Befriedung überzogen . . .«.[107] Als kapitalistisches System war das internationale System nur dann wieder stabilisierbar, wenn eine der konkurrierenden Einheiten die Führungsrolle Englands übernahm und damit die selbstzerstörerische »Anarchie« zumindest temporär aufhob, ohne die Widersprüche selbst zu beseitigen. Die Alternative zu einem erneuten Zusammenbruch bestand in der Überwindung der kapitalistischen Produktionsweise, die ständig die Möglichkeit von Kriegen im Weltmaßstab mit sich bringt. Der Krieg von 1914-1918 erbrachte keine der beiden Lösungen, er löste sie gewissermaßen je zur Hälfte.

Das erste zentrale Ergebnis des Krieges war die Tatsache, daß die kapitalistische Produktionsweise in den Zentren des von ihr geschaffenen internationalen Systems überlebte. Entgegen den Erwartungen der Theoretiker und der meisten Führer der sozialistischen Bewegungen jener Zeit kulminierten die sich als Weltkrieg von bis dahin unvorstellbarem Zerstörungsradius manifestierenden Widersprüche des Imperialismus nicht im Zusammenbruch der Metropolen, aus dem Krieg zwischen den Nationen wurde nicht der internationalisierte Klassenkampf innerhalb der Nationen und gegen die kapitalistische Staatenorganisation, aus dem als Sieger hervorzugehen sie aus gutem Grund erwarten konnten. Obwohl die führenden europäischen Industrienationen durch scharfe und gewalttätige interne Auseinandersetzungen unmittelbar nach Kriegsende gekennzeichnet waren, die vor allem in den besiegten Achsenmächten bisweilen bürgerkriegsähnliche Formen annahmen, wurden die antikapitalistischen Bewegungen der Arbeiterklassen überall außerhalb Rußlands besiegt, und zwar innerhalb eines relativ kurzen Zeitraums. Aber dieser Sieg war nicht vollständig, d.h., er führte nicht überall zur Errichtung oder Wiederherstellung bürgerlicher Verfassungsordnungen liberal-parlamentarischer Provenienz. Wo es nicht gelang, die besiegten sozialistischen Bewegungen dem Parlamentarismus unterzuordnen, als loyale Oppositionspartei oder Juniorpartner in Regierungsverantwortung sie zur Verteidigung der bürgerlichen Gesellschaftsordnung zu gewinnen, mußten sich die herrschenden Klassen des Faschismus bedienen, um ihre erschütterten Positionen wieder zu stabilisieren. Das auszuführen gehört in die Geschichte Zentraleuropas — aber auch der USA (vgl. Beard 1930, 679) — und würde uns von unser breiter gespannten analytischen Fragestellung abbringen.

Auch in einem engeren Sinne erscheint es gerechtfertigt, die Zeit von 1918 bis 1938/39 als Zwischenperiode ungelöster Widersprüche zu bezeichnen, war doch das Deutsche Reich der Katalysator der Konflikte in beiden Kriegen, was ihnen eine zusätzliche Identität gibt. Der Krieg von 1914/18 war nicht über Kolonialstreitigkeiten ausgebrochen — in diesem Falle wäre es logischer gewesen, wenn England gegen Frankreich angetreten wäre, wie es nach der Jahrhundertwende bisweilen den Anschein hatte —, sondern es war ein Konflikt zwischen zwei Formen kapitalistischer Expansion gewesen: zwischen dem britischen und französischen Kolonial-Imperialismus einerseits und dem deutschen Kontinental-Imperialismus andererseits, und gleichzeitig zwischen dem absteigenden Zentrum des internationalen Systems, England, und dessen stärkstem europäischen Rivalen, Deutschland.

Die Auseinandersetzung unter westdeutschen Historikern in den frühen sechziger Jahren um die »Kriegsschuldfrage« erbrachte Ergebnisse, die für unseren Zusammenhang aufschlußreich sind. Während in der zeitgenössischen öffentlich-politischen Rhetorik der Kolonialbesitz eine große Rolle spielte und englisch-französische Eifersucht als Kriegsursache ausgegeben wurden, waren deutsche Industrie und deutsches Kapital ernsthaft »nur« an der Kontrolle der kontinentalen Ressourcen und Industriekapazitäten interessiert — von Belgien und Lothringen bis hin zur Ukraine und zum Balkan. Gleichzeitig fürchtete England — nicht unberechtigt —, vom Kontinent abgeschnitten zu werden, und Frankreich, zum Appendix des Wilhelminischen Reiches zu werden. Das trieb beide Länder in den gemeinsamen Krieg gegen Deutschland. Das relativ geringfügig verkleinerte Deutsche Reich ging aus dem Krieg zwar besiegt, aber industriell, ökonomisch und gesellschaftlich mehr oder minder intakt hervor. Nach dem Sieg über die militanten sozialistischen und revolutionären Kräfte der Arbeiterklasse sollte es nur eine Frage der Zeit sein, wann und wie Deutschland als kapitalistische Industriemacht erneut seinen Anspruch anmelden würde, in der Politik und ökonomischen Organisation des Kontinents eine hegemoniale Rolle zu übernehmen. In der Ablehnung des Versailler Vertrags und seiner notwendigen Revision waren sich alle Parteien der Weimarer Republik grundsätzlich einig — mit wichtigen Akzentverschiebungen zwar, aber doch das langfristige Ziel nie aus den Augen verlierend, aus der vermeintlichen Zwangsjacke eingeklemmt zwischen Ost und West und ohne Hinterland, heraus zu müssen. Auch hier zeigte sich, daß nicht der Kolonialbesitz, sondern die kontinentale Expansion die spezifisch deutsche Version imperialistischer Expansion war. Diese Politik konnte das Dritte Reich so gut wie bruchlos übernehmen und damit die Kontinuität und Identität des Reiches und seiner Interessen demonstrieren (Bloch, 1966, 14, 22ff.). Die Außenpolitik des Dritten Reiches, so irrational sie war und so sehr sie in vielen taktischen Details durch die verschlagenen und zweifellos lange Zeit überaus geschickten außenpolitischen Entscheidungen Hitlers bestimmt wurde, folgte gleichwohl einem logischen und kohärenten Muster, in dem sich die zentralen Interessen kapitalistischer Expansion ausdrückten.

Das Auf und Ab europäischer Diplomatie der Zwischenkriegszeit braucht uns hier im einzelnen nicht zu interessieren — auf den ihr gemeinsamen allgemeinen Nenner kommen wir später noch kurz zurück —, enthält sie doch historisch in dem hier gemeinten Sinne uninteressante Manöver, Kombinationen, Aktionen und Reaktionen, auch solche, die kaum den Ansprüchen politischer Dignität genügen und nicht erinnert zu werden verdienen.[108] Allenfalls die besondere Rolle Englands sollte insofern festgehalten werden, als es ihm im Unterschied zum Vorkrieg nunmehr darum ging, seine langfristigen ökonomischen Sicherheitsinteressen als absteigender Weltführungsmacht auf dem Kontinent zu sehen und auszubauen. In einer noch immer lesenswerten Studie aus dem Jahre 1931 weist André Siegfried auf die kontinentale Orientierung hin als die konkrete Alternative dazu, von den USA politisch und ökonomisch vereinnahmt zu werden (1931, 214ff.). Die dem aggressiven Dritten Reich gegenüber verfolgte Politik des Appeasement findet hier ihren Sinnzusammenhang, nicht jedoch in vermeintlichen psychologisch deutbaren Schwächen »demokratischer Regime« im Umgang mit Diktaturen.[109] Es ist nur allzu offensichtlich, daß diese Entwicklung für England ihren vorläufigen Abschluß mit dem Beitritt zur EWG 1973 gefunden hat.

Es war gesagt worden, daß eines der beiden zentralen Ergebnisse des Ersten Weltkrieges das unerwartete Überleben des Kapitalismus in den Zentren war. Diese These ist noch dahingehend zu qualifizieren, daß jener erste Zusammenbruch des internationalen Systems auch eine erste entscheidende Bresche schlug für den Aufstieg der USA zur führenden kapitalistischen Macht, der sich im Zuge des zweiten Zusammenbruchs des Systems dann vollenden sollte. Aus Gründen, die hier nicht weiter zu verfolgen sind, gingen die USA aus dem Krieg nicht nur als die stärkste ökonomische Einheit des internationalen Systems hervor, sondern auch als dessen stabilste, relativ unberührt von den politischen Konflikten und Klassenkämpfen, die sich in den europäischen Gesellschaften abspielten. Seit gegen Ende des 19. Jahrhunderts der amerikanische Binnenmarkt voll hergestellt und die inneren »frontiers« verschwunden waren, und seitdem die USA ihr Interesse an Weltpolitik offen demonstriert hatten — mit dem Blick vor allem auf Lateinamerika und Asien —, seitdem suchten sie auch nach Möglichkeiten, England aus dessen führender Stellung als der Welt größter Händler, Kapitalexporteur und als Herrscher über die Weltmärkte und Weltmeere zu verdrängen. Obwohl noch immer Schuldnernation, hatten sich die USA bereits vor 1914 durch erfolgreiche Penetration ausländischer Volkswirtschaften, durch Auslandsinvestitionen (sie waren mit 2,6 Mrd. Dollar im Vergleich mit den 36,4 Mrd. Dollar der Europäer gering, machten aber bereits 7 Prozent des amerikanischen Bruttosozialproduktes aus, ebenso wie ihre 54,6 Mrd. Dollar Direktinvestitionen 1966 wiederum 7 Prozent ihres Bruttosozialproduktes von nunmehr 739,5 Mrd. Dollar ausmachten [Wilkins 1970, 201f.]) und durch technologische Innovationen de facto bereits die Rolle des neuen »workshop of the world« erkämpft (ebda. 214ff.). Am Beispiel Lateinamerikas — noch 1902 konnte ein englischer Wissenschaftsjournalist von Argentinien, Chile und Peru als »wirtschaftlichen Anhängseln Großbritanniens« sprechen[110] — läßt sich diese beginnende Ablösung Englands besonders deutlich demonstrieren.

US-Exporte nach Südamerika	1900 = 38 Mill. Dollar
	1913 = 146 Mill. Dollar
US-Importe aus Südamerika	1900 = 94 Mill. Dollar
	1913 = 218 Mill. Dollar
US-Direktinvestitionen in Südamerika	1897 = 38 Mill. Dollar
	1914 = 323 Mill. Dollar

Der Krieg bedeutete für die amerikanische Industrie einen Exportboom, begleitet von einem deutlichen Rückgang der Arbeitslosigkeit, und für das amerikanische Kapital mit seinen Kriegsanleihen an die nun rasch verschuldenden Alliierten die willkommene Gelegenheit, das Erbe Europas bzw. des englischen Kapitalismus anzutreten. »Es scheint richtiger«, so lesen wir in einer jüngeren Studie, »die Bankanleihen an die Alliierten 1914-17 . . . zu interpretieren als Teile einer größeren und bewußten Kriegsstrategie der amerikanischen Business-Elite, für die USA die Hegemonie auf den Weltmärkten zu sichern.«[111] Wir wollen daraus nicht eine aktive Verwicklung amerikanischer Kapitalinteressen am Ausbrechen des Ersten Weltkrieges bzw. am amerikanischen Kriegseintritt konstruieren. Für unseren Zusammenhang genügt die Tatsache, daß die USA aus diesem Kriege gewissermaßen über Nacht von der größten Schuldnernation zum führenden Gläubiger geworden waren. Aber auch im

Welthandel veränderten sich die Gewichte während der Zwischenkriegsjahre deutlich zuungunsten Englands:

Anteile führender Länder am Welthandel mit Industrieprodukten 1913 - 1937

	1913	1929	1937
Großbritannien	30,6%	23,8%	22,4%
USA	13,0	21,4	20,3
Frankreich	12,7	11,1	6,1
Deutschland	27,5	21,9	23,4
Belgien/Italien/Schweden/Schweiz	13,1	14,3	15,4
Kanada	0,7	3,4	5,0
Japan	2,5	4,1	7,5

[Aus: Kennwood/Lougheed 1969, 231]

Der relative Verlust an Marktanteilen seitens der beiden wesentlichen Antagonisten des Ersten Weltkrieges, Großbritannien und Deutschland, läßt sich aus folgender Statistik ablesen:

Anteil am Weltexport

	1913	1929
Großbritannien	13,9	10,7
Deutschland	13,1	9,7
Exportquantum		
Großbritannien	100	87
Deutschland	100	95
Manufakturindex		
Großbritannien	100	103
Deutschland	100	117

[Aus: Lewis 1959, 90]

Im Kontext der erfolgreichen Restauration kapitalistischer Produktionsverhältnisse in den Zentren des internationalen Systems waren die USA der große Sieger des Krieges.

Das zweite zentrale Ergebnis des Zusammenbruchs von 1914-18 scheint jedoch der Behauptung vom bloßen Zwischenspiel der Zwischenkriegszeit ohne qualitativ veränderte Elemente im internationalen System — als habe es sich nur um eine neue Gewichtsverteilung unter den konkurrierenden nationalen kapitalistischen Einheiten gehandelt — zu widersprechen. Dieses Ereignis war die Entstehung und erfolgreiche Behauptung der ersten nicht-kapitalistischen politischen Einheit im imperialistischen System, der Sowjetunion, unter der Führung und Kontrolle des radikalen Flügels der sozialdemokratischen Partei. Die Oktoberrevolution widerlegt die vorschnelle These, der Erste Weltkrieg habe nichts Wesentliches verändert und keines der großen Probleme des sich im klassischen Imperialismus gegen Ende des 19. Jahrhunderts entfaltenden internationalen Systems gelöst. Das Ausbrechen eines der Staaten aus diesem System markiert in der Tat einen entscheidenden Einschnitt, einen Wendepunkt in der Entwicklung dieses Systems bzw. in der Geschichte überhaupt. Das Argument, die sozialistische Revolution hätte aufgrund der Marx'schen »historischen Gesetzmäßigkeiten« im relativ unterentwickelten Rußland, das zweifellos nicht zu den führenden kapitalistischen Industrienationen gehörte, gar nicht ausbrechen dürfen oder sollen, ist in der Vergangenheit zur Genüge wiederholt worden. Dagegen steht Lenins Einschätzung von Rußland als dem »schwächsten Glied« in der imperialistischen Kette, das den revolutionären Durchbruch gerade hier und mit der auslösenden Wirkung eines historischen Katalysators möglich mache und gerechtfertigt erscheinen lasse.

Wir können diese irreführende Kontroverse auf sich beruhen lassen, denn uns kommt es auf die unbestreitbare Tatsache an, daß Rußland, im Vergleich mit England oder Deutschland noch unterentwickelt, aber trotzdem während des gesamten 19. Jahrhunderts eine der führenden europäischen Mächte, aktiv an den zum Ersten Weltkrieg führenden Ereignissen beteiligt war. Vor allem seit der Jahrhundertwende hatte es unverhältnismäßig große Fortschritte in der Entwicklung zum Industriekapitalismus gemacht — ganz abgesehen davon, daß es ebenfalls mit seiner Expansion und Kolonisation nach Osten hin eine imperialistische Politik betrieben hatte (vgl. Wehler, 1970). (Eine ebenso unhistorische Verengung der Imperialismusanalyse wäre es, die amerikanische Expropriation und Ausrottung der indianischen Bevölkerung nicht als spezifische Version des kapitalistischen Kolonialimperialismus zu sehen[112]). Niemand, der die sowjetische Revolution auch nur einigermaßen kennt, bestreitet, daß diese ein überdurchschnittlich klassenbewußtes Proletariat zur sozialen Basis und zur politischen Voraussetzung hatte. Zwar war die Arbeiterklasse im Verhältnis zur Gesamtbevölkerung quantitativ gering, doch ihre starke Konzentration in den fortschrittlichsten und am weitesten entwickelten Zentren der russischen Industrie ermöglichte der revolutionären Avantgarde den Sturz der alten Ordnung. Andererseits hat die Kritik an der sowjetischen Revolution, sie sei gegen die historischen Gesetzmäßigkeiten erzwungen worden, insofern einen rationalen Kern, als die erste Generation der Bolschewiki, allen voran Lenin, einen langfristigen Erfolg ihrer »Machtergreifung« nur unter der Voraussetzung ebenso erfolgreicher Revolutionen in den kapitalistischen Zentren, insbesondere in Deutschland, aber auch in Frankreich, Italien und England für möglich hielten. Tatsächlich impliziert die spätere Entwicklung des internationalen Systems — sowohl die Rückbildung der Sowjetunion zum Territorialstaat mit der Programmatik vom »Sozialismus in einem Land« als auch der »Kalte Krieg« zwischen Ost und West vor allem nach dem Zweiten Weltkrieg — die Richtigkeit dieses Urteils, insoweit sie Ausdruck der Niederlage der damaligen sozialistischen Kräfte und Bewegungen im Weltmaßstab und in den Zentren selbst ist. Darauf wird in späterem Zusammenhang noch zurückzukommen sein.[113]

Zum besseren Verständnis der Zwischenkriegszeit (und zum konkreten Verständnis anderer Perioden ebenso) müssen wir analytisch zwischen »Wirtschaft« und »Politik« im internationalen System unterscheiden, zwischen zwei Ebenen also, die nicht immer, sondern in der Regel nur in zugespitzten Krisensituationen funktional zur Deckung kommen. *Die »Politik« jener Zeit — und zwar die Außen- ebenso wie die Innenpolitik — bezog sich direkt oder indirekt ständig auf einen kritischen Punkt: die Existenz eines revolutionären sozialistischen Regimes in Rußland.* Angefangen von dem in Versailles unternommenen Versuch, einen »Cordon Sanitaire« gegen das weitere Vordringen der nunmehr durch die Machtergreifung in der Sowjetunion gestärkten sozialistischen Kräfte zu errichten (vgl. Mayer 1967), wird keiner der außenpolitischen Konflikte und deren Lösungsversuche, keines der verschiedenen diplomatischen Manöver verständlich ohne deren gemeinsamen antisowjetischen bzw. antikommunistischen Nenner. Die zerstrittenen Sieger entdeckten während der schwierigen Friedensverhandlungen[114] sofort wieder ihre gemeinsamen Interessen, als durch das revolutionäre Bela-Kun-Regime in Ungarn die Ausbreitung des militanten Kommunismus nach Zentraleuropa drohte — ein Intermezzo, das auf die Friedensmacher ebenso dramatisch wirkte, wie Napoleons 100 Tage auf den Wiener Kongreß einhundert Jahre früher. Der Völkerbund wurde gegründet nicht zuletzt als Club der konservativen Regierungen im Sinne eines Bollwerks gegen die Revolution. Die ökonomische Stabilisierung Deutschlands — den kurzsichtig denkenden vor allem an Reparationen interessierten westeuropäischen Staatsmännern von den USA schließlich aufgezwungen — zielte ebenso wie gut zwanzig Jahre später der Marshall-Plan auf die Verhinderung des Sozialismus und die politische Schwächung der Linken. Darüber hinaus war die Errichtung faschistischer Regimes zuerst in Italien, dann in Ost- und Südosteuropa und schließlich in extremer Form in Deutschland selbst das Produkt der Furcht vor Revolutionen, sie waren Konterrevolutionen zur Verteidigung des Besitzstandes der alten Klassen. Als solche sichere antibolschewistische Bollwerke wurden die faschistischen Regimes von der Außenpolitik und Diplomatie der liberaldemokratischen Länder teils wohlwollend (Italien) teils mit Unbehagen (Deutschland) akzeptiert und ihnen Verständnis entgegengebracht. In einem internen Memorandum des amerikanischen Außenministeriums zugunsten eines Handelsabkommens mit dem nationalsozialistischen Deutschland vom Winter 1937/38 heißt es: »Dieses würde Deutschland den Erwerb von Rohmaterialien erleichtern; es würde seine Exportindustrie stützen; es würde dem deutschen Volk den Beweis erbringen, daß die demokratischen Nationen keine Gegner deutschen Wohlstandes sind; es würde dem Vierjahresplan mit seiner angestrebten verstärkten Autarkie einiges seiner raison d'être nehmen« (zit. bei Gardner 1969, 10). Darüber hinaus wiegten sich zumindest einige außenpolitisch Verantwortliche in der nicht ganz unberechtigten Hoffnung, die faschistische Aggressivität werde sich gegen die Sowjetunion entladen und damit eine Aufgabe übernehmen, an der sie selbst — die USA, England und Frankreich vor allem — trotz ihrer Intervention in den sowjetischen Bürgerkrieg gescheitert waren: die Beseitigung des Sozialismus in Rußland. Die mit anscheinend großer persönlicher Überzeugungskraft vorgetragenen anti-kommunistischen Bekenntnisse Hitlers bei seinen Begegnungen mit französischen und englischen Politikern scheinen auf diese ihre positive Wirkung selten verfehlt zu haben[115], weshalb sie dann auch das Dritte Reich als anti-kommunistische Ordnungsmacht in Mitteleuropa in ihr strategisches Kalkül einbauten. Zwar wurde inzwischen der überzeugende Nachweis geführt, daß Großbritannien nicht, wie bisweilen geargwöhnt, das Dritte Reich zum aktiven »Festlandsdegen« einer anti-sowjetischen Politik ausbauen wollte, doch aus sowjetischer Sicht zumindest lief das faktisch auf das Gleiche hinaus (vgl. Niedhart 1972), ganz abgesehen von dem diplomatisch-militärischen Spielraum, der dem Deutschen Reich während der kritischen inneren und äußeren Stabilisierungsphase gewährt wurde. Wäre es der geschickt taktierenden sowjetischen Diplomatie nicht gelungen, diese von ihr durchschaute Variante antisowjetischer Strategie zu konterkarieren — vor allem mit dem sogenannten Ribbentrop-Molotow-Pakt — so hätten die Westmächte damit u.U. ihr Ziel in der Tat erreicht. Der taktischen Allianz zwischen der Sowjetunion und dem Dritten Reich, von beiden Seiten geschlossen mit dem Ziel, Zeit für die entscheidende Konfrontation zu gewinnen, waren zahlreiche immer wieder zurückgewiesene Versuche der Sowjetunion vorausgegangen, das Nazi-Regime gemeinsam mit den Westmächten politisch und militärisch zu isolieren, wenn nicht gar rechtzeitig zu zerstören, ehe sich das gewaltige deutsche Wirtschafts- und Kriegspotential voll entfaltet hatte.

Wenden wir uns von der »Politik« der »Wirtschaft« zu, so scheinen die Prozesse und Entwicklungen einer anderen Logik und anderen Gesetzmäßigkeiten zu folgen. *Auf wirtschaftlicher Ebene scheint der soziale Konflikt zwischen den alten Mächten und dem anti-kapitalistischen Neuankömmling keine wesentliche Rolle zu spielen.* Was damit gemeint ist, ist relativ einfach gesagt: Rußland, das im Verein der kapitalistischen Nationen gegen Ende der Vorkriegszeit eine immer wichtigere Rolle zu spielen begann, verschwand, ökonomisch gesehen, fast vollständig und schlagartig aus der Wirtschaft der Zwischenkriegszeit. Seine Exporte, 1913 im Werte von 1 520 Millionen Rubel, schrumpften 1920 auf den Wert von 1 Million Rubel zusammen und hatten auch 1929 noch nicht zwei Drittel des Vorkriegsniveaus erreicht. 1913 war der Anteil des Exportes am Volkseinkommen 10,4 Prozent gewesen und erreichte 1930 seinen Zwischenkriegs-Höchststand mit nur etwa 3,5 Prozent (etwa 2 Prozent während der fünfziger Jahre) (Kuznets 1936, 315). Dieses »praktische Verschwinden Rußlands von der internationalen Wirtschaftsbühne« (Lewis 1969, 32) war jedoch nicht verursacht von der Unfähigkeit des Sowjetregimes, die eigene Produktion durch den Ausbau der

Industriekapazitäten rapide zu steigern — im Gegenteil: während Rußland 1913 nur mit 4,4 Prozent an der Weltgüterproduktion beteiligt war, hatte die Sowjetunion 1936-38 bereits Deutschland (10,7%) und England (9,2%) weit überholt, ganz zu schweigen von Frankreich (4,4%), es wurde lediglich übertroffen von der USA (32,2%) (Kenwood 1969, 183):

Weltgüterproduktion (Anteile in Prozent)

	USA	*Dtschl.*	*GB*	*Frankr.*	*Rußl.*	*Schwed.*	*Japan*	*Indien*	*Rest*
1913	35,8	14,3	14,1	7,0	4,4	1,0	1,2	1,1	21,1
1926-29	42,2	11,6	9,4	6,6	4,3	1,0	2,5	1,2	21,2
1936-38	32,2	10,7	9,2	4,5	18,5	1,3	3,5	1,4	18,7

Der revolutionäre Durchbruch der Sowjetunion auf dem Gebiete der Industrieproduktion wird noch deutlicher durch Indexzahlen (1913 = 100, 1936-38 = 185): alle großen kapitalistischen Industrienationen liegen unter dem Weltdurchschnitt (USA 167, Deutschland 138, England 122, Frankreich 118), die Sowjetunion dagegen bei 774, mit Abstand gefolgt vom erfolgreich protektionistischen Japan (529), von Finnland (289) und Indien (230) (ebda.). Die Bedeutung dieser Zahlen liegt nicht nur darin, daß es der Sowjetunion in so beispiellos kurzer Zeit gelungen war, ihre industriellen Produktionskapazitäten auszubauen, sondern vor allem darin, daß ihr dies gelang ohne den Stimulus des auswärtigen Sektors, d.h. entgegen dem klassischen Modell der kapitalistischen Industriellen Revolution Englands. Die sozialistische ursprüngliche Akkumulation also wurde erreicht nicht mittels der Lokomotive des Außenhandels, sondern durch die Mobilisierung der eigenen Ressourcen — sowohl wegen der offenen Feindschaft der übermächtigen kapitalistischen Weltumgebung, als auch, weil es um den Aufbau eben der zur kapitalistischen Produktionsweise und ihrer Gesellschaftsordnung alternativen neuen sozialistischen Gesellschaft ging.[116]

Trotz dieser erstaunlichen Erfolge der Sowjetunion — es wird sich schwerlich bestreiten lassen, daß, nach der Etablierung des Faschismus in Deutschland und nachdem die Arbeiterparteien in Westeuropa (nicht ohne Schuld der sowjetischen Politik) geschwächt und z.T. völlig zerschlagen waren, die rücksichtslose Industrialisierung der Stalinzeit das Überleben der Sowjetunion im Zweiten Wektkrieg ermöglichte — bleibt für uns gleichwohl der zentrale Punkt der, daß der Kapitalismus den ersten Zusammenbruch des internationalen Systems im Wesentlichen überlebte. Die Weltwirtschaft blieb nach wie vor eine kapitalistische Weltwirtschaft, ihren eigenen Entwicklungsgesetzen und Widersprüchen überlassen. Die ökonomischen Krisen, die das internationale System der Zwischenkriegszeit erschütterten, waren ausschließlich innerkapitalistische Krisen, sie hingen nicht zusammen mit dem Ausscheren einer nun nicht-kapitalistischen Volkswirtschaft. Aus diesem Grunde müssen wir analytisch zwischen »Politik« und »Wirtschaft« im internationalen System differenzieren.

Die beiden Ebenen fallen jedoch in Krisenphasen zusammen, seien diese nun politisch oder ökonomisch ausgelöst, und lassen dann Politik und Ökonomie in actu als Einheit erscheinen, die sie strukturell immer notwendig sind. Nicht jede ökonomische Krise manifestiert sich automatisch auch zugleich als politische Krise, sei es des nationalen oder des internationalen Systems. Ist die ökonomische Krise aber tiefgreifend genug, die Summe akkumulierter krisenhafter Widersprüche, so wird sie sich auch politisch entladen müssen. Ebenso hat nicht jede politische (innerhalb einer herrschenden Klasse) oder diplomatische Krise (im internationalen System) gleich unmittelbare Konsequenzen für die ökonomische Reproduktion — hat sie jedoch antagonistische Proportionen erreicht, die nicht mehr systemimmanent aufgefangen und gelöst werden können, wie z.B. der Ausbruch von Krieg oder Bürgerkrieg, so wird die wirtschafliche Ebene zwangsläufig tangiert, sei es in Form einer Neuaufteilung der volkswirtschaftlichen Marktanteile, einer internationalen, nun auch ökonomischen Flurbereinigung, sei es in Form des Infragestellens der sozialen Kräfteverhältnisse im Innern, letztlich der Produktionsverhältnisse selbst. Im konkreten Falle der Zwischenkriegszeit war es die Große Wirtschaftskrise von 1929, von der die ökonomische und die politische Ebene betroffen waren, die sowohl die innere Ordnung der kapitalistischen Gesellschaften als auch deren Beziehungen untereinander tiefgreifend veränderte. Sie wurde, obwohl zunächst als amerikanische Wirtschaftskrise erscheinend, sofort zur Weltwirtschaftskrise, da die USA mittlerweile aufgrund ihrer dominierenden Stellung im Welthandel als Industriegüterproduzent und als Rohstoffverbraucher (vgl. Lewis, 57) zum Zentrum des Weltkapitalismus aufgestiegen waren. Als im Verlauf dieser Krise die amerikanischen Zölle sprunghaft stiegen, versuchten sich Frankreich, Holland, Belgien und vor allem England durch eine Politik der Blockbildung zu wehren. Das hatte auch den Machtantritt einer expansionistischen und militaristischen politischen Klasse in Japan zur Folge, die für ihr Land nur die Gewinnung von Kolonien und deren ausschließliche Kontrolle bzw. Ausbeutung als Lösung der durch die Krise erzeugten Schwierigkeiten sah (vgl. Dell, 25 ff.). Wirtschaftliche Blockbildung und Restriktionen des internationalen Handels und internationaler Kapitalbewegungen waren also die Reaktion der metropolitanen Mächte auf die sich vertiefende Krise. Diese Blockbildung hatte zwangsläufig auch politische und militärische Folgen, sie war die strukturelle Voraussetzung für den zweiten Zusammenbruch des internationalen Systems.

Die alten europäischen Kolonialmächte hatten noch immer ihre Kolonien und konnten darum zumindest den Versuch einer Einigelung unternehmen. Japan hingegen, das zunächst versuchte, sich auf den Textilexport in die armen tropischen Länder zu konzentrieren, deren Kaufkraft durch den Preissturz so geschwächt worden war, daß sie die billigen japanischen Waren gern akzeptierten, sah sich rasch mit von den europäischen Mutterländern auferlegten Importrestriktionen konfrontiert und lernte so den Vorteil bzw. die Notwendigkeit eigenen Kolonialbesitzes kennen (Lewis, 119). Aber seine »Co-Prosperity«-Sphäre war nur auf Kosten anderer Mächte, vor allem der USA, zu errichten. Zur Rechtfertigung des unmittelbar bevorstehenden Überfalls auf Pearl Harbor heißt es in der letzten Note der japanischen an die amerikanische Regierung vom 7. Dezember 1941: »Während die amerikanische Regierung, sich streng an ihre eigenen Prinzipien haltend, die Regelung internationaler Streitfragen durch militärischen Druck verurteilt, übt sie gemeinsam mit Großbritannien und anderen Nationen wirtschaftlichen Druck aus. Die Anwendung derartigen Druckes als Mittel der internationalen Beziehungen sollte verurteilt werden, da sie bisweilen inhumaner ist als militärischer Druck. Man kann nicht umhin, den Schluß zu ziehen, daß die amerikanische Regierung gemeinsam mit Großbritannien und anderen Mächten versucht, ihre führende Stellung, die sie bislang nicht nur in China, sondern auch in anderen Gebieten Ostasiens innehatte, beizubehalten und zu erweitern. Es ist eine historische Tatsache, daß die Länder Ostasiens während der letzten hundert Jahre und länger gezwungen waren, den Status quo angelsächsischer Politik imperialistischer Ausbeutung hinzunehmen und sich für den Wohlstand der beiden Nationen zu opfern. Die japanische Regierung kann die Fortsetzung dieser Situation nicht dulden, da sie Japans fundamentaler Politik direkt zuwiderläuft, alle Nationen in die Lage zu versetzen, ihren angemessenen Platz in der Welt wahrzunehmen« (zit. bei Graebner, 1969f.).

Auch für Deutschland konnte die Reaktion auf die Blockbildungspolitik der kapitalistischen Konkurrenten nur die sein, sich durch Autarkie und kontinentale Expansion — vor allem im traditionellen Hinterland des deutschen Imperialismus: Südosteuropa — äquivalente Monopolmärkte zu erobern, wobei es, wie früher erwähnt, notwendigerweise mit England in Konflikt geriet, dessen Appeasement-Politik diese Entwicklung zu verhindern suchte. Der Erfolg dieser Verlagerung der deutschen Außenwirtschaft sah statistisch so aus:

Die Umlagerung des deutschen Außenhandels

	Anteil an der Gesamtausfuhr in %				Anteil an der Gesamteinfuhr in %			
	1929	1932	1935	1938	1929	1932	1935	1938
Südosteuropa	4,3	3,5	5,9	10,3	3,8	5,0	7,7	9,8
Ägypten, Türkei und Vorderasien	1,4	1,3	3,4	5,4	1,4	2,5	3,8	3,8
Lateinamerika	7,3	4,1	9,1	11,7	11,7.	9,6	13,1	14,9
Nordamerika	10,2	9,4	11,4	12,9	7,3	6,4	9,9	11,4
Total	23,2	18,3	29,8	40,3	23,9	23,5	34,5	39,9
Westeuropa	26,2	31,9	26,1	20,8	15,7	15,1	14,1	11,9
Großbritannien	9,7	7,8	8,8	6,7	6,4	5,5	6,2	5,2
USA	7,4	4,9	4,0	2,8	13,3	12,7	5,8	7,4
Übrige	33,5	37,1	31,3	29,4	40,7	43,2	39,4	35,6
Total	76,8	81,7	70,2	59,7	76,1	76,5	65,5	60,1

(Aus: Wolfram Fischer, *Die Wirtschaftspolitik des Nationalsozialismus*, Schriftenreihe der Niedersächs. Landeszentrale f. politische Bildung, Hannover 1961, 81.)

Der subjektive Wunsch Hitlers, es mit England nicht zum Konflikt kommen zu lassen und dieses auf sein Kolonialreich zu verweisen, mußte demgegenüber historisch irrelevant bleiben; England war am schwersten von der deutschen Autarkiepolitik geschädigt. Der Faschismus jener Periode war, in den Worten Polanyis, »die Lösung aus der Sackgasse, in die der liberale Kapitalismus geführt hatte« (1957, 237) und »wurzelte in einer Marktwirtschaft, die nicht mehr funktionieren wollte« (ebd. 239). Im Unterschied zum 19. Jahrhundert gab es auch nicht einmal mehr im Ansatz eine Internationale der »haute finance«, die den sich anbahnenden Konflikt hätte verzögern können. Vor allem in Frankreich, England und Deutschland waren die Bankiers aggressive Vertreter der jeweiligen blockpolitischen Wirtschaftsinteressen geworden (vgl. Meyer 1970); Hjalmar Schacht mag dafür als ein typisches Beispiel gelten.

Wiederum gab es keine andere Möglichkeit als den Krieg, um einen Ausweg aus den vom Kapitalismus geschaffenen internen und internationalen Widersprüchen zu finden, jenen grundsätzlichen Interessenkonflikten um monopolistisch auszubeutende Gebiete, die vor allem die benachteiligten Spätankömmlinge Japan und Deutschland forderten. Das system-rationale Element des japanischen Imperialismus darf dabei ebensowenig aus dem Auge verloren werden wie das der Außenpolitik des Dritten Reiches. Gewiß kann damit nicht das Gesamtphänomen des Faschismus, besonders seiner deutschen Variante, erfaßt und auf den Begriff gebracht werden. Der Imperialismus setzte Kräfte frei bzw. brachte sie an die Macht, die eine »bloße« kapitalistische Systemstabilisierung bei weitem transzendierten, die sich mit der Auslösung des Krieges selbst — zumindest gilt das für das Dritte Reich — einer »rational« zu kontrollierenden Politik entzogen und teilweise nur in Selbstzerstörung enden konnten. Der Zweite Weltkrieg als solcher ist für unsere Fragestellung deshalb historisch uninteressant — obwohl seine planvolle Vorbereitung und die ihn tragenden langfristigen Konzeptionen[117] immer noch Elemente der gegenwärtigen kontinental-expansionistischen Strategie kapitalistischer Interessenwahrnehmung sind. Für unseren Zusammenhang relevant ist vor allem die Tatsache, daß »die Niederlage Deutschlands, Italiens und Japans die Auflösung der privilegierten Handelsgebiete bedeutete, die jedes dieser Länder sich vor und während des Krieges geschaffen hatte« (Dell, 28) und ebenso die Folge dieser Entwicklung, daß die USA aus diesem Krieg nicht nur als überlegene Wirtschaftsmacht hervorgingen (das war bereits im wesentlichen das Ergebnis des Ersten Weltkrieges gewesen), sondern nun auch der unbestrittene politische und militärische Führer des Weltkapitalismus, der »Freien« Welt, wurden. Die USA zerbrachen jedoch nicht nur das deutsche, italienische und japanische Imperium, sie erzwangen auch die Auflösung der britischen, französischen, holländischen und belgischen imperialistischen Monopole — zumindest, soweit diese die USA vom Zugang zu profitablen und lebenswichtigen Ressourcen und Märkten ausschlossen und damit einen potentiellen Herd zukünftiger Konflikte darstellten. Diese Auflösung der privilegierten Handelsregionen war von der amerikanischen Diplomatie im Kontext der Bildung der anti-deutschen und anti-japanischen Allianzen seit der zweiten Kriegshälfte zielstrebig vorbereitet worden (s. Kolko 1968). Eine scheinbar so selbstlose Stützungsaktion wie der Lend-Lease-Act vom März 1941 für Großbritannien war bereits konzipiert als Hebel zur Eliminierung des britischen Empire-Präferenzsystems,[118] als taktisches Instrument der »Open Door«-Strategie, jener Konstante amerikanischer Außenpolitik seit der Emanzipation des amerikanischen Kapitalismus von der Vormundschaft des englischen Kapitals.[119] Nunmehr konnten die USA daran gehen, die Weltwirtschaft unter ihrer Führung zu reorganisieren im Hinblick auf die nur vorübergehend zurückgestellte größere Aufgabe, die »Freie Welt« gegen die Gefahr des internationalen Kommunismus und die Sowjetunion aus- und aufzurüsten.

14. Über sowjetische — »sozialistische« — Außenpolitik

Außenpolitik ist zwischenstaatliche, inter-nationale Politik. Die dafür als zuständig erklärte wissenschaftliche Disziplin nennt »die Tatsache der Koexistenz ... einer anzahl von unabhängigen Staaten den Ausgangspunkt eines jeden systematischen Studiums der internationalen Beziehungen«. (Modelski 1962,3) Geht man davon aus, so gäbe es in der Tat keinen ersichtlichen Grund, der sowjetischen Außenpolitik im Rahmen eines historisch-systematischen Grundrisses der internationalen Beziehung ein spezifisches Kapitel zu widmen, ohne zumindest nicht auch die Außenpolitik einiger anderer Staaten exemplarisch und gleichgewichtig darzustellen. Empirisch, bzw. für eine Wissenschaft, die in der empirisch wahrnehmbaren Erscheinung — hier: der internationalen Staatengesellschaft — auch bereits das Wesen glaubt festmachen zu können, stellen sich da keine grundsätzlichen Probleme: sowjetische Außenpolitik ist ebenso die Außenpolitik eines Territorialstaates wie die der USA, der Bundesrepublik, Chinas oder Ghanas — sie alle voneinander unterschieden lediglich in ihren Größenordnungen, im militärischen, ökonomischen, politischen etc. Gewicht, auch unterschieden nach regionalen oder geographischen Gegebenheiten.

Für eine Wissenschaft von den internationalen Beziehungen jedoch, die sich nicht damit begnügt, die Erscheinung dieser Staatengesellschaft »internationales System« als ihr Wesen hinzunehmen, sondern die, von der Kategorie der Reproduktion ausgehend, diese Staatengesellschaft als historisches Produkt der kapitalistischen Produktionsweise interpretiert, kann auch der Staat selbst nicht Ausgangspunkt und Basiselement der Theorie sein. Vielmehr ist dieser Staat selbst ein sehr spezifisches historisches Produkt und hat seine Funktion im Kontext der kapitalistischen Revolution (s. 16. Kapitel). Die Analyse von Außenpolitik einzelner kapitalistischer Staaten (wie ich selbst [1970] sie für den Fall der USA versucht habe) besteht darum in der Analyse von Variationen eines einzigen, zweifellos faszinierenden und nur in der Differenzierung aufregenden Themas: des staatlich vermittelten Konfliktes zwischen konkurrierenden kapitalistischen Gesellschaften. Mit der Machtergreifung der Bolschewiki in Rußland (1917) tritt jedoch nun die sozialistische Bewegung machtpolitisch auf den

Plan der Geschichte — jene Bewegung, die, aus den Widersprüchen der kapitalistischen Produktionsweise und ihrer Gesellschaftsordnung hervorgegangen, es sich zur historischen Aufgabe stellte und nur darin ihre *raison d'être* findet, eine neue, nichtkapitalistische, die sozialistische Produktionsweise zu entwickeln und damit den Kapitalismus zu überwinden. *Überwindung des Kapitalismus heißt aber auch, konsequent zuende gedacht, Überwindung bzw. revolutionäre Zerstörung seiner politischen Organisationsform, des »modernen Staates«, bzw. im Globalzusammenhang die Überwindung, auch jenes Typus von politischen Konflikten, der sich aus der staatlichen Strukturierung des internationalen Systems ergibt; damit entfiele insofern auch logischerweise Außenpolitik.* Es entfiele damit allerdings *nicht* — um einem weitverbreiteten Mißverständnis zuvorzukommen — die Überwindung von politischen Konflikten überhaupt, sondern es verschwänden damit historisch lediglich u.a. die staatlich vermittelten internationalen Konflikte. Streng genommen wäre darum sozialistische Außenpolitik ebenso ein Widerspruch in sich wie eine sozialistische Staatengesellschaft. Allenfalls als Übergangserscheinung — als revolutionärer Prozeß der Zerstörung von Kapitalismus und kapitalistischer Staatlichkeit und als tendenzielle Aufhebung des Staates dort, wo eine sozialistische Bewegung an die Macht gekommen ist — wäre »sozialistische Außenpolitik« vorstellbar:

> »Sozialistische Außenpolitik könnte . . . nur revolutionäre Klassenpolitik sein, die die vorhandenen Verkehrsformen der zwischenstaatlichen Beziehungen sprengen und die staatliche Existenz der sozialistischen Gesellschaft gefährden müßte . . . Sie müßte im nächsten Schritt zur Auflösung von repressiven Institutionen wie dem Militär und zur Schwächung der Bürokratie führen, die nach innen und außen als Repräsentant eines 'sozialistischen' 'Nationalinteresses' auftritt . . . Damit wäre aber der Staat auch kein Staat mehr.« (Rotermundt/Schmiederer 1975, 138)

Als historische Antwort auf diese grundsätzliche, das internationale System an seinen Wurzeln treffende Kritik und Überwindungsstrategie ist sowjetische Außenpolitik paradigmatisch und gehören die Erfahrungen mit ihr in den Kanon jeder an verändernder Praxis orientierten Wissenschaft vom Globalsystem.

In historischer Perspektive stellte sich das Problem revolutionärer Außenpolitik jedoch im Jahre 1917 nicht zum ersten Male. Strukturelle Parallelen ergeben sich bereits mit der Cromwellschen Revolution. Mögliche gesellschaftliche Konsequenzen wurden z.B. von der politischen Klasse Frankreichs sehr deutlich gesehen, der es ihrerseits gerade erst gelungen war, Staat und Gesellschaft nach einem blutigen und noch immer fortschwelenden Bürgerkrieg einigermaßen zu restabilisieren. Die Cromwell'sche Außenpolitik hingegen setzte die französische Bürgerkriegsfurcht als eines ihrer Mittel ein, Frankreich hinsichtlich der englischen Expansionspläne (nach Übersee) zu neutralisieren. Aber was hier nur in ersten und widersprüchlichen Ansätzen hervortrat, wurde mit dem Ausbruch der Französischen Revolution zum offenen Problem: diese mußte im Interesse der Selbsterhaltung der Anciens Régimes rückgängig gemacht werden, da der von der selbstbewußten französischen Bourgeoisie ausgehende Einfluß die Legitimität der europäischen Fürstenhäuser und herrschenden Klassen untergrub. Und umgekehrt: der revolutionäre Appell der französischen Bourgeoisie an die Klassensolidarität des europäischen Bürgertums war für jene eine Frage der Sicherung der eigenen revolutionären Errungenschaften, ein Mittel im Kampf um das Überleben der französischen Republik in feindlicher Umwelt. Das revolutionäre Frankreich verstand sich tendenziell als 'Vaterland aller Bourgeoisien' — so wenn die Französische Nationalversammlung in einem Dekret am 20. April 1792 die eigene Nation aufforderte, »alle Ausländer zu adoptieren, die sich, indem sie der Sache ihrer Feinde abschwören, unter ihre Fahnen begeben und ihre Energien der Verteidigung der Freiheit widmen«. Der Zusammenbruch der europäischen Staaten vor dem Ansturm der napoleonischen Heere war weniger ein militärisch-strategischer als vielmehr ein gesellschaftspolitischer Vorgang. Und nicht nur ein gesellschaftspolitischer: Napoleon bzw. die französische Kontinentalpolitik waren zugleich auch Geburtshelfer der Manufaktur- und Industriebourgeoisie in Zentraleuropa, und die französische Politik bezog von dieser Klasse ihre sozio-ökonomische Substanz zur Herstellung des europäischen Marktes für die kapitalistische Produktionsweise.

Die hier angesprochene strukturelle Verwandtschaft zwischen der Außenpolitik des revolutionären Bürgertums in absolutistisch-monarchistischer Umwelt und der revolutionären Außenpolitik des ersten proletarischen Staates in kapitalistischer Umwelt nach 1917[120] vermag wichtige Erkenntnisse zur Bestimmung militärischer und politischer Aspekte revolutionärer Außenpolitik zu vermitteln: die Rolle von subversiver, demoralisierender Propaganda gegenüber gegnerischen Heeren, die Unterminierung der Legitimität alter Régimes, die systematische Durchbrechung diplomatischer Codices, eine revolutionäre, d.h. auf der Mobilisierung politisch bewußter Massen basierende Kriegsführung, usw. Derartige Gemeinsamkeiten lassen sich mühelos für die Verteidigung der Revolution in ihren Anfängen für Frankreich wie für die Sowjetunion feststellen. Aber, wenn zu weitgehend interpretiert bzw. auf die Beschreibung formaler Parallelen beschränkt, verliert dieser Vergleich einen wesentlichen Unterschied aus dem Auge bzw. bekommt ihn überhaupt nicht in den analytischen Griff — den Unterschied nämlich zwischen bürgerlicher und proletarischer Revolution.

Die proletarische unterscheidet sich u.a. dadurch grundsätzlich von der bürgerlichen Revolution, daß letztere eine Klasse an die politische Macht bringt, die im Besitz der Produktionsmittel ist, die ökonomisch und sozial bereits zur führenden Klasse geworden war und die mit der revolutionären Machtergreifung »lediglich« die ihre weitere Entfaltung behindernden politischen Strukturen zerstört. Die Arbeiterklasse hingegen, auch sofern sie quantitativ und in ihrer politischen Organisation — in ihrem Klassenbewußtsein — stark ist, zieht diese ihre Stärke nicht aus der Kontrolle über Produktionsmittel, sie hat nicht nur die politischen und administrativen Kommandohöhen zu besetzen, sondern sie muß zugleich auch, und das nicht zuletzt, sich der gesellschaftlichen — der ökonomischen — Mittel gesellschaftlicher Reproduktion bemächtigen, eine neue Produktionsweise im Prozeß der Zerstörung und Zerschlagung der kapitalistischen Produktionsweise entwickeln, die zu ihrer eigenen »naturwüchsigen« Entfaltung einige Jahrhunderte Zeit hatten. Als soziale Formation entwickelte sich das Bürgertum im Schoße der Feudalgesellschaft auf der Grundlage seiner überlegenen — manufakturellen, dann maschinen-industriellen — Produktionsweise und formierte sich zur führenden, bzw. die ideologische, gesellschaftliche und schließlich die politische Führung wirkungsvoll beanspruchende Klasse langsam, aber gründlich. Auch die Arbeiterklasse entstand im Schoße einer ihre Selbstverwirklichung, ihre Emanzipation verhindernden Gesellschaftsordnung. Aber ihre Basis war und ist nicht eine mit der kapitalistischen konkurrierende, die Produktivkräfte wirkungsvoller entfaltende Produktionsweise (ungeachtet entsprechender Ansätze etwa im Blanquismus oder bei Robert Owen), sondern ihre historische Selbstverwirklichung besteht in der radikalen Negation der kapitalistischen Produktionsweise bzw. in der schöpferischen, kreativen, bewußten Entwicklung einer neuen Art des Produzierens *nach* der politischen Revolution. Nur an der beispiellosen historischen Größe dieses Anspruches, an »der unbestimmten Ungeheuerlichkeit ihrer eigenen Zwecke« (Marx, 18. Brumaire) wird man Erfolge und Fehlschläge der sozialistischen Bewegung gerechterweise messen können.

Die Frage, ob die revolutionäre Zerstörung der seit der Jahrhundertwende sich rasch und kräftig entwickelnden kapitalistischen Wirtschaftsordnung in Rußland 1917 »richtig« bzw. historisch gerechtfertigt war, ist eine im schlechten Sinne historische Frage. Kein Zweifel, daß die Bolschewiki nicht nur davon ausgingen, daß dem in Rußland gesetzten »Signal« die Arbeiterklassen in Westeuropa folgen würden, sondern daß sie auch in Anbetracht der kriegsbedingten Desintegration der westeuropäischen Gesellschaften und der historischen Stärke der westeuropäischen Arbeiterbewegungen jeden Grund hatten, auf eine solche Fortentwicklung des revolutionären Prozesses zu bauen und diese als realen Faktor in ihre Legitimation zum revolutionären Umsturz einzusetzen. Daß diese Erwartungen sich nicht erfüllen würden, war nicht voraussehbar — das Risiko des Fehlschlags ist *per definitionem* in jeder Revolution enthalten. Rosa Luxemburg, deren vehemente Kritik an der frühen bolschewistischen Regierungspraxis so häufig zitiert wird, machte im Endresultat nicht Lenin und die Bolschewiki verantwortlich für die Nichtverwirklichung von sozialistischer Demokratie —

Es wäre in der Tat eine wahnwitzige Vorstellung, daß bei dem ersten welthistorischen Experiment mit der Diktatur der Arbeiterklasse, und zwar unter den denkbar schwersten Bedingungen: mitten im Weltbrand und Chaos eines imperialistischen Völkermordens in der eisernen Schlinge der reaktionärsten Militärmacht Europas, unter völligem Versagen des internationalen Proletariats, daß bei einem Experiment der Arbeiterdiktatur unter so abnormen Bedingungen just alles, was in Rußland getan und gelassen wurde, der Gipfel der Vollkommenheit gewesen sei. Umgekehrt zwingen die elementarsten Begriffe der sozialistischen Politik und die Einsicht in ihre notwendigen historischen Voraussetzungen zu der Annahme, daß unter so fatalen Bedingungen auch der riesenhafteste Idealismus und die sturmfeste revolutionäre Energie nicht Demokratie und nicht Sozialismus, sondern nur ohnmächtige, verzerrte Anläufe zu beiden zu verwirklichen imstande seien«

— sondern ganz konkret das deutsche Proletariat und seine politische Führung, die SPD:

»Mögen die deutschen Regierungssozialisten schreien, die Herrschaft der Bolschewiki in Rußland sei ein Zerrbild der Diktatur des Proletariats. Wenn sie es war oder ist, so nur, weil sie eben ein Produkt der Haltung des deutschen Proletariats war, die ein Zerrbild auf sozialistischen Klassenkampf war.« (Luxemburg 1968, 108, 140)

War aber die kapitalistische Gesellschaftsordnung in Rußland einmal politisch zerstört, und war diese Zerstörung einmal ein begrenztes Ereignis geblieben, so stellte sich nun die Frage nach der Möglichkeit der Entwicklung nicht-kapitalistischer Produktionsweisen unter der Bedingung eines von der kapitalistischen Produktionsweise beherrschten und gestalteten Weltmarktes. Die Frage war bekanntlich besonders akut für das vergleichsweise rückständige und vergleichsweise auch besonders schwer vom Kriege mitgenommene Rußland, und ihre Beantwortung wurde konsequenterweise abhängig gemacht von der vorrangig zu lösenden Aufgabe des schieren Überlebens der Sowjetmacht.

Überleben zu können schien die erste proletarische Revolution nur unter drei Bedingungen: 1) indem sie sich militärisch verteidigte gegen die z.T. außengesteuerten »weißen« Bürgerkriegsarmeen und gegen die ausländischen Interventionstruppen; 2) indem sie — entgegen dem ursprünglichen revolutionären Konzept Lenins von der Ablösung des bürgerlichen Staates durch neue Institutionen (die Sowjets) — sich einen starken Staatsapparat schuf, auch dieser das Resultat von außen bestimmter Überlebenszwänge und ein komplizierter, ungesteuerter, reaktiv-naturwüchsiger Improvisationsprozeß (Pietsch 1969, Geyer 1968, 118f.); und 3) indem sie schnellstmöglich die Wirtschaft wieder funktionsfähig machte und den enormen Abstand zu den europäischen kapitalistischen Industriestaaten hinsichtlich deren Entwicklung der Produktivkräfte verringerte. Diese drei Bedingungen wären auch als zeitliche Sequenzen beschreibbar: unmittelbar-kurzfristig das militärische Überleben; mittelfristig die staatlich-politische Stabilisierung, auch und nicht zuletzt durch Organisation von repressiver Gewalt; langfristig die umfassende Entfaltung der Produktion als Bedingung der Möglichkeit von Sozialismus und Kommunismus bzw. von allseitiger Bedürfnisbefriedigung überhaupt. Es waren dies Bedingungen, die dem ersten sozialistischen Experiment von außen her auferlegt wurden, die sich aus dem historischen Charakter des internationalen Systems ergaben, das durch den Ersten Weltkrieg zwar erschüttert und durch die Oktoberrevolution tendenziell infrage gestellt, nicht aber in seiner Gesamtheit oder auch nur in einigen seiner Zentren revolutioniert worden war — des internationalen Systems als kapitalistischem und Droh-Staatensystem.

Die Sowjetregierung reagierte auf diese Bedingungen spontan mit revolutionärer Logik: die Revolutionsarmee bestand aus Freiwilligen, ihre Kommandogewalt lag bei Soldatenräten, Offiziere bis zum Range von Regimentskommandeuren wurden von unten gewählt, die Grußpflicht, die Rangabzeichen, Ränge und Titel vom Oberst bis hinauf zum General wurden abgeschafft; aber die konkreten Zwänge der Kriegsführung selbst — Mangel an Freiwilligen und Mangel an revolutionären Offizieren — machten nur zu bald die Übernahme zaristischer Offiziere, die Wiedereinführung von Rängen und Privilegien und die allgemeine Wehrpflicht erforderlich, kodifiziert schließlich in den Armee-Statuten von 1928, die den traditionellen Militärapparat wiederherstellten (vgl. Cliff 1974, 96ff.; Bettelheim 1975, 231ff.). Die Etatisierung der Revolution folgte strukturell demselben Muster: auch hier stand am Anfang die Erwartung der sozialen Weltrepublik.

Lenin prophezeite 1918: »Die Zeit ist nicht mehr fern, da die Arbeiter aller Länder sich in einem einzigen Weltstaat vereinen und gemeinsam ein neues sozialistisches Gebäude errichten werden«; Bucharin, 1918: »Die Internationale Sowjetrepublik wird hunderte Millionen in den Kolonien von der Unterdrückung befreien«; Steklov (anläßlich der Einführung der RSFSR-Verfassung im Juli 1918): »Unsere Verfassung hat weltweite Bedeutung. Indem die Arbeiter und Bauern der verschiedensten Länder sich die günstigen Umstände zunutze machen und dem sowjetrussischen Beispiel folgen, . . . wird die Russische Sowjetrepublik früher oder später von Tochter- und Schwesterrepubliken umgeben sein, die gemeinsam den Grundstein legen für die Föderation zuerst Europas, dann der gesamten Welt.« (Zit.: Goodman 1960, 30f.)

Auch hier (wie im revolutionären Frankreich zuvor) das Angebot der Staatsbürgerschaft an Ausländer, »sofern sie der Arbeiterklasse angehören oder Bauern sind, ohne von fremder Arbeitskraft zu leben«. Die erwartete Revolutionierung der Staatengesellschaft als Staatengesellschaft würde auch Außenpolitik überflüssig machen; bekannt ist Trotzkis Ausspruch anläßlich seiner Ernennung zum Außenkommissar: »Ich werde einige revolutionäre Erklärungen an die Völker der Welt abgeben und dann dichtmachen« — was er insofern auch in der Tat realisierte, als er sein Büro »einem halbanalphabetischen Matrosen . . ., einem halbbetrunkenen Studenten von zweifelhaften politischen Einstellungen . . . mit einem zuverlässigen Parteimitglied . . als allgemeinem Faktotum« anvertraute (Carr 1966, 28). Der Rat der Volksbeauftragten erklärte: »Die siegreiche Revolution hat es nicht nötig, von den professionellen Vertretern der kapitalistischen Diplomatie anerkannt zu werden«, und Trotzki wiederum: »Diplomatischer Verkehr ist nicht nur nötig mit Regierungen, sondern auch mit revolutionären sozialistischen Parteien, die auf den Umsturz der bestehenden Regierungen hinarbeiten«. (Zit. ebd., 29) gleichzeitig jedoch übernahm der Rat der Volksbeauftragten politisch-administrative Verantwortung »für ein Gebiet, dem es zwar an präzisen Grenzen und sogar an einem offiziellen Namen fehlte, das aber nichtsdestoweniger eine Einheit darstellte in einer in Staaten aufgeteilten Welt. Von einem internationalen Gesichtspunkt aus wurde die Sowjetrepublik zum Staat aufgrund eben dieser Tatsache und unabhängig von einer ausdrücklichen Entscheidung ihrer neuen Führer. Der Instinkt der Selbsterhaltung tat das Übrige.« (Ebd., 32)

Er führte, wie angedeutet, zur Rekonstruktion einer effizienten, d.h. hierarchisch-traditionellen Armee, und er legte, was die staatliche Rekonstruktion anbetrifft, die Rekrutierung von zaristischen Verwaltungsexperten — für eine »Übergangsphase« — nahe. Bekannt ist Lenins drastische Selbstkritik (vom 13. November 1922 vor dem 4. Kominternkongreß) dieses, wie sich herausstellen sollte, irreversiblen Prozesses:

»Die Geschichte war so, daß im Jahr 1917, nachdem wir die Macht an uns gerissen hatten, der Staatsapparat uns sabotierte. Damals waren wir sehr erschrocken und sagten: Bitte schön, kehren Sie zu uns zurück, und alles kam zurück. Das war unser Unglück. Wir haben jetzt eine enorme Masse von Funktionären, aber wir haben noch nicht genügend Kräfte, um wirklich über sie zu verfügen. Tatsächlich geschieht es sehr oft, daß hier oben, wo wir die Staatsmacht haben, zwar der Apparat funktioniert, während sie unten eigenmächtig verfügen und so verfügen, daß sie gegen unsere Maßnahmen arbeiten.« (Zit.: Pollock 1971, 107)

Obwohl die Erklärung für die Rekonstruktion von Staatlichkeit, die Etatisierung des ersten sozialistischen Experiments, nicht an der Tatsache vorbeigehen kann, daß die Bolschewiki den Staat auch als Kompensationsmechanismus für die — tatsächliche oder von ihnen als solche perzipierte[121] — Schwäche der russischen revolutionären Kräfte, des im bäuerlichen Rußland relativ isolierten Industrieproletariats einsetzten und ausbauten (Conert/Eichwede 1976, 126), so wird man doch, im ganzen gesehen, auch dafür den vom nicht-revolutionierten internationalen System ausgehenden Zwang vor allem verantwortlich machen müssen.

Die dritte Überlebensbedingung war die rasche ökonomische Rekonstruktion. Die »Lösung« des Problems stellt sich als komplizierte Verquickung quantitativer und qualitativer Probleme dar. Quantitativer einmal insofern, als ein ökonomisch schwaches Rußland — und zwar auch ein kapitalistisches Rußland — notwendig abhängig ist und bliebe von den überlegenen Konkurrenten, und Rußland bis zum Ersten Weltkrieg war ohnehin das schwächste Glied in der Kette der entwickelten kapitalistischen Ökonomien gewesen; um so mehr mußte das für ein sich außerhalb der kapitalistischen »Familie« stellendes Rußland der Fall sein — es galt daher zunächst und vor allem zumindest, diesen Abstand zu verringern, wenn nicht zu überwinden; quantitativ ist das ökonomische Problem auch noch insofern, als, wie Marx es sehr grundsätzlich in der Deutschen Ideologie formuliert hatte, ohne die bereits vorhandene »Welt des Reichtums . . . nur der *Mangel* verallgemeinert, also mit der *Notdurft* auch der Streit um das Notwendige wieder beginnen und die ganze alte Scheiße sich herstellen müßte«. Sinowjew gab ihm damit wohl recht mit der Bemerkung (1921): »Wir befinden uns in einer Lage, wo wir zehn Paar Schuhe unter 500 und mehr Menschen verteilen müssen. Diese Verhältnisse sind das Hauptfundament und der Boden, auf dem der Bürokratismus erwächst.« (Zit.: Pollock 1971, 109f.) Prinzipiell wäre das Quantitätsproblem für ein kapitalistisches Rußland lösbar gewesen — aber um den Preis eben kapitalistischer Produktionsweise, die sich notwendig an quantitativem wirtschaftlichem Wachstum (provitabler Kapitalverwertung) orientiert. Sozialistisch produzieren aber bedeutet, die Wirtschaft an gesamtgesellschaftlicher Entwicklung orientieren, nicht jedoch an sektoralem Wachstum wie Schwer-oder auch Rüstungsindustrie, die ihrerseits einer derartigen gleichgewichtigen Entwicklung geopfert werden müßten. Gerade das aber schien unter den Bedingungen der existenzbedrohenden kapitalistischen Weltmarktkonkurrenz ein kurzfristig unerreichbares Ziel zu sein.

Zur Verdeutlichung des Problems sei ein Rekurs auf das sozialistische Experiment Tanzanias versucht. Präsident Nyerere erläuterte 1967 die programmatische Arusha-Erklärung folgendermaßen:

> Integraler Bestandteil der Arusha-Erklärung ist die Ablehnung des Begriffs der nationalen Größe im Unterschied zum allgemeinen Wohlergehen der Bürger und die Ablehnung materiellen Reichtums um seiner selbst willen gleichermaßen. Es handelt sich um die Verpflichtung auf die Überzeugung, daß es im Leben wichtigere Dinge gibt, als die Anhäufung von Reichtümern, und daß, wenn das Streben nach Reichtum in Konflikt gerät mit Dingen wie menschliche Würde und soziale Gleichheit, letzteren Priorität eingeräumt wird ... Angesichts unseres gegenwärtigen wirtschaftlichen Niveaus und unserer Armut scheint dies eine akademische Frage zu sein — aber in Wirklichkeit ist sie sehr fundamental. Es bedeutet, daß es Dinge gibt, die wir uns weigern werden, zu tun oder zu akzeptieren, sei es individuell oder als Nation, selbst wenn sie uns in wirtschaftlicher Entwicklung voranbringen würden.« (Zit. Jenkins 1970, 41)

Nun mag eine solche Programmatik für ein Land wie Tanzania im Windschatten der großen Mächte in politisch-gesellschaftliche Praxis umsetzbar sein — aber für die um ihre Existenz kämpfende Sowjetunion als dem damals einzigen Antagonisten der mächtigen kapitalistischen Einheitsfront war es wohl unvermeidlich, daß ihre Führung andere, nämlich an quantitativer Effizienz orientierte Prioritäten der ökonomischen Rekonstruktion setzte.

Vor allem zwei diese quantitative ökonomische Effizienz kurzfristig (aber vom kleinsten Zeitgewinn schien teilweise alles abzuhängen) hemmende und beeinträchtigende sozialistische Positionen wurden einer langfristig verhängnisvollen Revision geopfert: der russischen Arbeiterklasse wurde keine Zeit gelassen, »tausend neue Formen, Improvisationen« zu lernen, durch ihre eigene »schöpferische Kraft ... selbst alle Fehlgriffe« zu korrigieren (Luxemburg 1968, 135), statt dessen wurde sie in das Prokrustesbett militärischer Organisation gezwungen, und zwar auch dann, als ab 1920 die Sowjetmacht politisch gefestigt war: »Infolge einer allein durch die Erfolge der jungen roten Armee verständlichen Überschätzung der Möglichkeiten spezifisch militärischer Mittel wollte man nun mit ihrer Hilfe die Wirtschaft aufbauen.« (Pollock 1971, 56) Das unter Trotzkis Vorsitz gegründete Hauptkomitee für allgemeine Arbeitspflicht sorgte — in den Worten des Vorsitzenden — dafür, »daß der aus den Reihen der Armee kommende qualifizierte Arbeiter mit dem Arbeitsbuch in der Hand im Namen des Wirtschaftsplans des Landes dorthin gehen muß, wo seine Anwesenheit notwendig ist«. Zur Erfüllung des Wirtschaftsplanes müsse die Arbeiterklasse

»ebenso wie die Soldaten verschoben, verteilt, abkommandiert werden«. (Zit. ebd., 57f.) Trotzki ließ sich sogar zu der Bemerkung hinreißen: »Ist es wirklich wahr, daß die Zwangsarbeit immer unproduktiv ist? ... Das ist das jämmerlichste und erbärmlichste liberale Vorurteil; auch die Sklavenherden waren produktiv ..., die Zwangsarbeit der Sklaven ... war zu ihrer Zeit eine fortschrittliche Erscheinung.« (Zit.: Bettelheim 1975, 322) Nichts könnte weiter vom »ungehemmt schäumenden Leben« (Luxemburg), das die neue, die sozialistische Produktionsweise experimentierend sich erfinden mußte, entfernt sein, als die militärische Organisation der Produktion. Gleichzeitig wurde die gleichgewichtige ökonomische Entwicklung aller Sektoren aufgegeben, die Orientierung an einem ausgeglichenen, damit langsameren, aber regionale und sektorale Privilegierungen vermeidenden Wachstums zugunsten der Konzentratin auf überlebenswichtige Industrialisierung, zu deren Aufbau wiederum der kapitalistische Weltmarkt eingespannt werden sollte. Ohne den Anreiz profitabler Wachstumsindustrien war an ausländische Kapitalinvestitionen ohnehin nicht zu denken.

Das im Laufe der '20er Jahre bekanntlich sich vollziehende »praktische Verschwinden Rußlands von der Bühne der internationalen Wirtschaft« (Lewis 1949, 32) scheint nämlich nicht das Resultat polit-ökonomischer Strategie der Sowjetführung gewesen zu sein, sondern vielmehr mit dem radikalen Rückgang der sowjetischen Produktion, mit der Weigerung der meisten kapitalistischen Länder, den Handel wieder aufzunehmen und mit der Unmöglichkeit, Anleihen zu erhalten, zusammenzuhängen. Jedenfalls planten die führenden frühen Bolschewisten nicht die Herauslösung Sowjetrußlands aus dem kapitalistischen Weltmarkt, sondern vielmehr im Gegenteil dessen engstmögliche Integration, wobei sie die Rohmaterialien Rußlands als den entscheidenden Trumpf zur Gewinnung von Konzessionen ansahen.[122] Rykov meinte im Frühjahr 1921: »Das Quantum an Rohmaterialien, das Westeuropa seit je aus Rußland bezogen hat, ist so groß, daß ohne diese, ohne Sowjetrußlands Beteiligung an der Wiederherstellung der europäischen Wirtschaft, die Restauration ... unmöglich sein wird.« Lenin stimmte dem zu: »Zur Wiederherstellung der Weltwirtschaft müssen die russischen Rohmaterialien ausgenützt werden. Ohne sie geht es nicht — das ist ökonomisch eindeutig.« Trotzki war anfangs skeptisch gegenüber der Annahme, die kapitalistischen Länder seien bereit, dem sozialistischen Rußland ökonomische Hilfestellung zu leisten, und er wollte (1920) das fehlende »Kapital durch Arbeitskraft ersetzen«, worin ihm Lenin (Februar 1920) partiell zustimmte: die Ökonomie müsse rekonstruiert werden »mit militärischen Methoden, absolut rücksichtslos und durch Unterdrückung aller anderen Interessen«. Wiederum Trotzki sagte deutlich (Januar 1920): »Möglicherweise gelingt es uns, einige Lokomotiven aus Amerika zu importieren ..., aber wir können darauf nicht bauen. Wir müssen davon ausgehen, was wir hier im Lande in einer Periode nahezu totaler Blockade leben.« Lenin, Rykov u.a. jedoch betonten die Notwendigkeit des Technologie-Imports sowohl über den Export von Rohmaterialien, als auch durch Gewährung von Konzessionen an kapitalistische Unternehmungen im sozialistischen Rußland. NEP und die politisch-militärische Stabilisierung schienen diese Taktik zu rechtfertigen. Trotzki 1925:

»Wir selbst waren extrem zurückhaltend, man könnte sagen, zu zurückhaltend hinsichtlich der Vergabe von Konzessionen ... Wir fürchteten, daß das Einströmen ausländischen Kapitals die noch immer schwachen Fundamente der sozialistischen Industrie untergraben würden ... Wir sind technisch noch immer sehr weit zurück. Wir sind daran interessiert, mit allen nur denkbaren Mitteln unseren technischen Fortschritt zu beschleunigen. Konzessionen sind eines dieser Mittel. Trotz unserer wirtschaftlichen Konsolidierung sind wir jetzt mehr geneigt als noch vor einigen Jahren, ausländischen Kapitalisten beträchtliche Summen zu zahlen für ... ihre Beteiligung an der Entwicklung unserer Produktivkräfte.«

Interpretiert als »Dialektik der historischen Entwicklung« — der Kapitalismus wird zum Gläubiger des Sozialismus, er finanziert seinen eigenen Gegner — ging es darum, die Kapitalisten zu veranlassen, »ausländische Produktionsstätten, ausländische Produktionsverfahren in unser Land zu bringen und unsere Wirtschaft mit den Ressourcen der Ersparnisse des Weltkapitalismus zu finanzieren«. Der uns aus heutigen sowjetischen Erklärungen geläufige Triumphalismus, daß die Blockade-Politik des Kalten Krieges gescheitert sei und die krisengeschüttelten kapitalistischen Länder *nolens volens* nun mit der ökonomisch stabilen Sowjetunion Handel treiben müßten — zu beiderseitigem Vorteil, versteht sich — findet sich geradezu wörtlich beim Trotzki des Jahres 1925: »Mit dem raschen Anwachsen von Exporten und Importen hat sich die Situation (der Sowjetunion) radikal gewandelt. Wir sind im Begriff, ein Teil, ein sehr besonderer Teil, aber doch ein integraler Bestandteil des Weltmarktes zu werden.« 1926 projiziert er die Integration der Sowjetunion mit dem kapitalistischen Westeuropa als Mittel zur eigenen Industrialisierung, wiederum auf der Basis des Austausches von Rohmaterialien gegen Technologie, und zwar vor bzw. unabhängig von der Revolution im Westen: »Die Lager an magnetischem Eisen in Kursk, die Pottasche im Ural und alle unsere gewaltigen Ressourcen im allgemeinen erfordern den Einsatz internationalen Kapitals und der Welttechnologie«; vor allem die Ausbeutung der sibirischen Naturreichtümer sei »eine gigantische internationale Aufgabe«. Die heutige Sowjetführung sagt fast wörtlich dasselbe. Sie würde auch nicht mit der Trotzki-These von 1927 streiten: »Rebus sic stantibus muß ausländisches Kapital für diejenigen Industriezweige mobilisiert werden, die am rückständigsten sind ... im Vergleich mit den entsprechenden Branchen der Weltindustrie« — z.B. heute der Automobilbau und die Computertechnologie.

Allerdings wird man bei der Interpretation dieser sowjetischen Wirtschaftsstrategien — auf deren den Wünschen und Erklärungen widersprechende Empirie wird hier absichtlich verzichtet[123] — nie außer Acht lassen dürfen, daß sie immer auf dem Hintergrund der theoretisch abgeleiteten und schließlich auch durch die Praxis verifizierten Hypothese von der Möglichkeit — Wahrscheinlichkeit — Unvermeidbarkeit interkapitalistischer Kriege zu sehen sind, von Kriegen, in die die Sowjetunion notwendig hineinverwickelt und deren letztliches Opfer sie werden würde. Ob es sich nun um den inter-imperialistischen Konflikt zwischen dem absteigenden englischen und dem aufsteigenden amerikanischen Kapitalismus handelte, aus dem heraus Trotzki (und weniger dezidiert auch etwa Varga und Radek) bereits für die frühen zwanziger Jahre einen neuen Weltkrieg vorhersagte, oder ob es sich — wie Lenin vor allem meinte — um einen aus der Konkurrenz USA-Japan geborenen Krieg handeln würde: durchgängig gehört die Weltkriegserwartung zu den feststehenden Axiomen sowjetischer Politik (vgl. Eichwede 1971, 117ff.).

Bucharin 1926 (50f.) in seinem Bericht zur Weltlage an das EKKI: »Es versteht sich ganz von selbst, daß diese allgemeine Tendenz (der 'Einkreisung der Sowjetunion und der Einkreisung der chinesischen Revolution') ebenso wie eine ganze Reihe von zwischenstaatlichen Abkommen . . . nicht im geringsten die Gegensätze zwischen den imperialistischen Staaten aufheben. Die Gegensätze zwischen den Vereinigten Staaten und Japan, zwischen England und Frankreich, zwischen Frankreich und Italien, ja sogar zwischen Frankreich und Deutschland (trotz der Annäherung); die Gegensätze zwischen England und den Vereinigten Staaten, zwischen Gesamt-Europa und den Vereinigten Staaten, usw. usw. — alles das bleibt bestehen . . . Die Militäretats wachsen immer mehr an und gehen weit über den Umfang der Vorkriegszeit hinaus . . . Das alles spricht dafür, daß der kommende Krieg eine ungleich größere Erschütterung und Zerstörung der gesamten wirtschaftlichen und sozialen Ordnung hervorrufen wird, als der Krieg von 1914-1918.«

Die Diversifizierung sowjetischer Außenwirtschaft, ihre immer engere Verflechtung in den kapitalistischen Weltmarkt, und die dieser korrespondierende Diversifizierung sowjetischer Außenpolitik erscheinen als Mittel der Kriegsverhütung (maximal) oder zumindest der Kriegsverzögerung (minimal). Wiederum Trotzki 1925: »Je vielgestaltiger unsere internationalen Beziehungen, desto schwieriger wird es . . . für unsere möglichen Gegner werden, sie zu brechen. Und . . . selbst wenn (Krieg oder Blockade) ausbrechen würden, wären wir dann entschieden stärker als wir es unter den Bedingungen von 'Autarkie' und daraus folgender verlangsamter Entwicklung sein würden.« Längst vorbei war 1923 die Revolutionseuphorie, der an der diplomatischen Anerkennung durch die bürgerlichen Staaten nichts lag: als England diesen Schritt schließlich tat, wurde er als »historisch« gefeiert, als Zäsur in der europäischen Nachkriegsgeschichte und wurde in der Tat alsbald gefolgt von Italien, Norwegen, Österreich, Griechenland, Schweden und Kanada (Eichwede 1972, 176ff.).

Das Streben nach Integration in den Weltmarkt beinhaltet darum für die Sowjetunion u.a. die — als temporär-taktisch angesehene — Unterordnung gesamtgesellschaftlicher Entwicklung unter das Gesetz sektoralen wirtschaftlichen Wachstums. Welche Sektoren das jeweils sind, ob Schwerindustrie, Rüstung, Weltraumtechnologie, Chemie etc., bestimmt sich nach den vom kapitalistischen Weltmarkt und von der fortgeschritteneren Technologie der kapitalistischen Konkurrenten gesetzten Gegebenheiten innerhalb einer jeweiligen Periode. Die tatsächliche Entwicklung von 1917 bis heute ist dadurch charakterisiert, wie sich inzwischen herausstellt, daß die Sowjetunion — mit Ausnahme des militärischen Sektors — »von Anbeginn bis heute fast vollkommen von der Technologie der kapitalistischen Weltwirtschaft abhängig ist, die Eigenständigkeit der sowjetischen Industrialisierung sich im wesentlichen auf die Anpassung ausländischer Technologien auf sowjetische Bedingungen beschränkt« und damit etwa gegenüber den USA im Durchschnitt 10-30 Jahre rückständig ist. (Spohn 1975, 231)

Angesichts des Ausbleibens der Revolution im Weltmaßstab war man taktisch verstandene Kompromisse mit dem kapitalistischen Weltmarkt eingegangen; nachdem die proletarische Revolution auch in anderen Ländern würde stattgefunden haben, »wird es unsere Aufgabe sein, die Produktion zu entwickeln und zu rationalisieren, dergestalt, daß wir die günstigsten geographischen, klimatischen, logistischen, technischen und andere Bedingungen berücksichtigen können« — so Bucharin 1927. Aber unter den Bedingungen des kapitalistisch beherrschten Weltmarktes sei es dafür zu zeitig: »Heute ist die Lage noch eine andere. Heute befindet sich die Weltwirtschaft leider nicht unter der Diktatur des Proletariats ... Wir kämpfen und müssen weiterhin kämpfen, von der kapitalistischen Weltwirtschaft unabhängig zu werden« — aber unabhängig nicht durch ökonomische Selbstisolierung, sondern durch deren Gegenteil, durch die Absorption gewissermaßen der fortschrittlichsten Elemente kapitalistischer Produktionsorganisation und Technologie, bei gleichzeitig maximaler staatlich vermittelter *politischer* Unabhängigkeit: »Unsere Unabhängigkeit ist eine Unabhängigkeit im Klassensinn, eine Unabhängigkeit von den kapitalistischen Staaten.«

Der klassenpolitische Inhalt erscheint damit als die *differentia specifica* zwischen bürgerlichem und proletarischem Staat, als Begründung der Möglichkeit einer historisch neuartigen Qualität von Staat: im bürgerlichen Staat war eine Klasse zur politischen Herrschaft gelangt, die im Besitze der Produktionsmittel war, und er schützte die diese Klassenherrschaft ermöglichende Produktionsweise u.a. durch die *post festum*-Sanktionierung des Privateigentums an den Produktionsmitteln; der proletarische Staat hingegen muß Leitungskader, kompetente Administratoren, herrschaftssichernde und herrschaftslegitimierende Ideologien, er muß qualifiziertes Personal erst schaffen, ausbilden, erziehen und er muß als Motor der Durchsetzung einer neuen, der sozialistischen Produktionsweise fungieren, weshalb ihm von seinem Antipoden, der naturwüchsig über die Kontrolle der Produktionsmittel zur herrschenden Klasse gewordenen Bourgeoisie, die Bezeichnung »totalitärer Staat« gegeben wurde. Für diesen 'Staat neuen Typus', der »selbst wesentlich Träger der Gesellschaft« ist oder tendenziell wird, »entfällt eben jene Besonderung von der Gesellschaft, die auch in den Außenbeziehungen für die bürgerliche Gesellschaft gewissermaßen von vornherein eine Doppelung in staatliche und gesellschaftliche Beziehungen ermöglicht. Wie sich der sozialistische Staat als Regulator der Wirtschaft in der Institution des Außenhandelsmonopols äußert, so wird er auch in der gesellschaftlichen Repräsentation sozusagen zum Alleinvertreter. Damit ist der sozialistische Staat im Unterschied zum bürgerlichen der wesentliche und praktisch einzige Akteur nach außen. Und als solcher Akteur vertritt er immer zugleich staatliche und gesellschaftliche Interessen, was meint, daß die Trennung von Staat und Gesellschaft, wie sie sich im Kapitalismus auch außenpolitisch . . . zeigt, für die Sowjetunion von vornherein nicht existiert, bzw. völlig andere Formen und Inhalte meint. Für die intersystemaren Beziehungen ergibt sich damit, daß einerseits die Gestalt des Nationalstaats bestimmte ähnliche Funktionen und ähnliches Auftreten von bürgerlichen und sozialistischen Staaten in der internationalen Politik erzeugt, daß aber andererseits bei ähnlichen Erscheinungsweisen verschiedene Wesenszüge und damit auch Ziele bestehen.« (Schmiederer 1976, 139f.; dies. 1973, 309-346)

Aber: in diesen Staat der Diktatur des Proletariats schlichen sich durch die Hintertür der bewußten und systematischen Übernahme von Produktionstechniken, deren spezifische Herkunft und Funktion aus dem Kontext der kapitalistischen Produktionsweise nicht kritisch gesehen wurde, Produktionsformen ein, die heute denen der kapitalistischen zum Verwechseln ähnlich sind,[124] ja, die bisweilen sogar rückständiger und menschenfeindlicher sind als die des Kapitalismus der 70er Jahre.[125] Das FIAT-Management beispielsweise verglich die Arbeitsdisziplin der sowjetischen Arbeiter in Togliattigrad lobend mit derjenigen der italienischen Arbeiterklasse. »Die Übernahme hochentwickelter Produktionstechniken aus den kapitalistischen Ländern mußte zugleich zur Übernahme kapitalistischer Formen der Teilung der Arbeit und entsprechender Systeme des materiellen Anreizes der Arbeitenden führen (Akkordsystem, Taylorismus). Der geringe Grad der Angepaßtheit der Arbeitskräfte an diese Arbeitsformen erzwang quasi-militärische Formen der autoritären Disziplinierung der Arbeit . . . mit der zwangsläufigen Folge, ja der produktionsorganisatorischen Notwendigkeit des Ausbaus der Funktionen der zentralen Planungsbürokratie und der Unternehmensleitungen.« Diese »Konzentration der Mittel auf die Erstellung eines umfangreichen, technisch hochentwickelten Produktionsmittelapparates zu Lasten des Massenkonsums« führte »notwendigerweise zum Ausbau eines starken Staatsapparates« (Rosenbaum 1973, 65), ebenso wie umgekehrt das Umgebensein von technologisch und in quantitativen ökonomischen Leistungen überlegenen kapitalistischen Systemkonkurrenten sowohl die Abschirmung durch den Staat als auch die Übernahme scheinbar systemneutraler Technologien rechtfertigte.

Der militärische Sicherheitsaspekt spielte dabei von Anfang an eine zentrale Rolle. Die Ende der '20er Jahre endgültig gefallene Entscheidung gegen gesamtgesellschaftlich orientiertes, gleichzeitiges, zugunsten sektoralen (d.h. schwerindustriellen) Wirtschaftswachstums hatte vor allen die strategische Kriegserwartung zum Hintergrund.[126] Ein so gewaltiges, kapitalaufwendiges Projekt wie das 1930 begonnene Ural-Kusnetsk-Kombinat, durch das Eisenerz im Ural mit sibirischer Kohle (fast 2000 km entfernt) verbunden wurde, war sinnvoll nur unter der — wie sich herausstellte: richtigen — Annahme einer imperialistischen Invasion vom Westen und wurde dann auch mit kriegsentscheidend (Nove 1974, 133). Und bis heute gilt das »Primat der Politik« nicht nur in seiner allgemeinen Form bei ökonomischen Richtungsentscheidungen, sondern auch und nicht zuletzt innerhalb desselben das Primat von rüstungs-strategischen Entscheidungen — nicht zufällig scheint hier die Sowjetunion technologie-unabhängig zu sein vom kapitalistischen Ausland. Wo wir auch ansetzen, stoßen wir auf das zentrale Problem des Staates in der Existenz der Sowjetunion im internationalen Kontext, der aus letzterem seine Notwendigkeit und/oder Rechtfertigung und damit seine Außenpolitik ableitet, die sich — wie bereits angedeutet — zumindest in ihrer Form kaum mehr unterscheidet von der ebenfalls staatlich vermittelten Außenpolitik kapitalistischer Gesellschaften. Eine Definition sowjetischer Außenpolitik wie die von Außenminister Gromyko in der Prawda vom 28. Juni 1968 könnte von jedem x-beliebigen Außenminister stammen:

»Unsere Außenpolitik ist heute und in Zukunft gekennzeichnet durch die Entschiedenheit, mit der sie die staatlichen Interessen des sowjetischen Volkes verteidigt — der Schutz der Unverletzlichkeit unserer Landesgrenzen, unserer Küsten und unserer Lufthoheit, die Wahrung der Würde der sowjetischen Flagge und der Rechte und der Sicherheit der sowjetischen Bürger.« (s. Kulski 1973, 27)

Ist es nun lediglich die *Form* staatlich vermittelter Außenpolitik der »Übergangsgesellschaft« Sowjetunion, die sich derjenigen der kapitalistischen Industrienationen zunehmend annähert, ja mit dieser konkurrierend identisch geworden ist, oder ist sie es auch im *Inhalt?* Hat die Subordination des Zieles gesamtgesellschaftlicher Entwicklung unter effizientes ökonomisches Wachstum einiger Schlüsselsektoren und zwar mit Hilfe kapitalistischer Produktionstechniken sowie mit der Öffnung der sowjetischen Volkswirtschaft für ausländisches Kapital (auch wenn diesem der Erwerb von Produktionsmitteln versagt bleibt), zur kapitalistischen Restauration in der SU geführt bzw. ist das die logische Konsequenz einer solchen Öffnungsstrategie? Mich hat die Argumentation Mandels weitgehend überzeugt, derzufolge Konkurrenz von Kapitalien und die freie Käuflichkeit von Produktionsmitteln in der Sowjetunion fehlen, weshalb prinzipiell hier nicht von auch nur ansatzweiser Restauration des Kapitalismus gesprochen werden kann. Andererseits gibt aber auch er zu bedenken, daß »es innerhalb der Bürokratie Kräfte (gibt), die objektiv in die Richtung einer Restauration des Kapitalismus drängen. Die Forderung nach mehr Rechten für die Betriebsdirektoren; die Forderung nach dem Recht, Arbeiter entlassen zu können; die Forderung, im Rahmen der Libermannschen Reformen selbst 'freie Preise' für Rohstoffe und Fertigwaren 'aushandeln' zu können: alle diese Tendenzen entsprechen objektiv einem Druck zur Durchsetzung des Wertgesetzes.« (Mandel 1973, 15-37)

Es ist eben diese Tendenz, auf die zumindest einige westliche Kooperationsstrategien einer engeren wirtschaftlichen Zusammenarbeit mit der Sowjetunion setzen als willkommenes Nebenprodukt der gemeinsamen Unternehmen, der direkten Kontakte auf Betriebsebene, der Einführung kapitalistischen Know-hows, arbeitssparender Techniken etc., welche zur Schwächung zentraler Planung, zur Freisetzung der Inflationsspirale und nicht zuletzt zu Arbeitslosigkeit führen.

»Um das Jahr 1980 herum«, spekulierte der amerikanische Politologie I. de Sola Pool schon 1965, »wird es in der Sowjetunion zu einer schweren politischen Krise kommen, gekennzeichnet durch ausgedehnte Streiks, die Publikation dissidenter Zeitschriften, einen zeitweiligen Zusammenbruch zentraler Kontrolle über einige Regionen und den offenen Konflikt zwischen den wichtigsten Sektoren der Bürokratie über Fragen der Militärpolitik und der Konsumgüter. Dies wird kurz vor einer Revolution abbrechen, aber es wird zum faktischen Ende der Kommunistischen Partei führen oder zu deren Auseinanderbrechen in mehrere Organisationen, zur Auflösung des Kolchos, usw. Während dieser Vorgänge wird die sowjetische Herrschaft über Osteuropa vollständig zerbrochen werden.« (Zit.: Wilczynski 1972, 327)

Wenn die hier als Wunschdenken überspitzte und zumindest was den Zeitraum anbetrifft heute eindeutig falsifizierte Projektion im Prinzip richtig ist, d.h. wenn die Sowjetunion (und die mit ihr verflochtenen osteuropäischen Wirtschaftsgesellschaften bzw. Staaten) in der Tat auf eine Periode extern induzierter, aus der Konkurrenz-Integration des kapitalistischen Weltmarktes und seiner Effizienz-Disparitäten erwachsender gesellschaftlicher Konflikte zusteuert, dann würden wir hierin eine einigermaßen plausible »innenpolitische« Erklärung für die sowjetische Außenpolitik der vertraglich abzusichernden Besitzstandsgarantien finden (KSZE): die Strategie der Absicherung der politischen und militärischen Ebene, damit die zu erwartenden sozio-ökonomischen Konflikte sowohl innerhalb der Sowjetunion und der Staaten Osteuropas, als auch zwischen diesen, nicht ausbeutbar werden durch westliche »Interventionen« — in welcher Form diese auch immer erfolgen mögen. Das »Abschieben« unerwünschter Individuen würde darin ebenso seine Logik finden wie die zeitweilige »Liberalisierung« der Auswanderungspolitik für sowjetische Juden. Andererseits würde eine solche Entwicklung, auch wenn strategisch von den kapitalistischen Systemkonkurrenten begrüßt, für sie große taktische Unsicherheitsmomente enthalten — bis hin zur Gefahr eines Krieges, der sich aus einem effektiven Auseinanderbrechen des Warschauer Paktes entwickeln könnte — weshalb die US-Außenpolitik explizit das amerikanische Interesse an der Stabilität der osteuropäischen Verhältnisse unter sowjetischer Führung für eine absehbare Zeit jedenfalls immer wieder klarstellt.

Sowjetische Außenpolitik unter kapitalistischen Weltmarktbedingungen erschöpft sich aber nicht in der Politik der vielzitierten friedlichen Koexistenz, die ohnehin komplexer ist, als es die glatte Begrifflichkeit andeutet. Diese Politik enthebt die Sowjetunion nämlich nicht der Notwendigkeit, angesichts der inter-imperialistischen Konflikte Partei zu ergreifen. Ohne die Bedeutung des Angebots und der praktischen Realisierung bilateraler Kooperationsbeziehungen mit Westeuropa und Japan zu unterschätzen, scheint die Sowjetunion strategisch auf die USA zu setzen und diesen helfen zu wollen, ihre geschwächte Stellung vis-à-vis den imperialistischen Konkurrenten wieder zu stärken, die amerikanische Führungsrolle im kapitalistischen »Lager« zu restaurieren — als logisches Gegenstück zur amerikanischen Osteuropapolitik. Laut dem langjährigen Außenminister Gromyko haben die USA »entdeckt, daß die Verfolgung einer Politik der Konfrontation mit der Sowjetunion die USA relativ zu den den anderen kapitalistischen Ländern schwächte«, weshalb logischerweise die »radikale Verbesserung« der sowjetisch-amerikanischen Beziehungen zur Wiedergewinnung amerikanischer Führungspositionen führen wird (*International Affairs* 10, 1973, 69).

Den anderen kapitalistischen Ländern bietet die Sowjetunion sich bzw. ihren Markt an als Ausweg aus ihren durch die inter-kapitalistische Konkurrenz verursachten Krisen, dem westdeutschen Kapital ebenso wie der italienischen Industrie. An einer schweren Krise des kapitalistischen Weltmarktes mit ihren unvorhersehbaren politischen und kriegerischen Konfliktpotentialen ist der Sowjetunion jedenfalls prinzipiell nicht gelegen. Das im COMECON-Bereich verwandte offiziöse 'Lehrbuch der Politischen Ökonomie' formuliert generell:

»Auch für die kapitalistischen Länder ist der Handel mit den sozialistischen Staaten vorteilhaft und wird für sie angesichts der Erfolge dieser Länder in Wissenschaft und Technik zunehmend interessanter. Die sozialistischen Länder bieten den kapitalistischen Unternehmen einen sehr aufnahmefähigen Markt, was für diese angesichts der Verschärfung des Absatzproblems besonders wichtig ist.« (Zit.: Brandes 1973, 82)

Und zumindest einige amerikanische Wirtschaftsführer erklären ihrerseits immer wieder unmißverständlich, daß verbesserte Wirtschafts- und Handelsbeziehungen mit der Sowjetunion zur Verhinderung bzw. zur Linderung einer amerikanischen Rezession beitragen können. Andererseits bleiben derartige Erklärungen im Theoretischen und Tendenziellen stecken und widersprechen weitgehend der Empirie, die sowohl für die SU als auch für die COMECON-Länder insgesamt noch immer durch eine weitgehende Autarkie bzw. unter-proportionale Beteiligung am Welthandel gekennzeichnet ist.

Auch hat vor allem der sowjetische Außenhandel »der Struktur nach mehr den Charakter eines unterentwickelten Landes« (Spohn 1975, 228), das Rohmaterialien gegen Fertigprodukte tauscht, was eine »Verpfändung« von Grundstoffen wie Kohle, Ammoniak, Karbonid, Chlorkali etc. auf bis zu 20 Jahre bedeutet. Aber im Unterschied zur Abhängigkeit der Entwicklungsländer vom kapitalistischen Weltmarkt bleibt die sowjetische eine strikt bilateral-kontrollierte Abhängigkeit, die aufgrund des Fehlens eines »freien«, kapitalistischen Marktes im Innern bzw. aufgrund der strikt beibehaltenen zentralen Planwirtschaft strukturell jene effektive Unterordnung unter die Gesetze des kapitalistischen Weltmarktes ausschließt, die sich in der freien Konvertibilität der Währungen und dem freien, d.h. vom staatlichen Monopol freien Außenhandel darstellt. Die UdSSR sichert sich dadurch trotz allem eine relative politische und ökonomische Unabhängigkeit von den Gesetzmäßigkeiten und Krisen des internationalen Kapitalismus.

Der Konkurrenz-Orientierung sowjetischer Ökonomie, Gesellschafts- und Außenpolitik an den kapitalistischen Metropolen entspricht eine — im einzelnen zwar schwankende und widersprüchliche — Unterbewertung bzw. ein verdecktes bis offenes Desinteresse an nationalen Befreiungs- und anderen anti-imperialistischen Bewegungen. In den arabischen Staaten z.B. unterstützt die Sowjetunion die Entstehung »einer 'staatskapitalistischen' Bürokratie ... auf Kosten der jeweiligen kommunistischen Parteien und anderer Oppositionskräfte, sowohl zum Schutze sowjetischer Investitionen als auch, langfristig, zur Kanalisierung sowjetischen Einflusses«. (Buss 1973, 1) Auslandshilfe wird zunehmend gegeben »als Alternative zur Eigeninvestition ..., da es für die UdSSR billiger ist, gewisse Güter und Rohmaterialien zu importieren als sie selbst zu produzieren. Gleichermaßen (sollen) die osteuropäischen Staaten einige der aus der Sowjetuntion importierten Rohmaterialien durch Importe aus Afrika und dem Mittleren Osten ersetzen«. (Valkenier 1974, 219) Dies gäbe der Sowjetunion einen größeren Handels-Spielraum gegenüber den USA, Westeuropa und Japan. Im Interesse dieser Stabilisierungsstrategie gegenüber den kapitalistischen Peripherien führte die seit Mitte der '60er Jahre zu beobachtende größere sozialwissenschaftliche Differenzierung bei der Analyse der Gesellschaften der Dritten Welt u.a. zu der Schlußfolgerung, daß unter gewissen Bedingungen kapitalistische Auslandshilfe und technisch-industrielle Expertise positiv für die Überwindung von Unterentwicklung seien, bzw. zu der Warnung vor vorschneller und radikaler Nationalisierung westlicher Firmen als negativ und schädlich, da das weitere kapitalistische Investitionen abschrecke (ibid. 228; dies. 1970, 305ff.).

Die logische Konsequenz aus dieser als taktisch verstandenen, aber strategisch sich auswirkenden Außenpolitik der Sowjetunion, »sozialistische Experimente« nicht zu ermutigen, besteht darin, daß ihr realer Einfluß auf ihre politisch-militärischen Verbündeten unter den Ländern der Dritten Welt notwendigerweise strukturell schwach bleibt. Es fehlt ihm die sozio-ökonomische Basis in jenen sozialen Klassen — dem schwächeren städtischen und dem starken ländlichen Proletariat vor allem — die aufgrund ihrer Stellung im Produktionsprozeß als Ausgebeutete und Deklassierte objektiv und ideologisch ein strategisches Interesse der Bindung an die Sowjetunion haben könnten, das weit über die kurzfristig-taktischen Kalküle des Ausspielens der sowjetisch-amerikanischen Konkurrenz durch ihre Führungsschichten hinausginge. Die Allianz mit Kuba ist noch immer ein Sonderfall, und noch dazu einer, der die SU eher zur Vorsicht und Zurückhaltung veranlaßt, kostet sie doch dieser Verbündete täglich (!) mindestens 1 Million Dollar an direkten und indirekten Subventionen.

Andererseits zeigt der Fall Kuba (auch wenn es kaum zu bezweifeln ist, daß dessen revolutionäres Regime ohne sowjetisches Engagement die Nähe und die Macht der USA nicht überlebt hätte), was »sozialistische Außenpolitik« als sowjetische Gesellschaftspolitik inhaltlich bedeutet — nämlich kaum »proletarischer Internationalismus« im Sinne des uneigennützigen Schutzes revolutionärer Massenbewegungen zu deren eigenständiger Entfaltung und zur Entwicklung ihres eigenen emanzipatorischen Potentials, sondern eher deren Involution und ökonomistische Disziplinierung. Da der etatistischen (vgl. Jahn 1974, 88ff.) Außenpolitik des sowjetischen Sozialismus nicht nur die Theorie, sondern, mehr noch, die konkreten Voraussetzungen in der Form eines radikal alternativen Produktions- und Entwicklungskonzepts fehlen, da sie sich — zunächst von den Umständen dazu gezwungen — auf die Konkurrenz mit der kapitalistischen Produktionsweise im Weltmaßstab und auf deren Ebene, an deren Kriterien sich messend, eingelassen hat, *erscheint inhaltlich ein sozialistischer Internationalismus des Abbaus von Privilegien, von bürokratischer Herrschaft, von revolutionärer Durchbrechung nationalstaatlicher Strukturen, auch und nicht zuletzt in strategischer Antizipation der eigenen sozialistischen Zukunft nicht zu erwarten.* Daß gleichwohl das reale, nicht zuletzt das militärische Machtpotential der Sowjetunion objektiv die Funktion der Beschränkung imperialistischer Macht hat, macht den historischen Widerspruchscharakter des verstaatlichten Sozialismus unter kapitalistischen Weltmarkt- und Systembedingungen aus. Schließlich wäre es auch und nicht zuletzt den chinesischen Kommunisten, die nunmehr hinsichtlich ihrer Überlebensstrategie im internationalen Kontext in Bahnen einmünden, die den sowjetischen zunehmend ähnlich werden, ohne die Existenz der Sowjetunion nicht möglich gewesen, ihre ersten — und, wie das sowjetische Beispiel zeigt: entscheidenden — Jahrzehnte relativ ungestört von imperialistischen Gegenmaßnahmen dazu zu nutzen, neue Erfahrungen beim Aufbau des Sozialismus zu machen.

Aber diese Einschätzung der »objektiven Funktion« der machtpolitischen Existenz »Sowjetunion« darf nicht die ebenso wichtige Einsicht beiseite schieben, daß die erfolgreiche Veränderung der Eigentumsformen keine substantielle Veränderung zwischengesellschaftlichen Verhaltens — von Außenpolitik also — zur Folge gehabt hat. Die sozialwissenschaftliche Diskussion ist gegenwärtig noch weit davon entfernt, darüber Klarheit geschaffen zu haben, wie die sowjetische Gesellschaftsformation historisch einzuschätzen ist; der Terminus »Übergangsgesellschaft« ist da offensichtlich eine Verlegenheitslösung. Die in dieser Diskussion jedoch weitgehend ausgeklammerte Rolle der Sowjetunion auf der Bühne der internationalen Politik (in der Regel erschöpft sie sich in der Kritik am mangelnden sozialistischen Internationalismus) kann zur Klärung dieser Probleme mit beitragen, insofern als die nunmehr 70-jährige Erfahrung den Schluß erlaubt, daß nicht-kapitalistische Eigentumsformen als solche durchaus kompatibel sind mit systemkonformem Verhalten in kapitalistischer Umwelt. Eine erfolgreiche Verstaatlichungspolitik der Produktionsmittel, sofern sie nicht das Ergebnis einer siegreichen Klassenkonfrontation ist und außerdem zugleich neue, alternative, sozialistische Produktionsweisen ermöglicht, kann langfristig prinzipiell mit der Aufrechterhaltung der kapitalistischen Produktionsweise im Weltmaßstab versöhnt werden. Sie stellt eine politisch-taktische, nicht aber letztlich eine gesellschaftlich-strategische Herausforderung für die imperialistische Struktur des internationalen Systems dar.

15. Die schwierige Rekonstruktion unter erleichterten Bedingungen

Mit dem Nachweis, daß und warum das Internationale System mit seinen Widersprüchen und Konflikten das Produkt der Kapitalistischen Revolution ist, kann und soll nicht gemeint sein, jeder einzelne Konflikt, jedes diplomatische Manöver, jeder Ausbruch kriegerischer Handlungen ließe sich auf Probleme der Kapitalverwertung zurückführen. Politikökonomische Analyse würde sich mit einem solchen Anspruch ad absurdum führen; sie würde die konkrete Vielfalt, die immense Variationsbreite der Vermittlungen, in denen sich Politik entfaltet und manifestiert, auf einen dürren Mechanismus reduzieren. Bei einer solchen Betrachtungsweise würde schließlich auch das nie zu vergessende gesellschaftliche Subjekt verschwinden, der Adressat der Analyse, die Bestimmung der Interventionsmöglichkeiten der Betroffenen, d.h., die den Kapitalismus überwindende Praxis. Diese Praxis kann sich zwar nicht einfach über die ökonomischen Bedingungen und Zwänge hinwegsetzen, sie ist aber auch nicht bloß das mechanische Resultat derselben, gewissermaßen deren automatische Exekution. Die Geschichte des Kapitalismus – die Geschichte der bürgerlichen Gesellschaft – ist nicht nur jene immer wieder zitierte Geschichte von Klassenkämpfen, sondern auch eine Geschichte von möglichen Überwindungen und Aufhebungen der kapitalistischen Produktionsweise durch die Entwurzelten und Proletarisierten. In diesem Zusammenhang sind die verschiedenen Aufstände, Revolten und Bürgerkriege, die die Entfaltung der bürgerlichen Gesellschaft begleiteten, zu sehen. Daß sie historisch meist als Niederlagen endeten, besagt in keiner Weise, daß sie nicht legitim waren oder es heute nicht sind. Schließlich hat Karl Marx selbst, der die historischen Gesetzmäßigkeiten der kapitalistischen Gesellschaft so klarsichtig wie kein anderer vor oder nach ihm auf ihren Begriff brachte, sozialistische Revolutionen während der ganzen zweiten Hälfte des 19. Jahrhunderts in verschiedenen Ländern und zu verschiedenen Zeitpunkten für möglich gehalten und ihre je historische Legitimität nicht von einer abstrakten Selbstvollendung des Kapitalismus abhängig gemacht. Die Epoche des Kapitalismus, und besonders die Epoche der

Industriellen Revolution, mit der abhängige Reproduktion zur konkreten Erfahrung aller wird, ist auch die Epoche revolutionärer Überwindungen der kapitalistischen Produktionsweise als historischer Möglichkeit, denn diese Produktionsweise hat nicht die Befriedigung menschlicher Bedürfnisse als rationales Organisationsprinzip; die in der Geschichte beispiellose Vermehrung der Produktivkräfte diente und dient vielmehr allein der Kapitalakkumulation und der Profitmaximierung (aus der ihre Ideologen dann u.a. ein anthropologisches Axiom ableiteten).

Die historische Möglichkeit der anti-kapitalistischen Revolution ist, wie gesagt, nicht identisch mit der historischen oder gar mit einer ökonomischen Notwendigkeit. An der Wiege der Kapitalistischen Revolution selbst steht die Gewalt in der Rolle des Geburtshelfers: Werner Sombart hat die spezifische Rolle des Krieges bei der Durchsetzung des Kapitalismus herausgearbeitet (1913); Max Weber hat die Identität von modernem Staat, kapitalistischer Produktionsweise und Gewalt als ihrem Disziplinierungsmittel auf den Begriff gebracht;[127] Karl Marx hat den Prozeß der ursprünglichen Akkumulation beschrieben, in dem »das Kapital von Kopf bis Zeh, aus allen Poren, blut- und schmutztriefend« zur Welt kommt (MEW 23, 788). *Jede erfolglose anti-kapitalistische Revolution ist gewaltsam verhindert worden*, in welch verschleierter oder historisch vermittelter Form diese Gewalt auch angewandt worden sein mag. Eine dieser Formen konterrevolutionärer Gewalt war der Faschismus in seinen verschiedenen Schattierungen, dessen offen verkündetes gesellschaftspolitisches Ziel die »Zerschlagung des Marxismus« war — was ihm auch gelang.

Im Unterschied zum Zusammenbruch von 1918, aus dem die sozialistischen Parteien relativ gestärkt hervorgingen und wo darum die sozialistische Alternative eine konkrete historische Möglichkeit darstellte (die man in Rußland nicht und in Zentraleuropa nur nach einem längeren Bürgerkrieg niederwerfen konnte), hatten es die Rekonstrukteure des Kapitalismus nach 1945 insofern entschieden leichter, als sie dort ungestört wiederaufbauen konnten. Der Faschismus hatte ihnen die Drecksarbeit der politischen und physischen Vernichtung der linken Parteien und Bewegungen bereits abgenommen. Mit der einen halben Ausnahme der italienischen Resistenza, die wegen ihres potentiell revolutionären Charakters von den Alliierten bewußt kleingehalten, nicht bzw. nur mangelhaft unterstützt und sofort nach Ende der Kampfhandlungen entwaffnet wurde (vgl. Kolko, 436 ff.), existierte in Zentraleuropa nach dem zweiten Zusammenbruch keine militant-revolutionäre Bewegung. Was sich wieder an sozialistischen Gruppen, Parteien, Gewerkschaftsbewegungen, antifaschistischen Komitees etc. z.B. in (West-)Deutschland zu formieren begann, war relativ leicht unter Kontrolle zu halten (vgl. u.a. Schmidt/Fichter 1971). Dieser Umstand bedeutete eine erhebliche Erleichterung der kapitalistischen Rekonstruktion in den Zentren. Ein zweiter erleichternder Umstand war der im Vergleich zum Ersten Weltkrieg extreme Grad an Verwüstung und Zerstörungen, den Bombenkrieg und Kampfhandlungen hinterlassen hatten. Er machte die Aufbietung und Konzentration aller Energien und Kräfte für die Wiederherstellung der einfachen Lebensbedingungen notwendig, was wenig Raum für eine politische Aktivität und Mobilisierung der in sechs Kriegsjahren erschöpften Massen ließ. Das derart erschöpfte Westeuropa bot nunmehr ideal zu nennende Bedingungen für die USA, ihr durch den Krieg nicht nur zerstörtes, sondern wie nie zuvor entwickeltes Wirtschaftspotential voll zum Einsatz zu bringen. Was bereits für den Krieg selbst galt, nämlich, daß »kapitalistische Institutionen und kapitalistische Theoretiker völlig unfähig waren, den Kapitalismus (trotz Roosevelts New Deal; E.K.) zu retten; erst der Krieg tat das« (Vaizey, 177), das gilt schließlich auch noch für die Rekonstruktionsperiode der Nachkriegszeit.

Aber selbst wenn eine militant-revolutionäre Alternative in Westeuropa existiert hätte, sie hätte nur um den Preis eines schweren Bürgerkrieges und nur mit der aktiven Unterstützung durch die Sowjetunion Aussicht auf Erfolg gehabt — und auch dann nur eine relativ geringe. Denn der wesentliche Unterschied zur Situation nach 1918 lag schließlich in der unbestrittenen Vorherrschaft der USA als neuer Führungsmacht des kapitalistischen Systems, nicht nur im ökonomischen Bereich, sondern im politischen und nicht zuletzt im militärischen. Die massive Präsenz amerikanischer Truppen in allen Ländern Westeuropas konditionierte die gesellschaftspolitische Bewegungsfreiheit aller Beteiligten. Sie gab den sich rekonstituierenden bürgerlichen Klassen — in Frankreich, Italien und Westdeutschland — Rückendeckung und bedeutete für die Linken die Gewißheit direkter Intervention für den Fall revolutionärer Mobilisierung der Massen. »Die Besatzungsmacht«, heißt es später bei Kurt Schumacher in vorsichtig verdeckter Formulierung, »hat durch ihre bloße Anwesenheit, ohne direktes Zutun, die Auseinandersetzung mit dem Dritten Reich (und damit mit dem kapitalistischen System, E.K.) verhindert, und an dieser Verhinderung leiden wir noch heute.« In Versailles war zwar eine mögliche Intervention in Deutschland für den Fall einer kommunistischen Revolution ins Auge gefaßt worden (Mayer, 197), doch den Alliierten blieb sie durch die entschlossene konterrevolutionäre Politik der Mehrheitssozialdemokraten unter Friedrich Ebert erspart. Im Deutschland und Italien von 1945 war man bereits präsent, die militärisch-konterrevolutionäre Intervention war durch den Krieg legitimiert und institutionalisiert. Noch mehr als 20 Jahre später stellte sich bei der Diskussion um die Notstandsgesetze der Bundesrepublik die — letztlich ungeklärte — Frage, ob und unter welchen Bedingungen die auf westdeutschem Territorium stationierten amerikanischen Truppen ein Interventionsrecht in die inneren Angelegenheiten der BRD hätten. Ähnlich ist aus Strategie und Taktik der italienischen Linken während der gesamten Nachkriegszeit der Unsicherheitsfaktor nicht fortzudenken, der mit der Anwesenheit amerikanischer Basen und der Sechsten Flotte gegeben ist: bereits bei den kritischen Wahlen im April 1948 war mit der Möglichkeit einer militärischen Intervention gedroht worden (Krippendorff 1970, 343). Der Zweite Weltkrieg versetzte die USA in die Lage, die aktive Führung des kapitalistischen Weltsystems mit einer Politik der »Offenen Tür« als der amerikanischen Version des englischen Freihandels in die Praxis umzusetzen. Diese Führung war bereits von Alexander Hamilton in den Gründungsjahren der Republik erkannt worden, und der sonst unbedeutende Präsident Grant hatte in der Mitte des vorigen Jahrhunderts einen Zeitraum von zweihundert Jahren für ihre Verwirklichung als wahrscheinlich angesetzt (s.o.S. 139f.). Nicht infolge sogenannter »Machtpolitik« wurde jene Möglichkeit zur Wirklichkeit, sondern dank der expansionistischen Gesetzmäßigkeiten kapitalistischer Wirtschaft, die nicht aufzuheben sind, wenn man nicht zugleich ihren »Überbau«, den bürgerlichen Staat und seinen Gewalt-Apparat aufhebt.

Dieser Zusammenhang wird deutlich in den Worten des späteren Außenministers Dean Acheson von 1944: »Wir haben kein Produktionsproblem. Die Vereinigten Staaten haben unbegrenzte schöpferische Energien. Was wichtig ist, sind Märkte ... Wir könnten uns lange darüber unterhalten, daß man unter einem anderen System die gesamte Produktion unseres Landes innerhalb der USA verbrauchen könnte ... Wenn man das gesamte Leben der Menschen regulieren will, könnte man es vermutlich so einrichten, daß alles, was hier produziert, auch hier konsumiert wird — aber das würde unsere Verfassung, unser Verhältnis zum Eigentum, die menschliche Freiheit und unser Verständnis von Recht von Grund auf ändern. Und das will niemand. Darum muß man sich nach anderen Märkten umschauen, und diese Märkte liegen draußen ... Wenn das nicht stimmt, dann stimmt auch alles übrige nicht. Doch ich bin fest davon überzeugt, daß wir in den USA keine Vollbeschäftigung und Prosperität haben können ohne die auswärtigen Märkte.« (Zit. bei Oglesby 1967, 68) So fanden sich die USA am Ende des Zweiten Weltkrieges ungefähr dort, wo sich England am Ende der napoleonischen Kriege befunden hatte, am Beginn jenes hundertjährigen Friedens, der nur dank des scheinbar nicht einzuholenden Vorsprungs des englischen Kapitalismus vor allen Konkurrenten möglich war und den England mit allen ihm zur Verfügung stehenden Mitteln absicherte. Die USA schickten sich an, die Periode des Freihandelsimperialismus durch die des »Imperialismus der Investitionsfreiheit« neu aufzulegen, »mit genau derselben Funktion, untermauert mit ähnlichen Argumenten wie denen zugunsten des Freihandels und, wo immer möglich, erzwungen durch die führende Industriemacht.«[128]

Entsprechend entstand die Erwartung, daß das rekonstruierte internationale System nunmehr als *Pax Americana* (vgl. Krippendorff 1970, Kap. I u. IV) in die Geschichte eingehen würde; ein neues, friedliches Jahrhundert unter dem Schutz der amerikanischen Militärmacht, die bereit und in der Lage war, die Rolle des Weltpolizisten an jedem Ort und zu jeder Zeit zu spielen — historisch vergleichbar mit der Pax Britannica jener Periode der unangefochtenen britischen Seeherrschaft während des 19., des »Englischen« Jahrhunderts. Eine 1966 vom US-Verteidigungsministerium in Auftrag gegebene Studie über eine derartige Perspektive kam zu folgenden Schlußfolgerungen: »Obwohl die Vereinigten Staaten keine imperialistische Nation sind, zeigen sie viele Eigenschaften früherer Imperien und haben de facto imperiale Verantwortlichkeiten übernommen.« Die Wahrscheinlichkeit sei groß, daß die Weltlage in 10 oder 20 Jahren vom amerikanischen Standpunkt aus ebenso günstig sein werde wie 1965 und sich auf eine genuine Pax Americana hinentwickele. »Die Weltlage kann entweder eine amerikanisch-imperiale Form annehmen oder aber eine UN-Form.« »Die Armee wird das Hauptinstrument sein in der Fortsetzung der amerikanischen Führungsrolle, im Innern (!) ebenso wie nach außen.« (Zit. bei Krippendorff 1970, 472) Angesichts der tatsächlichen Größenverhältnisse schien eine derartige Erwartung, die eine extrapolierte Summe von zwanzig Jahren Nachkriegsgeschichte widerspiegelt, so unrealistisch nicht zu sein. Zu diesem Zeitpunkt schien das kapitalistische Weltsystem ebenso wie der Kapitalismus als in den Metropolen mehrheitlich akzeptierte Sozialordnung stabilisiert zu sein. Im Unterschied zur Zwischenkriegszeit gab es keine nennenswerten inneren Gegner mehr, und die herrschenden Klassen in den bürgerlich restaurierten bzw. liberalkonstitutionell verfaßten kapitalistischen Nationalstaaten hatten während dieser langen Rekonstruktionsperiode weder Wunsch noch Wille, sich gegen die amerikanische Führungsmacht aufzulehnen.

Den historischen Vergleich zwischen den USA und England als den kapitalistischen Führungsmächten legt noch ein weiterer, die Rekonstruktionsbedingungen und Führungsrolle wesentlich erleichternder Umstand nahe: Die englischen Investitionen im Ausland betrugen 1910 das Eineinhalbfache des Nationaleinkommens, die — kombinierten — Regierungs- und Privatinvestitionen der USA dagegen betrugen 1966 nur 18 Prozent des amerikanischen Nationaleinkommens; 1910 machten die in Auslandsinvestitionen erwirtschafteten Gewinne 8 Prozent des englischen, 1966 die entsprechenden amerikanischen aber nur 1 Prozent des Nationaleinkommens aus. U.a. aufgrund der Größe ihres eigenen Marktes sind die USA entschieden weniger verwundbar und entsprechend mächtiger durch Mobilisierung eigener Ressourcen als damals England;[129] man denke nur an die extreme Abhängigkeit Englands vom Rohstoff- und Nahrungsmittelimport — während Nahrungsmittelexporte, »Food for Peace«, lange Zeit eines der Instrumente imperialistischer Kontrolle der USA waren (Krippendorff 1970, 416).

Die dergestalt erleichterten Bedingungen einer Reorganisation des internationalen Systems nach den Bedürfnissen und Interessen der USA — des »amerikanischen Kapitals«, wie es in der undifferenzierten und vereinfachten Verkürzung bisweilen heißt — hatten allerdings gleich zu Beginn eine wesentliche Schranke in der Sowjetunion. Zwar war sie ökonomisch vom Krieg bis auf ihre letzten Reserven ausgezehrt, doch die Vergrößerung ihres Einflußbereiches nach dem Krieg, die Besetzung von Territorien in Ost- und Südeuropa und die damit verbundenen sozio-ökonomischen Transformationen in diesen Ländern setzten der kapitalistischen Expansion eine deutliche Grenze. Die zunächst noch unter dem Schirm des Atomwaffenmonopols (vgl. Alperovitz 1966), dann mit differenzierteren Mitteln wie wirtschaftlichem Embargo und Wettrüsten unternommenen Versuche, die Sowjetunion und die von ihr kontrollierten Staaten zu »öffnen« und so dem neuen internationalen System unter Führung der amerikanischen Hegemonialmacht zu integrieren, sind durch die verschiedenen Arbeiten der sog. »revisionistischen Schule« der Geschichtsschreibung des »Kalten Krieges« genügsam dargestellt worden.[130] Aber dieses Streben nach einer Öffnung des 'Ostens' hatte keine oder nur in geringem Maße ökonomische Motive im engeren Sinne. Es war vielmehr Ausdruck einer Strategie, die einmal prinzipell keine der kapitalistischen Expansion und damit einer Restrukturierung des internationalen Systems als dem Imperialismus der Investitionssfreiheit sich widersetzenden Zentren dulden konnte, und die zum anderen die reale Furcht vor dem latenten internationalen Revolutionspotential der Sowjetunion reflektierte. Denn obwohl Faschismus und Krieg die Organisationen der Arbeiterklasse zerstört und viele ihrer besten Führer umgebracht hatten, bestand strukturell das Problem ihrer Wiedergeburt weiterhin, weil es ja notwendig mit dem Kapitalismus selbst verbunden ist. Die erfolgreiche Restauration der westeuropäischen Gesellschaften war auch ein Problem der Zeit: ihr kriegsbedingter Zusammenbruch konnte politisch katastrophale Folgen haben, ehe die Stützungsmaßnahmen vor allem über den Marshall-Plan wirken konnten. Gegenüber England beispielweise mußte der Versuch, den Bankerott der englischen Volkswirtschaft zur Durchsetzung weitergehender amerikanischer Kapitalinteressen zu forcieren, bald abgebrochen werden, da man die damit verbundenen gesellschaftspolitischen Gefahren angesichts der zentraleuropäischen Präsenz der Sowjetunion als zu hoch einschätzte.[131] In Italien und Frankreich reorganisierten sich die Kommunistischen Parteien aus Resistanza und Maquis, in Deutschland malte Lucius D. Clay die Möglichkeiten eines ökonomischen Zusammenbruchs der westlichen Besatzungszonen und einer sowjetisch dirigierten kommunistischen Machtergreifung der verelendenden Massen in düsteren Farben an die Wand seiner Vorgesetzten in Washington.[132] Vor allem aber sahen sich die USA sehr bald genötigt, an den europäischen Peripherien — in Griechenland, der Türkei, im Iran — militärisch einzugreifen zur Unterdrückung revolutionärer Bewegungen, die — zu Recht oder Unrecht — als Instrumente sowjetisch-revolutionärer Expansionspolitik angesehen wurden.[133] Der hier eingeschlagene Kurs führte schließlich nach Vietnam und zu einer tiefgreifenden politischen Systemkrise in den USA selbst (vgl. Krippendorff 1970, 479ff.).

Ob die Furcht vor einer revolutionären sowjetischen Außenpolitik begründet war, kann hier dahingestellt bleiben. Wir kennen die sowjetischen Akten nicht und sind darum auf unsichere Indizienbeweise angewiesen, d.h. auf die tatsächlich feststellbaren Handlungen sowjetischer Außenpolitik. Diese jedoch ergeben eher das Bild vorsichtigen Taktierens, einer Strategie zumindest des Zeitgewinns zum Wiederaufbau der schwer zerstörten Industrie- und Infrastruktur. Außerdem erbte die Sowjetunion in Osteuropa ökonomisch rückständige Gesellschaften (mit Ausnahme der Tschechoslowakei) und von Deutschland den ärmeren Teil, weshalb sie zu einer der amerikanischen Strategie entsprechenden aggressiven Außenpolitik gar nicht fähig war. Die der italienischen KP mit Togliattis »Wende von Salerno« empfohlene Kooperation mit den alten Kräften der Monarchie und dem Vatikan zur Vermeidung jeglichen Konfliktes mit den Westmächten ist dafür ebenso symptomatisch wie das bekannte Imstichlassen der einen erbitterten, aber nicht aussichtlosen Bürgerkrieg kämpfenden griechischen Kommunisten. Ob die trotzdem in Etappen zielstrebig vorangetriebene Absicherung des eigenen Einflußbereichs, des sog. Ostblocks, Minimal- oder Maximalprogramm war, müssen und können wir hier ebenfalls dahingestellt sein lassen. Als Maximalprogramm, d.h. als Programm zur Schaffung einer ökonomisch, politisch und militärisch abgesicherten Plattform für die aktive Förderung revolutionärer Prozesse innerhalb des vom Kapitalismus beherrschten internationalen Systems, hätte es bisher jedenfalls dieses Ziel nicht oder allenfalls nur teilweise erreicht. Als Minimalprogramm hingegen, d.h. als Programm zur Schaffung von solchen sozio-ökonomischen und militärischen Bedingungen, die auch von den kapitalistischen Gesellschaften, insbesondere den USA, akzeptiert und respektiert werden konnten, und die eine ökonomische und politische Partnerschaft zum Zweck gemeinsamen Managements des internationalen Status möglich und notwendig machten, wäre es in der Tat erfüllt worden. Wir müssen es auch unentschieden lassen, ob die während der 50er Jahre deutliche Tendenz, den osteuropäischen Handel mit Westeuropa und den USA zu verringern und auf den Inner-Bock-Handel umzustellen — er ging von 40 Prozent 1948 auf 15 Prozent 1953 zurück, während der interne Handel im selben Zeitraum von 44 auf 64 Prozent stieg —, wesentlich »dem vom Westen gegenüber dem Chinesisch-Sowjetischen Block verhängten Embargo zuzuschreiben« ist (Adler-Karlsson, 130f.) oder nicht vielmehr historisch abgeleiteten Sicherheitserfahrungen entsprang.[134] Es liegt wohl nahe, die Autarkie- und Einigelungspolitik des ersten Nachkriegsjahrzehnts nicht als »pseudorevolutionäre Rechtfertigung« mit dem schließlichen Ergebnis der »Anbiederung an den Westen« (Brandes 1973, 82) zu interpretieren, nicht als strategischen Plan also, sondern als taktische Maßnahme zur Überwindung der prekären ökonomischen und militärischen Lage, in der sich die Sowjetunion gegenüber dem ungebrochenen amerikanischen Potential befand. Daß sie dabei unfreiwillig und notgedrungen die kapitalistische Restauration des internationalen Systems insbesondere in seinen Metropolen begünstigte und erleichterte und damit die bald erwartete erneute Krise des Weltkapitalismus selbst mit aufzuschieben half, und daß die nach-stalinschen Führungen daraus die Konsequenzen zogen, indem sie die Taktik zur Strategie erhoben, ist eine ganz andere Frage.

Aber auch noch die territorial- und machtstaatlich stabilisierte Sowjetunion, militärisch zumindest in wesentlichen Aspekten der Rüstung den USA ebenbürtig geworden[137], spielt eine vergleichsweise geringe Rolle bei der aktiven Strukturierung des internationalen Systems. Die Fälle, in denen sie Krisen und Konflikte innerhalb des imperialistisch kontrollierten Systems durch Lieferung von Waffen und Beraterpersonal ausnützte, z.B. in den Mittleren Osten (vgl. Hurewitz 1969), sind vergleichsweise gering. Der Erfolg derartiger Interventionen war in der Regel nur temporär. Auf die Unterdrückung und/oder physische Liquidierung kommunistischer, sowjetfreundlicher Parteien reagiert sie gewöhnlich nur mit diplomatisch-propapagandistischen Protesten, selten etwa mit dem Abbruch diplomatischer Beziehungen. In der Regel spielt sie bei Konflikten im internationalen System die Rolle des an der Wiederherstellung und Stabilisierung des Status quo interessierten diplomatischen Vermittlers, und auch das nur selten mit Erfolg. Der materielle Grund ist die noch immer überwiegende Binnenorientierung der sowjetischen und der mit ihr im Comecon zusammengeschlossenen osteuropäischen Volkswirtschaften. Deren geringer Anteil am Welthandel, so folgert eine material- und datenreiche amerikanische Analyse, ist »ein guter Index für die Menge an konstruktiver Energie, welche die kommunistischen Regierungen im Augenblick in die Weltpolitik investieren können. Diese Menge ist klein und kann während der nächsten Jahrzehnte kaum wesentlich gesteigert werden. Aufgrund dieser offensichtlichen Tatsache kann man den Schluß ziehen, daß die kommunistischen Regierungen weder begierig und wohl auch kaum fähig sind, einen größeren positiven und gestaltenden Einfluß auf internationaler Ebene auszuüben, obwohl sie dank ihrer nuklearen und sonstigen Arsenale die Macht des Vetos gegenüber Veränderungen, denen sie sich energisch widersetzen, geltend machen könnten«.[136]

Die ideologische Rechtfertigung dieser außenpolitischen Passivität liefert die Doktrin der »friedlichen Koexistenz«, die in sehr verzerrter Form von der Autorität Lenin übernommen und propagiert wurde. Nach ihr muß man auf den eigengesetzlichen Zerfallsprozeß des kapitalistischen Imperialismus bauen. Ihn dagegen aktiv und militant beschleunigen zu wollen, wenn nicht gar überhaupt erst als revolutionäre Praxis zu ermöglichen, wird als sektiererisch, abenteuerlich, unverantwortlich die konterrevolutionäre Reaktion provozierend verurteilt (vgl. Schmiederer 1968). Es spricht manches dafür, die forcierte sowjetische Rüstung zu verstehen nicht nur als Reaktion auf die aggressive Rekonstruktion des internationalen Systems unter der Führung des amerikanischen Kapitalismus, sondern auch als bewußt von außen stimulierten Prozeß. Um zumindest auf einigen Gebieten Parität mit den USA und der NATO zu erreichen, waren — und sind — die Sowjetunion und die Staaten des Warschauer Paktes gezwungen, einen wesentlich größeren Teil ihres Bruttosozialproduktes für Rüstung aufzuwenden. Weil die Sowjetunion in einen für sie relativ kostspieligeren Rüstungswettlauf hineingezwungen wurde, kam es zu gesellschaftspolitischen Verhärtungen und Rückbildungen im Innern, zu einer Verzögerung, wenn nicht gar zur Verhinderung des Aufbaues ihrer sozialistischen Gesellschaftsordnung. Die aufgezwungene Konzentration ihrer Gesellschafts- und Außenpolitik auf macht- bzw. militärpolitische Sicherheitsinteressen bewirkte die Zähmung der Sowjetunion als militantes Zentrum revolutionärer Bewegungen in allen Teilen der Welt und ihre Transformation zur kooperativen Großmacht.

Mit dem Erfolg oder Mißerfolg dieser Strategie einer Rekonstruktion des internationalen Systems unter amerikanischer Führung stand und fiel dessen langfristige Stabilisierung, die Durchsetzung einer Pax Americana.

Aus der Perspektive der 80er Jahre kann man sagen, daß die Stabilisierungsstrategie im wesentlichen erfolgreich war. Die Konzession der Parität auf dem Rüstungssektor, auch wenn sie von konservativ-reaktionären amerikanischen Kräften bisweilen lautstark bedauert und als drohend empfunden wird, stellt sich gleichwohl kaum als ein wirkliches Zugeständnis dar, denn die verschiedenen Rüstungskontrollabkommen und -verhandlungen erfüllen sowohl den Zweck der immer festeren Einbindung der Sowjetunion in den Status quo des internationalen Systems, den erfolgreichen Appell an ihre eigenen Sicherheitsinteressen also, als sie auch gleichzeitig weiterhin die qualitative Rüstung ermöglichen, an der die amerikanische Wirtschaft und mächtige Lobbies vital interessiert sind.[137] Der ökonomische Wettlauf um das je größere Bruttosozialprodukt, für den Kapitalismus das Grundgesetz seiner Existenz und die Voraussetzung profitabler Kapitalverwertung, beginnt die SU zumindest in mittelfristige Abhängigkeit vom kapitalistischen Weltmarkt zu bringen, auf dem sie als Verkäufer von Rohmaterialien auftritt und so längerfristig zum Schuldnerland wird, was ihre außenpolitische Passivität und das Interesse an Stabilität und am Status quo eher verstärkt. Den Volkswirtschaften der Metropolen eröffnete sie zu Beginn der 70er Jahre, also zum Zeitpunkt einer ernsthaften Krise des Kapitals, die Perspektive ökonomischer Kooperation, zu der die SU selbst und die Länder des Comecon ihre Ressourcen, eine disziplinierte Arbeiterklasse und Garantien der Stabilität für Investitionen beisteuern wollen, die kapitalistischen Unternehmen hingegen Kapital und technisches Know-how. Nach Abschluß des sowjetisch-amerikanischen Wirtschaftsabkommens vom Herbst 1972 schrieb die Neue Zürcher Zeitung (am 27.10.72): »Die Mitglieder der Administration Nixon haben den trockenen Worten des Vertragstextes bereits Leben eingehaucht: man spricht hier von der Sowjetunion bereits als einer *potentiell bedeutenden Versorgungsquelle* für Amerikas unersättlichen Bedarf an Rohstoffen und Energie, während die Vereinigten Staaten naturgemäß mit technologischem Know-how und Geld ihren Beitrag an 'joint ventures' liefern würden.« Die sozialistischen Länder, heißt es im offiziösen »Lehrbuch der Politischen Ökonomie«, »bieten den kapitalistischen Unternehmen einen sehr aufnahmefähigen Markt, was für diese angesichts der Verschärfung des Absatzproblems besonders wichtig ist« (zit. bei Brandes, 82). In bewußter Überspitzung ließe sich darum argumentieren, daß die Existenz der Sowjetunion in der Tat den Frieden fördert und das internationale System stabilisiert, indem sie die interkapitalistischen Reproduktionskrisen, die in der Vergangenheit zu kriegerischen Auseinandersetzungen und Weltkriegen geführt hatten, abschwächt, bzw. mittelfristig auffängt. Diese Stabilisierung des Kapitalismus tet implizit die Absage an revolutionäre »Experimente«. Für diese Absage an das Risiko solcher militant-revolutionärer, anti-imperialistischer »Experimente« zahlt die Sowjetunion darüber hinaus auch u.a. den konkreten Preis von mehr als einer Million Dollar täglich (!): dies ist die Summe, die sie für die Subvention des von seinem natürlichen Hinterland abgeschnittenen revolutionären Kuba aufbringt. Sie müßte diese Mittel nicht aufbringen, wenn es z.B. Che Guevara mit ihrer bzw. mit der aktiven Unterstützung der jeweiligen kommunistischen Parteien gelungen wäre, in Lateinamerika »zwei, drei, viele Vietnams« zu schaffen, Kuba also aus seiner erzwungenen

Isolierung zu befreien. Doch die SU und die ihr loyal folgenden lateinamerikanischen KP's isolierten ihn und viele andere Guerilla-Bewegungen als romantische Sektierer und machte damit deren Niederlage fast unvermeidlich. Daß darum die Sowjetunion nun darauf drängt, das sozialistische Kuba mit den kapitalistischen USA wieder zu »versöhnen«, um einen schwelenden Konfliktherd im internationalen System friedlich zu beseitigen (und angesichts der Größenverhältnisse dürfte es klar sein, auf wessen Kosten eine derartige Versöhnung gehen würde), ist durchaus konsequent, es liegt gewissermaßen in ihrem »nationalen Interesse«.

Neben der Existenz der systemfeindlichen Sowjetunion, die taktisch die Stabilisierung des internationalen Systems zunächst erschwerte, hatten es die USA nach dem Zweiten Weltkrieg im Gegensatz zu England im 19. Jahrhundert auch noch mit einer ungemein komplexeren, vielgestaltigeren und darum schwieriger zu disziplinierenden Staatengesellschaft zu tun. Damals vermochten intellektuell relativ schlichte Theoreme wie das vom Gleichgewicht zwischen kaum mehr als einem knappen Dutzend konkurrierender Mächte — Bismarck verwandte wohl auch das Bild vom Spiel mit fünf Kugeln — die gegebene Realität für die praktischen Bedürfnisse derer, die Außenpolitik »machten«, noch einigermaßen adäquat zu erklären und auf den Begriff zu bringen (vgl. Holbraad, 1970). Während und nach dem Zweiten Weltkrieg gelang den amerikanischen »International Relations« nicht mehr Entsprechendes: die Theoriediskussion der jungen Disziplin hat sich in einer verwirrten und verwirrenden Pluralität von »approaches« verlaufen, in der die Komplexität der Realität des internationalen Systems sich gewissermaßen unvermittelt als nicht mehr auf den Begriff zu bringende *unverstandene Realität* darstellt. Aber es wurde wohl die Notwendigkeit erkannt und in die Praxis umgesetzt, Experten des ökonomischen, militärischen, politischen, sozialen und psycho-kulturellen Managements der internationalen Politik in großem Umfang systematisch auszubilden, zumal die professionelle Diplomatie endgültig nicht mehr in der Lage war, ihr Monopol als Vermittlungsinstanz in den internationalen Beziehungen aufrechtzuerhalten. Allein schon die durch den Dekolonisierungsprozeß sprunghafte Vermehrung formal unabhängiger politischer Einheiten — weniger als 50 bis Kriegsende, mehr als 150 kaum zwanzig Jahre später — ist ein Index der vervielfachten Systemstabilisierungsprobleme, mit denen sich die USA vor allen anderen konfrontiert sahen. Ein in den 70er Jahren unternommener Versuch politökonomischer Klassifizierung des internationalen Systems[138] kam auf nicht weniger als elf in sich wiederum sehr komplexer Kategorien, um die gegenwärtige Staatengesellschaft zu beschreiben:

1. kapitalistisches Zentrum: USA plus amerikanische Auslandsproduktion
2. die westeuropäischen kapitalistischen Industrieländer
3. Japan
4. entwickelte sozialistische Länder
5. weniger entwickelte sozialistische Länder
6. Kapitalistische und halbkapitalistische europäische Randländer

7. »reflexindustrialisierte« Länder, die fast ausschließlich für entwickelte Industrieländer produzieren
8. Peripherieländer mit relativ hohem Entwicklungsstand und mit industriellen Auslandsmärkten in weniger oder gleich entwickelten Gebieten
9. Länder mit großem Binnenmarkt, ausreichenden Deviseneinnahmen aus Rohstoffexporten und importsubstituierender Industrialisierung
10. ausschließlich asymmetrisch penetrierte Gebiete ohne eigene Auslandsmärkte
11. nicht penetrierte, weitgehend isolierte Gebiete.

Demgegenüber würde sich eine politökonomische Klassifizierung der Staatengesellschaft des 19. Jahrhunderts unter der Führung Englands vergleichsweise schlicht ausnehmen, und zwar nicht zuletzt deswegen, weil sich die ökonomische Stratifikation (vgl. Lagos, 1963) des internationalen Systems nicht gleichzeitig als politische Diversifikation ausdrückte (vgl. Nettl 1968, 56f.).

Ein zusätzlicher Komplikationsfaktor entstand der Stabilisierungsstrategie einer Pax Americana in dem sich vom sowjetischen Führungsanspruch emanzipierenden sozialistischen China. Die scheinbar sichere Orientierungshypothese der Bi-Polarität des internationalen Systems stellte sich als eine zu kurzfristig angesetzte Fehldiagnose heraus, die neue und weitergehende Anstrengungen der »Zähmung« als gegenüber der Sowjetunion erforderlich machten. Vor allem der Vietnamkrieg ist nicht verständlich ohne den eigentlichen strategischen Gegner im Hintergrund: das chinesische Revolutionspotential. Das Ausscheren der Volksrepublik China aus dem »Sozialistischen Lager«, der sog. chinesisch-sowjetische Konflikt[139], ist eine direkte Konsequenz des Erfolges der Eindämmungs- und Domestizierungsstrategie gegenüber der Sowjetunion. Die zur kapitalistischen Stabilisierung des internationalen Systems notwendige Transformation nun auch des revolutionären Potentials Chinas in eine Außenpolitik machtpolitischer Selbsterhaltung und nationaler Interessenwahrnehmung brach den einst relativ statischen und berechenbaren 'Ostblock' auf, mit der Folgeerscheinung größerer internationaler Unsicherheiten.

Das Syndrom der Geburt neuer Widersprüche aus der erfolgreichen Lösung scheinbar zentraler Probleme sollte sich wiederholen bei den ökonomisch-politischen Rekonstruktionen Westeuropas. Als kapitalistische Rekonstruktion implizierte sie die volle Wiederherstellung von Klassengesellschaften. Die politischen Widerstände gegen die kapitalistische Rekonstruktion seitens der europäischen Arbeiterklassen hatten anfangs überwunden werden können, einmal durch die bereits erwähnte Schwächung bzw. Vernichtung vieler ihrer Organisationen durch Faschismus und Krieg, zum anderen durch die historisch beispiellose wirtschaftliche Gesundung. Sie verlief rascher und reibungsloser als zu irgendeiner anderen Periode der modernen Geschichte. So wuchs die Produktivität 1945-63 um durchschnittlich 3,5 Prozent jährlich, verglichen mit nur 1,7 Prozent in der Zwischenkriegszeit. Das westeuropäische Bruttosozialprodukt war schon 1963 (bei konstanten Preisen) zweieinhalbfach größer als im Jahre 1938.[140] Die Arbeiterklassen partizipierten am wirtschaftlichen

Wachstum über die rasche Zunahme des BSP, nicht jedoch durch dessen Umverteilung. In England beispielsweise verfügten 1911-1913 5 Prozent der Bevölkerung über 87 Prozent des Volkseinkommens und 1960 noch immer über 75 Prozent desselben; in der BRD haben sich die Brutto-Wochenverdienste der Industriearbeiter von 1950 bis 1967 zwar mehr als verdreifacht, das Bruttosozialprodukt jedoch stieg im selben Zeitraum um mehr als das Fünffache.[141] Generell gilt für Westeuropa, daß, »obwohl der allgemeine Lebensstandard beträchtlich gestiegen ist, die *relativen* Positionen der verschiedenen Klassen sich kaum verändert haben gegenüber der Vorkriegszeit — wenn überhaupt; und die ökonomische Basis der Klassenschichtung — Besitz bzw. Nichtbesitz von Produktionsmitteln — ist noch immer dieselbe.«[142] Damit jedoch wurden die strukturellen Voraussetzungen geschaffen für die sozialen und politischen Konflikte — die Klassenkämpfe —, die gegen Ende der 60er Jahre wieder offen ausbrachen und die das Ende der Rekonstruktionsperiode und zugleich den Beginn einer neuen Krisenphase der kapitalistischen Weltwirtschaft markieren.[143] Die seitdem unternommenen Anstrengungen der westeuropäischen Regierungen, durch institutionelle Stärkung und Erweiterung der EWG »europäische Lösungen« der anstehenden ökonomischen und gesellschaftsstrukturellen Probleme zu finden — von der Bekämpfung der Energiepreiskrise und der Inflation bis hin zur Stützung etwa Italiens als schwächstem Glied unter den kapitalistischen Metropolen des alten Kontinents — und sich damit u.a. der amerikanischen Vorherrschaft zu entziehen, sind auch abhängig von eben den wachsenden innenpolitischen Spannungen der westeuropäischen Gesellschaften.

Vor allem aber die inzwischen deutlich sichtbar gewordenen Spannungen und Konkurrenzkonflikte zwischen westeuropäischem und amerikanischem Kapital sind die Frucht des Erfolges der durch Amerika energisch betriebenen Rekonstruktion des europäischen Kapitalismus in der politisch angemesseneren, modernen Form eines größeren Marktes, der dann die konkrete Gestalt der EWG annahm. Dieser war um die Mitte der 60er Jahre im Kontext der Rekonstruktion und Stabilisierung des internationalen Systems unter Führung des amerikanischen Kapitals, das über einen anscheinend nicht einholbaren Produktivitätsvorsprung verfügte, das erklärte Ziel amerikanischer Außenpolitik gewesen. Dieser Vorsprung begann sich im Verlaufe der 60er Jahre zu verringern. Die Konkurrenz um Märkte und Marktbeherrschung verschärfte sich, das schwächere Kapital Westeuropas rief nach umfangreicherer staatlicher Protektion vor allem in Form aktiverer außenpolitischer Initiativen der EWG. Die Assoziierungsabkommen der EWG begannen eine Strategie des Abdrängens amerikanischen Einflusses z.B. aus Afrika zu enthüllen.[144] Andererseits setzten die USA ihr noch immer überlegenes militärisches und diplomatisches Potential in den 70er und 80er Jahren aktiv ein, um auf dem Umweg z.B. über den arabisch-israelischen Konflikt Westeuropa seine Energieabhängigkeit vom Mittleren Osten und damit auch von der amerikanischen Präsenz und Mittlerrolle dort deutlich vor Augen zu führen. Der »kannibalische Kampf« zwischen den westeuropäischen

Volkswirtschaften und den USA um Deviseneinnahmen zum langfristigen Ausgleich des wachsenden »Energiedefizits« — so der amerikanische Handelsminister Peterson[145] — hatte begonnen. In einer westdeutschen Projektstudie »Europa 1985« finden wir die vorsichtige Andeutung: »Eine Vergrößerung ihres territorialen Einflußbereiches ist auch durch die Präferenzpolitik zu erwarten, die die europäische Gemeinschaft gegenüber dem Mittelmeerraum und dem Nahen Osten entwickelt. Hier werden in den nächsten 15 Jahren wirtschaftliche Bindungen geschaffen, die *die politischen und ökonomischen Gründe der dortigen amerikanischen und sowjetischen Präsenz in Frage stellen.* Indem die europäische Gemeinschaft hier einen Beitrag 'regionaler Solidarität' mit dem Ziel einer 'politisch stabileren Ordnung' leistet, ergreift sie Partei und *konkurriert mit den Supermächten um den Einfluß auf die politische Gestaltung dieser Region.«*[146] Diese Prognose hat sich inzwischen als im Wesentlichen richtig herausgestellt. Die USA sahen sich zu Beginn der 70er Jahre gezwungen, dem relativen Rückgang ihrer Dominanz über das internationale System der Nachkriegszeit durch die Propagierung des gemeinsamen Managements des Systems durch die USA, Westeuropa, Japan, die Sowjetunion und China Rechnung zu tragen. Dafür wurde der Begriff »Pentarchie« geprägt, der die strukturell angelegten Widersprüche und Interessengegensätze terminologisch zu verschleiern sucht.

Der englische Kapitalismus hatte das internationale System für knapp 100 Jahre beherrscht und strukturiert; die Pax Americana dagegen befindet sich bereits nach einem Vierteljahrhundert im Niedergang. Diese Entwicklung versuchen die USA aufzuhalten durch eine historisch beispiellose Verstärkung des militärischen Droh- und Interventionspotentials. Die klassischen Instrumente machtstaatlicher Politik, einst schon die Geburtshelfer der weltweiten Durchsetzung kapitalistischer Interessen, sollen den tendenziellen Gewichts- und Hegemonialverlust der USA abfangen wenn nicht gar wieder umkehren.

16. Über den Staat des Internationalen Systems

Über »internationale Politik« sprechen heißt vom Staate sprechen. Daß der Staat das eigentliche Subjekt der internationalen Beziehungen sei, ihr »Akteur«, ihr »Handlungsträger«, das erscheint als eine Selbstverständlichkeit, als eine empirisch jederzeit verifizierbare Aussage, als ein Axiom, von dem der größte Teil der einschlägigen Literatur und der einschlägigen Theoretiker ausgeht: Entscheidungsprozesse, Bündnissysteme, kollektive Einstellungen, nationale Interessen, Machtgleichgewicht, Bi- und Multipolarität etc. heißen die Themen und Begriffe, die alle die staatlich organisierte Gesellschaft bzw. die internationale Staaten-Gesellschaft zum Ausgangs- und Bezugspunkt haben. Zwar ist in der akademischen Diskussion diese eindeutige Fixierung teilweise wieder abgeschwächt worden — weniger, so steht zu vermuten, aufgrund eines gewandelten Erkenntnisinteresses, d.h. aufgrund einer gesellschaftlich-politischen Umorientierung der Wissenschaftler, als vielmehr um der karriere-fördernden Erfindung neuer »approaches« und begrifflicher »Innovationen« willen. Aber immer dort, wo die Theoretiker zu Experten der Politikberatung werden (wie etwa in den einschlägigen Forschungsinstituten für Außenpolitik und deren Publikationen)[147], schlägt mit gutem Grund die konkrete Orientierung an den konkreten Interessen eines konkreten Nationalstaates wieder durch. Was sich darin enthüllt, ist die eigentliche Perspektivlosigkeit sowohl dieser Wissenschaft als auch der gesellschaftlichen Klasse, der sie verpflichtet ist: des Bürgertums, das im modernen Staat — dem »Verfassungsstaat«, »Rechtsstaat«, »Wohlfahrtsstaat« etc. — die bereits von Hegel auf ihren Begriff gebrachte höchste Form gesellschaftlicher Organisation sieht, die Erfüllung geschichtlicher Möglichkeiten seit den Zeiten der griechischen Polis, auf die der Staat sich nicht zuletzt noch in seiner Terminologie bezieht.[148] Zur Rückgewinnung von Perspektiven in praktisch-politischer Absicht und zum Zwecke der kritischen Auseinandersetzung mit der im allgemeinen Bewußtsein inzwischen zum nicht mehr hinterfragten und zum Axion gewordenen Behauptung, daß es Staaten zu allen historischen Zeiten gegeben habe und folglich Staatlichkeit integraler Bestandteil sozialer Existenz sei, ist es notwendig, diesen modernen Staat inhaltlich näher zu bestimmen.

Um voranzukommen, müssen wir immer wieder in die Geschichte zurückgehen. Dabei stellt sich sehr bald heraus, daß die klassische historische Soziologie — und mit ihr die meisten Historiker — kaum einen Zweifel daran ließ, daß der moderne Staat eine gesellschaftlich-politische Organisationsform *sui generis* sei, eine Gestalt, die sich scharf abhebt von allen früheren, erst nachträglich und irreführend mit dem Begiff »Staat« bezeichneten politischen Einheiten. Mehr noch: diese politische Organisationsform wurde entwickelt bzw. entwickelte sich zur Erfüllung bestimmter Aufgaben unter bestimmten Bedingungen, und sie hat darum auch einen angebbaren »Geburtstag« bzw. eine angebbare Geburtsperiode, die irgendwo zwischen dem (italienischen) 13. und dem (westeuropäischen) 17. Jahrhundert liegt.

Diese bestimmten Aufgaben und Bedingungen werden bei Soziologen wie Max Weber und Politologen wie Hermann Heller als der kapitalistischen Produktionsweise entspringend identifiziert. Für ersteren bedeutet der Staat »die Übertragung des kapitalistischen Erwerbsbetriebes auf die Politik. Der Staat wird behandelt, als bestände er einzig und allein aus kapitalistischen Unternehmern,«[149] und in dialektischer Umkehrung heißt es bei dem Historiker Otto Hintze: der Kapitalismus »ist eben nichts anderes als die wirtschaftliche Seite des modernen Staats- und Völkerlebens. Seine Theorie ist die Wirtschaftsraison neben der Staatsraison. Seine Epochen sind zugleich Epochen der staatlichen Machtpolitik. Er ist mit dem modernen Staatensystem und seiner Politik auf Gedeih und Verderb verbunden.« (Hintze ^{2}1970, 124) Was die moderne Form politischer Organisation von Gesellschaft von anderen und/oder früheren, außer-europäischen und vor-kapitalistischen (z.B. Ehrenberg 1957/8) Gestalten unterscheidet, kann hier sehr gerafft in fünf Aspekten zusammengefaßt werden; einige von diesen finden sich auch in anderen kollektiven Organisationen, aber es ist die Kombination aller, die das Spezifische des modernen Staates ausmacht, ihn vor allen seinen denkbaren Vorgängern auszeichnet und qualitativ von ihnen unterscheidet:

Territoriale Exklusivität. Der mittelalterliche Staat war wesentlich »Personenverbandsstaat« (Mitteis 1955, 4), der um den Dynasten gruppierte und mit ihm durch Schutzinteressen verbundene »Hofstaat«, worauf noch die Etymologie des Wortes Staat selbst verweist: es bezeichnet zunächst nur das persönliche Regiment des Fürsten (Weinacht 1968; Wittram 1958, 35ff.). Friedrich II. von Hohenstaufen, dessen normannisches Königreich in Sizilien oft als der »erste moderne Staat« bezeichnet wird mit Verwaltungsapparat, Berufsbeamtentum und Behördenverfassung, hatte beispielsweise gleichwohl keinen festen Amtssitz, sondern reiste mitsamt seinem Staat in Ausübung seiner politischen Funktion von einer befestigten Residenz zur anderen.[150] Folglich war dieser mittelalterliche Staat auch auflösbar oder durch interdynastische Heiraten, durch den Tod oder aufgrund von Familienkonflikten teilbar. Der moderne Staat hingegen entwickelte rationale Funktionen innerhalb eines gegebenen und von ihm sozial zu organisierenden Territoriums, so daß der Monarch oder Landesherr zunehmend zum austauschbaren, ja strukturell schließlich überflüssigen Funktionär wurde — zum »Ersten Diener seines Staates.«

Kapitalistische Produktionsweise. Es wurde bereits angedeutet, daß moderner Staat und Kapitalismus in einem interdependenten Zusammenhange stehen. Keiner ist ohne den anderen denkbar — das heißt aber auch, daß es verkürzt wäre, den Staat als bloßen Überbau, als Funktion der kapitalistischen Produktionsweise verstehen zu wollen. Beiden gemeinsam sind Rationalität, Effizienz und Disziplin — der »Anstaltscharakter« (Max Weber). Der Staat ist ebenso der Geburtshelfer des Kapitalismus — auf dem europäischen Kontinent u.a. in Form der Stimulierung und/oder direkten Schaffung von Manufakturen (z.B. für die Ausrüstung der stehenden Heere)[151] — wie die Entfaltung der kapitalistischen Produktionsweise den pazifizierenden, Ordnung stiftenden Staat erfordert und durchsetzt. Insbesondere ist die dynamische Expansion dieser Produktionsweise, ihr Angewiesensein auf den expandierenden Markt, nicht denkbar ohne die dafür die politischen Voraussetzungen schaffende Rolle des Staates als Kolonisator, Herrscher über Weltmeere und fremde Völker; wo er — aus Gründen, die hier nicht zu erörtern sind — diese Funktion nicht erfüllen konnte bzw. wo er sich nicht voll entwickelte, wie z.B. in Italien mit seinen Stadtrepubliken, da blieb auch der Kapitalismus stecken und verkümmerte. «Die Eroberung von äußeren Märkten (ist) nicht nur bedeutsam als die hervorragende Quelle des Reichtums bzw. des Handelskapitals unter spätfeudalen und frühkapitalistischen Bedingungen, sondern als die zentrale *ökonomische Ursache* der Konstitution des bürgerlichen Staates. Denn der Kampf um die äußeren Märkte ließ sich nicht durchführen mit privaten, noch mit merkantilen (also handelspolitischen) Mitteln allein. Er erforderte Flotte und Heer, ein geordnetes nationales Geldsystem, ein Kreditsystem, sowie die Übernahme staatlicher Garantien für private Vertragsabschlüsse mit quasi-öffentlichem Charakter in den überseeischen Gebieten.« (Gerstenberger 1973, 211)

Interne Befriedung. Das Ende ziviler Fehden zwischen Familienclans, die Bekämpfung der Räuberei, die Sicherung der Landstraßen etc. waren notwendige Voraussetzungen der Warenproduktion und des expandierenden Handels: Sicherheit der Transportwege und ein Minimum von Standardisierung des monetären Zahlungsverkehrs. »Das Hauptproblem« des hohen Mittelalters, schreibt der Rechtshistoriker Mitteis, war »in allen Ländern die Ausübung der Justiz. Mit der Zunahme der Bevölkerung, mit der reicheren Ausgestaltung des Soziallebens, aber auch mit den dauernden Wirtschaftskrisen und der steigenden Kriminalität deklassierter Berufsverbrecher hängt es zusammen, daß sie immer wichtiger wurde. Immer brennender wurde die Frage, in welchem Maße der Staat einen wirklichen Rechtsschutz durchführen könne.« (Mitteis 1955, 161)

Später wurde daraus die Konzeption des rationalen Staates: »der Staat als berechnete, bewußte Schöpfung, als Kunstwerk« (Burckhardt 1952, 4) in der italienischen, und der »Polizey-Staat« mit der neuen Staatswissenschaft, genannt »Polizeiwissenschaft«[152] in der mitteleuropäisch-absolutistischen Version. Wo die territoriale Vereinheitlichung und interne Befriedung mißlang oder auf halbem Wege steckenblieb wegen des Fehlens eines genügend starken Kristallisationspunktes — in Italien zum Beispiel oder auch in Deutschland — da wurden frühe Durchbrüche zur kapitalistischen Produktionsweise nicht fruchtbar. Sie stagnierten und führten zum relativen Zurückbleiben hinter jenen Gesellschaften, die den intern befriedeten Flächen- oder Einheitsstaat schufen: Frankreich und England vor allem (Strayer 1970).

Dieses Schicksal von Italien abzuwenden, war eines der zentralen Motive des wohl größten der frühbürgerlichen politischen Theoretiker, Machiavelli, der scharfblickend erkannt hatte, »daß von der Entfaltung des Verkehrs, von der ungehinderten Ausbreitung bürgerlicher Tüchtigkeit in Handel und Gewerbe, von dem freien Spiel der wirtschaftlichen Kräfte das Wohlergehen des Ganzen abhänge und daß eine solche gesellschaftliche Entwicklung nur durch eine mächtige Staatsgewalt zu sichern sei.«[153]

Umgekehrt sind die großen Utopien der Renaissance — Thomas Morus, Tommaso Campanella, Francis Bacon[154] — »der Ausdruck der verzweifelten Schichten, welche die Unkosten des Überganges zwischen zwei Wirtschaftsformen zu tragen hatten«, die »sehen, wie in der sich entfaltenden Verkehrswirtschaft der Profit zum Triebrad der Geschichte wird« und denen darum, angesichts »der Zerstörung der Einheit und des Friedens, die durch die Entfesselung der Einzelkräfte und der neuen Konkurrenzwirtschaft der Zukunft Europas drohte und die mit der Entstehung der bürgerlichen Nationalstaaten notwendig verbunden war, . . . die mittelalterliche Idee von der geeinten Christenheit als die Vorstellung des Paradieses erscheinen« mußte (Horkheimer 1930, 53ff.).

Nicht nur begrifflich, nicht nur in den Konzeptualisierungen der Theoretiker des den internen Frieden stiftenden rationalen, absolutistischen, des modernen souveränen Staates — also etwa bei Bodin und Hobbes[155] — sondern auch in der empirisch erfahrbaren Wirklichkeit waren zwischenstaatliche Konkurrenz, »internationale Anarchie« und ein generell erhöhtes Konfliktpotential gewissermaßen der Preis, die Kehrseite der internen Befriedung. Aber diese war und ist durch mehr als nur das »Monopol physischer Gewaltausübung« (Max Weber) gekennzeichnet, sondern bedeutet auch zugleich ideologische, kulturelle und nicht zuletzt sprachliche Homogenisierung der staatlich organisierten Bevölkerungen. Die Nationalsprachen sind in der Regel bewußte Schöpfungen aufgeklärter Bürokraten zur Erleichterung der Exekution zentraler Entscheidungen. Linguistische und, allgemeiner, kulturelle Homogenität — die Voraussetzungen zu dem, was später als Nationalismus seine eigene Virulenz entfaltet — war und ist eine Funktion des modernen Territorialstaates, durch die er u.a. seine Exklusivität rechtfertigte und absicherte, und nicht umgekehrt. Sehr vereinfacht ausgedrückt: *die Nationen sind die Produkte der Staaten und nicht die Staaten naturwüchsiges Produkt der Nationen.* Die Staaten schufen sich ihre Nationen zur Entfaltung der kapitalistischen Produktionsweise und nicht die Nationen die Staaten zur kulturellen und politischen Selbsterhaltung eines Naturverbandes.

Soziale Integration. Die Homogenisierung der Bevölkerung zu Nationen war nur der ideologische Ausdruck, die Erscheinungsform einer potentiell all-umfassenden organisatorisch-politischen Integration. Zum ersten Mal in der Geschiche wurde die systematische Erfassung und Registration der »Staatsangehörigen« unternommen. Geburt und Tod wurden regelmäßig registriert, nicht mehr nur von kirchlichen, sondern zunehmend von weltlichen Autoritäten; Steuern wurden erhoben, der Staat wurde zur Buchführungsmaschine. Einige Historiker sehen im Spanien der ersten Hälfte des 16. Jahrhunderts, dem Spanien sowohl der Inquisition als Mittel erzwungener Loyalität als auch dem Spanien der Entdeckungsreisen und Kolonisierungen »das erste Beispiel eines modernen Großstaates, der auch die Gesinnung seiner Untertanen unter Kontrolle zu bringen suchte.« (Mieck 1970, 28)

Insofern ist es dann auch richtig, die Entstehung des modernen Staates in einen direkten Bezug zur Schaffung des internationalen Systems zu setzen. Gerade im Falle Spaniens läßt es sich nachweisen, wie eine Zentralbürokratie zur Bewältigung der administrativen Aufgaben des Kolonialreiches entstand und dann ihre Funktionen auf das Mutterland selbst ausdehnte und erweiterte. »Die neuen Reiche erforderten einen Stab von Verwaltungsspezialisten, von Beamten, also kaiserlichen Räten, Verwaltern, Gesandten, Schreibern . . .; der Hof stabilisierte sich.« (*Fischers Weltgeschichte* 12, 292) Und von hier aus läßt sich dann weiter der Nachweis führen, daß die Mobilisierung europäischen Widerstandes gegen die spanische Vorherrschaft auch zur Schaffung des modernen Staates als Widerstandsinstrumentes entscheidend beitrug — ein Syndrom, das sich in der »Verstaatlichung« der anti-imperialistischen Befreiungsbewegungen im 20. Jahrhundert wiederholen sollte. Der erste exemplarische Fall war die Rebellion der Generalstaaten der nördlichen Niederlande (Utrechter Union vom 26. Juli 1581), der »erste revolutionäre Gründungsakt der neueren europäischen Geschichte,« »die Grundurkunde für alle emanzipatorischen Staatsgründungsakte . . ., die in der modernen Welt zu verzeichnen sind.« (Schieder 1969, 14f.) Und zwar »revolutionär« auch insofern, als der moderne Staatsapparat die Form, die Massenmobilisierung des Widerstandes jedoch den Inhalt ausmachte: »Mit der Gleichsetzung von Staat und Nation wird im westlichen Europa die demokratische Staatsidee an die Staatenvielfalt des europäischen Kontinents angepaßt und dieser eine neue Legitimation gegeben.« (ibid., 17) Kurz: die Entstehung des modernen Staates — sowohl in seiner ersten totalitären als auch in seiner ersten demokratischen Variante — ist aufs engste mit der Entstehung des internationalen Systems selbst verknüpft.

Klassenherrschaft. Die Entstehung des modernen Staates ist undenkbar ohne die gleichzeitige Entwicklung der Gesellschaft zur Klassengesellschaft. Staaten hat es in der Geschichte schon früher gegeben, politische Organisationen von Gesellschaft, in denen einige der hier angesprochenen Charakteristika nachweisbar sind: territoriale Exklusivität beispielsweise finden wir sowohl im klassischen China diesseits der Großen Mauer als auch im Imperium Romanum innerhalb des Limes. Was jedoch den modernen Staat von allen anderen historischen Staaten qualitativ unterscheidet, ist sein sozialer Inhalt, der Aufstieg des Bürgertums zur herrschenden Klasse, die ihren Führungsanspruch gründete auf der von ihr vollbrachten historisch beispiellosen

Entfesselung der Produktivkräfte, welche in der Industriellen Revolution des 18. Jahrhunderts dann ihre Erfüllung fand. Zwar ist es einerseits richtig, daß staatliche Organisation — vor allem vor-moderne — immer das Ergebnis von Herrschaft einer Klasse oder Schicht über andere Klassen oder Schichten und damit zugleich letztlich auf Eroberung, Unterwerfung und Gewaltanwendung zurückzuführen ist;[156] auch noch der moderne Staat entstand aus der Niederlage des Feudaladels gegenüber dem Bündnis zwischen der politisch schwachen aber ökonomisch starken Bourgeoisie und der ökonomisch schwachen aber politisch starken zentralen Monarchie; »nicht-moderne«, vor-bürgerliche Staaten manifestierten ihren sozialen Herrschaftscharakter offen und unzweideutig, ohne allzu komplizierte Vermittlungsmechanismen — Herrscher und Untertanen waren direkt und unzweideutig identifizierbar.

Andererseits ist der Staat der Bourgeoisie, ist die bürgerliche Klassenherrschaft politisch dadurch ausgezeichnet, daß sie sich nicht als solche zu erkennen gibt, daß sie es im subjektiven Selbstverständnis ihrer Mitglieder auch nicht ist (paradigmatisch die Selbsterhebung des Dritten Standes zum Allgemeinen Stand in der Französischen Revolution); das Bürgertum verstand es vielmehr, seine Privilegien hinter einem institutionellen Rahmen — der Repräsentativverfassung bzw. dem parlamentarischen Regime — zu verbergen, die die Klassenstruktur der Gesellschaft und damit die Gewaltverhältnisse negierte in dem »Augenblick«, wo diese sich als reine durchzusetzen begannen.[157] Indem die Bourgeoisie ihren Herrschaftsanspruch auf den an der Profitmaximierung orientierten Prinzipien der Rationalität und Effizienz gründete, erklärte sie, daß jeder, sofern er nur tüchtig genug sei, sich im Produktionsprozeß bewähren, ihr zugehören könne und der Staat darum der Staat aller sei. Der Klasseninhalt bürgerlicher Herrschaft ist darum so schwer zu identifizieren und als das Wesen hinter der Erscheinung des Rechts- und Verfassungsstaates zu bestimmen, weil in der Tat »die bürgerliche Gesellschaft . . . die entwickeltste und mannigfaltigste historische Organisation der Produktion« ist (Marx, *Grundrisse* 25) und sich im Parlamentarismus eine dem Anspruch nach klassen-unspezifische bzw. gewaltfreie Staatsform schuf. Sie hat es schließlich sogar verstanden, die wissenschaftlichen Erkenntnisse ihrer eigenen Intellektuellen, daß der »Parlamentarismus . . . die Handhabe des Kapitalismus zur politischen Förderung seiner Interessen« ist (Hintze 1929, 185), zu vergessen. Nur wenn der Krisenfall eintritt, d.h. wenn die indirekte, rechtsstaatlich vermittelte Klassenherrschaft des Bürgertums bedroht wird, kommt sie wieder zum Vorschein: nun als Ausnahme-Staat, Notstands-Staat oder auch als faschistische Diktatur.[158]

Um Mißverständnisse zu vermeiden und um zu rekapitulieren: mehrere der hier aufgeführten Charakteristika können in den verschiedenen, nachträglich mit dem Etikett »Staat« versehenen Formen politischer Organisation in der Geschichte nachgewiesen werden. Was aber den modernen Staat von allen früheren Organisationen unterscheidet, ist die Kombination aller dieser Elemente in ihrer Vermittlung durch die bürgerliche Klasse als »Demiurg« (Marx) der kapitalistischen Revolution. Worum es hier in dem scheinbaren Umweg durch die politische Soziologie geht, ist der Nachweis, *daß staatliche Organisation von Gesellschaft generell nichts Naturwüchsiges, nichts auf anthropologische Axiome Zurückführbares ist*;[159] und mehr noch und vor allem: *in der Betonung des historischen Charakters gerade des modernen Staates gewinnen wir den sicheren Grund und die Plattform, die es uns ermöglicht und die es rechtfertigt, auch von der historischen Finalität dieser Organisationsform antizipierend zu sprechen.* Wir werden, in andern Worten, in die Lage versetzt bzw. wir versetzen uns in die Lage, den von so vielen Theoretikern der Internationalen Beziehungen implizit wie explizit gemachten Anspruch zurückzuweisen, den Staat der Gegenwart als eine durch sich selbst begründete, axiomatische Grundtatsache eines jeden denkbaren oder erstrebenswerten internationalen Systems zugrundezulegen und ihn als Fixum auch für unser politisches Handeln auf Veränderung des Bestehenden anzusetzen. Das wird für unseren Zusammenhang nicht zuletzt dann relevant, wenn der Nachweis geführt werden kann, daß der spezifische Krisen- und Widerspruchscharakter des heutigen internationalen Systems, seine extremen Disparitäten und sein Gewalt- bzw. Zerstörungspotential direkte Funktionen eben dieser staatlichen Organisation von Gesellschaft sind, und daß folglich ein Frieden ermöglichendes, sich an der Verwirklichung von Egalität orientierendes bzw. sich auf Egalität hin emanzipierendes internationales System nicht vorstellbar ist unter Beibehaltung des exklusiven Territorialstaates als seiner Grundeinheit. –

Auch schon die flüchtige Betrachtung der politischen Struktur des internationalen Systems enthüllt die in je souveräne Nationalstaaten eingefrorenen extremen Ungleichheiten zwischen den nach außen als Gleiche auftretenden Einheiten. Das Spektrum reicht vom 800-Millionen-Menschen-Staat China bis zu Enklaven wie San Marino oder Monaco mit nur einigen Zehntausend Einwohnern — oder, wenn das gar zu folkloristische Beispiele zu sein scheinen, bis zu Einmillionen-Staaten wie Niger, die Zentralafrikanische Republik oder Tschad. Das Spektrum reicht auch vom mehr als 600-Milliarden-Dollar-Bruttosozialprodukt der USA bis zu Ländern wie Somalia, Liberien, Paraguay, Jordanien oder Albanien mit kaum mehr als einhundert und weniger als dreihundert Millionen Dollar BSP. Oder vergleichen wir die Pro-Kopf-Einkommen, so stehen sich Amerikaner mit 2000 Dollar, Burmesen oder Pakistaner mit 50 Dollar und weniger gegenüber. Oder aber wir wählen die Militärausgaben als Index der Ungleichheit — und die Streitkräfte gelten bekanntlich seit Anbeginn als Inbegriff nationaler Souveränität — so finden wir, daß wiederum die USA etwa einhundertmal so viel dafür ausgeben wie alle afrikanischen Staaten zusammen. Dies sind allgemein bekannte Tatsachen, aber wir müssen sie präsent haben, um die politische Struktur des internationalen Systems in Umrissen zumindest zu verstehen, eines Systems, das eben nicht aus auch nur annähernd vergleichbaren Einheiten besteht, sondern aus generell unvergleichbaren Größen auf gerade jener Ebene, auf der sich internationale Politik als »Konflikt und Anpassung zwischen Menschengruppen, die keine gemeinsame oberste Autorität über sich anerkennen« (International Encyclopedia of the Social Sciences, Stichwort »International Politics«), angeblich abspielt.

Die Komposition des internationalen Systems als ein alle Regionen erfassendes und strukturierendes System von Staaten ist dabei sehr jungen Datums. Es ist daran zu erinnern, daß noch die Vereinten Nationen als erster Versuch wirklich universaler Repräsentation aller 1945 souveränen Staaten von weniger als 50 Mitgliedern gegründet wurden, was damals (plus-minus ein halbes Dutzend) in der Tat die politische Realität reflektierte. Allerdings ist dies nicht jene historische Perspektive, die uns zu relevanten Erkenntnissen verhilft, vermag sie doch eher jenes Mißverständnis von staatlicher Struktur gleich Modernität[160] zu verfestigen, das suggeriert, mit der Ausbreitung souveräner Staaten im Gefolge von Zweitem Weltkrieg und Dekolonisation habe auch das internationale System zu seiner Normalität gefunden und stelle damit — gekrönt von der im einzelnen verbesserungsfähigen Organisation der Vereinten Nationen — Höhepunkt und Vollendung der Zivilisationsgeschichte überhaupt dar. Eine solche »Vollendung« hatte das internationale System in den Augen von Zeitgenossen bereits einmal erreicht, und zwar um die Jahrhundertwende mit der faktisch abgeschlossenen Aufteilung der Welt — die Illusion der Stabilität zerbrach sehr bald danach.

Die historische Perspektive und Entwicklungslinie, die hier zu entwickeln versucht wird, geht vielmehr davon aus, daß der moderne Territorialstaat sich entwickelte und entwickelt wurde zur Erfüllung spezifischer Aufgaben innerhalb eines spezifischen historischen Kontextes. Es waren die aus der kapitalistischen Revolution und dem Aufstieg der Bourgeoisie hervorgehenden europäischen Staaten, die sich vom 17. Jahrhundert an gegenseitig als souverän anerkannten und die zur Regelung ihrer Konflikte im gegenseitigen Interesse Verhaltensregeln kodifizierten, aus denen sich auch das heutige Völkerrecht entwickelte.

Jenseits des europäischen Kulturkreises anerkannte man (es sei denn gezwungenermaßen wie im Falle des Osmanischen Reiches) keine souveräntitätswürdigen Staaten. Die Welt wurde, kaum setzte die europäische Expansion ein, aufgeteilt — von den päpstlichen Schiedsrichtersprüchen bis hin zu den Kolonialkonferenzen der zweiten Hälfte des 19. Jahrhunderts. Um die gewaltigen und z.T. dicht bevölkerten Gebiete fremdartiger Kultur, sozio-ökonomischer Struktur und oft nicht-staatlicher politischer Organisation von Gesellschaft den europäischen Mächten zu unterwerfen, bedurfte es eines effizienten administrativen Apparats und einer ebenfalls effizienten militärischen Organisation, damit Kontrolle auf Dauer ausübbar wurde. Indem dergestalt der aus Militär und Bürokratie kombinierte moderne Staat seine effektive Überlegenheit über andere Formen politischer Organisation so manifest unter Beweis gestellt hatte (es war die — zumindest partiell gewaltsam erzwungene — atlantische Orientierung ihres Außenhandels, die den raschen Desintegrationsprozeß afrikanischer Staaten zur Folge hatte und sie damit der Entvölkerung durch mindestens 10 Millionen Sklaven schutzlos auslieferte; umgekehrt war es die Schaffung eines starken Staates durch die Meji-Restauration, die Japan vor der Kolonisierung bewahrte), schien es später für die sich anti-kolonial emanzipierenden Völker keine realistische organisatorische Alternative zum Staat zu geben.

In dieser formalen Hinsicht den späteren Konstellationen strukturell verwandt, war das Schicksal des Kampfes der nordamerikanischen Kolonien um ihre Unabhängigkeit wegweisend und exemplarisch: zuerst militärische Notwendigkeiten, dann ökonomische Zwänge zur Sicherung der gesellschaftlichen Selbstbestimmung führten zur Entwicklung eines mit zentraler Zwangsgewalt ausgerüsteten Staates, der in der Lage war, sich im merkantilistischen Konkurrenzkampf gegenüber der staatlich organisierten Macht vor allem Englands wirkungsvoll zu behaupten (vgl. Gerstenberger 1973): das »idealistische« Konzept von nur locker assoziierten, primär agrikol produzierenden und radikal-demokratischen Gemeinwesen mußte einem zentralen Bundesstaat weichen mit einem Präsidenten an der Spitze, der sich institutionell an der Stellung eines konstitutionellen Monarchen orientierte und dem die Macht übertragen wurde, den Außenhandel zu regulieren und Krieg zu führen.

Einhundertfünfzig Jahre später unterliegt die erste erfolgreiche anti-kapitalistische Revolution einem ähnlichen Schicksal: die politische Machtergreifung der Bolschewiki in Rußland, deren Programm u.a. explizit die Zerstörung der staatlichen Struktur von Gesellschaft und deren Ablösung durch die freie Assoziation freier Produzenten vorsah, führte zur Entstehung eines ungleich stärker zentralisierten, ungleich effizienter organisierten Staates als alle seine bürgerlichen Vorgänger. Die Erklärung dafür ist jedoch so schwer nicht zu finden: die geradezu verzweifelt-gewaltige Aufgabe, die Revolution gegen die multi-staatlich organisierte Konterrevolution seitens der kapitalistischen Mächte mit allen verfügbaren Mitteln verteidigen zu müssen, verwandelte die Zielvorstellung vom »Absterben des Staates« in eine schlechte Utopie. Der neugeschaffene sozialistische Staat — recht eigentlich ein Widerspruch in sich selbst — konnte um so weniger absterben, als ihm keine sozialistische Revolution in den Zentren des Weltkapitalismus zuhilfe kam.

Die dem Zweiten Weltkrieg folgenden anti-kolonialen Emanzipationskämpfe wurden nicht einmal mehr dem Anspruch nach mit der Perspektive der Aufhebung des Staates geführt: die staatliche Organisation der aus der Kolonialherrschaft entlassenen Gesellschaften schien ein unverzichtbares Verteidigungsinstrument zu sein, mittels dessen man der überwältigenden ökonomischen und militärischen Macht der Metropolen sich zumindest teilweise würde erwehren können. Auch schien es nur mittels des modernen Staatsapparates — zentralisiert, bürokratisiert, bewaffnet, territorial abgesichert — möglich zu sein, die eigenen gesellschaftlichen Kräfte zu integrieren und zu mobilisieren; nicht umsonst hatten beispielsweise zahlreiche spätere Führer asiatischer und afrikanischer Staaten an der einem progressiven Etatismus verpflichteten »London School of Economics« studiert. Andererseits begannen die nach anfänglichen Widerständen selbst aktiv dekolonisierenden kapitalistischen Mutterländer die Vorteile zu erkennen, die sich aus der Fragmentarisierung der Peripherie in eine Vielzahl kaum überlebensfähiger, souveräner Einheiten für die Fortsetzung einer nun indirekten Kontrolle ergaben: die Konkurrenz der neuen politischen Eliten untereinander verhinderte u.a. die Entstehung potentiell handlungs- und widerstandsfähiger größerer sozio-ökonomischer Einheiten, die sich u.U. aus einem länger dauernden Befreiungskampf ergeben hätten. Natürlich ist letzteres eine historische Spekulation,[161] die jedoch bis zu einem gewissen Punkt legitim und notwendig ist, wenn wir Geschichte immer zugleich als eine Geschichte von alternativen Möglichkeiten begreifen. Tatsächlich blieb jedoch die im Verlaufe der Dekolonisierung geschaffene neue politische Landkarte sowohl in Afrika als auch weitgehend in Asien im Grunde mit der durch die kolonialen Grenzziehungen geschaffenen identisch. Keiner der in der Zwischenzeit unternommenen zahlreichen Versuche, dieses historische Erbe zu überwinden und an der Peripherie größere, effizientere bzw. ökonomisch lebensfähigere und von den Metropolen weniger abhängige Einheiten zu schaffen, war erfolgreich. Diese haben die klassische Regel des *divide et impera* erfolgreich praktiziert, solange es ihnen nützte, indem sie sorgfältig geförderte einheimische Eliten mit Privilegien ausstatteten: die französische Dekolonisierung vermittelt hier klassische Beispiele. Etwas subtiler operierte die britische Politik mit der Einführung bundesstaatlich-parlamentarischer Regierungsformen — in Nigerien sollte z.B. der konservativere Norden die »inkrumistischen« Tendenzen des Ostens und Südens auffangen — kurz: wir beobachten die widersprüchliche Situation, daß die Oktroyierung fragmentarischer »moderner« Territorialstaaten in den Gesellschaften der kapitalistischen Peripherie dem strategischen Ziel indirekter Kontrolle zuarbeitete, während gleichzeitig die staatliche Unabhängigkeit von den neuen politischen Eliten wie von den Massen nicht minder als echte Errungenschaften angesehen wurden und dies in der Tat auch waren.[162] *Der Staat der Peripherie hat darum eine sowohl vom Staat der kapitalistischen Metropolen als auch von den sozialistischen Staaten grundlegend verschiedene Entstehungsgeschichte und Funktion,* weshalb es ganz und gar unangemessen wäre (ganz abgesehen von den bereits erwähnten Größenverhältnissen) diese gleichwertig zu behandeln.

Die politische Strukturierung des internationalen Systems in souveräne Staaten hat auch sehr konkrete ökonomische Konsequenzen, die dann nicht angemessen erfaßt werden können, wenn man bei der allgemeinen Bestimmung des Staates als Funktion der kapitalistischen Produktionsweise stehenbleibt. Es zeigen sich nämlich keineswegs nur marginale Korrelationen, die zwischen Größe (nach Bevölkerung) und wirtschaftlichem Wachstum bestehen (bekanntlich war dies eines der Axiome merkantilistischer Theorie und rechtfertigte die territoriale Annexionspolitik der absolutistischen Staaten) — und zwar sowohl innerhalb der Gruppe der »entwickelten Industrieländer« als auch in der Gruppe der »Unterentwickelten«. Zunächst bedeutet Größe, wie die folgende Tabelle zeigt, eine relativ geringere Handelsabhängigkeit der großen Staaten und damit einen relativ größeren politischen Spielraum (nach Kuznets 1969, 19).

30 Staaten mit hohem pro-Kopf-Einkommen, 1949, in absteigender Reihenfolge je nach Bevölkerungsmenge

Gruppe	*∅ Bev. (Mio.)*	*∅ pro-Kopf-Einkommen US $*	*∅ Außenhandel pro Kopf US $*	*Handel als % des pro Kopf-Eink.*
Erste 5	69,0	653	142	21,8
Zweite 5	15,0	399	176	44,1
Dritte 5	10,2	429	252	58,8
Vierte 5	6,2	360	234	65,0
Fünfte 5	3,9	579	306	52,9
Sechste 5	1,3	447	374	83,6

Aus dieser Tabelle läßt sich u.a. deutlich die besonders hohe Exportabhängigkeit der »Kleinen« ablesen, was im Falle der Unterentwickelten deren extreme Abhängigkeit ihrer in der Regel auf Monokulturen basierenden Volkswirtschaften von Weltmarktpreisen bedeutet. In der nächsten Tabelle wird das deutlicher, wobei die Gruppe der ersten Fünf eine Verzerrung der allgemeinen Regel darstellt, die durch den Einschluß von Ländern wie Indien, China und Indonesien vor allem entsteht; von der dritten Fünfergruppe an wird das Bild wieder deutlicher (ibid., 20)

30 Staaten mit niedrigem pro-Kopf-Einkommen, 1949, in absteigender Reihenfolge je nach Bevölkerungsmenge

Gruppe	*∅ Bev. (Mio.)*	*∅ pro-Kopf-Einkommen US $*	*∅ Außenhandel pro Kopf US $*	*Handel als % des pro-Kopf-Eink.*
Erste 5	214,2	52	19,6	37,2
Zweite 5	29,1	100	44,0	43,8
Dritte 5	16,4	59	27,2	46,1
Vierte 5	5,5	84	56,6	67,4
Fünfte 5	2,7	68	41,4	61,1
Sechste 5	1,2	101	65,0	64,2

Eine grob vereinfachende weitere Tabelle drückt das gleiche aus, nämlich den Preis, den vor allem kleine politische Einheiten der Peripherie des internationalen Systems für die von ihnen von außen, historisch durch die Kolonisierung bzw. durch die staatliche Fragmentarisierung der Dekolonisation auferlegten Existenzbedingungen zu zahlen haben, die ihrerseits nun von den metropolitanen Mächten in ihrer nationalstaatlichen Unverletzlichkeit garantiert werden (bei Galtung 1967, 331).

Durchschnittliche Wachstumsraten (in Prozent)

	Große Staaten	*Kleine Staaten*	*Differenz*
Reiche	3,9	3,0	0,9
Arme	2,1	0,9	1,3

Auch noch die »großen Armen« wachsen schneller als die »kleinen Armen«. »*Solange wie das gegenwärtige System von Nationalstaaten existiert*, können sich kleine unterentwickelte Nationen nicht wirklich entwickeln — sei es als unabhängige nationale Einheiten, wofür es ihnen an der notwendigen Basis fehlt, oder sei es durch Verzicht auf ihre nationale Souveränität bei Strafe Opfer der Diskriminierung zu werden, die von anderen nationalen Einheiten praktiziert wird.« (Jaguaribe 1961, 38; Hervorheb. E.K.)

Umgekehrt liegt in ihrer Größe einer der objektiven Vorteile, den sowohl die Sowjetunion als auch China hatten und weiterhin haben bei ihrem Versuch, sich aus der Abhängigkeit von der kapitalistischen Weltwirtschaft zu lösen und dem politisch-ökonomischen Druck der imperialistischen Mächte zu widerstehen. Die meisten afrikanischen,[163] viele asiatische und viele lateinamerikanische Staaten haben, aufgrund ihrer begrenzten territorialen, natürlichen und bevölkerungsmäßigen Ressourcen jene Möglichkeiten entweder nicht oder doch nur in oft wesentlich geringerem Umfange — gesetzt, interne politische Machtveränderungen schafften die Voraussetzungen zu einer solchen Strategie. Bekanntlich wäre die Wirtschaft des sozialistischen Kuba ohne die hohen sowjetischen Subsidien nach dem Ostrazismus durch die USA und die anderen kapitalistischen Staaten längst zusammengebrochen.

Darüber hinaus ist auf die unverhältnismäßig hohen administrativen Kosten hinzuweisen, die der moderne Staatsapparat für die »Kleinen« bedeutet (nicht zuletzt in Form eines aufgeblähten parasitären tertiären Sektors) und die sich schwer auch auf noch so ernsthafte Entwicklungsanstrengungen legen.[164] Nicht zuletzt das »Spiel« internationaler Politik selbst — Diplomatie, zwischenstaatliche Beziehungen, UN-Mitgliedschaften, Mitgliedschaften in internationalen Organisationen, die sich überall rapide vermehren — von den metropolitanen Staaten zur Stabilisierung einer minimal operationablen Ordnung im internationalen System »erfunden« — verlangt von den kleinen Staaten einen Aufwand, den sie sich nur mit unverhältnismäßig höheren relativen Anteilen an ihren nationalen Budgets leisten können. Viele von ihnen sind darum gezwungen, ihre diplomatischen Vertretungen auf einige der wichtigsten Staaten zu reduzieren und zu konzentrieren — wozu dann, folgenschwererweise, viele Staaten der eigenen Region nicht gehören. Und während die »großen Mächte« nicht nur in der Regel über ein weltweit komplettes diplomatisches Personal (ganz abgesehen von dessen besserer Ausbildung) verfügen, sind sie auch noch im Vorteil qualitativ überlegener Informationen, der es erlaubt, von einer Art »diplomatischem Imperialismus« zu sprechen (Vital 1967, 23f.): beispielsweise verfügt Großbritannien in Burma über mehr als doppelt so viele Diplomaten wie Burma in Großbritannien, für Zaire ist das Verhältnis 6 : 1, für Äthiopien 13 : 4. Hinzu kommen die Kosten für technologisch fortgeschrittene Methoden der Datenverarbeitung, die den Metropolen zur Verfügung stehenden Mittel der Luftaufklärung bzw. der Satelliten-Photographie, etc. Kurz: zusätzlich zu allen anderen Faktoren werden die »Kleinen« der Peripherie auch noch aufgrund der Souveränitäts-Spielregeln des internationalen Systems zu dessen Stiefkindern, verstärken diese noch ihre Abhängigkeit. —

Eines der in den meisten Standardtexten sehr gebräuchlichen Stereotypen ist das von der Kennzeichnung der internationalen Beziehungen als »anarchisch«, fehle es doch dem internationalen im Unterschied zu jedem nationalen System an einer zentralen, Recht stiftenden und Recht wirkungsvoll durchsetzenden Autorität: hier herrsche das Recht des Stärkeren, der nackte Staatsegoismus, das nur durch Gegengewalt in Grenzen gehaltene Machtprinzip. Das Anarchie-Konzept als Versuch, die internationalen Beziehungen auf den Begriff zu bringen, ist jedoch im Grunde nur eine der vielen Erscheinungsformen des tatsächlichen Theorie-Defizits der Disziplin, ihrer Hilflosigkeit bzw. ihres Unvermögens, zur polit-ökonomischen Analyse vorzudringen. Ordnung und eine stabile Struktur der Staatenwelt war das Ziel aller Architekten der internationalen Diplomatie seit ihren Anfängen. Daß diese Ordnungen immer wieder an ihren Widersprüchen — den Widersprüchen konkurrierender Wirtschaftsgesellschaften — zerbrachen und auch in Zukunft wieder zerbrechen werden, verweist auf die prinzipielle Unmöglichkeit von dauerhaften politischen Konfliktlösungen, nicht aber auf die angebliche Abwesenheit von internationalen Ordnungsvorstellungen und den Willen zu ihrer praktischen Durchsetzung.

Ordnung herzustellen, war zunächst die historische Aufgabe des modernen, territorialen Nationalstaates und seiner politischen Klasse, durch deren Vermittlung sich die kapitalistische Produktionsweise seit dem 16. Jahrhundert in Westeuropa konkretisierte und manifestierte. Das Kapital tritt, wie es Karl Marx formuliert hat, historisch als nationales, im Staat organisiertes Kapital auf, als konkurrierende nationale Kapitale. Die Konflikte, die sich daraus ergaben, waren nicht solche einer »internationalen Anarchie«, sondern Konflikte um die Führungsrolle innerhalb der kapitalistisch produzierenden Gesellschaften; ihre Lösung bestand im Versuch, System zu bilden. Den ersten Versuch zur Etablierung von internationaler Ordnung stellt der Westfälische Frieden (1648) — nach einem zerstörerischen Krieg von 30 Jahren — dar: hier beginnt das Völkerrecht, die Institutionalisierung von Diplomatie, von »Gipfelkonferenzen«, der Versuch zur Einhegung des Krieges, die Anerkennung des Prinzips territorialer Integrität, der Gedanke eines Gleichgewichts der Mächte (da Suprematie einer einzelnen Macht nicht durchsetzbar war), usw. Die Ordnung des 17. Jahrhunderts implizierte darüber hinaus auch noch die geordnete Expansion nach Übersee; weder Kolonialismus noch Merkantilismus qualifizieren als anarchische Verhältnisse eines internationalen Naturzustandes, sondern sie stellen einigermaßen präzise Strukturen dar — und zwar sowohl international (die Aufteilung in Einflußsphären) als auch innergesellschaftlich (die Organisation der Weltreiche bis hinunter zur Definition der Minimalrechte der Sklaven).

Interne wie internationale Ordnungen waren hierarchisch strukturiert aber um Macht bzw. größeren Anteil an den verfügbaren Ressourcen konkurrierend auf der Ebene von Politik und Wirtschaft. International wurde Spanien durch Holland, Holland durch England und damit der Entdeckungs-Kolonialismus durch den Merkantilismus, der Merkantilismus durch den Freihandel, der Freihandel schließlich durch den klassischen Imperialismus abgelöst. Jeder dieser inter-staatlichen Konflikte — und als Staaten qualifizierten sich nur eine Handvoll europäischer kapitalistischer Gesellschaften — endete zwar entweder durch Krieg oder, im selteneren Fall, durch Übereinkunft (die Aufteilungen Afrikas in der 2. Hälfte des 19. Jahrhunderts), aber sie endeten in jedem Fall mit einer neuen Ratifikation von internationaler Ordnung bzw. Unterordnung. Es »liegt in der Idee des europäischen Konzerts, des Areopags der Großmächte als des Kerns der Staatengesellschaft, ein Prinzip, das grundsätzlich die Gleichheit als Ordnungsgedanken aufhebt und durch die Form einer 'Kollektivhegemonie' ersetzt.« (Schieder 1969, 24) Und es war immer der Staat, durch dessen Vermittlung solche Ordnung erzielt wurde. Staatliche Organisation erscheint darum historisch als Mittel und Instrument hierarchischer Gliederung und als Bedingung der Möglichkeit geordneten Ablaufs von geschäftlichen Transkationen im weitesten Sinne des Worts.

Die Ordnung des weltweiten Staatensystems besteht aber nicht nur in der angestrebten Verrechtlichung von Transaktionen, nicht nur in der Hierarchisierung der metropolitanen Zentren und der Unterordnung der Peripherie, sondern auch aus *internationalen Organisationen.* Diese stellen gewissermaßen *das komplementäre Strukturelement dar zur Universalisierung von Staatlichkeit, institutionalisierte Instrumente des Krisenmanagements, Versuche der Stabilisierung des Instabilen.* Quantitative Untersuchungen zeigen beispielsweise, daß — seit dem frühen 19. Jahrhundert — jedem schweren Konflikt im internationalen System ein sprunghaftes Zunehmen intergouvernamentaler Organisationen folgte:[165] 1815, 1830, 1870, 1918, 1945 — und das nicht nur, weil diese Konflikte auch gleichzeitig zu neuen Staatenbildungen beitrugen (ihrerseits die Folge der Ausbreitung des Industriekapitalismus und seiner Konflikte), sondern auch weil die Vermehrung der staatlichen »Akteure« gegengewichtige Maßnahmen zur Ordnungserhaltung bzw. -wiederherstellung erforderlich machte.

Von hier aus wurde seit den fünfziger Jahren, basierend auf bzw. räsonnierend begleitet durch einige prominente Theoretiker der Internationalen Beziehungen die Strategie entwickelt, den Nationalstaat durch funktionale Kooperation über politisch neutrale Sektoren zu überwinden: objektiv gegebene, nur gemeinsam lösbare Probleme ausschließlich technischer Natur, sog. »Sachfragen« wie Flußschiffahrt, Seuchenbekämpfung, Verkehr und Verbrechen würden, so argumentierten die Funktionalisten, gewissermaßen von selbst zu einem »Überlauf-Effekt« (spill-over) führen und somit die Exklusivität des Nationalstaates langfristig aushöhlen. Als Demonstrationsobjekt dieser Konfliktlösungs-Strategie wird bzw. wurde bis vor kurzem die Europäische Gemeinschaft genommen. Setzen wir nun den Fall des Gelingens westeuropäischer politischer Einigung, so wäre damit doch alles andere als der erste Schritt zur Überwindung der staatlichen Strukturierung des internationalen Systems getan, vielmehr stellte dies nur die Reproduktion staatlicher Organisation auf höherer Ebene dar: gemeinsame Verteidigung, gemeinsame Außenwirtschaftspolitik, gemeinsame Sozialpolitik zur internen Disziplinierung, europäischer Imperialismus. Das internationale System würde durch das Entstehen einer neuen »Weltmacht« kaum friedlicher, kaum egalitärer (vgl. Galtung 1974). Vor allem aber muß die Konzentration im Zentrum des kapitalistischen Systems konstrastiert werden mit der komplementären Fragmentarisierung an der Peripherie, über den bereits erwähnten »naturwüchsigen« Staatenpluralismus hinaus. Praktisch hat es hier bislang keine erfolgreichen Einigungsbewegungen gegeben: alle entsprechenden Ansätze, von der Karibischen Föderation über die Vereinigte Arabische Republik bis hin zur Organisation für Afrikanische Einheit sind mehr oder minder eindeutig gescheitert; selbst die Kooperation skandinavischer Länder ist im Sog des Gemeinsamen Marktes zusammengebrochen. Tatsächlich läßt sich vielmehr die gegenteilige Entwicklungstendenz beobachten, nämlich ein Prozeß weiterer Zersplitterung: der Zerfall Pakistans, die Trennung Singapurs von Malaysia und neuerdings wohl der Libanon sind symptomatisch und zeigen wahrscheinliche zukünftige Entwicklungen an. In Afrika waren allein in den '60er Jahren insgesamt 17 staatliche Aufteilungen, 14 Sezessionsbewegungen und 17 Überläuferbewegungen zu verzeichnen.[166]

Eine Ordnungsfunktion üben in diesem Kontext die mittleren Mächte aus — die »Großen« der Dritten Welt — wofür, ohne bislang befriedigend theoretisch geklärt zu sein, der Begiff des *Subimperialismus* Verwendung findet. In dem Maße, in dem es für die Metropolen schwierig, bzw. politisch und militärisch inopportun und kostspielig geworden ist, durch interventionistische Außenpolitik direkte Kontrollfunktionen zum Zwecke militärisch-ökonomischer Stabilisierung wahrzunehmen, haben sie z.T. systematisch die Entwicklung von Regionalmächten mit delegierten Ordnungsaufgaben betrieben. Die USA haben beispielsweise sehr explizit Brasilien zu einer derartigen Rolle in Lateinamerika bestimmt: selbst in enger politischer und ökonomischer Abhängigkeit von den USA stehend, hält Brasilien sowohl Argentinien in Schach, bringt es seine kleineren Nachbarn unter Kontrolle durch wirtschaftliche Kooperationsverträge und war nicht unwesentlich am Erfolg des Putsches der chilenischen Armee gegen Präsident Allende beteiligt. Indien wurde — von den USA und der Sowjetunion gleichermaßen dazu ausersehen — für eine ähnliche Rolle in Asien bestimmt. Israel, ohne amerikanische wirtschaftliche und militärisch-logistische Unterstützung kaum überlebensfähig, hält die arabischen Staaten untereinander gespalten und schwach. Südafrika hat eben dieselbe Funktion in Schwarzafrika, mit der besonderen Variante der aktiven Unterstützung konterrevolutionärer Verbände gegen linksorientierte Regierungen.

Ordnung in das antagonistische Staaten-System zu bringen ist auch der erklärte Zweck des »klassischen« Instrumentes der Bündnisse. Im allgemeinsten Sinne des Wortes sind Bündnisse Verträge zwischen den politischen Eliten oder Klassen zweier oder mehrerer Staaten, sich gegenseitig an der Macht zu halten, einander im Falle äußerer und innerer Bedrohung der Herrschaftspositionen innerhalb beizustehen. *Staatserhaltung ist die Form, Klassenherrschaft der Inhalt von Bündnissen.*[167] Im konkreten sozio-politischen Kontext zielt diese Strategie immer auf die Stützung herrschender Eliten eines schwächeren Staates durch die Vermittlung der Metropolmächte. »Gegenseitige Beistandsverträge« zwischen den USA und lateinamerikanischen oder südostasiatischen Ländern bedeuten faktisch die einseitige Garantie der ersteren zugunsten der bestehenden sozialen Ordnung bzw. der herrschenden Klassen der letzteren; dasselbe gilt prinzipiell ebenso für die Sowjetunion und ihre Bündnispartner. Die historische Perspektive verdeutlicht diesen klassenpolitischen Inhalt: die Heilige Allianz des post-revolutionären Europa während der ersten Hälfte des 19. Jahrhunderts war ganz explizit davon inspiriert, die konservativ-monarchistische Ordnung (in diesem Falle multilateral) zu garantieren und erachtete jeden Beistand zu diesem Zweck — einschließlich, sofern notwendig, die »Einmischung in die inneren Angelegenheiten« des Bündnispartners — als zentral. Damalige wie heutige Bündnisse vermitteln ihren systemerhaltenden, ordnungsstiftenden Zweck über die Stärkung der Disziplinierungsfunktionen des Staates gegenüber dem innen- bzw. gesellschaftspolitischen Gegner: in letzter Instanz durch die polizeilich-militärische Repression revolutionärer Kräfte (wofür die Heilige Allianz vorbildlich war), gerechtfertigt durch den gleichzeitigen Aufbau militärischer Kapazitäten zwecks Verteidigung der nationalstaatlich organisierten ökonomischen Konkurrenzinteressen: keines der modernen, immer auf Ungleichheit basierenden Bündnissysteme, die innerhalb der politischen Struktur des internationalen Systems ein vielgestaltiges Netzwerk bilden, verzichtet auf den Militärapparat zum Garanten von innerer Stabilität, Ordnung und Sicherung des Einflusses der 'Führungsmacht'.

Aber obwohl Bündnisse ordnungsstiftend konzipiert sind, Versuche also, staatlich-außenpolitisches Verhalten kalkulier- und kontrollierbar zu machen, können sie gleichwohl nicht die Widersprüche aufheben, die mit dem Staatensystem notwendig gegeben sind. Nicht nur das: sie tendieren sogar eher dazu, diese Widersprüche und Konflikte auf höherer und darum explosiverer Ebene zu reproduzieren und in der Zwischenzeit eine Scheinsicherheit zu gewähren. Die politisch-diplomatische Dimension des Ausbruchs des Ersten Weltkrieges demonstriert diesen Sachverhalt höchst dramatisch: es lag in der Logik der verschiedenen Bündnissysteme, einen politisch-militärischen Zugzwang zu erzeugen, der eine Vielzahl von »Staats-Akteuren« in den Konflikt hineinzog, die mit dem ursprünglichen Streitanlaß kaum mehr in Beziehung standen.[168] Eine quantitative Untersuchung der Konsequenzen von Bündnismitgliedschaften während der beiden letzten Jahrhunderte kommt denn auch zu dem allgemeinen Ergebnis, daß Bündnismitgliedschaft die Wahrscheinlichkeit des Hineingezogenwerdens Außenstehender in einen Konflikt vergrößert, bzw. daß die Wahrscheinlichkeit der Eskalation zwischenstaatlicher Konflikte mit der Ausbreitung von Bündnissystemen zunimmt (Singer/Small 1968, 247-286).

Insofern ist auch der territoriale Konflikt selbst, der in der Vergangenheit vorherrschende Konfliktfall zwischen Staaten, nicht deswegen bereits ausgestorben, weil Souveränität und territoriale Integrität als universale Prinzipien inzwischen anerkannt sind. Unter territorialen Konflikten sind diejenigen zu verstehen, die sich aus konkurrierenden Ansprüchen auf dasselbe Gebiet entwickeln, Grenz- und Annexionskonflikte also, ihrerseits eine der vielen Konsequenzen der Exklusivität der politischen Organisationsform Staat (der mittelalterliche Personalverband »Staat« kannte, so ist zu erinnern, keine vergleichbaren Gebietskonflikte). Bis hin zum Zweiten Weltkrieg, diesen eingeschlossen, waren dies zumindest dem äußeren Anlaß nach die häufigsten Kriegsursachen. Das hat sich dem Anschein nach seitdem geändert: zumindest in den Zentren stellen Grenzstreitigkeiten keine ernstzunehmenden Konfliktursachen mehr dar — obwohl es immerhin der KSZE von Helsinki im Sommer 1975 bedurfte, um die letzten Zweifel an den durch den Zweiten Weltkrieg geschaffenen neuen Grenzziehungen zu beseitigen. Die Staatengesellschaft scheint sich mit ihrer eigenen Existenz als Gesellschaft koexistierender Staaten abgefunden zu haben und dadurch eine gewisse praktische Legitimität zu gewinnen. Aber dieser Schein trügt gleichwohl: denn tatsächlich sind kriegerische Konflikte über Grenzziehungen zumindest an der Peripherie alles andere als überwunden — von dem nur scheinbar wenig ernstzunehmenden »Fußballkrieg« zwischen Honduras und San Salvador (1968) bis zu den sehr ernstzunehmenden chinesisch-sowjetischen Zusammenstößen in Sibirien, von Iraks Ansprüchen auf Teile des Territoriums von Iran bis zu algerisch-marokkanischen Grenzstreitigkeiten, von latenten Konflikten über Nationalitätengrenzen zwischen Jugoslawien und Bulgarien bis hin zu den chinesisch-indischen Kampfhandlungen im Himalaya.

Die meisten, wenn nicht alle diese Konflikte, haben ihr historische Ursache in den entweder willkürlich-zufälligen oder bewußt ethnische Einheiten aufspaltenden Grenzziehungen seitens der Kolonialmächte zur Zeit des Höhepunktes ihrer physischen Kontrolle und Beherrschung der außereuropäischen Welt. Und wenn wir noch genauer und historisch etwas weiter ausholend dieses Konfliktpotential analysieren, so werden wir die *Ursachen* in der Tatsache der *Oktroyierung staatlicher, territorial-ethnisch und kulturell exklusiver Organisationsformen* überhaupt zu sehen haben, Resultate eines, wie früher angedeutet, wechselseitigen Prozesses zuerst kolonialer Herrschaftsinteressen und dann anti-kolonialistischen Selbstschutzes.[169] In jedem Falle *wurde dadurch die Entwicklung alternativer, autochthoner politischer Organisationsformen, die den Emanzipationsbedürfnissen der durch ihre Etatisierung scheinbar beförderten Völker angemessener gewesen wären, abgeschnitten.* Der derzeit wohl tragischste Fall dieser Art ist die Gründung Israels als eines solchen in besonders extremem Maße exklusiven national-territorialen Staates, dessen inhärentes Konfliktpotential uns geradezu täglich und sehr konkret in den Verzweiflungsaktionen der ausgeschlossenen Palästinenser vorexerziert wird.

Die sich aus dem bisher Entwickelten aufdrängenden Konsequenzen müssen gleichwohl unbestimmt und unbefriedigend bleiben. Zwar ist unverzichtbar am historisch-konkreten und darum prinzipiell überwindbaren Charakter des modernen Staates festzuhalten. Aber seit der Etatisierung der ersten großen anti-kapitalistischen Revolution[170] kann es nicht mehr genügen, sämtliche staatlich vermittelten Konflikte des internationalen Systems aus den Widersprüchen der kapitalistischen Produktionsweise und ihrer Staaten abzuleiten. Wohl gilt noch immer für das internationale System bzw. für dessen kapitalistisch produzierendes 'Segment' der von Bucharin definierte und bis heute gültige »Widerspruch zwischen den Produktivkräften der *Weltwirtschaft* und den 'national' beschränkten Aneignungsmethoden der staatlich geschiedenen Bourgeoisie«, der »Widerspruch zwischen der im weitesten Umfange vergesellschafteten Produktion und den privatwirtschaftlichen oder 'national-bürgerlichwirtschaftlichen' Eigentumsverhältnissen«. (Bucharin 1970, 100) Wohl bleibt richtig, daß der Kapitalismus sowohl zur internen Disziplinierung der Klassenkonflikte als auch zum Schutze und zur aggressiven Verteidigung der Kapitalinteressen des Staates bedarf (vgl. Murray 1971, 265-288) — wobei »sich die Nationalstaaten nicht als Exekutoren, sondern als Modifikatoren des Wertgesetzes auf dem Weltmarkt« verhalten (Neusüß u.a. 1971, 97), sie also, kontradiktatorisch, die Entfaltung des Kapitalismus gleichzeitig befördern und retardieren bzw. verzerren.

Gleichzeitig kann jedoch nicht einfach geleugnet werden, daß — wie wiederholt erwähnt — unter den gegebenen Bedingungen staatliche Organisation peripherer Gesellschaften eine wirksame Schutzfunktion für emanzipatorische Transformationen darstellt, und es kann vor allem ebensowenig übersehen werden, daß internationale Politik heute in jeder ihrer konkreten Erscheinungsformen mitgestaltet wird von der politischen Diplomatie nicht-kapitalistischer Staaten wie der Sowjetunion und Chinas, die ihrerseits nicht aus kapitalistischen Eigentumsformen ableitbar sind.

Die Auflösung dieses Dilemmas kann nur als praktische konzipiert werden: insofern moderner Staat und kapitalistische Produktionsweise in einem ursächlichen genetischen Zusammenhang stehen, kann mit einem zureichenden Maße von Plausibilität erwartet werden, daß mit einer Überwindung dieser historischen Produktionsweise in den Zentren, in den Metropolen des Kapitalismus selbst (und es ist dies der konkrete Raum, in dem nicht zuletzt die hier entwickelten Begriffe und Grundelemente einer Theorie der Internationalen Beziehungen angesiedelt sind) auch die Staatlichkeit der »sozialistischen Staaten« eine fundamentale Veränderung erfahren muß.

17. Weltmarkt

Ein mehr oder minder x-beliebiges Lehrbuch über Außenhandel beginnt mit der Feststellung:

> Geschäftsleute treffen ihre Entscheidungen darüber, was und wie produziert wird, wo ge- und wo verkauft werden soll nach Maßgabe von Marktpreisen mit dem Ziel, Profite zu machen. Es mag durchaus sein, daß sie auch andere Zwecke zusätzlich zum Profitmachen verfolgen, aber Profite müssen das beherrschende Ziel bleiben, wenn ein Unternehmer überleben und expandieren will ... In dieser Hinsicht ändert sich nichts, wenn man statt der wirtschaftlichen Operationen innerhalb der Grenzen eines Staates jene Aktivitäten analysiert, die diese Staatsgrenzen überschreiten.« (Sirk 1973, 1)

Es scheint dies, auf den ersten Blick, eine Selbstverständlichkeit zu sein — wie kann man anders wirtschaften als durch die Erzeugung von mehr Wert, von Surplus, der die Bedingung der Möglichkeit jeglicher kultureller Entfaltung überhaupt ist? Und doch handelt es sich hier nur scheinbar um ein Axiom des sogenannten gesunden Menschenverstandes, sondern vielmehr um die Formulierung der Logik der kapitalistischen Produktionsweise: deren Zweck besteht — wie uns dieser beliebig ausgewählte Autor versichert und womit er Karl Marx, ohne dies freilich zu wollen, Recht gibt — *nicht* in der Erfüllung von menschlichen, von gesellschaftlichen Bedürfnissen, sondern in der Erwirtschaftung von Profiten durch ein jeweiliges Unternehmen; daß dabei *auch* Bedürfnisse befriedigt oder auch erst geweckt und dann befriedigt werden, steht außer Frage. Aber Bedürfnisbefriedigung ist expressis verbis *nicht* das »beherrschende Ziel«, ist sozusagen ein positiv zu registrierendes Nebenprodukt, das sich einstellen kann, aber nicht unbedingt muß. »Akkumuliert, akkumuliert, akkumuliert — das ist Moses und die Propheten«, so hatte Marx dieses Grundgesetz des Kapitalismus emphatisch genannt. Das internationale System der Gegenwart als historisch gewachsenes System, als kapitalistischer Weltmarkt *muß* unter dieser Perspektive begriffen werden: ohne dieses Grundgesetz würde der entscheidende Schlüssel zum Verständnis jener Dynamik fehlen, die zu analysieren und mittels wissenschaftlicher Anstrengung unter Kontrolle zu bringen Aufgabe der Wissenschaft von den Internationalen Beziehungen ist.

Die Gier nach rasch zu erwerbendem Reichtum hatte die eigentliche Triebkraft des »Zeitalters der Entdeckungen« ausgemacht — gewiß: es wäre ein dümmlicher Mechanismus, wollte man die Motivationen der Columbus und Magellans auf einen solchen »ökonomischen Nenner« bringen; aber schon für die Mäzene dieser Weltentdecker und gleich darauf für die europäischen Kaufleute standen handfeste Finanzinteressen auf dem Spiel, und ohne deren Kapital hätte auch nicht eine einzige Entdeckungsreise stattfinden können. Insofern manifestiert sich bereits in den Geburtsstunden des von Westeuropa aus geschaffenen internationalen Systems jenes Grundgesetz: die Entdeckung neuer Kontinente, die sprungartige Erweiterung des Weltbildes, die Kenntnis von neuen Kulturen, Lebewesen, Vegetationen und Nutzpflanzen, die Erfahrung der Welt als geographische Einheit, das Studium von Meeresströmungen und Winden, die Entwicklung der transatlantischen Navigation — alle diese Errungenschaften sind doch nur Nebenprodukte des »beherrschenden Zieles« der Profitmaximierung, wie es der eingangs zitierte Lehrbuchautor richtig beschrieb.

Allein dieses Grundprinzip ermöglicht es, das scheinbar so komplexe und vielschichtige Große Thema der internationalen Beziehungen — das gar nicht genug dramatisierbare Auseinanderbrechen der Weltgesellschaft in extreme Armut und Unterentwicklung einerseits, in Bedürfnis-Überbefriedigung und Machtkonzentration andererseits — analytisch in den Griff zu bekommen: nicht Sorge um die Wohlfahrt der Völker, sondern die Erwirtschaftung von Profit »jagt die Bourgeoisie über die ganze Erdkugel. Überall muß sie sich einnisten, überall anbauen, überall Verbindungen herstellen«, wie es Karl Marx 1848 formulierte. Ohne den Orientierungskompaß dieses Grundgesetzes muß es unverständlich bleiben, warum die Welt zum Weltmarkt geworden ist, warum Unternehmen so und nicht anders überall investieren und produzieren, warum sich die gewaltige Entfaltung der Produktivkräfte weltweit nur für so wenige als Befreiung von Hunger, Krankheit und Mangel überhaupt darstellt. Ohne diesen Verständnis-Schlüssel *muß* die Analyse der empirischen Daten, die die extremen und sich ständig verschärfenden Disparitäten der Lebenserwartungen in der Weltgesellschaft so eindringlich demonstrieren, zerfallen in eine Vielfalt von miteinander unvermittelten Erklärungsfaktoren, deren jeder seine eigene Therapie impliziert, die aber dann notwendigerweise konkurriert mit anderen Erklärungsansätzen und daraus folgenden Therapien. Andererseits: das Insistieren darauf, die internationalen ökonomischen Beziehungen, den Weltmarkt nur als kapitalistischen Weltmarkt angemessen interpretieren zu können unter bewußtem Ausschluß anderer Erklärungsansätze als unwissenschaftlich, begrifflich unscharf oder leer (»interdependente Weltgesellschaft«, »moderne Industriegesellschaft«, »Nord-Süd-Konflikt« etc.), impliziert keineswegs nunmehr einfache, wissenschaftlich unwidersprechbare Problemlösungen. Eher das Gegenteil ist richtig: mit der nur historisch zu gewinnenden Einsicht, daß die Entfaltung der kapitalistischen Revolution das eigentliche Grundmotiv der sich nunmehr auch als Weltmarkt darstellenden Welt-Einheit ist, fangen die eigentlichen Pobleme überhaupt erst an. Die »schrecklichen Vereinfacher« sind diejenigen, die wissenschaftliche Unentschiedenheit und das Klebenbleiben an der Oberfläche der Erscheinungen als »Pluralismus« bezeichnen: Kapitalismus — ja, aber auch Religion, auch ethnische Strukturen, auch psychische Prädispositionen, auch Nationalcharakter etc. sind mehr oder weniger gleichgewichtige Erklärungsfaktoren für Überentwicklung einerseits, Unterentwicklung andererseits, nicht aber der Mechanismus des Weltmarktes allein . . .

Die Welt als Weltmarkt ist tendenziell bereits angelegt in der kapitalistischen Revolution selbst, die mit der Verwandlung der für die Bedürfnisbefriedigung produzierten Gebrauchsgüter in *Waren* den sich über das Geld vermittelnden *Markt* schuf. Der Markt war — und ist — sowohl das nationale Territorium, nach außen abgesichert und nach innen befriedet durch den modernen Staat, als auch »die Welt«: die konkurrierenden Nachbarn ebenso wie die dem Konkurrenten möglichst zu verschließenden exklusiven Kolonien, die merkantilen Reiche, dann die Kolonial-Imperien. Die den Markt schaffende und von ihm geschaffene Ware ist, wie es bei Marx heißt, »an und für sich über jede religiöse, politische, nationale und sprachliche Schranke erhaben. Ihre allgemeine Sprache ist der Preis und ihr Gemeinwesen ist das Geld«. Warenwirtschaft und Weltmarkt bedingen und entwickeln sich gegenseitig. Und auf dem Markt, dem nationalen ebenso wie dem internationalen stehen sich Großunternehmen, als Käufer oder Verkäufer von Waren gegenüber. Das ist nicht ganz so banal und selbstverständlich wie es klingt: die anscheinende Banalität enthält nämlich jene Logik, aus der sich die tiefgreifenden Spannungen und die sozialen Explosivstoffe des internationalen Systems ableiten lassen. Denn die Durchsetzung der Warenwirtschaft bedeutet, daß tendenziell sämtliche zur Reproduktion notwendigen Güter dem Gesetz der Käuflichkeit auf dem Markt unterworfen werden — nicht nur die sogenannten Luxusgüter, sondern ebenso diejenigen der elementarsten Bedürfnisbefriedigung: Nahrung, Kleidung, Wohnung. Wir wollen das Bedürfnis Nahrung exemplarisch herausgreifen:

Die politische Ökonomie des internationalen Systems läßt sich nahezu schlüssig darstellen unter eben diesem Aspekt: das »moderne Welt-System« hatte von der landwirtschaftlichen Revolution im Europa des 16. Jahrhunderts seinen Ausgang genommen (Wallerstein 1974), und landwirtschaftlich erzeugte Rohprodukte hatten die große Masse der nach Europa aus den Kolonien importierten Waren ausgemacht. England, wo die kapitalistische Revolution in der Form des Industriekapitalismus zu ihrer eigentlichen Entfaltung kam, brach bald darauf als »Werkstatt der Welt« erstmals radikal mit einer ökonomischen Politik, die eigene Bevölkerung aus eigenen Ressourcen — aus der eigenen landwirtschaftlichen Produktion — zu ernähren. 1811-1830 importierte es nur 3 Prozent seines Weizenbedarfs gegen 79 Prozent am Ende des 19. Jahrhunderts, 1891-1895 (vgl. 10. Kapitel). Weizen selbst stellt nur einen Teil der dergestalt systematisch betriebenen Importabhängigkeit für Nahrungsmittel dar, für die es auf dem Weltmarkt seine Industrieprodukte eintauschte. Herstellung des Weltmarktes heißt, um zu wiederholen, Produktion von Waren mit dem »beherrschenden Ziel« des Profits. *Auf dem Höhepunkt der großen irischen Hungersnot, 1845-1850, der ein bis zwei Millionen Menschen zum Opfer fielen, exportierte Irland, die älteste englische Kolonie, in großen Mengen Weizen und Fleisch nach England,* weil die irischen Bauern die von ihnen produzierten Nahrungsmittel als Waren nicht kaufen konnten, denn das Land — die Produktionsmittel — gehörte den zumeist englischen Grundbesitzern. Diese aber verhielten sich voll und ganz systemlogisch, ihre Ware, die Ware Nahrung, dort zu verkaufen, wo sie Profite machen konnten. In veränderten Formen wiederholt sich dieser symptomatische Vorgang täglich. Bekanntlich wurden, im Zuge der Internationalisierung des Warenverkehrs, die Kolonien auf exportorientierte Plantagenwirtschaften und profitable Monokulturen umgestellt: Baumwolle, Kaffee, Tee, Kakao, Erdnüsse, usw. — ein Prozeß, der aus selbstgenügsamen Agrargesellschaften bzw. Bauern Exportökonomien bzw. Plantagenarbeiter machte und damit das Land der Lebensmittelproduktion entzog. 'Kolonialgeschichte als eine Politik des importierten Hungers' (vgl. de Castro 1973) reproduziert sich in den historisch entstandenen Strukturen bis heute aufgrund eben der Logik von Markt und Ware. Dazu nur zwei Beispiele:

»In *Brasilien* wurde in den letzten Jahren geradezu fieberhaft Soja[171] produziert. Von 1968 bis 1974 stieg die Produktion von 775 000 Tonnen auf 7,7 Millionen Tonnen und soll 1975 9 Millionen Tonnen erreichen. Unterernährung und der Tod der kleinen Kinder in Brasilien[172] wären damit vermeidbar — aber Soja wird vor allem exportiert. In den Industrieländern füttert man damit das Vieh, denn über Produktion und Verwendung entscheiden in der Freien Marktwirtschaft nicht die Bedürfnisse, sondern die Kaufkraft. Der Gewinn aus dem zeitweise hochgradig spekulativen Soja-Geschäft fließt in die Taschen eines runden Dutzend multinationaler Unternehmen, welche die Verarbeitung zu Speiseöl und Viehfutter, Zwischenhandel und Ausfuhr beherrschen. Das Beispiel Brasiliens zeigt, daß selbst die Steigerung der landwirtschaftlichen Produktion dazu beitragen kann, den Hunger zu vergrößern . . .«

Guatemala »war traditionellerweise Getreidelieferant für Honduras, Salvador, Costa-Rica und Panama. Heute weist es ein Getreidedefizit auf, und paradoxerweise ist dafür ein spektakulärer Boom seiner Landwirtschaft verantwortlich. Seit 1968 wurden 60 Prozent der ursprünglichen Getreidegebiete in Zucker- und Baumwollplantagen oder Viehfarmen umgewandelt. Die Aussicht auf höhere Gewinne, hervorgerufen durch steigende Börsenkurse für diese Produkte, waren die Ursache. Die Landwirtschaft produzierte nun nicht mehr für die vitalen Bedürfnisse der eigenen Region, sondern für den Export nach den Industrieländern. Die Tendenz verschärfte sich infolge der Ölkrise, die den Dünger verteuerte und den Anbau von Zucker und Baumwolle rentabler erscheinen ließ als Getreide. Es kam so weit, daß Mais, das Hauptnahrungsmittel der Armen, aus den USA importiert werden mußte — zu Preisen, die sich die Armen nicht mehr leisten konnten. Der Profit für die neuen Produkte aber wurde oft nicht ins Land zurückgebracht; er blieb in den Banken von New York und Zürich. Der Vorschlag eines Experten im Wirtschaftsministerium, ein Gesetz einzuführen, das die Grundbesitzer verpflichten würde, 10% des Bodens mit Getreide zu bepflanzen, stieß auf den erbitterten Widerstand des Parlaments, in dem die Besitzenden dominieren. Sein zweiter Vorschlag, eine Exportsteuer für landwirtschaftliche Produkte, trug ihm eine Maschinengewehrsalve ein«. (Hohenstein 1976, 16f.)

Hunger in den Ländern der sogenannten Peripherie mit allen seinen Folgen und Erscheinungsformen (Kindersterblichkeit, Arbeitsunfähigkeit, Seuchenanfälligkeit, Dauerschäden der Intelligenzentwicklung beim Jugendlichen) (vgl. Vereinig. Dt. Wissenschaftler, Welternährungskrise 1968), dem durchschnittlichen Zeitungsleser zwar bekannt, aber von ihm hilflos achselzuckend zur Kenntnis genommen, ist ebenso wie sein Korrelat — das Überangebot an Nahrungsmitteln in den sogenannten Zentren — *nicht* die Folge von zu raschem Bevölkerungswachstum (dies spielt *auch* eine Rolle), ist *nicht* primär zu beheben durch verbesserte Landwirtschaftstechniken, sondern ist zunächst und vor allem Resultat des Funktionierens des kapitalistischen Welt-Marktmechanismus. Es ist durch und durch logisch und zwingend, daß der Besitzer des Produktionsmittels Land diejenigen Produkte anbaut und sie dort verkauft, wo sie ihm Profite einbringen; hierin liegt die Logik der kapitalistischen Produktionsweise, deren »beherrschender Zweck« nicht Bedürfnisbefriedigung, sondern der Profit ist. Alle auch noch so gut gemeinten Welt-Ernährungsprogramme, die nicht zumindest tendenziell auf die Überwindung dieses Welt-*Markt*-Mechanismus ausgerichtet, also grob gesprochen antikapitalistisch sind, müssen darum notwendig scheitern bzw. können bestenfalls einige der schlimmsten Folgen der Warenproduktion mildern.

Die empirischen Daten über die enormen und weiterhin zunehmenden Disparitäten zwischen Industrieländern und Dritter Welt sind heute in zahlreichen Publikationen aufgearbeitet und leicht zugänglich. Sie können hier weitgehend als bekannt vorausgesetzt werden. Ein »neues« Element bringen in diese Datenaufarbeitung allenfalls graphische Darstellungen, die die Proportionen unmittelbarer einsichtig machen, als Statistiken das können (vgl. als Beispiel die Graphik nach Strahm 1975, 12 auf Seite 246)[173].

Und natürlich gilt das Funktionieren des Marktmechanismus nicht nur für den Weltmarkt, sondern für die nationalen kapitalistischen Volkswirtschaften der Peripherieländer gleichermaßen: während in den Industrieländern die krassesten Erscheinungsformen der materiellen Ungleichheit, wie sie während der Entfaltungsperiode des Industriekapitalismus im 19. Jahrhundert die Regel waren, aufgrund des Erstarkens der organisierten Arbeiterbewegung und der flexiblen Reaktion der herrschenden Klassen auf diesen Druck (Sozialgesetzgebung) weitgehend eliminiert wurden, bestehen diese in den meisten der armen Länder unvermindert fort, ja verstärken sich sogar tendenziell. Auch dazu wieder eine für sich selbst sprechende Graphik (vgl. S. 247)[174]

Analog zu den unbezweifelbaren Erfolgen der europäischen (und amerikanischen) Arbeiterbewegungen, den Verelendungsprozeß zu bremsen und schließlich zu revidieren durch kollektive Gegenorganisation — immer, wohlgemerkt, im Rahmen kapitalistischer Warenproduktion d.h. durch Erzwingung eines höheren Verkaufspreises für die Ware Arbeitskraft — scheint es sich anzubieten, daß die armen Länder den kapitalistischen Weltmarkt-Mechanismus konterkarieren durch kollektive Ge-

Energieverbrauch als Maßstab von Fehlentwicklung

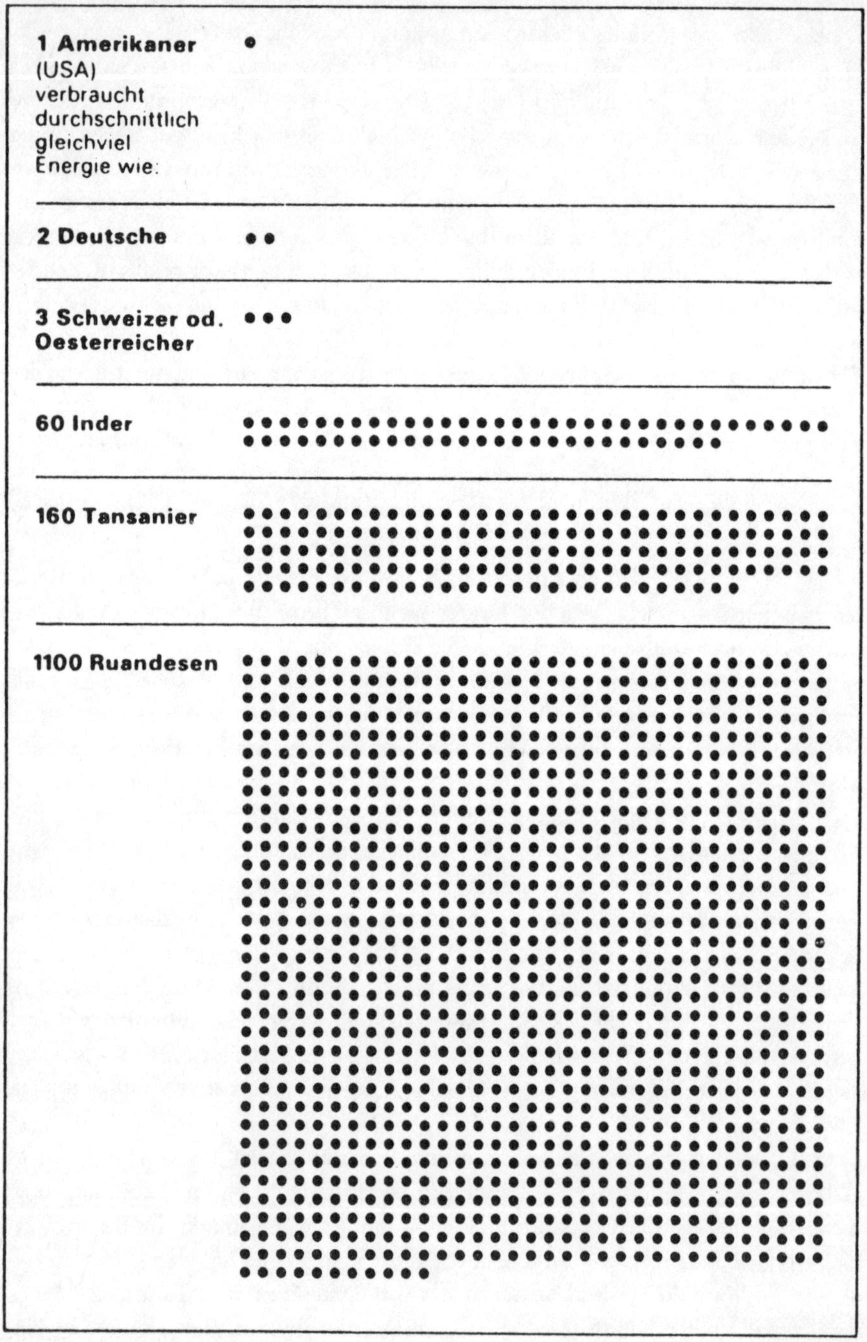

nach UNO

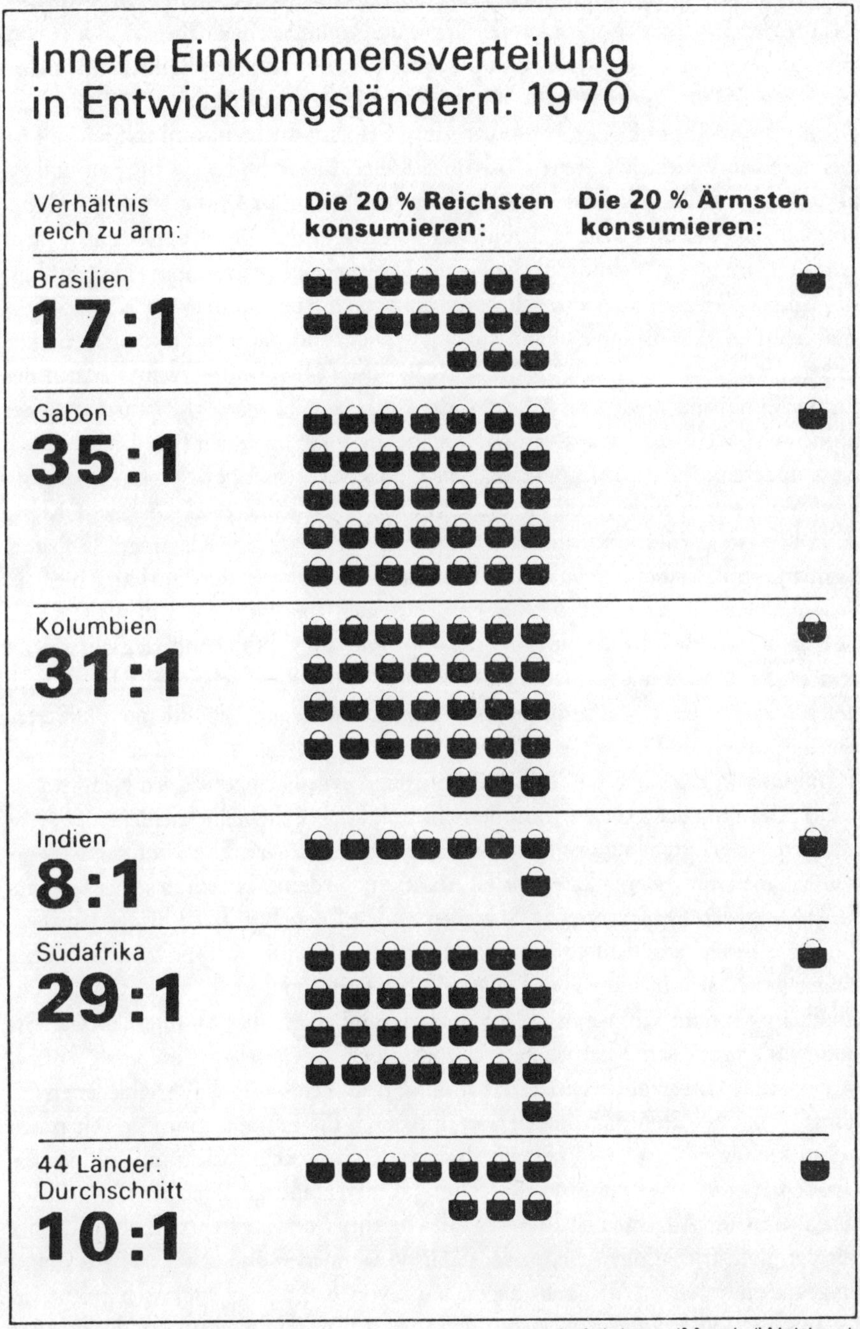

nach Adelman/Morris/Weltbank

genorganisation.[175] In einem besonders eklatanten Fall — dem Erdöl — ist dies mit der OPEC für einige Jahre wenigstens gelungen. Und Rohprodukte, von denen die Industrieländer in der verschiedensten Weise und zu unterschiedlichem Grade abhängig sind, stellen eines der wenigen Druckmittel dar, über die eine Reihe von Ländern der Dritten Welt gegenüber den Metropolen verfügen. Aber zum einen haben die Chancen von Rohstoff-Kartellen nur geringe Erfolgsaussichten, weil zahlreiche Produkte sich entweder nicht eignen (Bananen, Kaffee, Kakao sind nicht lagerbar und daher ungeeignet für Boykotte), oder weil die Anbieterländer kein eindeutiges Monopol besitzen (4 Länder kontrollieren zwar 70 Prozent der Welt-Kupferexporte, aber nur 30 Prozent der Weltproduktion — die USA verfügen selbst über eine gewaltige strategische Kriegsreserve), oder aber weil die notwendige minimale politische Solidarität fehlt. Es ist in diesem Zusammenhang bezeichnend, daß sich die kapitalistischen Industrienationen mit Erfolg in der UNO — durch ihr Veto — dem Versuch der Entwicklungsländer widersetzt haben, das Recht auf die eigenen Naturreichtümer (Bodenschätze) in die Charta der Weltorganisation aufzunehmen (vgl. Breme 1967). Zum anderen aber ist die mögliche Analogie Gewerkschaftsbewegung — Rohstoffkartelle deswegen falsch, weil die armen Länder eben keine gesellschaftliche Klasse darstellen, sondern selbst vom kapitalistischen Weltmarkt zu Klassengesellschaften formiert worden sind. Erfolgreiche Kartelle sind darum zwar für die Metropolen ein krisenhaltiges Ärgernis, für die Massen der Armen aber werfen sie allenfalls Brosamen ab: bekanntlich haben die größeren Ölprofite den OPEC-Ländern nicht zuletzt ermöglicht, ihre Militärhaushalte auszudehnen, also die herrschenden Klassen nach unten noch besser abzusichern, sie haben sogar auch zu einer signifikanten Differenzierung innerhalb der Drittweltländer geführt, so daß sich inzwischen bereits der Terminus von einer Vierten Welt für die »ganz Armen« einzubürgern beginnt.

Die Ableitung der sozialen, ökonomischen und politischen Ungleichheiten, die das internationale System auszeichnen, aus der Kategorie des Marktes »konkurriert« gewissermaßen mit anderen kategorialen Ansätzen, die dieses System in seiner Gesamtheit als sozialen Organismus zu begreifen und auf den Begriff zu bringen suchen. Über die bereits angedeutete Welternährungs-Problematik in ihrer Interdependenz hinaus, lassen sich die empirischen Daten über Lohn- und Einkommensgefälle, Gesundheitswesen im Weltvergleich, Rohmaterialien-Bedarf, über das internationale System als militärisch »befriedetes« Drohsystem usw. relativ mühelos zusammentragen.[176] Das wohl größte internationale Aufsehen haben die verschiedenen Publikationen des »Club of Rome« erregt, die durch die Extrapolation der bekannten Entwicklungstendenzen — Energieverbrauch, Bevölkerungswachstum, Rohmaterialien-Bedarf etc. — auf die physische Unmöglichkeit unbegrenzten wirtschaftlichen Wachstums im Allgemeinen und des Gleichziehens der unterentwickelten Länder mit den Industrienationen wegen der damit verbundenen ökologischen Belastungen hingewiesen haben.[177] Aber ganz abgesehen davon, daß hier kapitalistisch produzierter Lebensstandard zugrundegelegt wird, der u.a. gekennzeichnet ist durch seine enorme Ressourcenverschwendung — die Produktion lebensunwichtiger und sogar -zerstörender Waren — bleiben derartige System-Konstruktionen immer im Statisch-Deskriptiven stecken, d.h. sie machen nicht die Logik, die Mechanismen durchsichtig, die die von ihnen quantitativ richtig beschriebene Dynamik erst eigentlich begründen. Die aus der Dramatik der präsentierten Daten abgeleiteten Appelle an die Vernunft eines Nullwachstums und — weniger eindringlich — zugunsten gerechter sozialer Verhältnisse im Weltmaßstab verkommen notwendigerweise zu hilflos-moralischen Forderungen, weil sie der Logik des Weltmarktes widersprechen. Es ist darum keine willkürliche, bestenfalls vom Wissenschaftspluralismus als »auch möglicher Ansatz« tolerierte, subjektive »Entscheidung«, sondern eine vom angemessenen historisch-politikökonomischen Verständnis der Genesis und der Gesetzmäßigkeiten des internationalen Systems als kapitalistischen Systems diktierte Notwendigkeit, mit der Kategorie des Weltmarktes die empirischen Daten über die Weltgesellschaft auf ihre Verursachung zurückzuführen.

Aber »Weltmarkt« ist ein zu breiter und zu genereller Begriff, um als solcher bereits analytisch brauchbar zu sein. Er kann uns lediglich als allgemeinster Orientierungsrahmen zur Entschlüsselung der Grobstrukturen internationaler sozio-ökonomischer Prozesse und insbesondere der Abhängigkeitsverhältnisse (vgl. Junne u.a. 1973, 40) dienen. Um »operationabel« zu werden, müßte er in eine Vielzahl von Faktoren aufgefächert werden: in die Analyse der Waren und Kapitalströme, Migrationsbewegungen (das große Pendant zu den Kapitalbewegungen: von der Sklaverei bis zu den Gastarbeitern der Gegenwart), die Internationalisierung der Produktion durch die Multinationalen Konzerne, Weltwährungsprobleme, internationales Wirtschaftsrecht, usw. Für den hier zu entwickelnden Gedankengang muß es genügen, festzuhalten, daß dieser in seinen historischen Phasen genetisch darstellbare Weltmarkt im Begriff des Kapitals selbst bereits als dessen notwendige Konsequenz enthalten ist. »Pecunia non olet« — Geld stinkt nicht, der Mehrwert produzierende Mehrwert der kapitalistischen Produktionsweise kennt prinzipiell keine Nationalität, »das Streben in die Ferne, die Vorstellung der ganzen Welt als eines erfolgversprechenden Gebietes kaufmännischer Tätigkeit«, wie es im Fischer-Lexikon »Wirtschaft« zu Beginn des Stichwortes »Außenwirtschaft« heißt, ist sein Gesetz. Aber im Begriff des Kapitals ist nicht nur die verallgemeinerte Durchsetzung solcher gesellschaftlicher Verhältnisse enthalten, die es zu seiner Verwirklichung — seiner Verwertung — braucht (beginnend mit der gewaltsamen Öffnung sich dem sperrender Gesellschaften als neuen Märkten — exemplarisch: Japan und China), es ist darin auch enthalten das Moment der Konkurrenz, des Kampfes der Kapitale gegeneinander um die höheren Profite und die profitablen Märkte. Der Kapitalismus tritt historisch auf den Plan mit der Dynamik, Weltgesellschaft = Weltmarkt zu schaffen, vermittelt über den modernen National- und Territorialstaat als seines politischen und militärischen »Agenten«. Kapital ist konkret zunächst und vor allem nationales Kapital und der Weltmarkt ist der Markt der weltweit konkurrierenden modernen Staaten. Aus diesem dialektischen

Widerspruch — und nicht aus der Dynamik des Kapitals allein — ist der Weltmarkt konkret mit all seinen Konflikten zu begreifen und zu analysieren. »Da sich das Kapital in seinem historischen Entwicklungsprozeß in verschiedenen Organisationsverbänden (Nationalstaaten) zusammengeschlossen hat, die Einzelkapitale sich also auf nationaler und nicht auf weltweiter Ebene als ideelles Gesamtkapital konstitutiert haben, setzt sich der Weltmarkt aus der Summe verschiedener, national voneinander abgegrenzter Zirkulationssphären zusammen.« (Busch 1974, 37f.)

Ihr Verhältnis zueinander ist das der Konkurrenz *und* der gleichzeitigen Herstellung einheitlicher kapitalistischer Bedingungen. Aus diesem dialektischen Widerspruch ergab sich historisch als »Lösung« der Aufstieg jeweils einer kapitalistischen Industrienation — derjenigen mit dem entwickeltsten, effizientesten Produktionsapparat, der höchsten Produktivität — zur Hegemonialmacht, die den Weltmarkt beherrschte, deren Währung zur Leitwährung wurde, deren Wirtschaftsrecht anderen tendenziell als Weltwirtschaftsrecht oktroyiert wurde: England im 19. Jahrhundert, abgelöst von den USA nach dem Ersten Weltkrieg, und als Vorspiel zum europäisch-amerikanischen Hegemonialkonflikt die BRD innerhalb der EG.

Historisch ist der erfolgreiche Durchbruch der kapitalistischen Revolution ebensowenig ohne die mit ihr verknüpfte Gestalt des modernen Staates denkbar wie ohne den Weltmarkt, den die national verfaßten Kapitale konkurrierend schufen. Um den Weltmarkt bzw. um Weltmarktanteile wurden die beiden Weltkriege dieses Jahrhunderts geführt. Die nationalstaatliche Fragmentierung des Weltmarktes war — und ist — auch die Bedingung der Möglichkeit für antikapitalistische Durchbrüche, deren erster großer — die Oktoberrevolution in Rußland — die nationale Machtergreifung der Arbeiterklasse verstand und umsetzte als einen ersten Schritt auf die nun als unmittelbar bevorstehend erwartete Zerstörung der kapitalistischen Gesellschaftsordnung in den Zentren des internationalen Systems und damit als Anfang vom baldigen Ende auch des Weltmarktes.

Zwischen sozialistisch, d.h. an realen Bedürfnissen orientierten und nicht mehr Waren produzierenden Gesellschaften würden keine Marktbeziehungen bestehen können, würde also ungleiche Entwicklung, Profitmaximierung durch Ausnützung von historisch gewachsenen und auf erweiterter Stufenleiter reproduzierten internationalen Disparitäten tendenziell überwunden werden. Die Niederlage der europäischen Arbeiterklasse in den Klassenkämpfen nach dem Ersten Weltkrieg hat diese Alternative eines sozialistischen, nicht-staatlich verfaßten Weltsystems vorläufig begraben. Der Weltmarkt hat sich behauptet und hat z.B. die Sowjetunion gezwungen, sich seinen Gesetzen zumindest partiell anzupassen, mit ihnen zu ko-existieren. Aber es ist ihm dadurch gleichwohl ein Widerspruchselement erhalten geblieben, das sich in der Multiplikation von Nationalstaatlichkeit im Zuge der Dekolonisierung — die ihrerseits ohne den welthistorischen Bruch, den der Überlebenserfolg der Oktoberrevolution trotz aller Involution zweifellos markiert, nicht möglich gewesen wäre — fort-und festgesetzt hat. Nationalstaatlichkeit — an den Peripherien des internationalen Systems ebenso wie in seinen Zentren — ist für das weitere Wachstum der Produktivkräfte inzwischen eher Hemmnis als Mittel der weiteren Entwicklung des Weltmarktes geworden, indem z.B. »die Mindestgrenze der Rentabilität, mit der gewisse Waren erzeugt werden können, Serien erfordert, die den Absatzmarkt verschiedener Länder umschließen. Es gibt inzwischen eine Maschine, die bei rationeller Nutzung Streichhölzer für 10 Millionen Verbraucher herstellt; eine andere, die Glühbirnen für elektrische Lampen für 25 Millionen Abnehmer herstellen kann; eine einzige Ölraffinerie, die den Benzinbedarf von mehr als 15 Millionen Menschen decken kann usw. Die Internationalisierung der Produktivkräfte bildet so den Unterbau der Internationalisierung des Kapitals« (Mandel 1973, 294f.), dessen Organisationsform die multinationalen Konzerne geworden sind.

Nationalstaatliche Organisation hat zur Voraussetzung, zur *raison d'être* nationale Organisation von Kapital bzw. die konkurrierende Behauptung kapitalistischer Produzenten auf dem Weltmarkt. Die Kapitale der großen Industrienationen, hinter deren euphemistischer Bezeichnung »multinational« immer die staatliche — militärische und politische — Macht der USA und, sich formierend, Westeuropas steht, sehen in der nationalstaatlichen Organisation der ökonomisch schwachen Konkurrenten einen Anachronismus, weil letztere den freien Kapital- und Warenverkehr im Interesse nationaler Kapitalakkumulation und kapitalistischer Produktion hemmen können und auch in der Tat hemmen. Angesichts der Größenverhältnisse (der Gesamtumsatz der großen »Multis« ist größer als das staatliche Budget der mittleren Industrienationen und übertrifft oftmals um ein Vielfaches das Bruttosozialprodukt peripherer Entwicklungsländer)[178] scheint die in die wissenschaftliche Publizistik eingegangene rhetorische Frage, wer das Ende des Jahrhunderts überleben werde — Frankreich oder General Motors — so rhetorisch nicht zu sein. In der EG ist die Souveränität Frankreichs bereits heute durch das westdeutsche Kapital tendenziell eingeschränkt bzw. ausgehöhlt. Vor allem aber kann nationalstaatliche Organisation dort zum Hemmnis für den ungehinderten Weltmarktverkehr von Waren und Kapital werden, wo eigenständige Kapitalakkumulation — unter kapitalistischen Bedingungen — gegen die Konkurrenz der Metropolen versucht wird: diese hat »nur dann Chancen . . ., wenn der Staat als Nationalstaat die entstehenden Kapitale rigide gegen die Weltmarktbedingungen abschirmt, also seine *politische* Macht gegen die ökonomische und politische Macht der großen Kapitale und Staaten einsetzt bzw. die Multinationalen Konzerne ebenfalls mit politischer Macht zur Akkumulation im eigenen Land zwingt«. Eine solche Strategie hat jedoch zur Konsequenz, daß »entweder die politische Macht des Staates gebrochen wird, sollte es beim Vorherrschen kapitalistischer Verhältnisse bleiben, oder aber konsequent zur Sozialisierung der Produktion fortgeschritten werden müßte«. (Altvater 1974, 89f.)

Für die eine, angesichts der realen Kräfteverhältnisse wahrscheinlichere Alternative steht paradigmatisch Chile, für die andere Kuba.

Es ist der dem Anspruch nach autonome, souveräne *National*staat, nicht Staatlichkeit schlechthin, der zum Anachronismus des voll entfalteten Weltmarktes wird. Staatlichkeit bleibt notwendige Bedingung der Erhaltung und Erweiterung kapitalistischer Produktionsverhältnisse im Weltmaßstab: durch Bündelung der kapitalistischen Einzelinteressen zum fiktiven — bürgerlichen — Allgemeininteresse, durch rechtliche Legitimation und politisch-ideologische Reproduktion von Ungleichheitsverhältnissen, die Voraussetzung und Produkt des Kapitalismus sind, durch interventionistische Sicherung — von der Sozialversicherung bis zur Verstaatlichung — und durch Wirtschaftsgesetzgebung. Der wachsenden Infragestellung des Nationalstaates durch die Internationalisierung der Produktion entspricht — scheinbar paradoxerweise — eine zunehmende staatsinterventionistische Tätigkeit, was seine Erklärung dann findet, wenn man Staatlichkeit von Nationalstaatlichkeit unterscheidet: »jene bleibt erforderlich, solange Konkurrenz dissoziierter Individuen Gesellschaft bewegt; diese hat ihre Grundlage in der nationalen Konkurrenz«. (Knieper 1976, 31) Der bislang nicht zu seinem erfolgreichen Abschluß gekommene Versuch der westeuropäischen Konkurrenten des amerikanischen Kapitals, dessen Hegemonie durch die Bildung und den Ausbau der EG zu brechen, führt höchstens zur sukzessiven Überwindung westeuropäischer souveräner Nationalstaatlichkeit, nicht aber zur Aufhebung von Staatlichkeit überhaupt — im Gegenteil. Der Kapitalismus kann ohne Staat ebensowenig existieren wie der Weltmarkt, und die Tendenz zur »Erosion« (Busch 1974, 286) von Handlungsspielraum und legislativer Hoheit des Nationalstaates könnte allenfalls, konsequent zuende gedacht, dazu führen, »ein einheitliches, kapitalistisches Weltmarktrecht (also ein einheitliches, bürgerliches Rechtssystem), eine einheitliche, staatliche Politik zur Herstellung der allgemeinen materiellen Produktionsbedingungen, eine einheitliche, staatliche Konjunkturpolitik, ein einheitliches Weltgeld, d.h. eine Aufhebung der nationalen Währungen« (Altvater 1974, 90) hervorzubringen, nicht aber den Staat überflüssig zu machen. Im hypothetisch, als Denkmodell nur vorstellbaren Weltstaat würden vielmehr »viele Konflikte, die heute noch als nationale erscheinen, . . . sich dann rein als das herausstellen, was sie wirklich sind, nämlich Klassenkonflikte« (ibid) und insofern Staat = Repression zur Aufrechterhaltung von Ungleichheit notwendiger machen denn je zuvor.

Wenn der »Weltmarkttendenz des Kapitals« (Busch) also die nationalstaatliche Fragmentierung des internationalen Systems im Wege steht, so ist sie doch zugleich eine der Bedingungen ihrer Fortexistenz. Denn zum einen bedeutet jene nationalstaatliche Zersplitterung ja auch die Zersplitterung der sozialen Konflikte — der Klassenkämpfe — die dergestalt leichter unter Kontrolle gehalten werden können. Die Schwierigkeiten, die etwa die unter vergleichsweise günstigen Voraussetzungen operierenden westeuropäischen Gewerkschaften haben, solche Konzerne zu effektiv zu bestreiken, deren Produktion auf Zweigbetriebe in mehreren EG-Ländern verteilt ist (vgl. Tudyka 1974), vermitteln einen Begriff davon, um wie viel leichter die Multinationalen Konzerne es in dieser Hinsicht an den unterentwickelten Peripherien des Weltmarktes haben.

Zum zweiten, und damit eng verknüpft, perpetuiert die nationalstaatliche Zersplitterung auch die abgestuften Ungleichheiten zwischen der Form nach nationalen, der Substanz nach weltmarkt-integrierten Volkswirtschaften. Ungleichheiten in der Arbeitsproduktivität sind die Bedingungen der Möglichkeit von Surplusprofiten für die exportierenden Warenproduzenten in Ländern mit höherer Produktivität und ermöglichen gleichzeitig Importe aus Ländern mit niedrigerer Arbeitsproduktivität zu Preisen, die unter den Gestehungskosten der Produkte — ausgedrückt in Arbeitszeit — liegen; insbesondere gilt das für arbeitsintensive Produkte (Mandel 1973, 66ff.; Busch 1974, 57).

Zum dritten erwächst den Metropolen in der Vielfalt untereinander konkurrierender nationaler Bourgeoisien ein Garant profitabler Kapitalverwertungsbedingungen: die Propagierung nationaler Identifikation mit den — oft jungen — Staatswesen, der Nationalismus also, hat die probate Funktion der Verschleierung der Klassengegensätze und erlaubt es den herrschenden Klassen, nicht selten mittels einer täuschenden anti-imperialistischen Rhetorik, von der Integration in den kapitalistischen Weltmarkt auf Kosten der gesamtgesellschaftlichen Entwicklung der betreffenden Länder zu profitieren. Da jedoch der ideologische Appell notwendigerweise eine letztlich unzuverlässige, brüchige Form disziplinierender Sozialisation ist, insbesondere, wenn mit dem »Feuer« nationaler, sozialistischer Phraseologie gespielt wird, muß er ergänzt werden durch effektive Repressionsmechanismen, wie sie die für den Bürgerkrieg, und nur für diesen, geschulten und ausgerüsteten nationalen Armeen darstellen (Albrecht, u.a. 1976, 30-36). Die Militarisierung der peripheren Nationalstaaten, der steigende Anteil von Rüstungsaufwendungen auf Kosten der Reduktion von vitalen Sozialausgaben wie Gesundheit und Erziehung, hat in diesen Systemsicherungsmaßnahmen seine politische Logik. Daß darüber hinaus diese Militarisierung auch eine Funktion der in besonderem Maße profitablen Rüstungsexportinteressen der kapitalistischen Metropolen ist, also den Gesetzen der Warenwirtschaft folgt, unterstreicht nur einmal mehr die Tatsache, daß selbst vermeintlich rationale »Sachentscheidungen« wie die der »nationalen Sicherheit« im Grunde der Logik der kapitalistischen Produktionsweise untergeordnet sind.

Ungeachtet der politisch bedeutenden Veränderungen der Formen des internationalen Verkehrs in den vergangenen 50 oder 100 Jahren, und ungeachtet des gewaltigen quantitativen Wachstums (das Weltexportvolumen betrug 1820 ca. 550-600 Millionen Dollar, es wuchs innerhalb eines halben Jahrhunderts nominell auf rund 5 Milliarden Dollar an, erreichte 1929 rd. 33 Milliarden Dollar und hat sich seither etwa verachtfacht) ist der Weltmarkt gekennzeichnet durch seine Kontinuität, d.h. seine gesetzmäßige Entfaltung. Von 1913 bis heute haben sich die Proportionen des Welthandels nach Kontinenten, trotz Dekolonisierung bzw. nationalstaatlicher Emanzipation, kaum verändert. (Die folgenden Tabellen nach Willi R. Bihn, »Der Welthandel als Spiegelbild internationaler Arbeitsteilung«, *Süddeutsche Zeitung* v. 24.10.1972, 5).

Prozentuale Verteilung des Gesamthandels nach Kontinenten

Jahr	*Welt*	*Nord-Amerika*	*Mittel- und Südamerika*	*Europa*	*UdSSR*	*Asien*	*Afrika*	*Ozeanien*
1913	100	14,1	8,3	54,5	3,9	12,1	4,4	2,7
1929	100	17,7	8,6	51,1	1,3	14,0	4,6	2,7
1950	100	23,0	11,9	39,7	—	14,5	7,3	3,6
1969	100	18,7	5,7	50,4	3,9	14,6	4,6	2,1

Deutlicher noch werden die Proportionen in der Aufteilung nach dem ökonomischen Status der nationalen Volkswirtschaften, wie sie die UNO vornimmt, die den von der Logik kapitalistischer Interessen diktierten Konzentrationsprozeß im Weltmarkt widerspiegeln:

Prozentuale Aufteilung des Welthandels nach dem wirtschaftlichen Status der beteiligten Länder

Jahr	*Welt*		*Entwickelte Marktwirtschaft*		*Entwicklungsländer mit Marktwirtschaft*		*ZVW*	
	Exporte	*Importe*	*Exporte*	*Importe*	*Exporte*	*Importe*	*Exporte*	*Importe*
1938	100	100	64,7	70,5	25,1	22,8	10,2	6,7
1953	100	100	64,9	65,3	25,5	25,4	9,6	9,3
1969	100	100	71,9	71,0	17,6	18,1	10,5	10,9

Die relative Autarkie der Zentralverwaltungswirtschaften vom kapitalistischen Weltmarkt, die relativ geringe ökonomische Bedeutung, die die Länder der Dritten Welt im Weltmarkt untereinander haben, und die Konzentration dieser und der Entwickelten Marktwirtschaften auf letztere geht aus der Tabelle klar hervor.

Die seither eingetretenen Veränderungen haben quantitative, aber nur geringfügige proportionale Verschiebungen des Gesamtbildes bewirkt. Allenfalls die relative Autonomie der Comecon-Länder vom Weltmarkt hat sich seitdem zugunsten ihrer verstärkten Abhängigkeit von den Entwickelten Marktwirtschaften verschoben: während die Importe für letztere nach wie vor nur wenige Prozent ihrer Gesamtimporte ausmachen, hat sich der Comecon-Außenhandel mit den kapitalistischen Industrieländern von (1970) 25 Prozent auf (1975) 33 Prozent des Gesamtaußenhandels gesteigert und beträgt für einzelne der ZVW-Länder bereits 35 bis 40 Prozent (*Acta Oeconomica,* Akademie der Wissenschaften Budapest, Nr. 4/1975, zit. n. NZZ 5./6. Sept. 1976). Diese Tendenz hat sich seitdem weiter verstärkt. Dabei erscheint in den schlichten Prozentzahlen nicht einmal die noch bedeutendere qualitative Abhängigkeit im Technologiebereich. Steigende Zahlungsbilanz-Defizite, d.h. eine wachsende Verschuldung und damit gestiegene Mitanfälligkeit für kapitalistische Konjunkturschwankungen und Krisen sind die unausbleiblichen Folgen; mehr als 20 Prozent ihrer Deviseneinnahmen scheinen die Comecon-Länder bereits für den Schuldendienst aufbringen zu müssen (Prof. E.K. Schenk, Hamburg; zit. ebd.). Fortgesetzte Kreditbewilligung seitens der kapitalistischen Industrieländer wird damit tendenziell zum Politikum einer Stützungspolitik für die osteuropäische Volkswirtschaft und ihre Herrschaftsordnungen.

Aber diese Kreditpolitik ist seitens der kapialistischen Gläubiger nur zum geringen Maße politisch-taktisch — etwa im Sinne einer 'Aufweichungsstrategie' — instrumentell einsetzbar. Im Gegenteil: die kapitalisitschen Staaten (und ihre Banken) haben gerade wegen der gegebenen Kredite ein starkes Interesse an stabilen politischen Verhältnissen in den Comecon-Staaten. Mit 'Solidarnoś' mögen sie gefühlsmäßig (nicht aber ideologisch, denn bei aller Katholizität ist dies eine sozialistische Massenbewegung) sympathisieren, aber realpolitisch bzw. real-ökonomisch sind sie an einem Polen interessiert, das eine zuverlässige, Ruhe, Ordnung und Kreditrückzahlung garantierende Regierung hat.

Dennoch lockert sich damit tendenziell der Comecon-Zusammenhang, denn die Sowjetunion ist selbst zunehmend an einer Ausdehnung ihres Handels mit den kapitalistischen Industrienationen auf Kosten ihrer Comecon-Partner interessiert. Nicht daß die Sowjetunion eine sich derart abzeichnende Lockerung als aktive Politik betriebe oder passiv hinnähme — im Gegenteil: die ökonomische Schwächung des Comecon-Zusammenhanges dürfte eher durch politische Disziplinierung zu kompensieren versucht werden. Aber die sowjetische Priorität national-ökonomischer Eigeninteressen zwingt und/oder erlaubt den ihr angeschlossenen Volkswirtschaften, nun auch ihrerseits die Lösung ihrer Technologie- und Investitionslücken zumindest teilweise über den kapitalistischen Weltmarkt zu suchen. Ohne einen solchen Vergleich ungebührlich strapazieren zu wollen, mag man sich an das Schicksal der napoleonischen Kontinentalsperre erinnern (vgl. 10. Kapitel), den ersten großen Versuch einer autarken Industrialisierungs- und Entwicklungspolitik gegen das damals technologisch und industriell führende England: das System zerbrach politisch und militärisch (Rußland-Invasion 1912), weil die Hegemonialmacht Frankreich für sich Ausnahmen im England-Handel für kriegswichtige und technologisch höherentwickelte Güter beanspruchte, solche Ausnahmen aber den Bündnispartnern (vor allem Rußland) nicht zugestand . . .

Weltmarkt als politökonomischer Kontext zur Analyse von Außenpolitik und internationalen Beziehungen verifiziert sich aus der Perspektive wachsender sowjetischer Außenhandelsdefizite in den global-strategischen Konzeptionen eines großen Konzerns wie FIAT, Italien. Im November 1976 machte die Nachricht von der Beteiligung Libyens an der FIAT-AG internationale Schlagzeilen; kurz darauf reiste FIAT-Chef Agnelli nach Moskau, wo sich »zufällig« auch der libysche Staatschef Ghadafi aufhielt und es zu einer Begegnung beider kam; nach seiner Rückkehr nach

Italien gab Agnelli ein Interview (Corriere della Sera, 19. Dezember 1976), in dem er ausführte: »Die Märkte des kommunistischen Ostens sind heute die interessantesten, weil sie große Möglichkeiten eröffnen. Es gibt da jedoch ein großes Problem, nämlich das der Finanzierung der Exporte in jene Länder ... Einer der Gründe dafür, daß man so zurückhaltend uns gegenüber mit weiteren Anleihen ist, liegt in dem Verdacht begründet, dieses Geld würde dazu verwandt, die italienische Konkurrenz zu finanzieren. Es liegt auf der Hand, daß wir uns nach alternativen Finanzquellen umsehen müssen (*Das hieße die Araber und allen voran Ghadafi mit ihrem Überfluß an akkumulierten Petrodollars?)* Gewiß, aber wir können nicht daran denken, ihnen sofort in den Nacken zu springen. Hier handelt es sich um Strategien, die mit Geduld vorbereitet und ausgehandelt werden müssen. Kurz: es handelt sich um zukünftige Möglichkeiten. *(Und wer könnte diese neuen Wege vorbereiten — Sie oder die Regierung?)* Mir scheint, besser als alle anderen können es die Sowjets selbst sein, die Araber um Geld für unsere Exporte zu bitten. U.a. kann Moskau Argumente auf den Verhandlungstisch bringen, über die wir nicht verfügen und für die Länder wie Libyen überaus sensibel sind.« Der ganze Komplex sowjetischer Mittelost-Politik, auf den hier verständlicherweise auch nicht einmal andeutungsweise eingegangen werden kann, erhält hier seinen Sinnzusammenhang, der sich einer machtpolitischen oder militärstrategischen Analyse völlig entzieht — und dessen Basis letztlich die wieder nur politökonomisch faßbaren Reproduktionsstrukturen von Gesellschaft (hier der Sowjetunion) darstellen.

Aber gesetzmäßige Entfaltung des Weltmarktes heißt auch gesetzmäßige Wiederkehr von Weltwirtschaftskrisen, die sich aus weltweiter Überakkumulation und Überproduktion ergeben. Die »große« Weltwirtschaftskrise von 1929 konnte nur überwunden werden durch massenhafte Kapitalvernichtung — Aufrüstung und Krieg — einerseits und durch die Niederlage der Arbeiterbewegung in den kapitalistischen Kernländern andererseits. Die jahrzehntelange Prosperitätsphase, die erst zu Beginn der '70er Jahre zuende ging und die ermöglicht worden war u.a. durch den eindeutigen amerikanischen Produktivitätsvorsprung (die amerikanische ökonomisch-politische Hegemonie) sowie durch den enormen Nachhol- bzw. Wiederaufbaubedarf der vom Krieg ruinierten Volkswirtschaften (Altvater 1976, 7-20), hatte den kapitalistisch verursachten Krisencharakter des Weltmarktes vergessen lassen. (*Ein* Aspekt dieser Verdrängung ist die Tatsache, daß die Disziplin der Internationalen Beziehungen bisher im Kanon ihrer Lehr- und Forschungsprogramme auf eine systematische Behandlung ökonomischer Probleme in der Regel so gut wie völlig glaubte verzichten zu können.)

Darum erschien die Weltmarkt-Krise dann auch zunächst nur als Öl- bzw. Energiekrise, ja anfangs sogar lediglich als tagespolitischer Betriebsunfall im Kontext des arabisch-israelischen Krieges. Inzwischen ist es klar geworden, daß die soziale und politische Verunsicherung durch Inflation und Arbeitslosigkeit in den entwickelten kapitalistischen Industrienationen, daß die Ausbrüche von Unzufriedenheit bei der Arbeiterschaft einiger Comecon-Länder, daß ein Teil der ökonomischen Schwierigkeiten der Sowjetunion, daß das sich akkumulierende und nur durch immer offenere Repression unter Kontrolle haltbare Gewaltpotential in der Mehrheit der Länder der kapitalistischen Peripherie wesentlich aus Weltmarktzusammenhängen abzuleiten ist. Zwar haben die gegen Ende des Zweiten Weltkrieges geschaffenen Weltwirtschafts-Mechanismen (Bretton Woods, 1944) die erfolgreiche Rekonstruktion der ersten drei Nachkriegsjahrzehnte mit begünstigt, und es wäre kurzschlüssig, aus dem neu sichtbar gewordenen Krisencharakter die Erwartung eines demnächst bevorstehenden Kollapses des kapitalistischen Weltmarktes (und implizit die gewissermaßen naturgesetzliche sozialistische Alternative) ableiten zu wollen. Aber jene Mechanismen bzw. die durch Adaptionen versuchten Lösungen der Weltwirtschaftskrise erweisen sich unter unseren Augen als hilflose Improvisationen: z.B. wurde der schwierige Kompromiß des »Zehner-Clubs« der zehn mächtigsten kapitalistischen Staaten zur Neufestlegung des Weltwährungssystems am 18. Dezember 1971 von Präsident Nixon als »die wichtigste währungspolitische Entscheidung in der Geschichte der Menschheit« gefeiert — und überlebte doch kaum das folgende Jahr (s. Mandel 1973a, 33-41). Und die entweder latente Stärke der Arbeiterklasse in den kapitalistischen Zentren aufgrund des von ihr erkämpften und/oder ihr konzedierten relativ hohen Lebensstandards (USA, BRD), oder die manifeste Militanz der politischen und/oder gewerkschaftlichen Organisationen einzelner nationaler Arbeiterklassen (Italien, aber auch Frankreich und England) schließen derzeit eine Krisenlösung wie die faschistische der Zwischenkriegszeit aus. Insofern ist die heutige Weltwirtschaftkrise, auch wenn ihre unmittelbaren Erscheinungsformen keinen Vergleich mit denen der »Großen Krise« aushalten, wegen des vergleichsweise beschränkten Handlungsspielraumes der nationalen Bourgeoisien ernsthafter und schwerer, als es bisweilen noch den Anschein hat.

Gleichzeitig sind in diese Wirtschaftskrise, die zunächst noch ganz in der Kontinuität kapitalistischer Reproduktionskrisen zu stehen schien, erstmals auch andere Elemente und Aspekte eingegangen, die sie als bloß zyklisches Phänomen zu transzendieren beginnen. Die überstrapazierte Vokabel von der »Interdependenz« enthält doch zugleich die im Kern richtige und historisch neuartige Erkenntnis, daß der Weltmarkt als Resultat der kapitalistischen Produktionsweise an seine Grenzen vorzustoßen beginnt in dem Sinne, daß seine Mechanismen vor den selbstgeschaffenen Problemen zu versagen beginnen. Die alptraum-erregenden Extrapolationen der vorhersehbaren Konsequenzen naturwüchsig fortwuchernden Wirtschaftens können und müssen wohl, wie früher kurz angedeutet, modifiziert und auf ihren angemessenen politökonomischen Ursprung zurückgeführt werden, aber sie sind in keinem Falle mehr völlig ignorierbar. Die natürliche Welt, die den frühkapitalistischen Demiurgen als unerschöpfliche Quelle für eine unendliche Warenproduktion erschienen war, wird in ihrer Endlichkeit sichtbar. Aber während sie einerseits eben darum »für eine Wirtschaftsplanung auf globaler Stufenleiter reif« ist (Mandel), ja Gesamtlösungen für die immer deutlicher als Überlebensprobleme der Menschheit erkannte (wenn auch aus Angst vor den Konsequenzen bzw. aus scheinbarem Mangel an Alternativen verharmlosten) Aufgaben geradezu zwingend werden — nicht nur die Ressourcenverknappung, nicht nur das Bevölkerungswachstum, sondern auch das Damoklesschwert der Überrüstung, die Zerstörung der Umwelt, die Vergiftung der Luft und der Meere — scheinen doch gleichzeitig alle die gutgemeint-naiven ebenso wie die ernsthaften politökonomisch-revolutionären Appelle und Argumentationen an der inzwischen in so vielen Köpfen als 'natürliche Ordnung der Dinge' ideologisch verfestigten Dynamik der kapitalistischen Produktionsweise zu zerschellen. Die einen werden zu Propheten des Untergangs gestempelt und können, dergestalt klassifiziert, toleriert, rezensiert und diskutiert werden; die anderen, sofern sie ihre Einsichten mit politischer Praxis — der Organisation antikapitalistischen Bewußtseins — verbinden, werden denunziert, an ihrer wissenschaftlichen Arbeit durch Berufsverbote gehindert, ihre Argumente und Beweisführungen erscheinen nicht in den Medien der öffentlichen Urteilsbildung. Gleichzeitig ist die Alternative zur naturwüchsigen Anarchie des Weltmarktes alles andere als eindeutig und klar. Während es nicht-kapitalistische und post-kapitalistische Gesellschaften in Geschichte und Gegenwart zur Genüge gibt, an denen modellhaft alternative Produktionsweisen bzw. Gesellschaftsformationen studiert werden können, gilt dasselbe nicht für den Weltmarkt. Dieser, in seiner äußerlichsten Erscheinungsform von ökonomischer Interdependenz betrachtet, ist als genuin kapitalistisches Produkt notwendigerweise ohne nicht-kapitalistischen Vorläufer und er wäre zugleich schon nicht mehr Weltmarkt, hätte er bereits eine ausgebildete post-kapitalistische Alternative (was Comecon weder ist noch werden kann).

Die Kapitalismus-Kritik, die es nicht allzu schwer hat, angesichts der Entfaltung der Produktivkräfte in den entwickelten Industrieländern aus den dort sichtbaren Widersprüchen zwischen Wirklichkeit und Möglichkeiten zumindest in Umrissen die Alternative einer vom Warenfetischismus befreiten, ihre Bedürfnisbefriedigung rational planenden, freien und sich selbst bestimmenden Gesellschaft zu entwickeln (vgl. Laudan 1970), diese Kritik versagt sich in der Regel den ungemein schwierigeren Problemen, wie eine tendenziell egalitäre und d.h. nicht mehr Marktgesetzmäßigkeiten gehorchende Weltwirtschaftsgesellschaft vorstellbar ist. Die analytische Fehlanzeige hinsichtlich dieses schweren Problems — politisch folgenreich für die Einstellung der anti-kapitalistischen Bewegungen in der Dritten Welt gegenüber sozialistischen Parteien in Westeuropa, die schon immer die eines stillen Mißtrauens war — ist aber nur teilweise korrigierbar durch wissenschaftliche Anstrengungen. Der größere Teil der Aufgaben ist erst lösbar im Kontext der erfolgreichen Verwirklichung anti-kapitalistischer Strategien, nicht aber aufgrund von Alternativ-Modellen. Und die Zeit, die dafür zur Verfügung steht, ist kurz bemessen: Hungerkatastrophen wurden von nüchternen Fachleuten in den 70er Jahren für das nächste Jahrzehnt vorgesehen — einige von ihnen sind in Afrika bereits Wirklichkeit geworden; ökologische Krisen größeren Ausmaßes werden für das nächste Jahrzehnt und kriegerische Verwicklungen unter Einsatz von Atomwaffen mit unabsehbaren Konsequenzen mit statistischer Wahrscheinlichkeit — einschließlich der von »Unfällen« — vor Ablauf dieses Jahrhunderts erwartet. Angesichts der Größenordnung dieser auf uns zukommenden Gefahren für das menschliche Überleben überhaupt müssen wohl die inzwischen akkumulierten und wissenschaftlich begründeten Einsichten in den grundsätzlichen Zusammenhang von Kapitalismus — Weltmarkt — Unter- bzw. Überentwicklung — Inflation — Rüstung — Ressourcenverknappung — Ausbreitung von Gewalttätigkeiten genügen dürfen, um denen, die ohne detailliert ausgearbeitete Alternative lieber »keine Experimente« wollen, die das scheinbar funktionierende Bekannte dem riskanten Unbekannten vorziehen, das Brechtsche »Gleichnis des Buddha vom brennenden Haus« vorzuhalten:

Neulich sah ich ein Haus. Es brannte. Am Dache
Leckte die Flamme. Ich ging hinzu und bemerkte
Daß noch Menschen drin waren. Ich trat in die Tür und rief ihnen
Zu, daß Feuer im Dach sei, sie also auffordernd
Schnell hinauszugehen. Aber die Leute
Schienen nicht eilig. Einer fragte mich
Während ihm schon die Hitze die Braue versengte
Wie es draußen denn sei, ob es auch nicht regne
Ob nicht doch Wind gehe, ob da ein anderes Haus sei
Und noch so einiges. Ohne zu antworten
Ging ich wieder hinaus. Diese, dachte ich
Müssen verbrennen, bevor sie zu fragen aufhören
Wirklich, Freunde
Wem der Boden noch nicht so heiß ist, daß er ihn lieber
Mit jedem andern vertauschte, als daß er da bliebe, dem
Habe ich nichts zu sagen.

18. Imperialismus, Unterentwicklung und revolutionäres Potential

Ich habe den Versuch unternommen, das Internationale System als historisches System darzustellen und damit aufzuzeigen, daß die analytischen Kategorien zu seinem Verständnis historisch und anthropologisch zu gewinnen sind. Dabei wurde die Entstehung jener heute zum Gemeinplatz gewordenen weltweiten »Interdependenz« der Staaten, Volkswirtschaften und Kulturen an der Entdeckung, Eroberung und Unterwerfung außereuropäischer Kulturen durch die von frühkapitalistischer Profitjagd angespornten westeuropäischen Gesellschaften festmacht. Was immer es an interkontinentalen Kontakten zuvor auch sporadisch gegeben haben mag, die Kapitalistische Revolution machte zum erstenmal aus dem Globus ein seine bis dahin sich eigenständig entwickelnden Teile verbindendes Sozialsystem. Aber was für die Mutterländer des Kapitalismus ein rapide Beschleunigung in der Entfaltung ihrer Produktivkräfte bedeutete, eine bis dahin beispiellose Akkumulation von Reichtum, aber auch eine Zusammenballung von sich im Kampfe gegeneinander und zur Befestigung der Herrschaft über die übrige Welt manifestierendem Zerstörungspotential — kurz »Entwicklung« genannt —, das bedeutete für die heutige Dritte oder Arme Welt das Ende ihrer sozio-kulturellen Autonomie, den Beginn ihrer Fremdbestimmung, ihre Entwicklung in die Unterentwicklung. Auch diese ist als historischer Prozeß — und nur als solcher — zu verstehen. Denn Unterentwicklung bedeutet nicht — was bis heute in der überwältigenden Mehrheit der vorwiegend ökonomistisch orientierten Literatur über »Entwicklungsländer« implizit zugrunde gelegt wird — relative Stagnation der Armen Welt, ihr Zurückbleiben hinter der Dynamik der industrialisierten Länder, woraus die Notwendigkeit eines beschleunigten Aufholens gefolgert wird. *Unterentwicklung bedeutet selbst einen dynamischen Prozeß*, nämlich den der Eingliederung der außereuropäischen, nicht-kapitalistischen Gesellschaften in das kapitalistische internationale System und damit deren Transformation in Appendices der politökonomischen Interessen und Bedürfnisse der Metropolen.

»Unsere Ignoranz hinsichtlich der Geschichte der unterentwickelten Länder«, schreibt André Gunder Frank (1969,3), »verleitet uns zu der Annahme, daß deren

Vergangenheit, wenn nicht gar deren Gegenwart, früheren Stadien der Geschichte der heute entwickelten Länder entspräche«. Richtiger müßte es heißen: »Die heute entwickelten Länder waren niemals unterentwickelt, obwohl sie unentwickelt gewesen sein mögen.« (Ebda. 4) Zwar kam die Kapitalistische Revolution in Westeuropa nicht von ungefähr, sie ist vielmehr Resultat einer Kombination von mehreren identifizierbaren günstigen Faktoren[179]; auch ist es nicht zu leugnen, daß einzelne außereuropäische Gesellschaften, wie z.B. Afrika, aufgrund historischer Isolierung, des Fehlens kultureller Überlagerungen durch Eroberungen, wie z.B. im Mittelmeerraum, relativ rückständig und damit der späteren Konfrontation gegenüber schwach waren (Davidson 1966, 38ff.). Ebenso ist es richtig, daß etwa der Beherrschung des indischen Außenhandels durch europäische Händler seit dem 16. Jahrhundert eine religiös begründete Behinderung von Auslandsreisen und kommerzieller Tätigkeit durch die Hindus selbst voranging und die Ausübung dieser Funktionen bei Arabern, Armeniern und Juden lag, denen die Europäer dieses Privileg dann lediglich abjagten (s. Maddison 1971, 17f.). Aber generell kann man davon ausgehen, *daß die großen außereuropäischen Kulturen — vor allem diejenigen Asiens — zum Zeitpunkt ihrer »Entdeckung« und noch für beträchtliche Zeit danach den westeuropäischen Gesellschaften hinsichtlich des Lebensstandards, des durchschnittlichen Pro-Kopf-Einkommens und auch hinsichtlich ihrer technologischen Errungenschaften auf einigen wesentlichen Gebieten kaum nachstanden.* Für Indien unter den Moguln, zum Zeitpunkt der Regierung Akbars (1556-1605), schreibt Maddison, sei es »durchaus wahrscheinlich, daß das Bruttosozialprodukt pro Kopf dem des Elisabethanischen England vergleichbar war« (ebda., 17). Es ging erst zurück, nachdem England die internen Konflikte geschickt zu seinen Gunsten ausgenützt hatte. Aber noch Mitte des 18. Jahrhunderts betrug es etwa zwei Drittel des englischen BSP pro Kopf. Gravierende Ausmaße nahm die Entwicklung der Unterentwicklung erst danach an: bei einem Bevölkerungszuwachs von 170 Millionen (1757) auf 420 Millionen (1947) blieb das Pro-Kopf-Einkommen während dieses Zeitraums auf dem Niveau von 1750, während es sich in England in diesen zweihundert Jahren verzehnfachte. Indien befand sich am Vorabend der englischen Kolonisierung an der Schwelle zu einer eigenständigen industriellen Entwicklung, doch die englische Kolonialmacht zerstörte planmäßig die konkurrenzfähige indische Textilindustrie, um seine eigene zu schützen. »Wir sehen in diesem Prozeß die Umkehrung der Transformation der vorindustriellen Ökonomien Europas. Die Gesellschaft fiel zurück in primitive Verhältnisse. Das Indien des 19. Jahrhunderts war von industrieller Modernisierung weiter entfernt als das Indien des 18. Jahrhunderts« (Hensman 1971, 118). Die dadurch erzwungene Rückkehr der Arbeitskräfte aus der nicht-landwirtschaftlichen Produktion auf das Land führte nicht nur dort, sondern auch in Ländern wie Indonesien, Vietnam und China, das schon im 13. Jahrhundert über »die vermutlich höchstentwickelte Landwirtschaft der ganzen Welt verfügte, der allenfalls diejenige Indiens ebenbürtig war« (Elvin, 129), zum Rückgang landwirtschaftlicher Produktion und Produktivität. »Wenn Indien nicht der Kolonialherrschaft unterworfen worden wäre«, lesen wir bei dem bereits zitierten Maddison (a.a.O. 137), »so wäre seine Geschichte vermutlich ähnlich derjenigen Chinas verlaufen. Seine Bevölkerung wäre geringer gewesen aufgrund interner Kriege und politischer Teilung, aber ein größerer wirtschaftlicher Surplus hätte zur Verfügung gestanden für eine spätere Gruppe von Modernisierern.« Solches war der Fall bei der Meji-Restauration in Japan (ebda. 376), auch in Ägypten unter Mehmed Ali (Hobsbawm 1962, 216f.) und Sa'id (Mommsen 1961, 216ff.), wo ebenfalls der Ansatz zu autonomer Industrialisierung und Modernisierung durch die direkte englische Intervention zerstört wurde. In Indien also vernichtete die englische Kolonialherrschaft die aristokratische Kriegerkaste der Moguln, ersetzte sie durch ein bürokratisch-militärisches Establishment, eine neue Elite. Dieses Establishment fungierte nicht — wie noch die eingeborene Aristokratie — als Abnehmer indischer Produkte, es kaufte westliche Produkte und verstärkte damit die durch die Zerstörung der Manufakturen eingeleitete Abhängigkeit vom »Mutterland« als Unterentwicklung. Die Engländer etablierten sich als isolierte Herrscherkaste und »regierten Indien ganz ähnlich wie die Römer Afrika 2000 Jahre früher, und sie waren sich des römischen Vorbildes ganz und gar bewußt« (Maddison, 93f.).

Es bedurfte jedoch keineswegs immer der direkten kolonialen Präsenz in der Form der Fremdherrschaft, um den Prozeß der Unterentwicklung, der Zersetzung außereuropäischer nicht-kapitalistischer Gesellschaften und ihre Unterwerfung unter die ökonomischen Bedürfnisse der Metropolen in Gang zu setzen. Die Zerstörung der persischen Manufakturen in der zweiten Hälfte des 19. Jahrhunderts war die direkte Folge des Eindringens ausländischer Unternehmer in eine Ökonomie, in der der Staat Initiator und Besitzer der Manufakturen war und wo sich folglich eine eigenständige Bourgeoisie nur schwach entwickelte, die zudem rasch zu einer abhängigen Bourgeoisie wurde und sich auf Landbesitz statt auf Industrie und Kommerz konzentrierte, während Handel, Banken und industrielle Produktion in die Hände russischer und englischer Unternehmer überging, womit für den Iran der Weg in die Abhängigkeit vom kapitalistischen Weltmarkt besiegelt wurde.[180] Aber auch China, das u.a. durch den Opiumkrieg gewaltsam geöffnet worden war, oder auch das Osmanische Reich[181] sind hier nicht weiter auszuführende Beispiele für die historischen Ursprünge der Unterentwicklung im 16. Jahrhundert. Gleichwohl wurde die Unterentwicklung als solche in der konkreten, meßbaren Form weltweiter Armut bei gleichzeitiger Akkumulation von Reichtum in wenigen Zentren erst nach der industriellen Revolution des sich entfaltenden Kapitalismus deutlich sichtbar. Noch um 1850 lag das durchschnittliche Pro-Kopf-Einkommen der industrialisierten Länder nur um etwa 70 Prozent über dem der vor-industriellen Gesellschaften. Erst danach setzte der sich beschleunigende Prozeß ein, in dessen Verlauf zwischen den Zentren und der Peripherie des internationalen Systems jene enorme Ungleichheit entstand, die ihm unter der irreführenden Bezeichnung »Nord-Süd-Konflikt« seine heutige Qualität gibt. Dieser historische Prozeß, in dem Kolonialherrschaft und klassischer Imperialismus eher als äußerliche Momente und Formen erscheinen, hat sich durchgehalten auch über die rechtlich-politische Auflösung der Kolonialreiche hinaus, weil die kapitalistische Produktionsweise der Metropolen, die sich eben dieses internationale System geschaffen hatte, weiter bestehen blieb. Sie ist es, die diesem System seine historische Identität gibt und die darum u.a. auch für die Existenz einer Armen Welt verantwortlich zu machen ist.

Was in den Kapiteln 5-9 über den revolutionären gesellschaftlichen Entwurzelungsprozeß im Gefolge der kapitalistischen Produktionsweise mehr angedeutet als ausgeführt wurde, gilt gleichermaßen für die Länder der Peripherie, ob sie nun direkt kolonisiert wurden oder nicht. Nicht Raub und Plünderung, nicht Ausbeutung im engeren, ökonomischen Sinne sind das entscheidende Erbe der Entdeckungen und Unterwerfungen, sondern die Zersetzung und Zerstörung komplexer, aber funktionierender Sozialstrukturen und deren Tranformation im Interesse und zu Diensten der kapitalistischen Entwicklung der Zentren. Während das Massenelend in Westeuropa gesteuert und schließlich durch partielle Beteiligung auch der Unterprivilegierten am gesamtgesellschaftlichen Reichtum aufgefangen werden konnte, waren die durch Plantagenwirtschaft, Bergbau und die Exportorientierung ihrer Ökonomien Entwurzelten schutzlos den Mechanismen der Profitmaximierung und Kapitalakkumulation ausgesetzt. »Sobald aber Völker, deren Produktion sich noch in den niedrigen Formen der Sklavenarbeit, Fronarbeit usw. bewegt, hineingezogen werden in einen durch die kapitalistische Produktionsweise beherrschten Weltmarkt, der den Verkauf ihrer Produkte ins Ausland zum vorwiegenden Interesse entwickelt, wird den barbarischen Greueln der Sklaverei, Leibeigenschaft usw. der zivilisierte Greuel der Überarbeit aufgepfropft« (Marx, MEW 23, 250). Mit der gewalttätigen Verfrachtung von mehr als 10 Millionen Afrikanern an die Produktionsstätten der Neuen Welt hatte sich der Entwurzelungsprozeß in unvermittelter, reiner Form dargestellt; in seinen vermittelten Formen manifestiert er sich heute als massenhafte Unterernährung, Armut, Arbeitslosigkeit, Verstädterung, aber auch als Bevölkerungsexplosion, die ursächlich mit der Zerstörung gesellschaftlicher Gleichgewichte zusammenhängt. »Der allgemeine Zustand der Armut zum Zeitpunkt der 'Unabhängigkeit' ist kein uraltes, vorkoloniales Erbe, er ist nicht 'traditional', sondern war erst geschaffen worden; er ist ein gesellschaftliches Produkt« (Hensman 1971, 122). Die Industrielle Revolution erzeugte den Graben zwischen Metropolen und Peripherien, erst sie machte ihn zu einem wahren Abgrund, nicht aber dessen äußerliche Erscheinungsformen wie der Kolonialimperialismus der Jahrhundertwende. Dieser Abgrund konnte deshalb auch nicht einfach zugeschüttet werden durch die politisch-völkerrechtliche Dekolonisierung nach dem Zweiten Weltkrieg. »Massenarmut prägt weiterhin das Bild der Entwicklungsländer«, heißt es in einem UNO-Bericht von 1972 zu den Ergebnissen der sogenannten Ersten Entwicklungsdekade, »und die Arbeitslosigkeit hat in vielen von ihnen ernste Ausmaße angenommen ... In vielen Ländern hat sich die Lage in den letzten Jahren verschlechtert ... Der Kontrast zwischen reich und arm wird sowohl zwischen entwickelten und Entwicklungsländern als auch vielfach in den Entwicklungsländern selbst schärfer.«[182] Im heutigen Zustand der Entwicklungsländer, der Armen Welt, gipfelt der fortschreitende Polarisierungsprozeß, durch den sich das internationale System als kapitalistisches System historisch entfaltete.

Das Material über den zunehmenden Verarmungsprozeß der Länder der kapitalistischen Peripherie ist so bekannt wie leicht zugänglich, daß es hier nicht, auch nicht exemplarisch, ausgearbeitet werden muß. Aber was davon inzwischen ins öffentliche Bewußtsein eingedrungen ist, ist doch in der Regel eine fatale Verzerrung der Wirklichkeit, wie sie sich z.B. in der Terminologie vom »Nord-Süd-Konflikt« niederschlägt, soweit damit undifferenziert ein natürlicher Gegensatz zwischen »armen« und »reichen« Ländern unterstellt wird. Kein Zweifel, daß es zahlreiche, in der kolonialen Retorte kreierte, objektiv arme Länder gibt — arm an Bodenschätzen, bestellbarem Ackerland, an Niederschlägen —, wie es für zahlreiche afrikanische Staaten gilt. Aber die Regel ist gleichwohl eine andere: nämlich die extreme Konzentration von Reichtum und Kontrolle über nationale Ressourcen in der Hand von zahlenmäßig sehr kleinen »Eliten« bei gleichzeitiger Massenarmut und -verelendung. »Diejenigen an der Spitze der Einkommenspyramide in einem armen Land können sehr wohl über Einkommen verfügen, die ebenso hoch sind, wie die ihrer Vergleichsgruppe in den Industrieländern. Da sie in der Regel weniger Steuern zahlen, geht es ihnen tatsächlich oft sogar noch besser, zumal wenn man etwa der Verfügbarkeit von Dienstpersonal und nicht überfüllten Straßen Bedeutung zumißt — ganz abgesehen von der Leichtigkeit, mit der sie in der Lage sind, die Gesetze ihres Landes zu umgehen« (Seers, 1971, 15).

Natürlich bedarf es zur Aufrechterhaltung dieser extremen Polarisierungen besonders brutaler Repressionsmechanismen, wofür nahezu jedes lateinamerikanische Land exemplarisch ist. Hier wird ein historisches Muster des internationalen Systems reproduziert, das bereits vor zweihundert Jahren relative Liberalität in den Zentren nur auf der Grundlage von Repression in der Peripherie ermöglichte: »Paradoxerweise wurde die Arbeitskraft in dem Maße, in dem die westeuropäische wirtschaftliche Entwicklung für die grundbesitzenden Bauern ebenso wie für die städtischen und landwirtschaftlichen Arbeiter soziale Differenzierung, Mobilität und größere persönliche Freiheit bedeutete, in den peripheren Gebieten der westeuropäischen Wirtschaft unfreier. In Zentral- und Osteuropa entwickelte sich eine zweite 'Leibeigenschaft'. In Amerika nahm das verschiedene Formen an: encomienda, repartimento, mita, durch Verschuldung bewirkte Leibeigenschaft und Sklaverei . . . Um 1700 war darum der Verlust persönlicher Freiheit zum Teil des kolonialen Erbes geworden. Darin bestand ein Teil des afrikanischen und lateinamerikanischen Beitrages zur Entwicklung der Freiheiten in Westeuropa« (Stein/Stein 1970, 43f.). Das vitale Interesse, das die Gesellschaften des kapitalistischen Zentrums an der Aufrechterhaltung jener Verhältnisse in der Armen Welt haben, die heute den »Imperialismus der Investitionsfreiheit« ermöglichen, so wie sie damals koloniale Ausbeutung möglich machten, hat sich wohl in der Form, nicht aber im Inhalt geändert. Auch heute bezahlt die Arme Welt einen Teil unseres Wohlstandes mit ihren ökonomischen Ressourcen und die verhältnismäßige Liberalität unserer politischen Verhältnisse mit ihrer politischen Rückentwicklung, mit Militärdiktaturen und repressiven Regimen. »Wir sind der Meinung«, erklärte der Außenminister der letzten christlich-demokratischen Regierung Chiles, Gabriel Valdès, als Sprecher der lateinamerikanischen Außenminister vor Präsident Nixon im Weißen Haus am 12. Juni 1969, »daß Lateinamerika einen Beitrag zur Finanzierung der Entwicklung der USA und anderer industrialisierter Länder leistet. Für Lateinamerika hatten und haben noch immer private Investitionen die Bedeutung, daß die Summen, die aus unseren Ländern herausgezogen werden, um ein Mehrfaches größer sind als die, die investiert werden. Unser potentielles Kapital wird reduziert. Die Profite der Investitionen wachsen und multiplizieren sich, aber nicht in unserem Land, sondern anderswo. Die sogenannte Hilfe, mit all den bekannten Auflagen, bedeutet Märkte und weitere Entwicklung für die entwickelten Länder, aber sie kompensiert in keiner Weise die Summen, die Lateinamerika verlassen in der Form von Bezahlung für Schulden oder als Profite der Privatinvestitionen. Mit einem Wort, wir wissen, daß Lateinamerika mehr gibt, als es empfängt« (zit. bei Frank 1972, 94). Bekanntlich versuchte Chile ein Jahr später sich aus der Umklammerung des Imperialismus zu befreien und den Circulus vitiosus der Unterentwicklung zu durchbrechen, bekanntlich sah es sich dabei sofort konfrontiert mit konzertierten Maßnahmen u.a. der internationalen Wirtschafts- und Finanzinstitutionen, die das Experiment der Unidad Popular zu Fall bringen wollten, und bekanntlich gelang dies schließlich auch mit unheimlicher Gründlichkeit.

Aber die brutale, physische Gewalt, wenn auch ultima ratio der Stabilisierung eines auf sozialen Ungleichheiten basierenden Systems, erklärt dennoch nicht angemessen das Überleben der Herrschaftssysteme in der Armen Welt. Entscheidend ist vielmehr der Prozeß der sozialen Marginalisierung der verarmten Massen[183], die Differenzierung und konkurrenzbedingte Spaltung innerhalb dieser Schicht bei der Jagd nach Arbeitsplätzen — die Entstehung zahlenmäßig kleiner und privilegierter Arbeiteraristokratien[184] und die aus den extremen Klassenegoismen resultierende Passivität und Lethargie dieser breiten Massen.[185]. Kulturelle Deprivation und nicht zuletzt die physiologischen Folgen der durch akuten Proteinmangel verursachten »irreversiblen Schäden« bei nahezu 35 Prozent der werdenden und stillenden Mütter und bei 20-25 Prozent der bis 13jährigen Schulkinder der Armen Welt wirken sich politisch »stabilisierend« aus.

Und dennoch ist das internationale System alles andere als friedlich, wie es bisweilen aus der Perspektive der Metropolen und bei kurzsichtiger Extrapolation der Periode des Kalten Krieges zwischen den großen Mächten den Anschein hat. Es ist umgekehrt auch nicht nur durch strukturelle Gewaltverhältnisse[186] gekennzeichnet, d.h. durch überwiegend nur noch vermittelte, latente Gewaltdrohungen, die genügen, den weltgesellschaftlichen Status quo aufrechtzuerhalten. Der über mehr als 25 Jahre mit Einsatz nahezu aller verfügbaren Mittel geführte Krieg in Vietnam hat unseren Blick für den offenen Gewaltcharakter, für den Krieg in den Peripherien als notwendigen Bestandteil des internationalen Systems geschärft. Rückblickend erkennen wir die Durchgängigkeit dieses Musters. Ein so meisterhafter Architekt internationaler Systemstabilisierung wie Bismarck hatte vor einhundert Jahren scharfsinnig erkannt, daß der Frieden im Zentrum nur aufrecht zu erhalten sei durch Ableitung der widerstreitenden Interessen nach außen, an die Ränder der damaligen Welt. Um die Jahrhundertwende hieß die konkurrierende Pazifizierungsstrategie der imperialistischen Mächte »Kanonenbootdiplomatie«. 1933 legte der britische Premierminister McDonald einen Abrüstungsvorschlag vor, der u.a. das Verbot von C-Waffen und Luftbombardements vorsah — außer für »Polizeioperationen« in den Überseegebieten (vgl. Bloch 1966, 41). Ein kürzlich unternommener Versuch, alle in der Nachkriegsperiode ausgebrochenen bewaffneten Konflikte kumulativ zusammenzustellen, ergab das überraschende Resultat, daß in diesen Jahrzehnten mehr Menschen in einem größeren Territorium aktiv oder passiv als vom Krieg Betroffene oder Kriegführende beteiligt waren, als im Ersten oder Zweiten Weltkrieg — aber in so gut wie allen Fällen handelt es sich um Kriege an den Peripherien mit aktiver Intervention der Metropolen[187]. Die über das Quantitative hinausgehende Klassifizierung dieser Kriege ergibt jedoch auch noch ein weiteres Resultat: »Diese Kriege werden in erster Linie nicht um Gebietsgewinne geführt, wie so oft in den Kriegen der letzten Jahrhunderte, sondern unbestreitbar immer häufiger für Unabhängigkeit und den Sieg einer guten Sache« (ebda. 265). M.a.W., die sich verschärfenden kritischen Konflikte im internationalen System der Gegenwart sind tendenziell nicht mehr nationalstaatlich vermittelte inner-kapitalistische Antagonismen, sondern sie enthalten zunehmend Momente des Bürgerkrieges, sie werden zu bewaffneten Klassenauseinandersetzungen unter direkter Mitwirkung außenstehender Mächte, da jede Verschiebung der Klassenverhältnisse auch, ja gerade in den Peripherien, das prekäre »Gleichgewicht« des internationalen Status quo in Gefahr zu bringen droht. Was früher über das etatisierte Sicherheitsinteresse der anti-kapitalistischen Sowjetunion gesagt wurde, ihr bestimmtes Festhalten an jenem Status quo, bzw. ihre Außenpolitik der Krisenvermeidung aus der nicht unbegründeten Furcht vor dem Einsatz des noch immer überlegenen amerikanischen Destruktionspotentials im Falle einer konkret-revolutionären Verschiebung der Klassenkräfte zuungunsten der kapitalistischen Mächte, das gilt allerdings auch umgekehrt: die Interventionen der kapitalistischen Industrienationen in den Peripherien zur Absicherung ihrer Interessen finden ihre Grenzen nicht nur an der Widerstandskraft und -bereitschaft jener Völker (als 1973 während der akuten Ölkrise amerikanische Spezialeinheiten laut Presseberichten Landeoperationen in Wüstengebieten übten, erklärten verschiedene arabische Regierungen, ihre Ölfelder und Pipelines seien vermint und würden im Interventionsfalle gesprengt werden). Sie finden ihre Grenzen auch am militärischen Potential der UdSSR, ohne dessen Rückendeckung Herausforderungen wie die durch Vietnam, Angola oder Nikaragua sehr wahrscheinlich entschieden rücksichtsloser niedergeworfen worden wären.

Die kriegerischen Konflikte jedoch, die das internationale System ständig erschüttern, von denen wir ständig in den Massenmedien hören und deren Eskalation zu einem großen Weltkonflikt wir nicht zu Unrecht befürchten, haben eine Erscheinungsform, die der angedeuteten Behauptung, es handle sich im Kern meistens um Klassenauseinandersetzungen, zu widersprechen scheinen. Die Araber vertragen sich nicht mit den Israelis, die Türken nicht mit den Griechen, der Irak nicht mit dem Iran, katholische Iren nicht mit protestantischen Engländern, afrikanische Stämme bekämpfen sich blutig innerhalb ihrer Staaten, die Bengalis wehren sich gegen die Pakistanis, usw. Ethnische und rassische Differenzen scheinen häufig die Konfliktursachen zu sein, deretwegen sich die politischen Energien der Armen Welt verzehren. Und sie liefern uns in den Metropolen die scheinbare Bestätigung unseres Vorurteils vom unterentwickelten, barbarisch-primitiven Charakter der Politik in der Dritten Welt. Auch hier vermag die Interpretation dieser unserer Gegenwart als Verwirklichung ihrer Geschichte — der Geschichte des kapitalistischen Internationalismus — mehr Klarheit und die Voraussetzungen für konstruktive Konfliktlösungen zu schaffen. Ethnisch-rassische Identität erscheint danach sowohl als Produkt eben der Geschichte des internationalen Systems, wie auch als Bedingung der Möglichkeit der Überwindung der mit der Kapitalistischen Revolution geschaffenen extremen Disproportionalitäten. »Als die Europäer erstmals südlich der Sahara erschienen«, so erfahren wir, »waren einige afrikanische Völker sich keiner 'stammesmäßigen' Identität als solcher bewußt. Mit der Oktroyierung kolonialer Herrschaft wurden administrative Grenzen errichtet. Als die Kolonialmächte Belohnungen und Vergünstigungen vergaben, wurden diese durch örtliche politische Einheiten vermittelt. Die Vertreter der britischen indirekten Herrschaft fanden oft heraus, daß sie es mit dezentralisierten Gesellschaften ohne Verwaltungsstrukturen zu tun hatten. Um ihre imperiale Autorität auf diese dezentralisierten Gesellschaften auszudehnen, errichteten sie häufig Stammeshierarchien. Wie zu erwarten, wurden dadurch die traditionellen Rivalitäten ... nur noch verschärft. Im wesentlich ist darum der 'Tribalismus' ein kolonial induziertes Phänomen. Obwohl es in Afrika vor dem kolonialen Zwischenspiel solidaristische Impulse gab, hat die europäische Präsenz entweder zur Ausbildung partikularistischer Loyalitäten beigetragen, oder aber existierende Antagonismen verschärft.«[188] Auch für Afrika gilt die früher erwähnte Tatsache, daß vor der europäischen Intervention ein »massiver gesellschaftlicher Wandlungsprozeß im Gange war«, eine »weitverbreitete Tendenz zur politischen und ökonomischen Integration der eingeborenen Bevölkerungen«, die nunmehr abgebrochen wurde zugunsten der Entwicklung in die heutige Unterentwicklung (ebda. 136).

Fallstudien beweisen nicht nur, daß die Polarisierung zwischen verarmten Massen und korrupten Eliten die Grundlage ethnischer Konflikte in Afrika ist (ebda. 137), sie zeigen auch, daß ethnische Differenzen im Interesse der Aufrechterhaltung kolonialer Herrschaft bewußt ausgespielt werden. Ethnische und/oder religiöse Identifizierungen überlagern soziale Verschichtungen, sie werden zu Vehikeln der Herausbildung kapitalistischer Klassenstrukturen. Der von den zeitungslesenden Zeitgenossen zunächst als ein religiöser Engstirnigkeit entspringender Konflikt interpretierte blutige Bürgerkrieg in Nordirland stellt in der Substanz einen schweren sozialen Konflikt zwischen der sozio-ökonomisch unterprivilegierten katholischen Minorität und der protestantischen Mehrheit dar, dessen Ursprung in der Kolonisierung Irlands durch das frühkapitalistische England unter Cromwell zu suchen ist. Auch den Auseinandersetzungen zwischen Griechen und Türken in Zypern — auf dessen weitreichende Konsequenzen für die internationale Politik hier nicht eingegangen werden kann — liegen ähnliche gesellschaftliche Diskrepanzen oder Klassenantagonismen zugrunde, auch wenn sie von den Betroffenen ethnisch-national interpretiert und erfahren werden. Die indischen Minderheiten in Ostafrika, die — vor allem in Uganda — zu Beginn der 70er Jahre Anlaß schwerer Rassenkonflikte waren, entstammen mit ihren Privilegien als Zwischenhändler, Handwerker, Unternehmer und im Dienstleistungsgewerbe der Immigrationspolitik der englischen Imperialisten und der Verarmung dieser Gruppen in Indien im Verlauf der englischen Kolonialherrschaft[189]. In Südafrika ist der klassenbedingte Rassismus sozusagen mit Händen greifbar, unvermittelt und brutal[190].

Vor dem Hintergrund des Eindringens der kapitalistischen Produktionsweise in die Peripherien werden dann auch scheinbar so unvergleichbare Phänomene wie der osteuropäische Antisemitismus in der zweiten Hälfte des 19. Jahrhunderts oder die blutigen ethnischen Konflikte zwischen chinesischen Minoritäten und einheimischen Indonesiern heute vergleichbar (vgl. Spulber, 89ff). Auch das Auseinanderbrechen der beiden Staatsteile Pakistans 1971 erscheint so nicht als Resultat bloßer Ausbeutung Bengalens und der Bengalen durch die Pakistani, sondern die Ausbeutung und Repression des ethnisch verschiedenen Ostens stellt sich heraus als Funktion kapitalistischer Wachstumsstrategie einer technokratischen modernisierenden Bourgeoisie im Westen (s. Maddison, 159ff.). Gleichermaßen ist der arabisch-israelische Konflikt, d.h. der Kampf der arabischen Staaten und der vertriebenen palästinensischen Minderheit gegen den Staat Israel in seiner konkreten Gestalt als Brückenkopf der kapitalistischen Metropolen im Mittleren Osten weder verständlich noch potentiell konstruktiv lösbar, wenn man seinen eigentlichen Entstehungsgrund, die imperialistische Politik Englands, und seine sozio-ökonomischen Wurzeln, den ethnisch vermittelten Klassencharakter dieses Konflikts, ignoriert.

Aber die vielen der ethnischen und rassischen Konflikte im internationalen System[191] sind nicht nur Funktion der kapitalistischen Produktionsweise in ihren vielfältigen, im einzelnen oft widersprüchlichen und komplexen Erscheinungsformen im Prozeß der Entfaltung des internationalen Systems, sie sind auch potentielle Ansätze zu seiner Überwindung. In zunehmendem Umfange werden ethnische, religiöse und rassische Identifikationen zu Vorformen von Klassenidentifikationen, zu

Vehikeln von Klassenbewußtsein. Auf dem Umweg über ethnische etc. Polarisierung werden Forderungen nach Gleichheit erhoben, die sich dann im Prozeß konkreter Konflikte und Kämpfe ihrer sozio-ökonomischen Voraussetzungen vergewissern und diese ihren Protagonisten zu Bewußtsein bringen. Solches scheint — nicht als gradlinig-unaufhaltsamer Prozeß, wohl aber als generalisierbares Grundmuster — das Entwicklungsgesetz derartiger Basisbewegungen zu sein, die jeweils ausgehen von der unmittelbar erfahrenen Diskriminierung der Hautfarbe, Religion oder Stammes- und Volkstumszugehörigkeit. Welches Potential an Sprengstoff etablierter politischer und gesellschaftlicher Ordnungen hier verborgen liegt, bzw. sich erst sehr sporadisch manifestiert, wird klarer, wenn man weiß, daß heute alle Staaten bis auf 14 mindestens eine signifikante Minderheit innerhalb ihrer Grenzen haben, und daß sieben von diesen vierzehn Staaten selbst mit irredentistischen Tendenzen zu tun haben. In einer ersten diesbezüglichen Untersuchung wird festgestellt, »daß die wachsende Tendenz der breiten Massen, menschliche Beziehungen unter dem Aspekt der ethnischen Gruppe zu sehen und zu fordern, daß politische Institutionen und Grenzen sich an den besten Interessen der ethnischen Gruppe zu orientieren haben, ein wahrhaft weltweites Phänomen darstellt«[192].

Hier ein ernstzunehmendes revolutionäres Potential erkannt zu haben, war u.a. das Verdienst Lenins gewesen — und diese Erkenntnis ist heute zumindest teilweise von denen vergessen worden, die in dogmatisch befangenen Rigorismen nur eine idealtypische Arbeiterklasse als revolutionäres Subjekt gelten lassen wollen. Gegen die Abqualifizierung des irischen Osteraufstandes von 1916 als kleinbürgerlich und putschistisch durch die meisten sozialistischen Führer jener Zeit schrieb Lenin: »Sich einzubilden, die soziale Revolution sei vorstellbar ohne die Revolte kleinerer Nationen in den Kolonien und in Europa, ohne das revolutionäre Aufbegehren eines Teiles der Bourgeoisie mit allen ihren Vorurteilen und der halbproletarischen Massen gegen die Unterdrückung durch Grundbesitzer, Kirche, Monarchie, Nation und andere — sich das einzubilden, heißt, die soziale Revolution zu leugnen . . . Wer immer eine ‘reine’ Revolution erwartet, wird sie nie erleben. Solche Leute leisten der Revolution Lippendienste, ohne zu verstehen, was eine Revolution ist«[193].

Imperialismus und Unterentwicklung sind, das sollte nunmehr einigermaßen überzeugend herausgearbeitet worden sein, zwei Seiten derselben Sache: der kapitalistischen Produktionsweise im Weltmaßstab. Die Veränderungen der jeweiligen Erscheinungsformen und die oft widersprüchliche Vielfältigkeit des Imperialismus in der Gegenwart sind doch immer nur Variationen jener identischen historischen Gestalt, die herauszuarbeiten hier auch gegen einen sich im Gewande des »wissenschaftlichen Pluralismus« verbergenden Agnostizismus versucht wurde, und deren konkret-empirische Wirklichkeit sich gleichermaßen gegen jede undimensionale Vereinfachung sträubt. Das positive Resultat der Kapitalistischen Revolution und ihrer universalen Selbstverwirklichung als Imperialismus war und ist es, mit der historisch beispiellosen Entfaltung der Produktivkräfte die Bedingungen der Möglichkeit von Entwicklung im Sinne der Befreiung aus Armut und Mangel an lebensnotwendigen Gütern geschaffen zu haben. Aber diese kapitalistische Entwicklung, für die Bedürfnisbefriedigung nur Nebenprodukt, nicht aber eigentlicher Zweck ist, produzierte und produziert ständig zugleich Unterentwicklung. Diese Unterentwicklung läßt sich nicht angemessen begreifen nur oder primär als empirisch nachweisliche Armut. Arm waren auch die Sklaven und Bauern der alten Kulturen, arm waren auch die Soldaten und Beamten der alten Reiche. Der Armut unter den Bedingungen des Kapitalismus und Imperialismus kommen wir näher durch die Analyse des qualitativ neuartigen Polarisationsprozesses, als der sich die Zerstörung traditioneller Gesellschaftsordnungen und Produktionsweisen (vgl. C. Ahlers u.a. 1973) manifestiert.

Es wäre sinnlos, von Unterentwicklung zu sprechen im Zusammenhang mit den babylonischen, ägyptischen, alexandrinischen, römischen Imperien oder dem alten chinesischen Imperium. Man kann den Begriff auf die auch damals bestehenden Differenzen zwischen jeweiligem »Zentrum« und der »Peripherie« nicht anwenden. Denn relativ gesehen waren solche Differenzen minimal bzw. nichtexistent. Der Bauer, der in der Nähe von Rom sein Feld bestellte, war kaum wohlhabender als der in der spanischen oder gallischen Provinz — ihnen war gemeinsam ein vergleichbares technologisches Niveau, ein vergleichbarer Stand der Produktivkräfte, mittels derer sie einen vergleichbaren Surplus erwirtschafteten bei vergleichbarem Arbeitsaufwand. Genau das hat sich heute gegenüber jenen »vorgeschichtlichen« Perioden radikal geändert. Heute, wo die Entwicklung der Produktivkräfte in einigen Teilen der Welt ein so eindrucksvolles Niveau erreicht hat und wo alle Teile dieser Welt über das vom Kapitalismus selbst geschaffene internationale System auf so vielfältige Weise miteinander verbunden sind, können wir von Unterentwicklung sprechen in Bezug darauf, was heute, abstrakt betrachtet, potentiell möglich wäre — nämlich die Abschaffung von Hunger, Armut und Mangel. M.a.W., *Unterentwicklung ist eine historische Kategorie des konkreten gesellschaftlich-ökonomischen Kontextes, in dem wir uns bewegen, sie ist zu messen daran, was unter den gegebenen Bedingungen prinzipiell möglich ist.* »Abstrakt betrachtet« heißt: unter Außerachtlassung der gesellschaftlich-politischen Strukturen die eine derartige Verwirklichung der objektiv gegebenen Möglichkeiten verhindern: eben diese aber bezeichnen den Widerspruchscharakter des Imperialismus in allen seinen Formen. Daß es in den Metropolgesellschaften mit ihrem enormen Surplus durch eine Veränderung der Prioritäten objektiv möglich wäre, Gesundheitsfürsorge, Erziehungswesen, Wohnungen und öffentliches Verkehrswesen gratis zur Verfügung zu stellen — z.B. durch drastische Reduktion der Militärausgaben —, mag als weltfremde Gedankenspielerei erscheinen, und angesichts des allgemein relativ hohen Lebensstandards der meisten von uns ist es auch keine Existenzfrage mehr, mit der man eine Massenmobilisierung erreichen könnte. Ganz anders jedoch sieht diese Diskrepanz zwischen Möglichkeit und Wirklichkeit aus in den Ländern der Armen Welt, deren objektiver Reichtum an Naturschätzen, menschlicher Arbeitskraft und an menschlichen Fähigkeiten im krassen Gegensatz zu den gesellschaftlichen Bedingungen steht, die die Massen in den meisten dieser Länder unterhalb des humanen Existenzminimums halten. Die Länder der Armen Welt sind unterentwickelt gemessen an dem, was bei ihnen an Entwicklung im Sinne der Überwindung von extremen Mangelerscheinungen möglich wäre — und diese Unterentwicklung ist nicht eine Funktion von Rasse, Klima oder »Tradition«, sondern ihrer in besonderem Maße rigiden Klassenstrukturen.

»Das Problem, das sich den Entwicklungsländern stellt, ist nicht jenes, den Übergang von einer stagnierenden Naturalwirtschaft oder einer halbfeudalen Wirtschaftsordnung zu einer modernen Geldwirtschaft (Verkehrswirtschaft) zu sichern. Das Problem besteht vielmehr darin, zu gewährleisten, daß die z.T. riesigen Potenzen zur Kapitalbildung nicht in tausend Spekulations- und Luxuskonsumprojekten der herrschenden Klassen versanden und für eine industrielle Revolution unbenutzt oder ungenügend benutzt bleiben«[194]. Die Rigidität dieser Klassenstrukturen wiederum ist jedoch nicht herauslösbar aus dem internationalen Kontext, in dem sie sich verwickelt haben, und der sie direkt oder indirekt absichert.

Es erscheint mehr als fragwürdig, ob die — hier ganz wertfrei gemeinte — »Erpressung« der von Rohmaterialien und Öl als Energiequelle abhängigen Metropolen durch kollektive Aktionen der Produzentenstaaten zu einer qualitativen Verbesserung der Lebenserwartungen der in diesen Ländern lebenden Bevölkerungen führt. Solange derartige Selbstschutzmaßnahmen nicht das Ergebnis vorangegangener sozialer Veränderungen in diesen Ländern, d.h. das Resultat der Forderungen mobilisierter Massen nach Umwälzung der Klassenverhältnisse und gerechter Redistribution der Ressourcen sind, dürfte ein derart erreichter höherer Anteil an Rohstoffprofiten eher den Schein von Prosperität in diesen Ländern erwecken, werden Wohlfahrtsmaßnahmen die radikalen Forderungen nach Einkommensverteilungen dämpfen, wird die technologisch-ökonomische Rückständigkeit übertüncht und entsteht eine mit den Metropolen zwar hart verhandelnde, aber nach wie vor dem imperialistischen System verpflichtete Rentiersklasse in diesen Ländern. Um so wahrscheinlicher wird jedoch dann wieder das Aufbrechen von Konflikten in Zonen, wo sie nur sehr vermittelt als Klassenkonflikte identifizierbar sind — die Palästinenser in den arabischen Staaten sind dafür ein Beispiel.

Denn so, wie Kapitalismus und Unterentwicklung zwei Seiten derselben Medaille sind, gehören auch Imperialismus und die ständige Reproduktion revolutionären Potentials ursächlich zusammen. In der Entstehung der Sowjetunion hatten der klassische, in der Volksrepublik China der Imperialismus der Phase der amerikanischen Führungsübernahme, und in Kuba, Vietnam und Nicaragua der heutige Imperialismus ihre nach den Entstehungsbedingungen je verschiedenen organisierten Widersprüche gefunden: als national sich formierendes und verteidigendes Revolutionspotential — mit all den Verzerrungen und Verfälschungen des sozialistisch-emanzipatorischen Anspruches, die aus der Notwendigkeit der defensiven Selbstbehauptung in einer feindlichen kapitalistischen Umwelt resultieren. Vergleichbares kann und wird sich entsprechend der inneren Logik der Entfaltung dieser Widersprüche auch in Zukunft wiederholen, wobei es unzulässig spekulativ wäre, Voraussagen darüber zu machen, in welchen Ländern »demnächst« anti-kapitalistische Revolutionen an der Tagesordnung stehen. Allein der schlagartige Zusammenbruch von scheinbar so stabilen Stützpfeilern der »Pax Americana« wie des Schah-Regimes in Persien oder das der Philippinen ist ein deutliches Zeichen dafür, daß die Restabilisierung des internationalen Systems unter amerikanischer Führung trotz bedingter sowjetischer Kooperation gescheitert ist, daß die imperialistische Epoche weiterhin eine revolutionäre Epoche ist. Aber die Formen, in denen sich anti-imperialistische und anti-kapitalistische Bewegungen manifestieren, sind nicht abstrakt abzuleiten und vorherzubestimmen. Die Geschichte selbst zeigt zur Genüge den »unreinen« Charakter revolutionärer Bewegungen — ebenso wie sie zeigt, daß die Revolutionäre selbst in der Regel unvorbereitet sind und von den Revolutionen überrascht werden.[195]

Die heute so lebhaft diskutierte und in einer umfangreichen Literatur analysierte Rolle der sog. Multinationalen Konzerne im internationalen System, die mit der Internationalisierung von Produktionsprozessen in der Tat ein qualitativ neues Element weltwirtschaftlicher Verflechtung und weltgesellschaftlicher Interdependenz hervorgebracht haben, birgt in sich auch die Möglichkeit der Internationalisierung von Klassenkämpfen, zu deren Führung die Gewerkschaften aus zunächst defensiver Logik gezwungen werden (vgl. Tudyka 1974). Aber auch bereits ein Ereignis wie das der vom Wirtschafts- und Sozialrat der UNO abgehaltenen Hearings mit dem Auftrag: »Studium der Rolle der multinationalen Unternehmungen und deren Wirkungen auf den Entwicklungsprozeß, vor allem in den Entwicklungsländern, sowie deren Ausstrahlungen auf die internationalen Beziehungen; Formulierung von Folgerungen, die für die Regierungen nützlich sein können bei ihren diesbezüglichen souveränen nationalen Entscheidungen; Aufstellung von Empfehlungen für eine geeignete internationale Aktion«[196] kann Prozesse einer Bewußtseinsbildung auslösen, die den engeren Rahmen nationalistischen Widerstandes gegen kapitalistische Fremdbestimmung und Unterentwicklung unterlaufen und sprengen zugunsten von derzeit noch nicht konkret bestimmbaren internationalistischen Gegenstrategien der Betroffenen, von internationaler Klassensolidarität.

Die Tatsache, daß sich das internationale System heute in einer tiefen Krise befindet, ist inzwischen geradezu zu einem Gemeinplatz geworden. Die Energiekrise, die Verknappung nicht erneuerbarer Ressourcen, Überbevölkerung, Inflation, kontrolliertes Wettrüsten, zunehmende Gewalttätigkeiten in allen gesellschaftlichen Bereichen, Terrorismus der Machtlosen und eskalierender Staatsterrorismus der scheinbar Mächtigen sind einige ihrer geläufigsten Symptome. Die prinzipiell legitime Skepsis gegenüber Katastrophendiagnostikern und Zusammenbruchspropheten scheint jedoch diesmal angesichts des erdrückenden Materials, das von ernstzunehmenden Wissenschaftlern über die Welternährungskrise, die Umweltzerstörung, die weltweite Militarisierung etc. zusammengetragen worden ist, kaum mehr gerechtfertigt. Aus unserer Analyse der historischen Gestalt des internationalen Systems ergibt sich zumindest die dringende Schlußfolgerung, *daß die verschiedenartigen Weltkrisen ursächlich mit der Selbstverwirklichung der kapitalistischen Produktionsweise zusammenhängen, und daß nur deren Überwindung die Bedingung der Möglichkeit von Lösungen schafft.* Die Restabilisierung des Internationalen Systems unter der Führung einer kapitalistischen Metropole ist mit dem sich abzeichnenden Ende der amerikanischen Hegemonie gescheitert, die inter-kapitalistische Konkurrenz zwischen relativ ebenbürtigen »Blöcken« impliziert die Unmöglichkeit hierarchisch-disziplinierten Managements des Systems. Die ambitiösen Stabilisierungsprojekte der internationalen Ordnungsarchitekten zerfallen diesen unter den Händen. 1970 verkündete Präsident Nixon ein neues, die Abkommen von Bretton Woods ablösendes Weltwährungssystem als ein Werk, das »bis zum Ende dieses Jahrhunderts« dauern werde — ein Jahr später lag es bereits in Scherben und heute ist es völlig vergessen. Pragmatisch wird »crisis management« praktiziert und zur wissenschaftlichen Kategorie erhoben (vgl. Frei 1970, 203ff.), doch unhistorische und Welt-System-Theorien[197] ohne jeden sozio-ökonomischen Inhalt weisen im Grunde nur auf die Ratlosigkeit der absteigenden Weltführungsmacht und damit auf die Führungslosigkeit auch des internationalen Systems hin. Kühne Entwürfe einer »Pentarchie« oder eines »Trilateralismus« machen inzwischen nur noch lächeln. Vergleichen wir diese Verunsicherung mit der Selbstsicherheit und der Überzeugung von der historischen Legitimität ihrer Führungsrolle, mit der die USA nach 1945 an die Rekonstruktion des internationalen Systems gingen, oder vergleichen wir sie noch einmal mit dem Selbstbewußtsein der englischen Bourgeoisie im 19. Jahrhundert, so wird das Neuartige der heutigen Krisensituation unmittelbar evident.

Die durch die relative Schwächung des imperialistisch-kapitalistischen Zentrums hervorgerufene strukturelle Paralyse hatte durch sub-imperialistische Zentren wie Brasilien, Iran und Südafrika als regionale Ordnungsmächte aufgefangen werden sollen. Das Phänomen des Subimperialismus ist nicht völlig neuartig; Hobson erkannte es breits um die Jahrhundertwende im Falle Südafrikas als eine konkrete Möglichkeit: »Unabhängig vom zentralisierten Imperialismus, der von Großbritannien ausgeht«, so schrieb er, »haben die Kolonien in unterschiedlichem Umfange das Potential zu einem eigenen Imperialismus ... Die gleiche Verschwörung mächtiger Spekulanten, industrieller Interessen und ehrgeiziger Politiker ... kann ... zum Einsatz kolonialer Ressourcen ... zwecks Expansion ihrer eigenen politischen und ökonomischen Interessen führen. Dieses ist für Südafrika in den vergangenen Jahren eindeutig der Fall gewesen.«[198] Unter den Bedingungen diversifizierter Produktionsverhältnisse — der von den multinationalen Konzernen geförderten Verlagerung von Produktionsstätten an die Peripherien — schien sich diese Möglichkeit auch anderswo anzubieten. Aber die damit intendierte Stabilisierung durch Delegation von Ordnungsfunktionen stellte sich als bestenfalls mittelfristig effektiv heraus, denn nun begannen sich die nationalstaatlich vermittelten Konflikte an dieser Peripherie gefährlich zu verschärfen. Der Zusammenbruch des Schahregimes führte zum blutigen Krieg zwischen Irak und Iran im Persischen Golf; der Ausbau Israels zum amerikanischen Brückenkopf in der Region hat eine Lösung dieses Konflikts durch Integration und regionalen Ausgleich auf absehbare Zeit verhindert; die Türkei hätte ohne westlicherseits aufgerüstet worden zu sein, sich nie auf ihr Zypernabenteuer eingelassen, das wiederum nur eine Reaktion auf den USA-gebilligten Obristenputsch in Griechenland war: Südafrika scheint einer blutigen Konfrontation mit der eigenen Bevölkerungsmehrheit und mit Schwarzafrika zuzutreiben; usw. Ganz abgesehen davon findet die von dieser politischen Stabilisierungsstrategie vorausgesetzte Kontrolle über die Außenpolitik der sub-imperialistischen Zentren ihre Grenze in der »machiavellistischen« Geschicklichkeit zumindest einiger von ihnen, die sowjetische oder wenigstens die westeuropäische Alternative gegen den amerikanischen Kapitalismus auszuspielen.

Die auch von den professionellen »international relations«-Experten kaum bestrittene, vielmehr in so vielen Anläufen und »approaches« wissenschaftlich behauptete »Komplexität« des Internationalen Systems erscheint dergestalt nur als ein anderer Ausdruck dafür, was richtiger als die wachsende Widersprüchlichkeit und Brüchigkeit des Weltkapitalismus zu bezeichnen wäre. Aber die kapitalistische Produktionsweise und ihre weltweite Entfaltung zum Ausgangs- und Bezugspunkt wissenschaftlicher Analyse des Internationalen Systems der Gegenwart zu machen, genügt selbst noch nicht. Sofern unser Erkenntnisinteresse motiviert ist von Mit-Leid mit den Opfern latenter und der Verurteilung jener manifesten Gewalt, der dieses System seine Entwicklung und heutige Gestalt verdankt, müssen wir selbstkritisch feststellen: »Wir . . . haben noch nicht gelernt, ein alternatives Forschungsprogramm zu entwickeln, das den unterdrückten Klassen zeigt, was mit ihren Unterdrückern geschieht, wie sich ihr Gesicht, ihre Machtbasis, ihre Interessen und ihre Widersprüche wandeln; und was die Unterdrückten tun können und müssen, um Einfluß zu nehmen auf die Tendenzen, die sie selbst langfristig und kurzfristig betreffen. Statt dessen haben wir uns bisher lediglich darauf konzentriert, den Unterdrückten und Ausgebeuteten zu zeigen, wie unterdrückt und ausgebeutet sie sind — was sowohl sie selbst als auch ihre Unterdrücker sehr wohl wissen — und wie differenziert ihre Reaktionen und Verhaltensweisen sind, was auch die Unterdrücker zu wissen interessiert. Bislang waren die Herrschenden besser in der Lage, das von der Forschung erarbeitete Wissen zu verstehen und zu verwerten« (Quijano 1971, 11f.). M.a.W., auch »linke« und »marxistische« Analyse internationaler Politik hat durch zunehmend verfeinerte Studien der Abhängigkeits- und Ausbeutungsverhältnisse des internationalen Systems nicht revolutionäres, sondern Herrschaftswissen produziert.[199]

Die Feststellung des liberalen Ökonomen Kindleberger: »Die Erarbeitung einer Analyse der politischen Dimensionen internationaler ökonomischer Probleme . . . hat kaum erst begonnen«[200], entspricht der des Marxisten Lair, »daß es bis jetzt keine 'vollständige' marxistische Theorie der internationalen Beziehungen gibt«[201] Die zu leistende Theoriearbeit kann und darf aber nie ihre konkreten Adressaten und ihren emanzipatorischen Anspruch aus den Augen verlieren. Sie muß als eine in den Widersprüchen sich entfaltende *Theorie der emanzipatorischen Möglichkeiten* konzipiert werden.

Anmerkungen

1 Vgl. dazu Raoul Naroll, Vern L. Bullough, Frada Naroll: *Military Deterrence in History. A Pilot Cross-Historical Survey,* New York 1974.

2 Karl Kautsky, »Der Imperialismus«: *Die Neue Zeit,* 32. Jg., 2. Bd., Nr. 21 vom 11. November 1914, 921. Unter dem Eindruck des soeben dennoch ausgebrochenen Krieges machte Kautsky einige Zusätze, in denen er den wenig überzeugenden Versuch unternahm, seine Theorie vom friedlichen Zusammenschluß der kapitalistischen Großmächte als Möglichkeit für die Nachkriegszeit zu retten.

3 Man denke nur an die dichterische und künstlerische »Bewältigung« des Krieges, die fast durchgehend den katastrophalen, apokalyptischen Charakter dieser Zäsur herauszuarbeiten versuchte.

4 Vgl. u.a. Archibald P. Thornton, *Doctrines of Imperialism,* New York 1965. — Hans Werner Kettenbach, *Lenins Theorie des Imperialismus,* Teil I: *Grundlagen und Voraussetzungen,* Köln 1965. — Tom Kemp, *Theories of Imperialism.* London 1969. — D.K. Fieldhouse, *The Theory of Capitalist Imperialism,* London 1967. — Richard Koebner and Helmut Dan Schmidt, *Imperialism,* London 1964. — Benjamin J. Cohen: *The Question of Imperialism,* New York 1974. — Zusammenfassend dazu E. Krippendorff, »Imperialismusbegriff und Imperialismustheorien«: *NPL* 2/1976, 141-155.

5 N. Rjasanoff, »Karl Marx über den Ursprung der Vorherrschaft Rußlands in Europa«: *Ergänzungshefte zur NEUEN ZEIT* 5, 5. März 1909, 63.

6 Vgl. etwa für England das akademische Schicksal von Maurice Dobb noch in den dreißiger Jahren, wie es von J. Hobsbawm in seiner Einleitung zur Festschrift für Dobb geschildert wird: C.H. Feinstein (Hg.), *Socialism, Capitalism and Economic Growth,* London 1969. — Dem 'ersten Imperialismus-Theoretiker' John A. Hobson erging es in seiner wissenschaftlichen Karriere nicht viel anders.

7 Siehe dazu die weiteren Verweise in Ekkehart Krippendorff, »Internationale Beziehungen — Versuch einer politökonomischen Rahmenanalyse«: *PVS* 3/1972, 352, Anm. 9.

8 Berle, ein führender Wirtschaftsberater und Autor mehrerer Bücher, hat diese Position in den dreißiger Jahren vertreten, zuletzt aber noch 1959 mit den Worten, daß »die Geschichte der internationalen Zusammenarbeit der Regierungen in ökonomischen Angelegenheiten schlecht und enttäuschend ist«, während »große Wirtschaftsgruppen sehr wohl zusammenarbeiten können. Sofern die Staatsführungen nicht intervenieren, ist hier die Kooperation häufiger als der Konflikt«. ». . . daß politische Einmischung (in die Wirtschaft; E.K.) gewöhnlich unprofitabel, notwendigerweise gefährlich und auf lange Sicht selbstmörderisch ist« (Adolf A. Berle, Jr., *Power Without Property,* New York. 1959, 120ff., 136).

9 Joseph Schumpeter, »Zur Soziologie der Imperialismen (1919)«: *Aufsätze zur Soziologie,* Tübingen 1953, 72-146.

10 »Handle so, daß die Maxime deines Willens jederzeit zugleich als Prinzip einer allgemeinen Gesetzgebung gelten könte.« *(Kritik der Praktischen Vernunft, § 7)*

11 Vgl. auch Gottfried-Karl Kindermann, »Politische Theorie und internationale Politik in der Sicht der realistischen Schule Hans J. Morgenthaus und Reinhold Niebuhrs«: *PVS* 3/1965, 291-301.

12 In die bislang wohl absurdeste Leerformelhaftigkeit der 'System'-Analyse hat das Buch von Morton Kaplan geführt: *System and Process in International Relations*, New Yord 1957.

13 »Dare We Take the Social Sciences Seriously?«, *American Behavioral Scientist*, 10, June 1967, zit.: Robert J. Lieber, *Theory and World Politics*, London 1973, 154f.

14 Siehe Rüdeger Baron, *Politikwissenschaft und Vietnamkrieg*. Diss. FU Berlin 1974, 345.

15 Ein Zitat für viele: »... die Tatsache der Koexistenz ... einer Anzahl unabhängiger Staaten ist der Ausgangspunkt für jede systematische Analyse der internationalen Beziehungen«. (Georg Modelski, *A Theory of Foreign Policy*, New York 1962, 3).

16 Der absurdeste mir bekannte Versuch einer weltgeschichtlichen Interpretation ist der, internationale Politik = Herrschaft von Völkern und Rassen über andere abzuleiten aus Blutdruckdifferenzen; Erich T. Doehring, *Niedriger Blutdruck und Weltgeschichte*, Hamburg 1951.

17 Das gilt bereits für die Magie als gewissermaßen die Wissenschaft prä-historischer Gesellschaften: »Magie ist der Wissenschaft darin verwandt, daß sie immer auf ein spezifisches Ziel gerichtet ist, das eng verknüpft ist mit menschlichen Instinkten, Bedürfnissen und Zwecken. Die Kunst der Magie richtet sich auf die Verwirklichung praktischer Zwecke. Ebenso wie andere Künste und Fertigkeiten hat auch sie ihre Theorie, ihre Systematik und ihre Prinzipien, die die Art und Weise vorschreiben, auf die eine Handlung zu vollziehen ist, um wirksam zu sein.« (Bronislaw Malinowski, *Magic, Science and Religion*, London 1974, 86).

18 »Während des ganzen Mittelalters lagen zyklischer und linearer Zeitbegriff miteinander in Konflikt. Wissenschaftler und Gelehrte insistierten, unter dem Einfluß von Astronomie und Astrologie, in der Regel auf einem zyklischen Zeitbegriff. Das Linearkonzept hingegen wurde von der Klasse der Händler vertreten und erhielt seine Bedeutung aus der sich ausbreitenden Geldwirtschaft. Solange Macht auf Landbesitz beruhte, galt Zeit als etwas, das reichlich vorhanden war, bezogen auf die ewigen Zyklen des Ackerbaus. Mit der Geldzirkulation stellte sich jedoch Mobilität ein. Das Lebenstempo nahm zu und Zeit erschien nun als etwas Wertvolles, das ständig knapper wurde: nach dem 14. Jahrhundert schlugen die öffentlichen Uhren in Italien den 24-Stunden-Tag. Die Menschen begannen zu glauben, daß 'Zeit Geld sei' und daß man versuchen müsse, sie haushälterisch zu nützen.« Withrow 1972, 18. — Bis zu seinen extremen Konsequenzen vorangetrieben wurde dieser Prozeß mit dem Industriekapitalismus; vgl. dazu E.P. Thompson: »Zeit, Arbeitsdisziplin und Industriekapitalismus«: Rudolf Braun u.a. (Hg.), *Gesellschaft in der industriellen Revolution*, Köln 1973, 81-112.

19 Das ganze Gerede vom Niedergang der Zivilisation, bemerkt A.J.P. Taylor aphoristisch, »bedeutet nichts anderes, als daß Universitätsprofessoren daran gewöhnt waren, Hausangestellte zu haben und jetzt selbst abwaschen müssen.« *The Observer*, 21. Juni 1959; zit. E.H. Carr: *What is History*? 1964, 112.

20 »Die klassischen Zivilisationen Griechenlands und Roms waren ebenso wie die alten Zivilisationen Asiens im Grunde unhistorisch.« »Die Scheidelinie zwischen Geschichte und Vorgeschichte wird dann überschritten, wenn Menschen nicht mehr nur in der Gegenwart leben und bewußt sich für ihre Vergangenheit und Zukunft interessieren.« (Carr 1964, 108f.).

21 Zum Begriff der Kultur vgl. auch Childe 1968, 173f.: »Die Kulturen stellen nämlich nichts anderes als die Mittel dar, mit deren Hilfe sich die betreffenden Gesellschaften an ihre Umwelt anpassen, um sich am Leben zu erhalten und zu vermehren, womit sie an die Stelle

der körperlichen Modifikationen und Instinkte treten, die bei den Tieren dieselbe Funktion erfüllen.«

22 Vgl. dazu Karl August Wittfogel, »Die natürlichen Ursachen der Wirtschaftsgeschichte«: *Archiv für Sozialwissenschaft*, Bd. 67, Tübingen 1932, 608.

23 Vgl. die komprimierte Zusammenfassung dieser Diskussion bei Ahlers, Donner, Kreuzer, Orbon, Westhoff, *Die vorkapitalistischen Produktionsweisen*, Erlangen 1973, 21ff. — Mit nicht-marxistischem Begriffsapparat arbeitet Mark Elvin, *The Pattern of the Chinese Past*, London 1973, das Stagnations-Syndrom für China heraus, wofür er den Begriff des »high-level equilibrium trap« prägt.

24 Vgl. dazu, trotz grundlegend anderer Interpretation, den Aufsatz von Herbert Lüthy, »Die Kolonisation und die Einheit der Geschichte«: Hans-Ulrich Wehler (Hg.), *Imperialismus*, Köln 1970, 42-55.

25 Der empirische Nachweis dieser Asymmetrie von »Interdependenz« wird eindrucksvoll geleistet von Junne/Nour (1974).

26 Statt vieler anderer Titel: *Die Armut des Volkes. Verelendung in den unterentwickelten Ländern. Auszüge aus Dokumenten der Vereinten Nationen*, Reinbek 1974.

27 Die pure geographische Ausdehnung Rußlands und Chinas hat zweifellos das Überleben der sozialistischen Bewegungen an der Macht wesentlich erleichtert, wenn nicht überhaupt ermöglicht.

28 Vgl. z.B. George Modelski, *Kautilya: Foreign Policy and International System in the Ancient Hindu World*, in: American Political Science Review, LVIII (1964)

29 Theodor Eschenburg, *Staat und Gesellschaft in Deutschland*, Stuttgart 1956, 94ff.

30 G.A. Rein, *Weltpolitik*, in: Die Welt v. 4.9.1965

31 Vgl. Aurelio Bernardi, *The Economic Problems of the Roman Empire at the Time of its Decline*; und: M.I. Finley, *Manpower and the Fall of Rome;* beide in: Cippola 1970

32 Vgl. Armando Sapori, *La mercatura medievale*, Firenze (Sansoni) 1972

33 Vgl. *The Cambridge Economic History of Europe*, Cambridge University Press 1966, Bd. I, 340ff.

34 Allgemein dazu Mandel, 1968, 88 ff.

35 Allgemein dazu *The Cambridge Economic History of Europe*, a.a.O., Kap. II, 1-3 und als Fallstudie Richard W. Kaeuper, *Bankers to the Crown. The Ricardi of Lucca and Edward I.*, Princeton University Press 1973

36 Über Machiavelli s.u.a. Max Horkheimer, *Anfänge der bürgerlichen Geschichtsphilosophie (1930)* Frankfurt/M. 1971, 11 ff.

37 Vgl. John U. Nef, *War and Human Progress. An Essay on the Rise of Industrial Civilization*, New York (Norton) 1963

38 *The Cambridge Economic History of Europe*, Bd. IV. Cambridge University Press 1967, 323

39 Vgl. dazu u.a. Elvin 1973

40 Diese Interpretation ist eine von der Literatur m.W. bisher nicht untersuchte Hypothese; vgl. allenfalls Guido Quazza, *La decadenza italiana nella storia europea*, Torino (Enaudi) 1971

41 Vgl. Ingolf Ahlers, Kolonialismus und Bewegungsformen des Handelskapitals. Diss. Hannover 1974 (MS); Kap. I, 1.3.2.1

42 Hugo Loetscher, *Heinrich der Seefahrer*, in: Neue Zürcher Zeitung v. 6.5. 1973, 52

43 Vgl. die Interpretation der Logbücher des Columbus bei Joachim Moebus, *Über die Bestimmung des Wilden und die Entwicklung des Verwertungsstandpunktes bei Kolumbus*, in: Das Argument, Nr. 79 (Juli 1973), 273-307. — Simon Wiesenthal (*Segel der Hoffnung. Die geheime Mission des Christoph Columbus*. Freiburg/Br. 1972) geht sogar so weit, aufgrund kriminalistisch anmutender Interpretationen der Dokumente die These aufzustellen, Co-

lumbus sei wenn schon nicht jüdischer Herkunft, so seine Mission doch motiviert von der Suche nach einer jüdischen Heimat für die vielen in Spanien vertriebenen und verfolgten Juden gewesen.

44 Im Zeitalter des klassischen Imperialismus tauchte dann das alte Überlegenheitsbewußtsein in säkularisierter Form wieder auf, bei den Ideologen des Rassismus vor allem.

45 Über den faszinierenden Zusammenhang von Luxus und Kapitalismus s. Werner Sombart, *Liebe, Luxus und Kapitalismus* (1922), München 1967, der allerdings dem auswärtigen Handel und Markt dezidiert eine sekundäre Rolle zuweist.

46 *The Cambridge Economic History of Europe,* Bd. IV, 259

47 *The Cambridge Economic History of Europe,* Bd. IV, 323

48 Wirtschaftsblockaden mit politischer Zielsetzung hat es schon sehr früh gegeben. Der erste nachweisbare Fall stammt aus Griechenland im Jahre 445 v.d.Z. Das entscheidend Neue dürfte nunmehr darin zu sehen sein, daß nicht Städte kollektiv auf die Knie gezwungen, sondern daß gesellschaftliche Konflikte in Territorialstaaten zielstrebig verschärft werden sollen (vgl. Rolf Hasse, *Theorie und Politik des Embargos,* Köln, Institut für Wirtschaftspolitik, Untersuchungen Bd. 25, 1973).

49 Vgl. Jacob 1964, 223 ff.

50 Die neueste gründliche Berechnung der bislang zwischen 3,5 und 25 Millionen schwankenden Schätzungen kommt zu der Zahl von knapp 10 Millionen Sklaven, die zwischen 1451 und 1870 aus Afrika »exportiert« wurden: Philip D. Curtin, *The Atlantic Slave Trade – A Census,* The University of Wisconsin Press, 1969

51 Vgl. Philip Mason, *Patterns of Dominance,* London (Oxford University Press) 1970

52 Vgl. Ekkehart Krippendorff, *Brief aus Mexiko:* 1520-1810-1857-1910-19??, in: Der Monat, Nr. 175 (April 1963), 14-21

53 F.W. Henning, *Spanien in der Weltwirtschaft des 16. Jahrhunderts,* in: Scriptae Mercaturiae 1/2, 1969

54 Vgl. *The Cambridge Economic History of Europe,* Bd. IV, 222

55 Vgl. J.H. Elliott, *The Decline of Spain,* in: Trevor Aston (ed.), *Crisis in Europe 1560-1660,* London (Routledge & Kegan Paul) 1965, 167-193; und: Jaime Vincens Vives, *The Decline of Spain in the Seventeenth Century,* in: Cipolla 1970, 121-195

56 Jaguaribe 1968, 111 f. – Vgl. auch allgemein dazu Werner Sombart, *Die Juden und das Wirtschaftsleben,* Leipzig 1911

57 Vgl. Wittfogel 1924

58 Vgl. Karl Marx, *Das Kapital,* MEW 23, Kap. 12

59 Daß die kapitalistische Produktionsweise in der italienischen Luxusgüterproduktion zuerst durchgesetzt wurde – vgl. Sombart, a.a.O. (Anm. 45), 201ff. und 222f. – deren Markt jedoch relativ weniger expansionsfähig war, dürfte, wie später bei Frankreich, mit zur Stagnation des italienischen Frühkapitalismus beigetragen haben.

60 Vgl. Walter E. Minchinton (Hg.), *Mercantilism – System or Expediency?,* Lexington/Mass. (D.C. Heath) 1969 und D.C. Coleman (Hg.), *Revisions in Mercantilism,* London (Methuen) 1969

61 Otto Hintze, *Feudalismus – Kapitalismus* (1929), Göttingen 1970, 132. – Vgl. auch Raymond F. Betts, *Europe Overseas – Phases of Imperialism,* New York (Basic Books) 1968, Kap. II.; desgl. *The Cambridge Economic History of Europe,* Bd. IV, 225f. und 238f.

62 Vgl. Theodor Schieder, *Zum Problem des Staatenpluralismus in der modernen Welt,* Köln und Opladen 1969, 14

63 Vgl. Gollwitzer 1972, 184ff. – Diese Texte fehlen leider in Gottfried Wilhelm Leibniz, *Politische Schriften I und II,* hg. u. eingel. von Hans Heinz Holz, Frankfurt 1966

64 Paul Bairoch, *Agriculture and the Industrial Revolution,* The Economic History of Europe, Vol. III, Ch. 8, London 1969. – Vgl. auch Hill, 1969, 146 ff.

65 Wittfogel fügt hinzu: »Daß Marx forderte, bei jeder Geschichtsanalyse von der Natur und diesen Modifikationen *auszugehen,* das wurde übersehen.« (ebda. 731)

66 Vgl. Wolfram Fischer, *Ökonomische und soziologische Aspekte der frühen Industrialisierung,* in: ders. 1968 mit ausführl. Biographie. S.a. Minchinton 1969

67 S. etwa Christian Palloix, *Imperialismus und kapitalistische Produktionsweise,* in: Samir Amin, Christian Palloix, *Neuere Beiträge zur Imperialismustheorie,* München 1971, Bd. I, 44 ff.

68 Vgl. bis in die Gegenwart fortgeführt — V.G. Kiernan, *The Old Alliance: England and Portugal,* in: Socialist Register, 1973, 261-281

69 A.C. Bolton, *Britain's Legacy Overseas,* Oxford (University Press) 1973, 9 f. — Vgl. auch E. Strauss, *Irish Nationalism and British Democracy*

70 Vgl. Panikkar 1965, der darum den Begriff der »da-Gama-Epoche« einführt.

71 Vgl. François Crouzet, *Die Kapitalbildung in Großbritannien während der Industriellen Revolution,* in: Braun 1972, 172. Dobb 1963 (b), 192 ff.

72 Vgl. Peter Mathias, *Wer entfesselte Prometheus? Naturwissenschaft und technischer Wandel von 1600 bis 1800,* in: Braun 1972, 212-238

73 Vgl. Phyllis Deane, *Die Rolle des Staates,* in: Braun 1972, 272-286

74 Vgl. allgem. S.F. Tokmalajaew, *Handelskapital und Handelsprofit,* Berlin 1952. Ingolf Ahlers, Helmut Orbon, Rolf Tolle, *Die historische Dimension der Unterentwicklung,* unv. MS., Sektion Internationale Politik der DVPW, 1973

75 Vgl. dazu sehr aufschlußreich: *Zur Frage des Charakters der französischen Kriege in Bezug auf die Entwicklung in Deutschland in den Jahren 1792 bis 1815,* Protokoll der Arbeitstagung des Instituts für Geschichte an der Deutschen Akademie der Wissenschaften zu Berlin vom 18. November 1956, Berlin (Akademie-Verlag) 1958

76 François Crouzet, *Wars, Blockade and Economic Change in Europe 1792-1815,* in: Journal of Economic History, Bd. 24 (1964), 580 (dt. Übers. in Otto Sieburg [Hg.], *Napoleon und Europa,* Köln 1971)

77 Vgl. Louis Bergeron, *Remarques sur les conditions du développement industriel en Europe occidental à l'éoque napoléonienne,* in: Francia — Forschungen zur westeuropäischen Geschichte, hg. vom Deutschen Historischen Institut (Institut Historique Allemand de Paris), Bd. 1, München 1973

78 Über den englischen Ursprung des Begriffes des Mächtegleichgewichts (gegenüber dem des Europäischen Konzerts als kontinentaleuropäisch-konservativer Herkunft) s. Holbraad 1970

79 Schulin 1969, 338: »England war der erste große Handelsstaat und veranlaßte damit eine allgemeine politische Wertschätzung des Handels im Europa des 17. und besonders des 18. Jahrhunderts, wie sie vorher nicht bestand.«

80 S.z.B. als »Fallstudie« Sima Liebermann, The Industrialization of Norway 1800 bis 1920, Oslo 1970

81 S. David S. Landes, *Die Industrialisierung in Japan und Europa. Ein Vergleich,* in: Fischer, 1968, 29-117

82 Vgl. Fischer Weltgeschichte, Bd. 20: *Das japanische Kaiserreich,* Frankfurt/M. 1968, 247ff.

83 In den dreißiger Jahren z.B. Grover Clark, *A Place in the Sun,* New York 1936, ders., *The Balance Sheet of Imperialism,* New York 1936; Norman Angell, *This Have and Have-not Business,* London 1936. Diese Ansätze — ebenso wie die zur Widerlegung jeglichen Zusammenhanges zwischen Kapitalismus und Erstem Weltkrieg, z.B. Eugene Staley, *War and the Private Investor* (1935), New York 1967; Herbert Feis, *Europe the World's Banker 1870-1914* (1930), New York 1964; William L. Strauss, *Joseph Chamberlain and the Theory of Imperialism* (1942), New York 1971; Rupert Emerson, *Malaysia: A Study in Direct and Indi-*

rect Rule, Toronto 1937; Lionel Charles Robbins, *The Economic Causes of War* (1939), New York 1968 — sind vor allem zu verstehen als Versuche, die Bildung einer marxistisch orientierten Disziplin der Internationalen Beziehungen zu verhindern, bzw. Kapitalismus- und Imperialismusanalyse als Zugang zum Studium des internationalen Systems zu diskreditieren. Vgl. dazu Ekkehart Krippendorff, *Internationale Beziehungen — Versuch einer politökonomischen Rahmenanalyse*, in: PVS 3/1972, 348-373

84 In dem Artikel über Indien für die New York Daily Tribune, z.B. vom 30. April 1859, in: Shlomo Avineri (Hg.), *Karl Marx on Colonialism and Modernization*, Garden City, N.Y. (Doubleday) 1968, 345-352

85 »Die Geschichte der Vereinigten Staaten zeigt, daß der Aufbau einer Binnenwirtschaft auf der Grundlage eines starken Protektionismus ein Hauptelement der Integration des Landes darstellte.« *Bericht über Manufakturen* (1971), zit. Dell 1963, 19

86 John Gallagher und Ronald Robinson, *Der Imperialismus des Freihandels*, in: Wehler 1970, 183-200

87 S. auch Eric Stokes, *Great Britain and Africa*, in: Israel, 1968, 104-122; desgl. R. Robinson, J. Gallagher und A. Denny, *Großbritannien und die Aufteilung Afrikas*, in: Wehler, 1970, 201-239

88 Gilbert Ziebura, *Interne Faktoren des französischen Hochimperialismus 1871-1914*, in: Mommsen, 1971, 91

89 »Die englische Arbeiterklasse . . . ist für die Aufrechterhaltung der Größe von Königreich und Empire und ist stolz darauf, Untertan unseres Souveräns und Mitglied eines solchen Empires zu sein.« (Kristall-Palast-Rede, 1872; zit. bei Koebner/Schmidt, 1964, 108 f.)

90 Vgl. neben den bekannten Arbeiten von Eckart Kehr neuerdings Volker R. Berghahn, *Zu den Zielen des deutschen Flottenbaus unter Wilhelm II.*, in: HZ 1/1970, 34-100

91 Harold J. Laski, *The State in Theory and Practice*, London 1935, 229. — An späterer Stelle spricht Laski vom Zusammenhang zwischen Aufrechterhaltung der Klassengesellschaft im Inneren und dem Suprematie-Streben nach Außen und folgert daraus: »Erst mit der Transformation der Klassenverhältnisse können auch die zwischenstaatlichen Antagonismen grundsätzlich miteinander versöhnt werden.« (245).

92 »Die Entwicklung des modernen Kriegsbegriffs als organisierte Gewaltanwendung zwischen souveränen Staaten war das Ergebnis eines Prozesses der Begrenzung und Einhegung von Gewalt . . . Die historische Alternative zum Krieg zwischen Staaten war [nicht der Frieden, sondern] auswuchernde Gewalt.« Hedley Bull, »War and International Order«: Alan James (Hg.), *The Bases of International Order*, London 1973, 116-132.

93 Vgl. die erstaunlich positivistische (wenn auch faktenreiche) und allenfalls zwischen 'gerechten' und 'ungerechten' Kriegen, d.h. z.B. zwischen Eroberungsfeldzügen und Aufständen unterscheidende Darstellung aus der DDR von Hans-Joachim Diesner, *Kriege des Altertums, Griechenland und Rom im Kampf um den Mittelmeerraum*, Berlin 1971.

94 Josef A. Schumpeter, »History of Economic Analysis«, zit. bei Henry Jacoby, *Die Bürokratisierung der Welt*, Neuwied/Berlin 1969, 47. — Vgl. dazu auch F.H. Hinsley, *Nationalism and the International System*, London 1973.

95 Allerdings sah Engels in der allgemeinen Erschöpfung »die Herstellung der Bedingungen des schließlichen Sieges der Arbeiterklasse« als »unvermeidlich«.

96 Dem absolutistischen Kadavergehorsam war es darum gegangen, daß der Soldat, wie Friedrich II. es in seinem militärischen Testament schrieb, »seine Offiziere mehr fürchtet als die Gefahren, welchen man ihn aussetzt.«. Zit. bei Franz Mehring, *Zur Kriegsgeschichte und Militärfrage. Gesammelte Schriften*, Bd. 8, Berlin 1967, 228. — Allerdings zeigten sich bereits gegen Ende des Absolutismus gewisse Veränderungen in der Kriegsführung: die Aufstellung von leichten, beweglichen Truppen — Aufstiegschancen für das mittlere Bürgertum

in den Offiziersstand, während die stehenden Heere dem Adel vorbehalten blieben — ergaben das Spezifikum des »kleinen Krieges«, der allerdings erst von der revolutionären französischen Kriegsführung in der Flankierung der großen Entscheidungsschlachten dann voll entwickelt wurde; s. dazu Johannes Kunisch, *Der kleine Krieg. Studien zum Heerwesen des Absolutismus*, Wiesbaden 1973.

97 »Kämpfen als Kulturfunktion setzt jederzeit beschränkende Regeln voraus und fordert bis zu einem gewissen Grade die Anerkennung der Spielqualität. Erst die Theorie des totalen Krieges verzichtet auf den letzten Rest des Spielmäßigen im Kriege und damit zugleich auf Kultur, Recht und Menschlichkeit überhaupt.« (Johan Huizinga, *Homo Ludens. Vom Ursprung der Kultur im Spiel*, Hamburg 1965, 90f.)

98 Bei Mehring 1967, 368. — Aber auch noch im Jahre 1964(!) konnte in der Bundeswehr-Zeitschrift »Wehrkunde« ein mit redaktionellem Vorspann uneingeschränkt gebilligter Aufsatz über »Feldherrntum und Generalstab« erscheinen, in dem es heißt: »Im Kriege offenbaren sich die edelsten und viele niedrige Eigenschaften der Menschen. Im Kriege offenbart sich Gott den Menschen ... Das Denken des 20. Jahrhunderts ist nicht geneigt, solche Gedanken zu verstehen. Es ist die Aufgabe der Generalstabserziehung, das heilige Feuer in der Brust der Offiziere zu entfachen, damit sie dem Krieg, der höchsten Steigerung des menschlichen Lebens, gewachsen sind und die Schwäche ihrer Zeit überwinden.« (Zit. bei Ludwig v. Friedeburg »Zum Verhältnis von Militär und Gesellschaft in der Bundesrepublik«: Georg Picht (Hg.), *Studien zur politischen und gesellschaftlichen Situation der Bundeswehr 2*, Witten/Berlin 1966, 35)

99 Beides wurde zum erstenmal exemplarisch demonstriert im amerikanischen Bürgerkrieg, dessen Kriegsschauplätze in einem dünn besiedelten, aber von der Eisenbahn strategisch erschlossenen Gebiet von der Größe Europas lagen und wo sich z.B. in der Schlacht von Gettysburg 80 000 Föderierte und 100 000 Bundestruppen gegenüberstanden, deren Verluste 23 059 bzw. 20 451 an Toten, Verwundeten und Vermißten betrugen — d.h. rd. 25 Prozent; s. Preston/Wise 1970, 244ff.).

100 Die Literatur hierzu ist inzwischen zu umfangreich geworden, um an dieser Stelle mit einigen wenigen Titeln repräsentiert zu werden. Vorzüglich jedoch (wenngleich nicht ganz auf der hier angedeuteten Interpretationslinie liegend) Dieter Senghaas, *Rüstung und Militarismus*, Frankfurt/M. 1972. So neu ist jedoch selbst die »keynesianische« Instrumentalisierung des Rüstungssektors nicht: dem deutschen Flottenbau unter Tirpitz z.B. lag diese Funktion der krisen-entschärfenden Arbeitsplatzbeschaffung sehr bewußt zugrunde.

101 Er wurde von ihm in den '60er Jahren als nach wie vor aktuell bestätigt: Harold D. Lasswell: »The Garrison State Hypothesis Today«: Samuel P. Huntington (Hg.), *Changing Patterns of Military Policy*, Glencoe 1962, 51-70.

102 Vgl. auch die Fallstudie von Robert Luckham, *The Nigerian Military. A Sociological Analysis of Authority and Revolt 1960-67*, London 1971.

103 Vgl. neben den SIPRI-Yearbooks auch die jährliche Publikation des International Institute for Strategic Studies, London: The Military Balance.

104 Trotz materialreichen Aufwandes im Resultat unschlüssig und wenig überzeugend Naroll u.a., a.a.O. (Anm. 1).

105 Eine statistische Untersuchung zweier kanadischer Friedensforscher kommt z.B. zu dem Schluß, daß 4,63 Prozent Anteil von Rüstungsausgaben am BSP die kritische Schwelle für bzw. gegen die wahrscheinliche Verwicklung eines Landes in kriegerische Konflikte während der folgenden fünf Jahre sei. Alan Newcombe/James West, *An Inter-Nation Tensiometer for the Prediction of War*, Oakville 1972.

106 Vgl. Shelford Bidwell, *Modern Warfare. A Study of Men, Weapons and Theories;* London 1973: »Eine Armee ist eine Maschine spezifischer Art, konstruiert für einen bestimmten

Zweck, die für eine spezifische Aufgabe in Bewegung gesetzt werden kann.« Sie ist »ein gigantisches Waffensystem, das den Gesetzen eines jeden kybernetischen Systems unterworfen ist«. (76) Man vergleiche diese angelsächsische Nüchternheit mit der (bundes-)deutschen Beschreibung des Kriegswesens in der Bundewehr (s. Anm. 98).

107 Hans D. Treviranus, *Außenpolitik im demokratischen Rechtsstaat*, Tübingen 1966, 7

108 Dennoch noch immer lesbar z.B. Harald Nicolson, *Nachkriegsdiplomatie*, Berlin 1934

109 Grundlegend dazu Bernd-Jürgen Wendt, *Economic Appeasement — Handel und Finanz in der britischen Deutschland-Politik 1933-1939*, Düsseldorf 1971. Vgl. auch ders., *Appeasement 1938. Wirtschaftliche Rezession und Mitteleuropa*, Frankfurt/M. 1966 (Auszüge in Krippendorff 1973, 145-148)

110 Ebda. 191 ff. Der eigentliche Durchbruch erfolgte jedoch erst nach dem Zweiten Weltkrieg; s. Carlos Díaz Alejandro, *Direct Foreign Investment in Latinamerica*, in: Charles P. Kindleberger (Hg.), The *International Corporation*, Cambridge/Mass. (The M.I.T. Press) 1970, 323 ff.

111 Harry N. Schreiber, *World War I as Entrepreneurial Opportunity*, in: Political Science Quarterly 3/1969, 492

112 S. R.W. van Alstyne, *The Rising American Empire, New York (Oxford University Press) 1960; George Novack, Genocide Against the Indians. Its Role in the Rise of U.S. Capitalism*, New York (Pathfinder Press) 1970 (aus: ders., *Marxist Essays in American History*, New York [Merrit Publishers 1966])

113 Eine vorzügliche materialreiche Studie der frührevolutionären, marxistischen Vorstellungen einer nicht-territorialstaatlich gegliederten Weltgesellschaft bietet Elliot R. Goodman, *The Soviet Design for a World State*, New York (Columbia University Press) 1960

114 Vor allem für die Atmosphäre immer noch lesenswert: Harold Nicolson, *Friedensmacher* 1919, Berlin 1933

115 Nicht nur anekdotisch aufschlußreich: Paul Schmidt, *Statist auf diplomatischer Bühne 1923-45*, Bonn 1954

116 S. u.a. E.H. Carr, *Some Random Reflexions on Soviet Industrialization*, in: C.H. Feinstein (Hg.), *Socialism, Capitalism and Economic Growth. Essays presented to Maurice Dobb*, Cambridge University Press 1969, 271-284. Vgl. auch Alexander Erlich, *Die Industrialisierungsdebatte in der Sowjetunion 1924-1928*, Frankfurt 1971

117 S.u.a. Andreas Hillgruber, *Deutschlands Rolle in der Vorgeschichte der beiden Weltkriege*, Göttingen 1969; desgl. Jost Dülffer, *Weimar, Hitler und die Marine. Reichspolitik und Flottenbau 1920 bis 1939*, Düsseldorf 1973

118 Vgl. Warren F. Kimball, *Lend-Lease and the Open Door: The Temptation of British Opulence, 1937-1942*, in: Political Science Quarterly 2/1971, 232-259

119 S. generell William Appleman Williams, *The Tragedy of American Diplomacy*, New York (Delta) 1962

120 Die Pariser Kommune von 1871 blieb zwar nur Episode, aber auch sie appellierte an die internationale Klassensolidarität (der europäischen Arbeiterklasse), bezeichnete sich selbst häufig als »Universalrepublik« und gab Ausländern das aktive und passive Wahlrecht.

121 Dies die Kritik vor allem von Rudi Dutschke, *Versuch, Lenin auf die Füße zu stellen*, Berlin 1974, 165ff.

122 Die folgenden Zitate nach Richard B. Day, *Leon Trotsky and the Politics of Economic Isolation*, Cambridge/Mass. 1973, 24ff., 51, 132ff., 168.

123 »Nur 42 Konzessions-Abkommen wurden abgeschlossen und nur 31 von diesen funktionierten, vor allem für Holz. 1924-25 waren lediglich 4260 Arbeiter in 13 relevanten 'Konzessions-Unternehmen' beschäftigt. Die 68 im Jahre 1928 bestehenden Konzessionen machten nur 0,6% der Industrieproduktion aus.« Nove 1969, 89.

124 . . . aber gleichwohl ähnlich nur in der *Form*, nicht aber in der Struktur, die ihrerseits nur aus dem Gesamtcharakter der sowjetischen Gesellschaftsformation als nicht-kapitalistischer begriffen werden kann. Dazu differenzierend und zusammenfassend Conert/Eichwede 1976, 51ff.

125 Vgl. dazu vor allem Klaus von Beyme, *Ökonomie und Politik im Sozialismus*, München 1975, 151ff. — Desgl. Antonio Carlo, *Die strukturellen Ursachen der sowjetischen Koexistenzpolitik:* Jahn 1975, 73-113.

126 Auf den einfachsten Nenner gebracht von Stalin (1931): »Das Tempo verlangsamen, das bedeutet zurückbleiben. Und Rückständige werden geschlagen . . . Wollt ihr, daß unser sozalistisches Land geschlagen wird und seine Unabhängigkeit verliert? Wenn ihr das nicht wollt, dann müßt ihr in kürzester Frist seine Rückständigkeit beseitigen . . . Wir sind hinter den fortgeschrittenen Ländern um 50 bis 100 Jahre zurückgeblieben. Wir müssen diese Distanz in zehn Jahren durchlaufen. Entweder wir bringen das zustande oder wir werden zermalmt.« (Zit.: Conert/Eichwede 1976, 18)

127 Max Weber, *Staatssoziologie*, Berlin 1956; desgl. Hintze, a.a.O. (Anm. 61), 123 f., 130 u.a.m. Im Kontext des internationalen Systems s. Ekkehart Krippendorff, *Das internationale System zwischen Stabilisierung und Klassenkampf*, in: ders. 1972, 11 ff.

128 Edith Penrose, *The State and Multinational Enterprises in Less-Developed Countries*, in: Dunning 1971, 233

129 S. Kenneth N. Waltz, *The Myth of National Independence*, in: Kindleberger, a.a.O. (Anm. 110), 222 f.

130 Vgl. zur Revisionismus-Literatur Werner Link, *Die amerikanische Außenpolitik aus revisionistischer Sicht*, in: NPL 1971, 205-220; ders., *Das Konzept der friedlichen Kooperation und der Beginn des Kalten Krieges*, Düsseldorf 1971

131 S. George C. Herring, Jr., *The United States and British Bankruptcy*, 1944-1945, in: Political Science Quarterly 2/1971, 260-280

132 Lucius D. Clay, *Entscheidung in Deutschland*, Frankfurt/M. 1950, 124 u. 144

133 S. allgemein dazu Barnet 1968

134 Der wohl erste größere Versuch revisionistischer Geschichtsschreibung, den Kalten Krieg als bereits 1917 beginnend darzustellen, wurde unternommen von D.F. Fleming, *The Cold War and its Origins, 1917-1960*, Garden City, N.Y. (Doubleday) 1961, 2 Bde.

135 Vgl. dazu das jährliche (seit 1968/69) *SIPRI Yearbook of World Armaments and Disarmament*, Stockholm. — S. auch Eike Henning, *Die Rüstungsgesellschaft und ihre Kosten*, in: Krippendorff 1974, 275-319

136 George Modelski, *Der Kommunismus und die Globalisierung der Politik*, in: Krippendorff 1973, 280. — Vgl. auch Karl Deutsch, *Nationalism and its Alternatives*, New York (Knopf) 1969, 63.

137 Vgl. statt vieler anderer Senghaas a.a.O. (Anm. 100) und ders., 1973.

138 H. Elsenhans und G. Junne, *Einige Aspekte des gegenwärtigen Wandels der internationalen Arbeitsteilung*, unveröff. MS, Berlin 1973

139 Besonders nützlich John Gittings, *Survey of the Sino-Soviet Dispute. A Commentary & Extracts from the Recent Polemics 1963-1967*, Royal Institute of International Affairs, London (Oxford University Press) 1968

140 Nach M.M. Postan, *Economic History of Western Europe, 1945-64*, zit. bei T.B. Bottomore, *The Class Structure in Western Europe*, in: Margaret Scotford Archer and Salvador Giner (Hg.), *Contemporary Europe. Class, Status and Power*, London (Weidenfeld and Nicolson) 1971

141 Jörg Huffschmid, *Die Politik des Kapitals. Konzentration und Wirtschaftspolitik in der Bundesrepublik*, Frankfurt/M. 1969, 16

142 Bottomore, a.a.O. (Anm. 140), 392. Und: »Die Oberklassen in den Ländern Westeuropas ... bleiben relativ geschlossene Gruppen, mit ausgeprägter Kontinuität der Mitgliedschaft von Generation zu Generation. In der übrigen Gesellschaft hat die soziale Mobilität während der letzten Jahrzehnte zwar zugenommen, ... aber es besteht kein Zweifel, daß diese Mobilität sich im wesentlichen *innerhalb* der Klassen und nicht zwischen diesen abspielt.« (Ebd. 402)

143 Vgl. Elmar Altvater, *Die Weltwährungskrise*, Frankfurt/M. 1969

144 Vgl. allgemein zur Politökonomie des amerikanisch-europäischen Verhältnisses Ernest Mandel, *Die EWG und die Konkurrenz Europa-Amerika*, Frankfurt/M. 1968

145 NZZ vom 16.9. 1972. Peterson schätzt dort — inzwischen zweifellos weitaus höher anzusetzen — die Belastung der amerikanischen Handelsbilanz durch Energieimporte auf 15-21 Mrd. Dollar 1980, die der europäischen auf 20-26 Mrd. Dollar und die der japanischen auf 9-15 Mrd. Dollar

146 Gerda Zellentin (untr Mitarbeit von Beate Kohler), *Europa 1985. Gesellschaftliche und politische Entwicklungen in Gesamteuropa*, Europäische Schriften des Bildungswerks Europäische Politik, Bd. 32, Bonn 1972, 83 (Hervorhebungen von mir, E.K.)

147 Man vergleiche für die BRD dazu das Jahrbuch »Die internationale Politik« und die ebenfalls von der »Deutschen Gesellschaft für Auswärtige Politik« herausgegebenen Einzelstudien.

148 Vgl. dazu und zum folgenden auch Friedrich Tomberg, *Polis und Nationalstaat. Eine vergleichende Überbauanalyse im Anschluß an Aristoteles*, Darmstadt/Neuwied 1973.

149 Max Weber, *Staatssoziologie*, Berlin 1956, 24. — S. auch Hermann Heller, *Staatslehre*, Leiden 1934; 125: »... worauf es uns besonders ankommt: das historische Bewußtsein davon, daß der Staat als Name und Wirklichkeit etwas geschichtlich durchaus Einzigartiges ist und in dieser seiner neuzeitlichen Individualität nicht in frühere Zeiten hineingeschmuggelt werden darf.«

150 Vgl. zu dieser zweifellos faszinierenden Gestalt die neueren Biographien von Georgina Masson, *Frederick II of Hohenstaufen. A Life.* London 1957; und Eberhard Horst, *Friedrich der Stauffer*, Düseldorf 1975.

151 Vgl. die noch immer klassische Studie von Werner Sombart 1913.

152 S. dazu u.a. Henry Jacoby, *Die Bürokratisierung der Welt.* Erweiterte Auflage Frankfurt/M. 1984, 78f. — Desgl. Wilhelm Hennis, »Zum Problem der deutschen Staatsanschauung: Hanns Hubert Hofmann (Hg.), *Die Entstehung des modernen souveränen Staates*, Köln 1967, 73-93.

153 Max Horkheimer, *Anfänge der bürgerlichen Geschichtsphilosophie* (1930), Frankfurt/M. 1971, 17. — Vgl. auch Ernst Cassirer, *The Myth of the State*, Yale 1946, Kap. X und XI.

154 Texte bei Klaus J. Heinisch (Hg.), *Morus-Utopia, Campanella-Sonnenstaat, Bacon-Neu-Atlantis*, Reinbek 1960.

155 Vgl. das Stichwort »Sovereignty« in der International Encyclopedia of the Social Sciences.

156 Die sog. »Eroberungstheorie« der Staatenbildung wurde vor allem von Gumplowicz und Oppenheimer entwickelt. Für eine anthropologische Bestätigung vgl. u.a. Schapera, *Government and Politics in Tribal Societies*, New York 1967, 126 ff.

157 »Die reine *Gewalttheorie* ... leugnet ab, daß der Klassenstaat aus weitergehender Arbeitsteilung und Tauschwirtschaft entstanden sei. Mithin aus Faktoren innerhalb des primitiven Gemeinwesens selber, mittels derer sich die alte Gentilverfassung zersetzte. Statt dieser Faktoren wird 'Überall von außen' für die Staatsentstehung verantwortlich gemacht ... Der politische Zweck dieser Gewalttheorie ist eingestandenermaßen nicht nur die Apologie der Demokratie, zuweilen auch, mit anarchistischer Kehre, bei der Gewalt, nicht bei der Wirtschaft primär einsetzend, sondern ... im besonderen der *kapitalistischen* Demo-

kratie: ein Lohnarbeiter ist kein Sklave. Denn — so wird wenigstens von Kautsky fortgefahren und behauptet — die *kapitalistische Produktionsweise* beruht nicht auf kriegerischer Übermacht, wie die Produktionsweisen der Sklaverei und der feudalen Leibeigenschaft. Der Kapitalismus ist zum ersten Male ein rein ökonomisches Gebilde, wenngleich noch hineingebaut in einen überkommenen Zwangsstaat. Der Zwangsstaat allein also, isoliert, muß in seiner erst halb überwundenen Feudalgestalt, seinem Militarismus bekämpft werden, nicht aber der industrielle Kapitalismus; denn dieser ist von Haus aus staatsfrei, ohne Zwang. Wenn die Ausbeutung im Sklavenhalterstaat, im Feudalstaat lediglich das Ergebnis nackter Waffengewalt ist, dann läßt sich der Zwangsstaat, als rein machthaft entstandener, auch völlig von Ökonomie isolieren, mit der Konsequenz, daß die Ausbeutung im Kapitalismus einen militanten Fremdkörper darstellt. Folglich einen eliminierbaren; und nach der Befreiung vom noch militanten Fremdkörper ist der kapitalistischen Demokratie ein friedliches Hineinwachsen in den Sozialismus nicht nur möglich, sondern eingeschrieben. Das alles auf Grund der reinen Gewalttheorie fürs primäre Entstehen des Staats und der ebenso reinen Ausnahme davon im kapitalistischen Staat.« Ernst Bloch, *Recht — Moral — Staat* (in: Naturrecht und Menschliche Würde« Pfullingen 1971, 65f.)

158 Vgl. dazu neben der klassischen Schrift von Karl Marx, *Der 18. Brumaire*, die neueren Arbeiten von Johannes Agnoli, *Die Transformation der Demokratie* (zus. mit Peter Brückner), Berlin 1967, und ders., *Überlegungen zum bürgerlichen Staat*, Berlin 1975, 60ff.

159 Vgl. auch das Stichwort »Stateless Society« in der *International Encyclopedia of the Social Sciences* und Stanley Diamond, *Kritik der Zivilisation. Anthropologie und die Wiederentdeckung des Primitiven*, Frankfurt/M. 1976. Desgl. neuerdings Pierre Clastres, *Staatsfeinde. Studien zur politischen Anthropologie*, Frankfurt/M. 1976.

160 Vgl. etwa das Eröffnungskapitel von Laskis »Einführung in die Politik« (1931), das so beginnt: »Jeder Bürger der modernen Welt ist Angehöriger eines Staates . . . Der Staat ist sozusagen die Krönung des modernen Gesellschaftsgebäudes.« (Harold J. Laski, *An Introduction to Politics*, London 1954, 11)

161 So »spekulativ« jedoch wiederum nicht: Stanley Diamond (»Who Killed Biafra?«: *The New York Review of Books*, February 26, 1970, 17-27) zeigt überzeugend, daß und wie im Falle der Sezession dieser nigerischen Provinz die imperialistischen Mächte aus durchaus taktisch widersprüchlichen Interessen den Ansatz zu alternativen Formen demokratischer Selbstbestimmung unterdrücken halfen.

162 »Jede politische Emanzipation der letzten zwei Jahrhunderte — die liberal-demokratische, die nationale, die anti-kolonialistische und im Ergebnis auch die sozialistische — hat in irgendeiner Form zur Staatsbildung geführt, der selbständige Staat wurde zum Symbol der vollendeten Emanzipation, so sehr sich dieser Staat in seiner Gestalt und in seinen Inhalten geändert und seine reale Bedeutung sich abgeschwächt hat.« (Schieder 1969, 47)

163 Mit den möglichen Ausnahmen von Ghana und Nigerien wäre jede auch nur tendenzielle Autarkie afrikanischer Staaten völlig illusorisch — man bedenke lediglich die Tatsache, daß 17 westafrikanische Staaten eine durchschnittliche Einwohnerzahll von 2,5 Millionen haben! S. dazu u.a. Knud Erik Svendsen, »The Economics of the Boundaries in West, Central and East Africa«: Carl G. Widstrand (Hg.), *African Boundary Problems*, Uppsala 1969.

164 S. dazu wieder das Beispiel bei Jean-Luc Vellut, »Smaller States and the Problem of War and Peace: Some Consequences of the Emergence of Smaller States in Africa«: *Journal of Peace Research* 4, 1967, 252-269. — Dagegen allerdings Robinson 1969, 223-239.

165 Michael Wallace/J. David Singer, »Intergovernmental Organization in the Global System, 1815-1964: A Quantitative Description«: *International Organisation*, Vol. XXIV. 2 (1970), 239-287.

166 Walter R. Heinz, »Integration und Konflikt im Prozeß des sozialen Wandels. Zur Theorie des ethnischen Pluralismus in Entwicklungslandschaften (II): *Die Dritte Welt* 2/73, 228.

167 Das vermutlich älteste bekannte Bündnis ist das zwischen dem ägyptischen Pharao Ramses II. und dem Hethiter-König Hattonsilis aus dem Jahre 1278 v.d.Z.; dieses stipulierte nicht nur gegenseitigen Beistand bei Angriffen Dritter, Auslieferung politischer Flüchtlinge, Nichtangriff etc., sondern auch expressis verbis Beistand im Falle interner Unruhen beim Verbündeten: »Und wenn sich Hattonsilis über seine Untertanen erzürnt und diese sich gegen ihn auflehnen, so wird Ramses seine Truppen und Kriegswagen gegen diejenigen aussenden, über die sich Hattonsilis erzürnt hat.« (Zit.: B. Boutros-Ghali, *Contribution à une théorie des alliances.* Paris 1963, 12)

168 S.u.a. den — methodisch allerdings problematischen — Sammelband von Klaus Jürgen Gantzel, Gisela Kress, Volker Rittberger, *Konflikt — Eskalation — Krise. Sozialwissenschaftliche Studien zum Ausbruch des Ersten Weltkrieges,* Düsseldorf 1972

169 Am Beispiel Afrikas demonstriert von Blagojević, »The Role of the State in The Economic Development of Africa: *Review of International Affairs* 387 (May 30, 1966).

170 Es wird in der Regel übersehen, daß die mexikanische Revolution der sowjetischen um sieben Jahre vorausging.

171 Die Sojabohne ist bekanntlich besonders protein-haltig: 1 kg entspricht dem Eiweißgehalt von 3 kg Rindfleisch oder 60 Eiern oder 10 l Milch. Ein Acre Soja kann einen Menschen 2224 Tage lang ernähren; mit Weizen angebaut reicht die gleiche Fläche 877 Tage und als Weideland für Rinder für 77 Tage. In den Industrieländern wird die importierte Sojabohne vor allem als Viehfutter verwendet; um dieselbe Kalorienmenge in Fleischform wiederzuerhalten, ist etwa das Zwanzigfache an Sojakalorien erforderlich, d.h. es gehen 19 von 20 Kalorieneinheiten dabei verloren.

172 Im Nordosten Brasiliens — Recife — sterben mehr als 50% der Kinder unter 5 Jahren an Unterernährung.

173 Man beachte dazu auch die zu klein gedruckte Fußnote des Verfassers dieser hervorragend gearbeiteten Broschüre: »Vom Energie- und Ökologiestandpunkt beurteilt, erhält auch die sogenannte Bevölkerungsexplosion in der Dritten Welt eine andere Note: Jeder neugeborene amerikanische Bürger wird in Zukunft die Umwelt ebenso belasten wie 60 Neugeborene in Indien.«

174 Strahm 1975, 16. — Differenzierte Daten dazu in: Die Armut des Volkes 1974, 82 ff.

175 Rührend-naiv klingt die Analogie aus dem Munde des Commonwealth-Generalsekretärs und ehemaligen Außenministers von Guyana, S.S. Ramphal anläßlich der Unctad IV Konferenz von Nairobi: »Die Forderung auf eine neue Ordnung ist als Bitte (sic) der Entwicklungsländer zu verstehen, auf die Weltgemeinschaft diejenigen Grundsätze anzuwenden, welche innerhalb der nationalen Grenzen der entwickelten Länder für selbstverständlich gehalten werden.« (*NZZ*, 28. April 1976)

176 S. dazu vor allem den jährlichen »World Bank Atlas«, The World Bank, Washington, D.C., sodann UNIDO: Industrial Development Survey, United Nations, 1974 und den vier-jährlichen »Report on the World Social Situation«, United Nations, seit 1975.

177 Strahm (1975, 79) hat — um noch einmal das Problem der Nahrungsmittelproduktion aufzugreifen — überzeugend darauf hingewiesen, daß die vermeintlich vorbildlich effiziente amerikanische Landwirtschaft dies vor allem ist aufgrund ihres hohen Energieverbrauches (künstlicher Dünger, Dieselöl, etc.), der weltweit bzw. für die unterernährten Regionen weder bezahlbar noch quantitativ realisierbar ist.

178 Vgl. dazu die im Datenmaterial, nicht aber in den Proportionen überholte Tabelle bei June u.a. 1973, 239

179 Vgl. die vorzügliche Zusammenfassung bei Landes 1969, 12 ff.

180 S. Ahmad Ashraf, *Historical Obstacles to the Development of a Bourgeoisie in Iran*, in: M.A. Cook (Hg.), *Studies in the Economic History of the Middle East from the rise of Islam to the present day*, London (Oxford University Press) 1970, 308-332

181 Vgl. Hakki Kestin, *Imperialismus — Unterentwicklung — Militärregierung in der Türkei*, in: Probleme des Klassenkampfes, Nr. 5 (Dez. 1972), 49-120

182 Zit. in *Die Armut des Volkes. Verelendung in den unterentwickelten Ländern.* Auszüge aus Dokumenten der Vereinten Nationen, Reinbek 1974, 9 f.

183 S. Osvaldo Sunkel, *Transnationale kapitalistische Integration und nationale Desintegration: Der Fall Lateinamerika*, in: Dieter Senghaas (Hg.), *Imperialismus und strukturelle Gewalt*, Frankfurt/M. 1972, 258-315, bes. 268 ff.

184 Vgl. Giovanni Arrighi and John S. Saul, *Essays on the Political Economy of Africa*, New York (Monthly Review Press) 1973; desgl. Peter Donaldson, *Worlds Apart. The economic gulf between nations*, London (BBC) 1971, 41 ff.

185 Vgl. P. Sargant Florence, *Economics and Sociology of Industry. A Realistic Analysis of Development*, Baltimore (John Hopkins Press) 1969(2), 199 ff.

186 Zum Begriff der strukturellen Gewalt s. vor allem Johan Galtung, *Gewalt, Frieden und Friedensforschung*, in: Dieter Senghaas (Hg.), *Kritische Friedensforschung*, Frankfurt/M. 1971, 55-105

187 Istvan Kende, *Fünfundzwanzig Jahre lokaler Kriege*, in: Krippendorff 1973, 242-269

188 James H. Mittelman, *The Roots of Ethnic Conflict*, in: Journal of International Affairs (Columbia University), 1/1973, 133

189 — und nicht übrigens als Nachkommen der importierten Bahnbau-Arbeiter, von denen nur ein kleiner Teil in Ostafrika verblieb; s. Yash Ghai and Dharam Ghai, *The Asian Minorities of East Central Africa*, in: Whitaker 1972, 23-72

190 Durchschnittliches Jahreseinkommen der 775 800 beschäftigten Afrikaner in Rhodesien (1971) 312 Dollar, der 106 700 Weißen hingegen 3104 Dollar; in einigen Sektoren noch extremer: Landwirtschaft 153 Dollar für Afrikaner, 2457 Dollar für Weiße, Bergbau 334 Dollar für Afrikaner, 4456 Dollar für Weiße; Whitaker, ebda., S. 126. — Vgl. auch allgemein E. Franklin Frazier, *Racial Problems in World Society*, in: Jitsuitchi Masuoka and Preston Valien (Hg.), *Race Relations. Problems and the Race Concept — Results of an Inquiry*, Paris 1952

191 S. allgem. mit weiterführender Bibliographie, die jedoch das weitgehende Fehlen systematischer Untersuchungen ergibt: Tilden J. LeMelle and George W. Shepherd, Jr., *Race in the Future of International Relations*, in: Sullivan Sattler 1971, 97-109. Staaten mit ethnisch basierten internen Konflikten sind: Albanien, Algerien, Belgien, Burma, Burundi, Kambodscha, Kamerun, Kanada, Sri Lanka, Tschad, China, Kongo, Zypern, Tschechoslowakei, Dahomey, Guinea, Äthiopien, Frankreich, Griechenland, Indien, Indonesien, Iran, Irak, Israel, Italien, Elfenbeinküste, Ghana, Guyana, Kenya, Laos, Liberien, Malagassy, Malaysia, Maldivien, Mauritius, Mongolei, Nepal, Nigerien, Pakistan, Philippinen, Rumänien, Ruanda, Sierra Leone, Spanien, Sowjetunion, Sudan, Taiwan, Thailand, Tanzania, Togo, Uganda, Großbritannien, USA, Vietnam, Jugoslawien, Zaire, Zambia

192 Walker Connor, *The Politics of Ethnonationalism*, in: Journal of International Affairs (Columbia University), 1/1973, 2

193 Berner Tagwacht vom 9. Mai 1916; zit. nach James Conolly, *Selected Writings*, hg. von P. Berresford Ellis, London (Penguin Books) 1973, 36. S.a. Oskar Lange, *Lenin's Theory of Revolutions and the Economically Less Developed Countries*, in: ders., *Papers in Economics and Sociology*, London (Pergamon Press, 1970, 46-58, bes. 55 f.

194 Mandel, 1973, S. 13. — s. auch Paul Baran, *Political Economy of Growth*, New York 1957,

228. Ganz ähnlich Robert L. Heilbroner, *The Great Ascent. The Struggle for Economic Development in our Time*, New York (Harper & Row) 1963, 25 ff.

195 S. E. Labrousse, 1848 — 1830 — 1789: *How revolutions are borne*, in: F. Crouzet, W.H. Chaloner and W.M. Stern (Hg.), *Essays in European Economic History 1789-1914*, London (E. Arnold) 1969, 1 ff.

196 *The impact of Multinational Corporations on the development process and international relations*, United Nations (Economic and Social council) 1974

197 S. z.B. Jay W. Forrester, *Der teuflische Regelkreis*, Stuttgart 1972 — und die Kritik von Wolf-Dieter Narr, *Zur Weltanschauung der Systemdynamik*, in: Leviathan 2/1973, 276-280

198 J.A. Hobson, *Imperialism*, zit. bei Ruth First, Jonathan Steele and Christabel Gurney, *The South African Connection. Western Investment in Apartheid*, London (Temple Smith) 1972

199 S. Ekkehart Krippendorff, *Wie wichtig ist eigentlich Helsinki?* in: Leviathan 4/1973, 409-418

200 Charles P. Kindleberger, *Power and Money. The Economics of International Politics and the Politics of International Economics*, New York 1970;

201 Jacques Lair, *Ungleicher Tausch und »Third Worldism«*, in: Kritik der politischen Ökonomie 2/1974, 65

Literaturverzeichnis

Abendroth, Wolfgang, »Internationale Beziehungen, Völkerrecht und Außenpolitik als Teildisziplin der politischen Wissenschaft — ein Disput mit Ernst-Otto Czempiel«: in: Krippendorff (1973).

Adler-Karlsson, Gunnar, *Western Economic Warfare 1947-1967*, Stockholm 1968.

Ahlers/Donner/Kreuzer/Orbon/Westhoff, *Die vorkapitalistischen Produktionsweisen*, Erlangen 1973.

Albrecht, Ulrich, *Politik und Waffengeschäfte, Rüstungsexport in der BRD*, München 1972.

Albrecht, Ulrich/Dieter Ernst, Peter Lock, Herbert Wulf, *Rüstung und Unterentwicklung*, Reinbek 1976.

Almond, Gabriel A./Sidney Verba, *The Civic Culture. Political Attitudes and Democracy in Five Nations*, Princeton 1963.

Alperovitz, *Atomare Diplomatie — Hiroshima und Potsdam*, München 1966.

Altvater, Elmar, »Multinationale Konzerne und Arbeiterklasse«: Kurt P. Tudyka (Hg.), *Multinationale Konzerne und Gewerkschaftsstrategie*, Hamburg 1974.

Altvater, Elmar/Volkhard Brandes, Jochen Reiche, »Internationale und nationale Bedingungen von Inflation und Krise«: *Handbuch 4, Inflation — Akkumulation — Krise* II, Frankfurt/M. 1976.

Ashton, Thomas Southcliffe, *Iron and Steel in the Industrial Revolution* (1924), New York 1974.

Auguet, Roland, *Cruelty and Civilization — The Roman Games*, London 1972.

Bairoch, P., *Rivoluzione industriale e sottosviluppo*, Turin 1967.

Barnet, Richard J., *Intervention and Revolution. America's Confrontation with Insurgent Movements Around the World*, New York (New American Library) 1968.

Basham, A.L., *The Wonder that was India. A survey of the Culture of the Indian Sub Continent Before the Coming of the Muslims*, New York 1954.

Beard, Charles A. und Mary, *The Rise of American Civilisation*, New York (Macmillan) 1930.

Bernal, J.D., *Science in History*, Bd. 4: *The Social Sciences*, London 1969.

Bettelheim, Charles, *Die Klassenkämpfe in der UdSSR*. Bd. 1: *1917-23*, Berlin 1975.

Bienen, Henry (Hg.), *The Military Intervenes. Case Studies in Political Development*, New York 1968.

Bloch, Charles, *Hitler und die europäischen Mächte 1933/34 - Kontinuität oder Bruch*, Frankfurt/a.M. 1966.

Bloch, Ernst, *Das Prinzip Hoffnung*, 3 Bde., Berlin 1960.

Böhme, Helmut, *Prolegomena zu einer Sozial- und Wirtschaftsgeschichte Deutschlands im 19. und 20. Jahrhundert*, Frankfurt/M. 1968.
Bondi, Gerhard, *Deutschlands Außenhandel 1815-1870*, Berlin (DDR) 1958.
Borchardt, Knut, *Die industrielle Revolution in Deutschland*, München 1972.
Borkenau, Franz, *Der Übergang vom feudalen zum bürgerlichen Weltbild*, Schriften des Instituts für Sozialforschung, Bd. 4, Paris 1934.
Boulding, Kenneth, »Beitrag zu einer Friedenstheorie«: in: Krippendorff (1974).
Boxer, C.R., *The Portuguese Seaborne Empire 1450-1825*, Middlesex (1973 a)
—, *The Dutch Seaborne Empire 1600-1800*, Middlesex (1973 b).
Brandes, Volkhard, *Die Krise des Imperialismus*, Frankfurt/M. 1973.
Braun, Rudolf u.a. (Hg.), *Industrielle Revolution — Wirtschaftliche Aspekte*, Köln 1972.
Breme, Gerhard, *Souveränität der jungen Nationalstaaten über Naturreichtümer*, Berlin (DDR) 1967.
Brown, Michael Barratt, *After Imperialism*, London 1970.
Brückner, Peter/Alfred Krovoza, *Was heißt Politisierung der Wissenschaft und was kann sie für die Sozialwissenschaften heißen?* Frankfurt/M. 1972.
Bucharin, N., *Die kapitalistische Stabilisierung und die proletarische Revolution.* EKKI-Moskau 1926 (Reprint 1967).
—, »Der Imperialismus und die Akkumulation des Kapitals«: *Unter dem Banner des Marxismus* I, 1925 (Reprint Heidelberg 1970).
Burckhardt, Jacob, *Die Kultur der Renaissance in Italien*, Stuttgart 1952.
Busch, Klaus, *Die multinationalen Konzerne. Zur Analyse der Weltmarktbewegung des Kapitals.* Frankfurt/M. 1974.
Buss, Robin, *The Soviet Union und Arab Socialism.* Adelphi Papers Nr. 73, London 1973.
Cabral, Amilcar, *Revolution in Guinea — An African Peoples Struggle*, London 1971.
Carmagnani, Marcello, *Sviluppo industriale e sottosviluppo economico. Il caso cileno (1860-1920)*, Turin 1971.
Carr, E.H., *What is History?* London 1964.
—, *The Bolshevik Revolution 1917-1923*, Bd. 3, London 1966.
Cassirer, Ernst, *An Essay on Man. An Introduction to a Philosophy of Human Nature* (1944), Yale 1970.
de Castro, Josué, *Geopolitik des Hungers*, Frankfurt/M. 1973.
Childe, V. Gordon, *Man Makes Himself* (1936), New York 1951.
—, *Soziale Evolution*, Frankfurt/M. 1968.
Cipolla, Carlo M., *Guns, Sails, and Empire: Technological Innovation and the Early Phases of European Expansion 1400-1700*, New York 1965.
—, (Hg.), *The Economic Decline of Empires*, London 1970.
Cliff, Tony, *State Capitalism in Russia*, London 1974.
Conert, Hansgeorg/Wolfgang Eichwede, *Produktionsverhältnis und Arbeiterklasse in der UdSSR*, Hannover 1976.
Coon, Carleton S., *The History of Man. From the first Human to Primitive Culture and Beyond*, London 1967.
Crouzet, François, »Die Kapitalbildung in Großbritannien während der Industriellen Revolution«: Rudolf Braun u.a. (Hg.)., *Industrielle Revolution — wirtschaftliche Aspekte*, Köln 1972.
Czempiel, Ernst-Otto, »Die Entwicklung der Lehre von den internationalen Beziehungen«: *PVS* 3, 1965.
Davidson, Basil, *The African Past*, London 1964.
—, *Vom Sklavenhandel zur Kolonisierung*, Reinbek 1966.

DeCecco, Marcello, *Economia et finanza internazionale dal 1890 al 1914*, Bari 1971, (dt. Übersetzung von Kap. II in Krippendorff 1973).
Dell, Sidney, *Trade Blocs and Common Markets*, London 1973.
Diamond, Stanley, *Kritik der Zivilisation. Anthropologie und die Wiederentdeckung des Primitiven*, Frankfurt/M. 1976.
Die Armut des Volkes. Verelendung in den unterentwickelten Ländern. Auszüge aus Dokumenten der Vereinten Nationen, Reinbek 1974.
Dobb, Maurice, *Economic Growth and Underdeveloped Countries*, New York 1963 (a).
—, *Studies in the Development of Capitalism*, London 1963 (b).
Dowse, Robert E., »The Military and Political Development«, in: Colin Leys (Hg.), *Politics and Change in Developing Countries*, Cambridge, Mass., 1969.
Dumal, Samuel and K.O. Vedel-Petersen, *Losses of Life Caused by War*, Oxford 1923.
Dunning, John H. (Hg.), *The Multinational Enterprise*, London 1971.
Ehrenberg, Victor, *Der Staat der Griechen* 2. Teil; Leipzig 1957 und '58.
Eichwede, Wolfgang, *Revolution und Internationale Politik. Zur kommunistischen Interpretation der kapitalistischen Welt 1921-1925*, Köln/Wien 1971.
—, »Der Eintritt Sowjetrußlands in die internationale Politik, 1921-1927«: *Osteuropa-Handbuch. Sowjetunion*, Köln/Wien 1972.
Elvin, Mark, *The Pattern of the Chinese Past, London 1973.*
Emmanuel, S. Arghiri, *Unequal Exchange — A Study of the Imperialism of Trade*, New York/London 1972.
Engels, Friedrich, »Die Entwicklung des Sozialismus von der Utopie zur Wissenschaft«: *MEW* 19.
—, *Ausgewählte militärische Schriften*, 2 Bde., Berlin 1964.
Fischer Weltgeschichte, Bd. 12: »Die Grundlegung der modernen Welt«, Frankfurt/M. 1967.
Fischer, Wolfram (Hg.), *Wirtschafts- und Sozialgeschichtliche Probleme der frühen Industrialisierung*, Berlin 1968.
Flamant, Maurice/Jeanne Singer-Keril, *Modern Economic Crises and Recession*, New York 1970.
Ford, Franklin L., *Europe 1780-1830*, London 1970.
Frank, André Gunder, *Latin America: Underdevelopment or Revolution*, New York 1969.
—, *Lumpenbourgeoisie: Lumpendevelopment, Dependence, Class and Politics in Latin America*, New York/London 1972.
Frankel, Charles, *Nationales Interesse*, Köln 1972.
Frei, Daniel, *Kiegsverhütung und Friedenssicherung. Eine Einführung in die Probleme der internationalen Beziehungen*, Frauenfeld/Stuttgart 1970.
von Friedeburg, Ludwig, »Zum Verhältnis von Militär und Gesellschaft in der Bundesrepublik«, Georg Picht (Hg.), *Studien zur politischen und gesellschaftlichen Situation der Bundeswehr* 2, Witten/Berlin 1966.
Fuhrmann, Joseph T., *The Origins of Capitalism in Russia. Industrialization and Progress in the Sixteenth and Seventeenth Centuries*, Chicago 1972.
Galtung, Johan, »On the Future of the International System«: *Journal of Peace Research* 4, 1967.
—, *Kapitalistische Großmacht Europa oder die Gemeinschaft der Konzerne?* Reinbek 1974.
Gantzel, Klaus Jürgen, »Zwischenbilanz der 'International Relations'«: *NPL* 3, 1974.
—, (Hg.), *Herrschaft und Befreiung in der Weltgesellschaft*, Frankfurt/M. 1975.
Gardner, Richard N., *Sterling — Dollar Diplomacy*, New York 1969.
Gehlen, Arnold, *Urmensch und Spätkultur. Philosophische Ergebnisse und Aussagen*, Bonn 1956.
Gerschenkron, Alexander, »Wirtschaftliche Rückständigkeit in historischer Perspektive«, Rudolf Braun u.a. (Hg.), *Industrielle Revolution — Wirtschaftliche Aspekte*, Köln 1972.

Gerstenberger, Heide, *Zur politischen Ökonomie der bürgerlichen Gesellschaft. Die Bedingungen ihrer Konstitution in den USA*, Frankfurt/M. 1973.
—, »Zur Theorie der historischen Konstitution des bürgerlichen Staates«: *Probleme des Klassenkampfes* 8/9, 1973.
Geyer, Dietrich, *Die Russische Revolution*, Stuttgart 1968.
Gollwitzer, Heinz, *Geschichte des weltpolitischen Denkens*, (2 Bde.) Göttingen 1972 u. 1982.
Goodman, Ellitot R., *The Soviet Design for a World State*, New York 1960.
Graebner, Norman A. (Hg.), *Ideas and Diplomacy — Readings in the intellectual Tradition of American Foreign Policy*, New York 1964.
von Greiff, Bodo, *Gesellschaftsform und Erkenntnisform. Zum Zusammenhang von wissenschaftlicher Erfahrung und gesellschaftlicher Entwicklung*, Frankfurt/M. 1976.
Haas, Ernst B., *Beyond the Nation-State. Functionalism and International Organization*, Stanford 1964.
Habermas, Jürgen, *Erkenntnis und Interesse*, Frankfurt/M. 1968.
Hallgarten, George W.F., *Das Schicksal des Imperialismus im 20. Jahrhundert. Drei Abhandlungen über Kriegsursachen*, Frankfurt/M. 1968.
Hamilton, Earl Jefferson, *War and Prices in Spain, 1651-1800*, New York 1969.
Haussherr, Hans, *Wirtschaftsgeschichte der Neuzeit*, Weimar 1955.
Hearder, H., *Europe in the Nineteenth Century 1830-1880*, London 1966.
Hegel, G.W.F., »Vorlesungen über die Geschichte der Philosophie. Einleitung«: *Sämtliche Werke* XV a, hg. v. Johannes Hofmeister, Leipzig 1940.
Heidegger, Martin, *Sein und Zeit*, Tübingen 1953.
Hensman, C.R., *Rich Against Poor, The Reality of Aid*, London 1966.
Hill, Christopher, *The Century of Revolution 1603-1714*, London 1961.
—, *Reformation to Industrial Revolution*, Middlesex 1969 (dt. *Von der Reformation zur Industriellen Revolution*, Frankfurt/M. 1977)
Hintze, Otto, *Feudalismus — Kapitalismus* (1929), Göttingen 1970.
Hobsbawm, E.J., *The Age of Revolution*, New York 1962.
—, *Industry and Empire*, London 1968.
Hoffmann, Stanley, »International Systems and International Law«: *World Politics* 1, 1961.
Holbraad, Carsten, *The Concert of Europe: A Study in German and British International Theory 1815-1914*, London 1970.
Holenstein, Anne-Marie/Jonathan Power, *Hunger, Welternährung zwischen Hoffnung und Skandal*, Frankfurt/M. 1976.
Holsti, K.J. *International Politics*, Prentice Hall 1967.
Horkheimer, Max, *Anfänge der bürgerlichen Geschichtsphilosophie* (1930), Frankfurt/M. 1971.
Howard, Michael, *Studies in War and Peace*, New York 1971.
Hurewitz, J.C. (Hg.), *Soviet-American Rivalry in the Middle-East*, New York 1969.
Israel, S. Milton (Hg.), *Pax Britannica*, London 1968.
Jacob, Heinrich Eduard, *Sage und Siegeszug des Kaffees*, Reinbek 1964.
Jaguaribe, Helio, *Economic and Political Development. A Theoretical Approach and a Brazilian Case Study*, Harvard University Press, 1968.
Jahn, Egbert, *Kommunismus — und was dann?* Reinbek 1974.
—, (Hg.), *Sozioökonomische Bedingungen der sowjetischen Außenpolitik*, Frankfurt/M. 1975a.
—, »The Role of Armaments Complex in Soviet Society. (Is there a Soviet Military Industrial Complex?)«: *JPR* 12, 1975b.
Jenkins, Robin, *Exploitation. The world Power Structure and the Inequality of Nations*, London 1970.
Junne, Gerd/Salua Nour/Frieder Schlupp, »Zur Grobstruktur des internationalen System, in: Krippendorff (1973).

Junne, Gerd/Salua Nour, *Internationale Abhängigkeiten. Fremdbestimmung und Ausbeutung als Regelfall internationaler Beziehungen,* Frankfurt 1974.
Kamper, Dietmar, *Geschichte und menschliche Natur. Die Tragweite gegenwärtiger Anthropologiekritik,* München 1973.
Kemp, Tom S., *Economic Forces in French History,* London 1971.
Kende, Istvan, »Fünfundzwanzig Jahre lokaler Krieg«, in: Krippendorff (1973).
Kennedy, Gavin, *The Military in the Third World,* London 1874.
Kenwood, A.G./A.L. Lougheed, *The Growth of the International Economy 1820-1960 — An Introductory Text,* London 1969.
Knieper, Rolf, *Weltmarkt, Wirtschaftsrecht und Nationalstaat,* Frankfurt/M. 1976.
Koebner, Richard/Helmut Dan Schmidt, *Imperialism. The Story of a Political word, 1840-1960,* Cambridge, 1964.
Kolko, Gabriel S., *The Politics of War. The World and United States Foreign Policy, 1943-1945,* New York 1968.
Krippendorff, Ekkehart, *Die amerikanische Strategie,* Frankfurt/M. 1976.
—, (Hg.), *Probleme der Internationalen Beziehungen,* Frankfurt/M. 1972.
—, (Hg.), *Internationale Beziehungen,* Köln 1973.
—, »Sowjetunion: Revolutionäre Außenpolitik in kapitalistischer Umwelt«, in: Jahn 1975a *Sozioökonomische Bedingungen der sowjetischen Außenpoltik,* Frankfurt/M. 1975a.
—, (Hg.), *Friedensforschung,* Köln 1974.
Kulski, W.W., *The Soviet Union in World Affairs. A Documentary Analysis 1966-1972,* Syracuse 1973.
Kuznets, Simon, *Modern Economic Growth,* New Haven/London 1966.
—, »Economic Growth in Small Nations«, in Robinson (1969).
Lagos, Gustavo, *Internationale Stratification and Underdeveloped Countries,* The University of North Carolina Press, 1963.
Landes, David S., *The Unbound Prometheus,* Cambridge 1969 (dt. *Der entfesselte Prometheus,* München 1983).
Lange, Oskar, *Politische Ökonomie,* Bd. 1, Frankfurt/M. 1963.
Las Casas, Bartolomé, *Kurzgefaßter Bericht von der Verwüstung der Westindischen Länder,* hg. v. H.M.Enzensberger, Frankfurt/M. 1966.
Laski, Harrold J., *The State in Theory and Practice,* London 1935.
Lattimore, Owen, *Studies in Frontier History. Collected Paper 1928-1958,* London 1962.
Laudan, Peter (Hg.), *Genießen — Regieren — Verteilen. Planung für eine humane Welt,* Gelnhausen/Berlin 1970.
Lavigne, Marie, *The Socialist Economies of the Soviet Union and Europe,* London 1974.
Leith, C.K., *World Minerals and World Politics* (1931), Port Washington/New York/London 1970.
Lévi-Strauß, Claude, *Rasse und Geschichte,* Frankfurt/M. 1972.
Lewis, Arthur W., *Economic Survey 1919-1939,* London 1969.
List, Friedrich, *Das nationale System der politischen Ökonomie* (1844), hg. v. A. Sommer, Berlin 1930.
Lukács, Georg, *Geschichte und Klassenbewußtsein,* Berlin 1923.
—, *Zur Ontologie des gesellschaftlichen Seins — Die Arbeit,* Neuwied/Darmstadt 1973.
Luxemburg, Rosa, *Die Russische Revolution. Politische Schriften, Bd. 3, Frankfurt/M. 1968.*
MacIntyre, Donald, *Sea Power in the Pacific. A History from the 16th Century to the present day,* London 1972.
Maddison, Angus, *Class, Structure and Economic Growth. India and Pakistan since the Moghuls,* London 1971.

Mandel, Ernest, *Marxistische Wirtschaftstheorie*, Frankfurt/M. 1968.
—, *Der Spätkapitalismus*, Frankfurt/M. 1973.
—, *Der Sturz des Dollars*, Berlin 1973a.
—, »Zehn Thesen zur sozialökonomischen Gesetzmäßigkeit der Übergangsgesellschaft zwischen Kapitalismus und Sozialismus«: Peter Hennicke, *Probleme des Sozialismus und der Übergangsgesellschaften*, Frankfurt/M. 1973.
Marx, Karl, »Das kommunistische Manifest«: *MEW* 4.
—, »Lohn, Preis und Profit«: *MEW* 16.
—, *Grundrisse der Kritik der Politischen Ökonomie*, Berlin 1953.
—, *Das Kapital* Bd. 1-3, *MEW* 23-25, Berlin.
Mayer, Arno J., *Politics and Diplomacy of Peacekeeping. Containment and Conterrevolution at Versailles, 1918-1919*, New York 1967.
Mehring, Franz, *Zur Kriegsgeschichte und Militärfrage. Gesammelte Schriften*, Bd. 8, Berlin 1967.
Meillasoux, Claude, »Versuch einer Interpretation des Ökonomischen in den archaischen Subsistenzgesellschaften«: Klaus Eder (Hg.), *Die Entstehung von Klassengesellschaften*, Frankfurt/M. 1973.
Merton, Robert K., *Science, Technology and Society in Seventeenth Century England* (1938), New York 1970.
Meyer, Richard, *Bankers' Diplomacy. Monetary Stabilization in the Twenties*, New York 1970.
Michinton, W.E. (Hg.), *The Growth of English Overseas Trade in the 17th and 18th Century*, London 1969.
Mieck, Ilja, *Europäische Geschichte der frühen Neuzeit*, Stuttgart 1970.
Mitteis, Heinrich, *Der Staat des hohen Mittelalters*, Weimar 1955.[5]
Modelski, George, *A Theory of Foreign Policy*, New York 1962.
Mommsen, Wolfgang, *Imperialismus in Ägypten. Der Aufstieg der ägyptischen nationalen Bewegung 1805-1956*, München 1961.
— (Hg.), *Der moderne Imperialismus*, Stuttgart 1971.
Morgenthau, Hans, *Politics Among Nations (1949)* (dt. Übers. (leider gekürzt) *Macht und Frieden*, Gütersloh 1963).
Murray, Robin, »The Internationalization of Capital and the Nation State«: John H. Dunning (Hg.), *The Multinational Enterprise*, London 1971.
Nef, John U., *War and Human Progress. An Essay on the Rise of Industrial Civilization*, New York 1973.
—, *The Conquest of the Material World*, Cleveland/New York 1962.
Nehru, Jawaharlal, *Glimpses of World History*, London 1939.
Nettl, J.P./Roland Robertson, *International Systems and the Modernization of Societies. The Formation of National Goals and Attitudes*, London 1968.
Neusüß, Christel/Bernhard Blanke, Elmar Altvater, »Kapitalistischer Weltmarkt und Weltwährungskrise«: *Probleme des Klassenkampfs* 1, 1971.
Niedhart, Gottfried, *Großbritannien und die Sowjetunion 1934-1939 – Studien zur britischen Politik der Friedenssicherung zwischen den beiden Weltkriegen*, München 1972.
Northedge, F.S., *A Hundred Years of International Relations*, London 1964.
Nove, Alec, *An Economic History of the U.S.S.R.*, London 1969.
Oglesby, Carl/Richard Shaull, *Containment and Change*, New York (Macmillan) 1967.
Panikkar, K.M., *The West in Asia*, London 1965.
Parker, Geoffrey, »War and Economic Change: the Economic Costs of the Dutch Revolt«: J.M. Winter (Hg.), *War and Economic Development*, London 1975.
Parry, H.-J. S., *Trade and Dominion – The European Overseas Empires in the Eighteenth Century*, New York 1971.

Pietsch, Walter, *Revolution und Staat. Institutionen als Träger der Macht in Sowjetrußland 1917-1922*, Köln 1969.
Pirenne, Henri, *A History of Europe*, Garden City/New York 1956.
Plischke, Hans, *Der Stille Ozean – Entdeckung und Erschließung*, München/Wien 1959.
Polanyi, Karl, *The Great Transformation – the political and economic origins of our time* (1944), Boston 1957.
–, »Der Hundertjährige Frieden«, in: Krippendorff (1973).
Pollard, Sidney, *The Idea of Progress*, London 1971.
Pollard, Sidney/David W. Corssley, *The Wealth of Britain 1085-1966*, New York 1969.
Pollock, Friedrich, *Die planwirtschaftlichen Versuche der Sowjetunion 1917-1927* (1929), Frankfurt/M. 1971.
Portmann, Adolf, *Zoologie und das neue Bild des Menschen*, Hamburg 1956.
Preiser, Wolfgang, *Frühe völkerrechtliche Ordnungen der außereuropäischen Welt*, Wiesbaden 1976.
Preston, Richard/Sidney F. Wise, *Men in Arms. A History of Warfare and its Interrelationships with Western Society*, New York 1970.
Quijano, Anibal, *Nationalism and Capitalism in Peru. A Study in Neo-Imperialism*, New York 1971.
Quinn, David Beers, *England and the Discovery of America 1481-1620*, London 1974.
Ribeiro, Darcy, *Der zivilisatorische Prozeß*, Frankfurt/M. 1971.
Riedel, Manfred, *System und Geschichte. Studien zum historischen Standort von Hegels Philosophie*, Frankfurt/M. 1973.
Robinson, E.A.G. (Hg.), *Backward Areas in Advanced Countries*, London 1969.
Rodney, Walter, *How Europe Underdeveloped Africa*, Daressalaam 1974.
Rosenbaum, Wolf, »Die Funktion von Staat und Recht in der Übergangsgesellschaft«: Peter Hennicke (Hg.), *Probleme des Sozialismus und der Übergangsgesellschaft*, Frankfurt/M. 1973.
Rotermundt, Rainer/Ursula Schmiederer, »Gesellschaftsstruktur und Außenpolitik«: Egbert Jahn (Hg.), *Sozioökonomische Bedingungen der sowjetischen Außenpolitik*, Frankfurt/M. 1975.
Rummel, Rudolf J., »The Relationship Between National Attributes and Foreign Conflict Behavior«: David Singer (Hg.), *Quantitative International Politics*, New York 1968.
Russett, Bruce, M., *Trends in World Politics*, New York 1965.
–, »The Ecology of Future International Politics«, in: *International Studies Quarterly*, Vol. II. No. 1, 1967.
Samuelson, Paul A. (Hg.), *International Economic Relations*, London 1969.
Schieder, Theodor, *Zum Problem des Staatenpluralismus in der modernen Welt*, Köln/Opladen 1969.
Schlesinger, Arthur M., *New Viewpoints in American History*, New York 1922.
Schmidt, Ute/Tilman Fichter, *Der erzwungene Kapitalismus. Klassenkämpfe in den Westzonen 1945-1948*, Berlin 1971.
Schmiederer, Ursula, *Die sowjetische Theorie der friedlichen Koexistenz*, Frankfurt/M. 1969.
–, »Systemkonkurrenz als Strukturprinzip der internationalen Politik«: *PVS* 5, 1973.
–, »Weder Antagonismus noch Konvergenz«: Gerda Zellentin (Hg.), *Annäherung, Abgrenzung und friedlicher Wandel in Europa*, Bonn 1976.
Schulin, Ernst, *Handelsstaat England. Das politische Interesse der Nation am Außenhandel vom 16. bis ins frühe 18. Jahrhundert*, Wiesbaden 1969.
Schumpeter, Josef A., »Zur Soziologie der Imperialismen«: *Archiv für Sozialwissenschaft* 45, 1918.
Seeley, John Robert, *Die Ausbreitung Englands*, Berlin/Frankfurt 1954.
Seers, Dudley/Leonhard Joy (Hg.), *Development in a Divided World*, London 1971.

Senghaas, Dieter, *Abschreckung und Frieden*, Frankfurt/M. 1969.
–, *Aufrüstung durch Rüstungskontrolle*, Stuttgart 1973.
–, (Hg.) *Peripherer Kapitalismus*, Frankfurt/M. 1974.
Siegfried, André, *Die englische Krise*, Berlin 1931.
Silberner, E., *La guerre et la paix dans l'histoire des doctrines économiques du XVIe au XVIIIe siècle*, Paris 1939.
Singer, J. David/Melvin Small, »Alliance Aggregation and the Onset of War«: J.D. Singer (Hg.), *Quantitative International Relations*, New York 1968.
Sirk, L., *Outline of International Trade. Commodity flows and division of production between countries*, London 1973.
Sivard, Ruth, *World Military and Social Expenditures*, Leesbury 1976.
Smalley, Beryl, *Historians in the Middle Ages*, London 1974.
Smith, Adam, *The Wealth of Nations*, hg. v. Edwin Cannon, Bd. 2, London 1951.
Sombart, Werner, *Krieg und Kapitalismus*, München/Leipzig 1913.
Sorel, Albert, *Europe Under the Old Regime*, New York 1964.
Sorokin, Pitrim, *Social and Cultural Dynamics. A Study of Change in Major Systems of Art, Truth, Ethics, Law and Social Relationships*, Boston 1957.
Spohn, W., »Die technologische Abhängigkeit der Sowjetunion vom Weltmarkt«: *Probleme des Klassenkampfs* 19/20/21, 1975.
Spulber, Nicolas, *The State and Economic Development in Eastern Europe*, New York 1966.
Stein, Stanley, J./Barbara H. Stein, *The Colonial Heritage of Latin America – Essays on Economic Dependence in Perspective*, New York 1970.
Strahm, Rudolph, H., *Überentwicklung – Unterentwicklung. Ein Werkbuch mit Schaubildern und Kommentaren über die wirtschaftlichen Mechanismen der Armut*, Nürnberg 1975.
Strayer, Joseph R., *On the Medieval Origins of the Modern State*, Princeton 1970.
Sullivan, David S./Martin J. Sattler (Hg.), *Change and the Future International System*, New York 1971.
Topitsch, Ernst, »Das Verhältnis zwischen Sozial- und Naturwissenschaften«: ders. (Hg.), *Logik der Sozialwissenschaften*, Köln 1970.
Tudyka, Kurt P. (Hg.), *Multinationale Konzerne und Gewerkschatsstrategie*, Hamburg 1974.
Ubbelohde, *The American Colonies and the British Empire 1607-1763*, London 1968.
Vaizey, John, *Capitalism*, London 1971.
Valkenier, Elizabeth K., »Recent Trends in Soviet Research on the Developing Countries«: Raymond W. Duncan (Hg.), *Soviet Policies in Developing Countries*, Waltham, Mass., 1970.
–, »Soviet Economic Relations with the Developing Nations«: Roger E. Kanet (Hg.), *The Soviet Union and the Developing Nations*, Baltimore 1974.
Vereinigung Deutscher Wissenschaftler, *Welternährungskrise oder ist eine Hungerkatastrophe unausweichlich?*, Reinbek 1968.
Vital, David, *The Inequality of States. A Study of the Small Powers in International Relations*, London 1967.
Wallerstein, Immanuel, *The Modern World-System. Capitalist agriculture and the origins of the European world-economy in the sixteenth Century*, New York 1974.
Wehler, Hans-Ulrich (Hg.), *Imperialismus*, Köln 1970.
Weinacht, Paul Ludwig, *Staat. Studien zur Bedeutungsgeschichte des Wortes von den Anfängen bis ins 19. Jahrhundert*, Berlin 1968.
von Weizsäcker, Carl Friedrich, *Die Geschichte der Natur*, Göttingen 1956.[3]
Whitaker, Ben (Hg.), *The Fourth World-Victims of Group Oppression*, London 1972.

Wilczynski, J., *Socialist Economic Development and Reforms. From Extensive to Intensive Growth and Central Planning in der USSR, Eastern Europe, and Yugoslavia*, New York 1972.
Wilkins, Mira, *The Emergence of Multinational Enterprise: American Business Abroad from the Colonial Era to 1914*, Harvard University Press, 1970.
Williams, Eric, *Capitalism and Slavery*, New York 1966.
–, *From Columbus to Castro: The History of the Caribbean 1492-1969*, New York 1970.
Wilson, Charles, *The Dutch Republic and the civilization of the seventeenth Century*, London 1968.
Withrow, G.J., *What is Time?*, London 1972.
Wittfogel, Karl August, *Geschichte der bürgerlichen Gesellschaft*, Berlin, o.J. (1924).
–, *Die natürlichen Ursachen der Wirtschaftsgeschichte*, Archiv für Sozialwissenschaft und Sozialpolitik, Bd. 67, Tübingen 1932.
Wittram, Reinhard, *Das Interesse an der Geschichte*, Göttingen 1958.
Wolf, Leonhard S., *Economic Imperialism* (1920), New York 1970.
Wolfe, J.N./Jan Erickson (Hg.), The Armed Services and Society: Alienation, Management and Integration, Edingburg o.J.
Wolpin, Miles, D., *Military Aid and Counterrevolution in the Third World*, Lexington 1972.
Wright, Quincy, *A Study of War*, Chicago 1964.
Wrigley, E.A., *Bevölkerungsstruktur im Wandel*, München 1969.
Zawodney, J.K. (Hg.), *Man and International Relations*, 2 Bde., San Francisco o.J.

Personenregister

Sachregister

Reihe Campus Studium: Eine Auswahl

Arbeitsgruppe Soziologie
Denkweisen und Grundbegriffe der Soziologie
Eine Einführung
6. Auflage 1986. 191 Seiten

Kurt Lenk, Berthold Franke
Theorie der Politik
Eine Einführung
1987. Ca. 330 Seiten

Jürgen Hartmann
Politik und Gesellschaft in Osteuropa
Eine Einführung
1983. 280 Seiten

Jürgen Hartmann
Politik und Gesellschaft in Japan, USA, Westeuropa
Ein einführender Vergleich
1983. 224 Seiten

Ekkehart Krippendorff
Internationales System als Geschichte
Einführung in die internationalen Beziehungen 1
2. Aufl. 1982. 187 Seiten

Ekkehart Krippendorff
Internationale Beziehungen als Wissenschaft
Einführung 2
1977. 168 Seiten

Reihe Campus

Band 1001
Daniel Bell
Die nachindustrielle Gesellschaft
1985. 392 Seiten

Band 1002
Lutz Franke (Hg.)
Menschlich wohnen
Originalausgabe
1985. 168 Seiten

Band 1003
Käte Frankenthal
Jüdin, Intellektuelle, Sozialistin
Lebenserinnerungen einer Ärztin in Deutschland und im Exil
1985. 256 Seiten

Band 1004
Joel Kovel
Kritischer Leitfaden der Psychotherapie
1985. 312 Seiten

Band 1005
Oskar Negt
Lebendige Arbeit, enteignete Zeit
Politische und kulturelle Dimensionen des Kampfes um die Arbeitszeit
1985. 312 Seiten

Band 1006
Stephan Quensel
Mit Drogen leben
Erlaubtes und Verbotenes
Originalausgabe
1985. 177 Seiten

Band 1007
Dieter Bartetzko
Architektur kontrovers
Schauplatz Frankfurt
Originalausgabe
1986. 192 Seiten.
35 Abb.

Band 1008
Hermann Bausinger
Volkskultur in der technischen Welt
Erweiterte Neuausgabe
1986. 228 Seiten

Band 1009
Jörg Tröger (Hg.)
Hochschule und Wissenschaft im Dritten Reich
1986. 140 Seiten

Band 1010
Daniel Bell
Die Sozialwissenschaften seit 1945
Deutsche Erstausgabe
1986. 204 Seiten

Band 1011
K.-W. Brand, D. Büsser, D. Rucht
Aufbruch in eine andere Gesellschaft
Neue soziale Bewegungen in der Bundesrepublik
Aktualisierte Neuausgabe
1986. Ca. 300 Seiten

Band 1012
Karl-Heinz Kohl
Exotik als Beruf
Erfahrung und Trauma der Ethnographie
Überarbeitete Neuausgabe
1986. Ca. 135 Seiten

Band 1013
Paul Lüth
Von der stummen zur sprechenden Medizin
Über das Verhältnis von Patient und Arzt
Überarbeitete Neuausgabe
1986. Ca. 180 Seiten